U0688658

《民国江山县志稿点校本》编委会

总 顾 问：朱素芳　徐明峰

总 策 划：胡炳泉

策　　划：姜　英　毛水芳　毛慧卿

周立武　何正芳　毛有祥

邵建水　王冠平

编　　审：何正芳

主　　编：胡汉民　祝和荣　裘佳欢

副 主 编：潘海峰　毛德达　李　鑫

点　　校：刘　毅　徐江都　王石良　郭元敏

中国人民政治协商会议第十一届江山市委员会文化文史和学习委员会成员名单

主　　任：胡汉民

副 主 任：潘海峰　郑犁敏（兼）

委　　员：王　晋　叶　青　朱永春　刘雁来

陈　敏　郑　硙　郑犁敏　赵　晖

胡汉民　祝方爱　祝世华　徐　静

徐慧青　蔡苏林　潘海峰

特聘委员：王　驰　王石良　王厚让　王淑贞

刘鸿才　周晋光　周慧清　姜荣珍

姜法建　祝龙光　徐江都　戴明桂

郭元敏

特邀审稿：毛梅茜　毛谦义　叶林芳　朱丹青

刘立忠　姜　滔　柴丽君　钱　华

序

胡炳泉

江山市政协文化文史和学习委员会会同市档案馆、市博物馆联合编辑的《民国江山县志稿点校本》一书即将出版发行，这是我市政协文史资料征编工作的一项新成果，也是我市文化文史界的一大喜事，值得庆贺！

国有史，郡县有志，是中华民族的优良传统。江山于唐武德四年建县，历史悠久，人文荟萃，纂修县志始于明代，至清末共9次。据史料记载，江山分别在明正统、正德、嘉靖、天启，清康熙（3次）、乾隆、同治年间编修过县志，因战乱、灾祸等原因，除《同治江山县志》外，有的县志仅存书目，有的县志散佚在国内有关档案馆、图书馆，有的县志乃至流失海外。修志之艰、存志之难可见一斑。民国时期，官方分别于民国26年（1937）、民国37年（1948）组织纂修县志，均未刊行，现存民国26年县志残稿1卷、民国37年县志残稿14卷。此外，民国37年宁海学者干人俊参阅民国《浙江通志稿》等有关资料编撰《民国江山县新志稿》，也仅存稿7卷。这些残稿分别由江山市档案馆、博物馆收藏。而此次点校正是这三部民国江山县志残稿。

旧志整理，是续接地方文化之根、铸牢文化自信之魂的关键之举。近年来，党和国家积极推动中华优秀传统文化传承、发展、创新，先后出台《关于实施中华优秀传统文化传承发展工程的意见》《关于在城乡建设中加强历史文化保护传承的意见》《关于推进新时代古籍工作的意见》等政策文件。江山市高度重视地方县志整理工作，通过多方努力，先后征集到了《康熙江山县志》（汪浩主修）缺失部分的抄本影印件和日本宫内厅书陵部藏《康熙江山县志》（余锡主修）全本复制件，点校出版了《同治江山县志》《康熙江山县志》，为普通读者阅读提供了方便，受到社会各界广泛好评。广大有识之士由此多次呼吁及时抢救整理民国江山县志残稿。市政协文化文史和学习委员会顺应呼声，及时组织力量点校民国江山县志残稿，抢救了史料，赓续了文脉，可谓十分适时。

统揽全书，不难发现，《民国江山县志稿点校本》是一本兼具史料价值、研究价值、社会价值的地方历史文化图书，也是江山抢救保护地方文化遗产的一项重要成果。该书记载时间上至古代，下迄民国37年，收录了历代江山沿革、地理、建置、古迹、灾害、风俗、食货、氏族、秩祀、自治、党务、教育、宗教、艺文、人物等方面史料，是现存内容最丰富的民国江山县志稿，堪为一地之“百科全书”。该书点校坚持尊重原著的原则，除对明显错误、缺漏的地方进行勘误补遗外，内容基本保持原貌，为地域文化研究保留了宝贵的第一手资料。尤其值得一提的是，市政协文化文史和学习委员会考虑到残稿原文为文言文、竖排无标点繁体字，不便普通读者阅读和利用，特意采取简化字标点横排方式，对三部县志残稿进行点校，合集出版，既为读者阅读利用提供便利，又在内容上互为补充，可谓用心良苦。《民国江山县志稿点校本》的出版发行，促使志稿珍本走出深闺高阁，必将成为了解、研究江山地方历史文化的便捷载体，必将成为江山赓续地方文脉建设文化强市的重要推动。

文化兴则国运兴，文化强则民族强。习近平总书记指出:“文化是一个国家、一个民族的灵魂”“没有文化的繁荣兴盛，就没有中华民族伟大复兴”。县志是中国传统文化的瑰宝，在抢救保护的基础上，更要创新利用。希望有识之士以此为起点，深入开展江山地方历史文化研究，进一步提升千年江山城市文化内涵；希望市政协文化文史和学习委员会坚持文化铸魂、文化赋能，继续发挥政协文史资料“存史、资政、团结、育人”的重要作用，深入挖掘地方历史文化精髓，选编更加丰富、更有价值、更高质量的文化文史资料图书，为江山建设四省边际中心县城作出更大贡献。

（序者系江山市政协主席）

点校凡例

一、本次点校的民国江山县志稿是民国时期三次编纂的县志残稿。一为民国26年县志稿，二为民国37年县志稿，三为民国江山县新志稿。前面一、二两部为当时县政府组织编纂，第三部为宁海学者干人俊个人编纂，均系手抄残缺本。其中民国26年县志稿连卷首共21卷，仅剩卷首和第1卷；民国37年江山县志稿总卷数失考，现存14卷；民国江山县新志稿连卷首20卷，现存卷首和志稿1—7卷。

二、原稿无标点，根据现行的标点符号用法，对原文进行标点。

三、原稿系繁体字竖排本，点校后改为简体字横排。

四、对于原稿中明显的错讹字、异体字、通假字，按现行标准简化字径改不注。对于江山地名特有字但字库不存者，如𡇙、埲、橊、𥗉等，根据本市地名管理部门意见，分别改作丰、垄、树、达。

五、原稿中有脱漏字句的，参照《同治江山县志》等加“编者按”予以补足；不能补足的，缺字按字数用□代替；字数不明者，则注“下缺”。

六、原稿除分卷外，卷内并无章、节、目之分。为方便阅读，点校后分出章、节、目，并用不同字体字号标出层次，视内容需要，其中可以省缺某些层次。

七、原稿中的双行夹注、按语、诗文等，以楷体字行文。

八、原稿中的人名，不论是其名其字其号或谥号，都用下划线标出。

九、原稿中的书名，不论其书名是正名，还是简称、惯称，都用书名号括出。唯《同治江山县志》，原稿中多以“旧志”名义出现，点校时只在首次出现时括注“同治江山县志”，不用书名号，后面出现不再注。

十、原稿中的地名与现用名出现明显音形异同的，在第一次出现时加括注，如：上台（长台）、稚儒坊（雅儒坊）等。其他古今异名的地名则慎注。

十一、原稿中的差错，经发现的，在错处后括号内加“编者按”予以订正或说明。

十二、原稿中条目事例的出处，所居位置有居前、居后或居于两句之中的，易于混淆。标点后，居条目之前的，在出处后加冒号；居条目之后的，在出处前加破折号；居两句中间的，辨明前后关系后加相应标点。

十三、原稿中的数字，原全为汉字，为方便阅读，民国年间的纪年和志文叙事数字，均按现时行文惯例，改用阿拉伯数字。清（含清）以前的年号及叙事数字，照旧不改。志文中引用的历代著作和艺文中数字，照旧不改。民国志文中论及古代事物，其中数字参看语境，则慎改。

十四、遇币值元后面的角、分、厘，径加小数点，以元为单位出现。

目　录

序 …………………………………………………… 胡炳泉 1
点校凡例 …………………………………………………… 1

民国江山县志26年稿

卷之首 …………………………………………………… 3
纂辑名单 …………………………………………………… 3
例言 …………………………………………………… 4

卷之一　天文志 …………………………………………………… 11
第一章　星野 …………………………………………………… 11
第二章　经纬 …………………………………………………… 14
第三章　气候 …………………………………………………… 14
第四章　灾异 …………………………………………………… 19

卷之二　地理志　山脉　川流　农田　林地　物产（本卷缺）
卷之三　疆域志　沿革　面积　接线　都图　街巷　坊墟　关寨　碉堡　形势　名胜　隩区　古迹（本卷缺）
卷之四　风俗志　旧习　时尚　古礼　方言　（本卷缺）
卷之五　交通志　驿馆　铺汛　里程　道路　邮传　电报　官亭　桥梁　津渡（本卷缺）
卷之六　建设志　城壕　府院　部署　局所　处会　馆舍　宅居　场厂　墓冢（本卷缺）

卷之七　职官志　去思（本卷缺）
卷之八　司法志　禁烟　新制　旧档（本卷缺）
卷之九　自治志　乡镇　户口　保甲　救济　服役　社训（本卷缺）
卷之十　党务志　初组　改组　社会团体（本卷缺）
卷十一　秩祀志　坛社　庙祠　宗祠（本卷缺）
卷十二　选举志　附表　铨法　员额（本卷缺）
卷十三　教育志　附表　学政　学教　社教　义教　（本卷缺）
卷十四　宗教志　戒地　信徒　（本卷缺）
卷十五　食货志　赋则　税率　盐政　钱法　金库　仓储　产量　市销（本卷缺）
卷十六　防御志　告旅外江人书　戎事　兵制　保卫　警察　民团　在外殉国诸烈（本卷缺）
卷十七　艺文志　文辑　金石
卷十八　人物志（男性）先正　隐逸　伎术　耆寿　（本卷缺）
卷十九　人物志（女性）　贞女　节妇　良妻　贤母　（本卷缺）
卷二十　拾遗志　旧序　历届修志名单　杂俎　偶谈　（本卷缺）

民国江山县志 37 年稿

卷之一　沿革志 …… 40
第一章　沿革 …… 40
第二章　疆域 …… 41
第三章　城垣 …… 42
第四章　经纬 …… 43

卷之二　地理志 …… 45
第一章　山脉 …… 45

卷之三　建置志 …… 53

第一章　城池 …… 53

第二章　公廨 …… 56

第三章　法团 …… 64

第四章　善举 …… 66

第五章　邮电 …… 69

卷之四　古迹志 …… 71

第一章　故城　旧治 …… 71

第二章　坊表 …… 72

第三章　塔 …… 76

第四章　室第园亭 …… 81

卷之五　灾害志 …… 114

第一章　清 …… 114

第二章　民国 …… 115

卷之六　风俗志 …… 120

第一章　礼仪 …… 120

第二章　习尚 …… 121

第三章　节序 …… 125

第四章　方言 …… 128

卷之七　食货志 …… 130

第一章　赋则 …… 130

第二章　税率 …… 156

第三章　盐政 …… 189

第四章　钱法 …… 190

第五章　金库 …… 195
第六章　仓储 …… 198
第七章　产量 …… 210
第八章　市销 …… 212

卷之八　氏族志 …… 214

卷之九　秩祀志 …… 229
第一章　庙 …… 229
第二章　祠 …… 267
第三章　坛 …… 282
第四章　社 …… 284

卷之十　自治志 …… 285
第一章　乡镇 …… 285
第二章　户口 …… 299
第三章　保甲 …… 304
第四章　救济 …… 330
第五章　服役 …… 335
第六章　社训 …… 340

卷十一　党务志 …… 344
第一章　党务 …… 344
第二章　社会团体 …… 347

卷十二　教育志 …… 353
第一章　学政 …… 353
第二章　学教 …… 356
第三章　社教 …… 370

第四章　义教 …………………………………………………… 372
第五章　各学校毕业生 ……………………………………………… 374

卷十三　宗教志 …………………………………………………… 395
第一章　戒地 …………………………………………………… 395
第二章　信徒 …………………………………………………… 429

卷十四　艺文志 …………………………………………………… 433
第一章　文辑 …………………………………………………… 433
第二章　金石 …………………………………………………… 457

卷十五　人物志 …………………………………………………… 474
第一章　先正 …………………………………………………… 474
第二章　隐逸 …………………………………………………… 546
第三章　伎术 …………………………………………………… 550
第四章　耆寿 …………………………………………………… 556

［编者按：本部志稿有部分卷帙缺失，没有留下卷之首的主修、主纂、分纂、图序、凡例、目录等内容。本目录是根据现存的 14 本志稿整理的。其中，《山脉》一章内容原附在《沿革志》中，根据《沿革志·山脉》文中所注“地理已另立一册，归地理志”，编者单列了《地理志》一卷（实际仅见到《山脉》一章），这样就有了 15 卷。目录顺序是编者编排的，不一定是原稿顺序。全稿缺失的卷帙名称和卷数均失考。］

民国江山县新志稿

卷之首　序图 …………………………………………………… 561
序 …………………………………………………… 561
凡例 …………………………………………………… 562

卷之一　沿革 …… 565
第一章　沿革 …… 565
第二章　疆域 …… 566
第三章　面积 …… 566
第四章　人口 …… 567
第五章　气候 …… 567
第六章　土壤 …… 568
第七章　地质 …… 568
第八章　道里 …… 569

卷之二　叙山 …… 576

卷之三　叙水 …… 580
第一章　大溪 …… 580
第二章　潭泉 …… 581
第三章　水利 …… 581

卷之四　土田 …… 585
第一章　田亩 …… 585
第二章　赋税 …… 586

卷之五　机关　团体 …… 591
第一章　清 …… 591
第二章　民国 …… 592

卷之六　自治 …… 594
第一章　自治 …… 594
第二章　司法 …… 595

民国江山县志 26 年稿

卷之首

纂辑名单

主纂： 前第一区行政督察专员汪汉滔　县人　兼委员会委员
前任江山县县长周心万　诸暨
现任江山县县长沈秉谌　吴兴

总纂： 王　韧　建德

分纂： 王国治　县人　兼采访
毛存信　县人　兼审查及委员

审查： 何　镛　县人　兼委员会委员
周锡福　县人　兼委员会委员
祝甘櫨　县人　兼委员会委员
朱渭川　县人　兼委员会委员
杨德中　县人　兼委员会委员

委员： 朱镜湖　县人
胡超之　县人
何建章　县人
黄嘉馨　县人

采访： 毛世卿　县人
毛长春　县人
周巨恩　县人
王画连　县人
叶毓蓁　县人

文牍： 黄耀庭　县人

书记： 郭秉权　诸暨

例 言

一、志始《班书》，为史例之一种。唐李吉甫纂《元和郡县志》，乃专以志名郡县之书。故方志与国史，似同而实异。以国史有褒有贬，方志则无褒无贬，专载事实。

二、修志难于体例，体例成则全书皆成。清谢蕴山修《广西通志》，仿用史例，以典代纪，以录代世家，以略代志；章实斋自负史才，修亳州、永清等志，亦标其目为纪、为传、为谱、为书、为考、为略、为表、为志、为征，一时均称善本。实则方志，既名为志，大体似已粗定。蕴山于典录之外，复以略代志，殊觉志外有志；实斋于纪传、谱书、考略、表征以内，复有所谓志，又未免志中有志。因不复多立名目，自贻僭史之讥，其有必须图表者，或置简端、或置篇右，以证明此书为志之意。

三、宋潜说友《临安志》有疑义者，加以分注者据之学原浅人所难，但此例用之通志，或可谓无征不信，若县志皆耳目所及，转引百千里外或百千年上所传闻者以为注脚，有信力未免太弱。唐荆川云，家之有簿，本以治生，非以矜奇；邑之有志，本以载事，非以博物，其意可师也。

四、纪年概遵现历，所以大一统也。但黄帝四千六百零九年以前，则以夏时为正；唐末之吴越，元末之龙凤，各有纪年，不尽从当时正朔者，事实使然也。而宋正之必纪益广，明正之必纪唐桂者，亦以事实依然，所以安诸烈士之心于地下也。

五、非史官不能立传，前贤早有定论。章实斋辨以左氏、公、穀皆非鲁之史官，何以称传，不知传经与传人异，前人对于名臣言行、先正事略，皆不称传，自有深意存焉。方志为纪事之书，一断语且不易加，况在传人。因仿宋文宪浦阳例，于人物一律称志。

六、志以代称，向例也。旧志因康熙间辛巳癸巳连修两次，专以代称，未易明了。乃有《朱彩志》《汪浩志》与《宋成绥志》之称。但此例人虽沿用而与前志正德、嘉靖、天启之以代称者，实乃自乱其例。因改书《宋成绥志》为《乾隆志》,《汪浩志》为《康熙续志》,《朱彩志》为《康熙志》，天启以上概仍代称，而《同治志》则书称旧志，于体裁较合。

七、旧志中遇有国朝字样，改以“逊清”或单一“清”字。前代庙讳之空格缺笔改写者，概与添补更正。间有道宪、府宪、县宪字样概须改以职名。原有邑绅、邑人、邑庠生等亦尽改以县绅、县人、县学生，以符官书体裁，个人之艺文听之。

八、郡邑之有图志，始盛于宋。宋志之可传者，杨潜《云间志》、边宝《玉峰志》，皆雅饬得体。但一代有一代之制作，不能强同。鼎革之际尤多忌讳，清季咸同兵事，设无世界眼光，所见类多不广，是乃黄黎洲所谓不得不改者。

九、郡名之下附以氏族所出，方志间或为之。宋王存序《九域志》，谓《禹贡》《周官》皆无氏族之文，且非当世先务。唐有林宝与今国府主席同一林也，其作《元和姓纂》，乃不知己姓所由，况在他族。故名宗雅望其有忠孝大节上符志例者，循序载入，如支流繁衍，别具幽光潜德，自有家乘可书。

十、古者妇孺皆识天文，毕雨箕风，攸关农事。自清乾隆四十六年所定《热河志》，将星野删去，各志遂往往不载天文。不知我本以农立国，天文学又为今世所尚，应仿明《正德县志》例，仍首天文，而以星野、象纬、气候与灾异并为一门，并将赈恤分注于灾异。

十一、地理所重，首在山川、山脉、川流，决非一县之疆域所能限。县属山川，如仙霞之有关全国南岭、瀫水之有关全浙南源，与寻常山川不宜等视，应与细为测量，以供地理学家之研究。乃以绌于经济，只凭采访一言，分裂遗漏知所难免。

十二、志例，物产在所必载。我政府早拟相其土宜改良种植，应予特殊注意。若县北之鸡爪粟、县东之树叶米，其形其质，他县皆所罕闻，产材自必优异。旧志将物产列于食货，而特产诸多失载，殊觉未安，因列此于地理而分载产量于食货。

十三、《乾隆志》例，谓邑志但志一邑，非是邑之专属，勿志可也。是必疆域确定，载笔方有范围，乃于地理外别志疆域，使守土者得知其职所在，而以沿革、面积、界线、都图、街巷等实之。

十四、旧志风俗载于舆地，立语高简而未易普遍。县属三百余里，各乡各有习惯，如二十七都之幽邃，二十八都之庞杂，皆有特具之古风。不提其要，以类志之，则国道一通，民风丕变，后无闻矣。陆稼书《灵寿志》志物产而不志风俗，后人因有未完之议也。

十五、旧志不载交通，而以津渡桥梁尽入舆地。今既邮电交驰，县道纷筑，自应别立专门。况县属铁道，尤为各行省焦点，交通在所必详。乃将旧日桥梁津渡列入，而以邮电与各路归之，并附驿馆铺汛，以存陈迹。

十六、建设即建置也。旧时建设，清光绪庚子岁毁去已自不少，自清湖大火，建设犹在必需，况修城劚濠皆为非常创举，而救济院又始告成，应与原有及新设各机关分载之。

十七、建设即建置也。地方担任专制，时代偏重独裁。吾民倚长官为生活，讵一人之精力有限，百姓之责备无穷，转生阶级之隔阂，政府洞悉其弊，厉行自治。此正自动之良机，所谓天下兴亡，匹夫有责，治国必始于齐家也。因独辟一门而以乡镇、户口、保甲等归之。

十八、仲尼之门，无道桓文，况在仙佛。但万物并育而不相害，道并行而不相悖，所谓民吾同胞，物吾同与者，自非分门别类以流派自尊者可比。矧今之中国，非仅释者为人钦重，彼谟罕默德以及摩西旧教，路易新教，山村僻壤，随地皆是。宪法所以有信仰自由之规定也，是宗教不得不书。

十九、刑法有志，肇自《班书》。各史遂多有师其意者。县志为一方之史，何以独不载刑法？以前代县官兼治刑名，偶有司理、推事等职，要皆属于州府，志县官而刑法已赅。近代司法独立，各有专署，县为自治单位，除政治处分外，于刑名之事已不相属，对于司法宜与别辟一门。

二十、旧学首冠圣庙，学制既改，孔子庙应随之改列。但前代儒官左右黉宫，而以教谕、训导为职。今则衍圣公、五经博士皆称奉祀官，各地明伦堂形同废圃，乃谨将孔子庙加入群祀之先，备载列朝崇典以待取裁。西儒有言，百年之内，西艺当遍行于中国；五百年后，孔子之道当遍行于地球，斯言不我欺也。

二十一、父党、母党、妻党，固为天然团体。自后世假以人为，而外邦之仿之者往往数十年演进一次，于俄则有马克思，于意则有法西斯蒂，各能本其宗旨，散布环球。我为党之古国，对于精神上反不能自立团体，转袭其名以互相残杀，识者所以引为漆室，忧也。迩既认定国民党为领导，自次机关，则今后治乱全在国民自省，其事当与政并书。

二十二、前代修志专重选举。某科某甲庆为得人，实则举人、进士皆由考试而来，于选举义无所取。停考以后，各校学生皆按其程度给以科举美名。旧制中学当时列于五贡，五贡为志例所当载，是书毕业当以高中始，其他学校有与高中程度相当者，例得并书。

二十三、参议、众议、省议各会，当时皆实行选举。只以贿选有人，15年后遂与举人、进士同弃，自应分期翔载，以留民主国之远模。若县议会名额太繁，相与留载议长，以觇政体之递迁。至十年内，新设各会，名义杂出，其已奉文并入财务、设计两会者，尽可不再。

二十四、封赠为例所应得，旧志别立恩荣一门，实袭章实斋恩泽等纪之谬。国体既更，此类宜与芟去。爰据陆稼书《灵寿志》例，将旧时封赠，附见所由封赠之人，而以旧志之戚畹、选侍等分载于人物。

二十五、旧志有仕进一门，分列恩荣之末，凡以载不由科举而入仕者。科举既废，五项并选之制亦除，入仕已无明定资格，则凡由学校或非学校而入仕者概列于此，以纪其官，但须以曾任实职为准。

二十六、户口、赋役，旧志皆载入食货。以前代合地丁为正税，方志故皆如此并列。今既改正税为地价与丁口，已全不相属，故将户口列于自治，以自治制须调查户口，而壮丁队又在保甲范围内也。

二十七、旧志兵防列入沿革，殊觉不类而类。今酌载兵制、民团与警政等目，冠以历代戎事，以暗合阮芸台所谓大事纪兼于保卫一目，递载基干、常备、保安各队，而定名为防御志。

二十八、各史艺文仅志篇目，汇载词章即同选本。爰据范成大志吴郡例，诗文皆散注各条，如言江郎者分注于山，言须女者分注于水，或其人有事迹则分注于人物。至时贤大著，例不轻载，其有关案牍而可以范世者，量与节录事实，以资考校。

二十九、旧志人物，别儒林、名臣、忠烈、武功等分科详载，迹涉评判前贤，俨然以方人自任，况右军不仅能书，右丞不仅能画，强为区别必至以一人散入数栏。新制两年以上客居有恒产者即与以选举权，流寓尤在所难辨，因仿薛方山通志例，概以时代为衡。其志列女，旧以节孝节烈分载，而范晔《书》与郑樵《通志》皆不限以范围，似应本褒扬条例之规定，将良妻贤母同列于人物。

三十、官师不肖，宜守为尊者讳之例。然止声色狗马、流连风物有玷官箴而无关民事，自宜曲为之讳。若遇灾异大故而颟顸如王令执中者，当据康对山志武功例，引其故档，择尤纪及，使知一县受害之由。

三十一、稗官小说以及游记预言，有万不能入志而可资一县掌故者，据前贤杂俎、偶谈之例，别为拾遗一卷。芟繁就简以凭后日之取裁。

三十二、欧阳《唐书》，文省而事增于旧，后世韪之。方志非断代之书，不稍与以严格，逐次增羼，将有汗牛充栋之忧。昔《汉中府志》载及木牛流马、《武功县志》载及璇玑织锦图，清王文简亟称之，而梁章钜谓为爱博而非古法。各志造一祠庙，修一桥亭，往往以搢绅巨望下与僧道争名，广为点缀，殊觉无谓。

三十三、校雠之学，古人所尚，偶有舛误，人地皆非。如经明之当作景明，雅儒之当作稚儒，目连之当作木连，或为前人擅改，或为后世沿伪，自当量为更正。但相传既久，众口铄金，亥豕鲁鱼，成为风气，清朱竹垞精于校勘，而《曝书亭集》尚多失，检讹以传讹，识者甚勿笑为无知。

三十四、县志辑于正德庚辰，再辑于嘉靖甲辰，《天启志》则成于兴业张大令。越明，而清康熙间辛巳癸巳连修两次，乾隆丙申宋尹集其成，同治癸酉王尹补其缺，以嗣以续，各前县实具苦心。乃正德修志适值大兵，一令远兼两职；万历修志，适际大旱，一局延至廿年。始基未固，善继为难，矧当兹既旱且既兵，其难更倍。犹幸明《天启志》有蒋晋江相国预为抄存；清《康熙续志》有宋岸舫词宗亲加搜辑，师资不远，旧轨可循。只以政体叠更，立言匪易。应增应削，具有深心贤者，当不余责也。

卷之一　天文志

古者妇孺皆识天文，水旱之事可以预防。自占验涉及吉凶，世乃以营惑为非，但流火凿冰，气候所系；飞星陨石，灾异攸关。县治旧以须女名，则对于耕与织相需犹切，故躔次所维，上值虽仅纤纱，而农家之丰歉著焉。志天文。

第一章　星　野

《周礼·保章氏注》：星纪，吴越也。

《史记·正义》：须女四星亦婺女。南斗、牵牛、须女皆为星纪。于辰在丑，越之分野；而斗牛为吴之分野。

《汉书·天文志》：斗，江、湖。牵牛、婺女，扬州。

《汉书·地理志》：吴地，斗分野也。今之会稽、九江、丹扬、豫章、庐江、广陵、六安、临淮郡，尽吴分也。越地，牵牛、婺女之分野也。今之苍梧、郁林、合浦、交趾、九真、南海、日南，皆粤分也。

是则斗、女、牛之分野，所占甚远。即以全浙而言，尚不足以尽《禹贡》之扬州、汉之会稽郡，况以今一郡一邑指为牛、女分野乎？特以其地亦属牛女之分内，则亦不得谓之非牛女，至牛女之为吴为越、或分或合，皆可不辨。据《隋书·地理志》，金华为婺州，以天文婺女而名，而唐之衢州，又以婺州析置，因之置须江县，此须女之说所昉也。

《后汉书·郡国志》注：自斗十一度至婺女七度，一名须女，曰星纪之次，今吴越分野。

《后汉书·律历志》：自斗六度至须女二度，谓之星纪之次，越之分野。

《晋书·天文志》：斗、牵牛、须女，吴、越、扬州。

《吴地记》:《禹贡》扬州之域，当摩蝎斗牛之位，列婺女星之分野。

《乾道临安志》：两浙路，当天文南斗、须女之分。

《清类天文分野之书》：衢州府,《禹贡》扬州之域，牛女之分。

《内纬秘言》：牛二度，衢州府西安、江山二县，入二分之六。女二度，衢州府龙游、常山、开化，入七分之八。

《乾隆志》：起斗十一至婺女七，本陈卓说。起斗六至婺女二，本费直说。古测衢州牛女分野，今测衢州斗四度。

汪浩《星野辨》：江山本衢支邑，原隶两浙。浙，古会稽地也。晋《分野志》谓会稽入牛一度，而浙省《通纪》则概云属斗，《清类典·天文书》又谓，衢州自牛五度至女三度。夫斗与牛、女俱在丑宫，实元枵之次。而江山旧志专系于牛。余锡又谓当在于女，以须女泉为证。按:《天文志》谓泗水入女一度，而二度已过子宫，则又星纪之次矣。一度相去二百五十里，或云四百里，或云二千九百三十二里，两朝《天文志》谓牛宿去极一百八度半，女宿去极一百四度半，则斯邑之属牛属女，安得以管窥定之？《左传·鲁昭公十年》，有星出于婺女。禆灶指为齐、薛之占，则知女星十一度，所该者广，又不得泥以须泉之名也。一行谓星之与土，以精气相属，而不系于方隅者，此说近之。

原按：十二次所属，子为元枵，丑为星纪。据辨斗与牛、女俱在丑宫，实元枵之次。而下谓女二度已过子，则又星纪之次。子、丑互易，恐有误字。

案，宋建炎四年朝散大夫县人毛随奏对行在，言岁星所在，国（不）可［编者按：底本“可”字前漏一“不”字，据旧志（《同治江山县志》，下同）加］伐，汤之元祀，岁星顺，与日合于房心。宋亳分也，武王还自孟津，至于丰。明年岁星与日合于柳建，留于张其，分野实河洛之墟，故武王定鼎洛邑，而周公讫营成周。今年冬，岁南躔于斗，岁主福德。斗，吴越之会，与商周之事略同。天或将厌虏而兴宋乎？虏不复南矣，已而果然。是分野之说，往往有验于古者。

【韧曰】自普人康德、法人拉普拉士倡星雾及太阳系之说，意人格理来发明地球运动，葡人麦开伦（编者按：当为麦哲伦）复以回航一周，证明□□□□□□□□□□变其旧，谓欧美虓起。分野之说，既不□□□□□□□□□尽天体记，有曰天圆而地方，则是四□□□□□□□□□生与土，以精气相属而不系于方隅，似地圆之说。我所素知，不限方隅，亦为我之牙慧。但既有精气相属，则星与野自有相连之至理。名假定之星，分之假定之野，天体如有未尽，我先觉固自先有分野；欧美后觉，亦自后有分星。弃星野而谈天体，犹之废天地四时而置朝官秩序，攸关殊难武断也。我国妇孺，古者皆识天文，故物性与气候无违，而丰歉可决、水旱可以预防。后世帝王因占验而禁绝之，积久而此学渐晦，遂使异说朋兴。以新弃故，袭通商惠工之美名，专致意于一材一艺，根本大业视如无物。至全球欲禁而不能禁之机，能浅识者犹在艳称，而对于衣食所需（后缺）

第二章　经　纬

东经118度37分5秒，北纬28度44分30秒。

案，地图最初之根据，厥为经纬线。故测定各地点之经纬度，实为大地测量之基本工作，亦即分野之准确位置。本省于民国5年，在杭州旧藩署测量局建天文台，用子午仪观测经纬度，费时5月之久。纬度以泰尔考脱氏法，以代用天顶仪之子午仪，在天文历中选出31对之恒星，实测经度系用子午仪依太阴南中法，实测以英国格林威治为起点，结果杭州纬度为30度14分49秒15，经度为120度9分34秒，县之经纬度即由此推算。（编者按：本章《经纬》之文，原稿仅有末句。上文转引自政协江山市文史资料第九辑《江山民国史稿》）

第三章　气　候

古者二至之书，氛祲三时之纪，风雨皆为田家设，民生以衣食为先，为政者必讲乎此，而后可得而理。县属气候华氏表最寒无降至30度以下者，最热无计至98度以上者。其山谷深邃处或寒多于燠，余则大抵温和。相传农谚各占皆于农事极验，即以此为县之气候说可也，而书时书月仍遵习惯。

第一节　正月

斗建寅，日在室。一鸡、二犬、三猪、四羊、五牛、六马、七人、八谷。其日晴，所主之物育，阴则灾。元宵日初，占百果；日中，晚稻；日入，早稻。相传：

立春三日晴，不要问年成。谚云：

正月初一晴，大小麦铺田塍。又云：

正月二日风，有麦如糠砻。又云：

若要麦，须看正月三个六；若要面，须看正月廿。此言天晴又云：

未到惊蛰先响雷，七十二日天不开。又云：

月头看初一，月尾看廿七。

第二节　二月

斗建卯，日在奎。惊蛰雷鸣主本月多雨。次月旱，妨农。谚云：

二月二日晴，谷种要三瓶。二月二日雨，谷种不要理。又云：

二月清明莫向前，三月清明莫落后。言播谷种。又云：

黄荆叶包得谷，赶紧播种（编者按：当为秧）谷。又云：

春天无晴期，上树挂蓑衣。

第三节　三月

斗建辰，日在胃。三日听蛙声，午前鸣，高田熟；午后鸣，低田熟。唐诗云：

田家无五行，水旱卜蛙声。俗传一鸭晴，二鸭淋，三鸭跛田塍。谚云：

清明断雪，谷雨断霜。又云：

要早勿早看老檀，三月发□（编者按：□原写作上下两林，揣义或可作蕻。蕻，读作hòng，为嫩芽）种田白种。言檀树发芽太早。

第四节　四月

斗建巳，日在毕。立夏日，青气见东南，吉。否则岁多灾。立夏与小满日宜雨。谚云：

四月西风大水酵，过了芒种板壁撬（编者按：应为翘）。又云：

立夏不夏，高田也罢。又云：

小满不满，芒种不管。又云：

望夏吃麦，望秋吃稻。

第五节　五月

斗建午，日在井。立夏得雨，丰稔之候。相传不怕芒种夹端午，只怕三百五十五。谚云：

五月不用扇，早稻去一半。又云：

春寒多雨水，夏寒断水流。又云：

芒种逢丙入霉，逢癸出霉。又云：

芒种火烧天，夏至雨连连；夏至见青天，有雨近秋边。又云：

夏至三五日，早稻渐渐出。又云：

打鼓送霉，有去无回。

第六节　六月

斗建未，日在柳。立秋在月晦，则早稻迟。相传小暑豆腐大暑饭。谚云：

六月初一雨，人无粮牛无茹。又云：

六月不热，五谷不结。又云：

正月雷打雪，二月落不歇，三月田难耕，四月秧生节，五月六月铜锣铜鼓敲不歇。

第七节 七月

斗建申，日在轸。七夕以前占河影，没三日而复见，则谷贱；七日而复见，则谷贵。相传东虹（jiàng）日头西虹雨，南虹老虎北虹枪。 谚云：

知了屋角叫，新米锅里跳。又云：

大旱不过七月半。又云：

处暑离社廿七八，后豆乌麦光落秃；处暑离社三十一，后豆乌麦没得吃；处暑离社三十三，后豆乌麦牵牛耕。

第八节 八月

斗建酉，日在角。秋分一日不宜晴，中秋月光则无鱼。云重则知次年元宵多雨。谚云：

八月大，吃虫屙；八月小，吃菜脑。又云：

八月种芥，越批越矮。九月种芥，尿桶打坏。

第九节 九月

斗建戌，日在房。自一至九日，凡北风则谷价贱，以日占月可知。谚云：

初九无雨望十三，十三无雨一冬干。又云：

夏至有雷三日雨，重阳无雨一冬晴。

第十节 十月

斗建亥，日在尾。荆楚岁时纪天时，和暖似春，人谓之小阳春。

一日宜晴，此月宜多雨。相传液雨百虫饮之藏蛰。谚云：

十月十日晴，柴炭街上迎。十月十日雨，柴炭贵如珠。

第十一节　十一月

斗建子，日在斗。冬至日青云见于北方，吉，应来年丰稔，否则主灾旱。谚云：

冬至百六是清明。又云：

头九二九，汗出雨流。三九廿七，语说吃嗫。四九三十六，门前挂瑚铎。五九四十五，穷汉街上舞。六九五十四，提篮采野菜。七九六十三，路上行人脱衣衫。八九七十二，黄狗阴边坐。九九八十一，世界重新出。十九足，播秧谷。

第十二节　十二月

斗建丑，日在女。大小寒多风雪损畜。相传雷打冬，十个牛栏九个空。谚云：

年前白三白，来年好豆麦。此言春前落雪也。又云：

春雾晴，夏雾雨，秋露霜，冬雾雪。又云：

春甲子雨，赤地千里；夏甲子雨，撑船入市；秋甲子雨，禾生两耳；冬甲子雨，牛羊冻死。又云：

春己卯风，树头空；夏己卯风，稻头空；秋己卯风，塘里空；冬己卯风，栏里空。又云：

春丙申旸旸，无水下秧；夏丙申旸旸，晒死稻娘；秋丙申旸旸，晒谷登场；冬丙申旸旸，无雪无霜。又云：

四季甲申大雨，谷价大贵，小雨谷价小贵。

案，历日均以岁实岁差为主，阴历有闰月，有朔望。阳历止有闰日，以三百六十五日五时四十八分四十六秒为准。阴历有闰月，不便计算，故各国皆用阳历。光复后取与各国一致，改用阳历。年分十二月，其日数七月以前单月皆三十一日，而双月三十日；八月以后双月皆三十一日，而单月三十日；二月平年二十八日，闰年二十九日。以每周三年加闰一日也。黄帝四千六百零九年（1911）以后遵阳历。向之阴历夏建寅、商建丑、周建子，皆有朔望。子为天正，丑为地正，寅为人正。人事宜建寅，故孔子答为邦曰，行夏之时周之建子，与今历略似，惟朔望相异。孔子周人也，尊周室为其素志，而用历独与周反，何也？

第四章　灾　异

《春秋》书灾而不书祥，防侈汰也。旧志书祥数条皆迹涉侈汰。民国4年湖北发现石龙，政府不以为瑞，乃将灾异之有关农政者，据实书之，其符瑞则秉宋县人刘文靖公章（编者按：刘章谥号靖文）三朝史例缺焉，不书。

第一节　唐

元和元年。岁大旱，人相食。

【唐白居易诗】意气骄满路，鞍马光照尘。借问何为者，人称是内臣。朱绂皆大夫，紫绶或将军。夸赴军中宴，走马去如云。尊罍溢九酝，水陆罗八珍。果擘洞庭橘，脍切天池鳞。食饱心自若，酒酣气益振。是岁江南旱，衢州人食人。

第二节　宋

至道元年，大有年。

咸平五年，饥。提点两浙刑狱钟离瑾发米赈给，家毋过一斛。

元祐末，旱，不为灾。

【宋县人毛滂祷雨诗】雨意不肯休，垂垂阁云端。余暖蒸衣裘，势作堕指寒。曛黄阴雨来，俄忽已弥漫。空阶答檐语，跳珠上栏干。世尊俨无说，冻坐谁为欢。萧条僧舍影，痴兀依蒲团。相照怜短檠，坐恐膏油干。劳生竟何如，岁月如走丸。七星在长剑，细事何足弹。尚想丘园人，嘶颊时一丹。徘徊经屠门，饱意只自谩。顾惟淬牛刀，庶足厌一餐。不然学农圃，趁此筋力完。年丰得饱饭，日晏眠茅莞。咄嗟万里空，俯仰百岁殚。行止信流坎，所遇随足安。勋名片纸薄，天地如瓢箪。离骚幸相逢，浊酒聊自宽。谁与谈此心，夜气方漫漫。绝墙过饥鼠，翻倒争余残。

【苏轼次韵感雨诗】江南佳公子，遗我锦绣端。揽之温如春，公子焉得寒。兴雨自有时，肤寸便蒙漫。敛藏以自润，牛斗何足干。空庭月与影，强结三友欢。我岂不足欤，要此青团团。所欢在一醉，常恐樽中干。舍酒尚可乐，明珠如弹丸。但恐千仞雀，匆匆发虚弹。迨子闲暇时，种子田中丹。一朝涉世故，空腹容欺谩。我顷在东坡，秋菊为夕餐。永愧坡间人，布褐为我完。雪堂初覆瓦，上簟无下莞。时时亦设客，每醉铁瓶弹。一笑便倾倒，五斗得轻安。公子岂吾徒，衣钵传一箪。定非郊与岛，笔势江河宽。悲吟古寺中，穿帷雪漫漫。他年记此味，芋火对懒残。

绍兴十四年，大水。

二十四年，饥。

淳熙六年，夏霪雨，秋大水。

八年，饥。七月不雨至十一月。

移朱熹提举常平出内库钱赈籴。

【朱熹衢州救荒状云】衢州常山开化水旱最甚，江山次之，西安龙游又次之，通计其实，不减婺州。但缘当时州郡吝于检放，常山开化系灾伤极重去处，而常山所放仅及一分六厘有奇，开化又止一厘一毫而已。故文案之间，但觉灾伤轻可，而两邑之民阴受其害，不可胜言。闻得岁前死亡已多，今之所见，羸饿之民亦有胜于婺州诸邑者。西安虽轻于两邑，而闻芝溪一源，向来俞七、俞八作过去处，人民已极困悴，加之守倅皆已逼替，吏民解弛，无复条贯。臣窃忧之，已辄行下本州，所得朝廷许拨义仓米五万石，内将一万石专充赈济，专委曹官两员、乡官三员，分县措置收拾。饥饿羸困之人，貌验支给，伏乞睿旨。

【朱熹弹王执中疏】传到报状云云，浙东久阙雨泽，近自衢州江山来者，本县被旱最甚，苗已就枯，民尤乏食。邻邑有米可籴，禁遏不令出境。江山之民为饥所迫，已有夺粮之意。似闻衢信间更有如此等处，若不预行措置，窃恐小民无知，易致生事。乞令有司，检举闭籴。指挥申严行下，已奉圣旨，依熹照对。昨巡历至江山县，见得知县宣教郎王执中，庸谬山野，不堪治剧。士商词诉，称其多将不应禁人非法收禁，人数极多，尽是公吏画策，务要苛罚钱物。后来疫气大作，入者辍病，反以此势吓胁平民，科罚取财等事。熹以所论不系本司职事，兼本官只是庸谬，别无显然赃私罪犯，遂只行下本县禁约去外。熹又闻衢州诸县，新谷未登，街市全无客贩，及上户闭籴，绝少米斛出粜，数县内江山尤甚。遂即行下本县，将去年已拨官米及上户未粜米斛，接续出粜。如有贫病无钱收籴之人，即行赈济及煮粥存养。其知县王执中，一向坐视，并无一言报申。却据衢州府缴到诸县所申，米价每升皆四十文上下。其江山县状内，独称大禾米每升止粜一十八文，小禾米一十七文，足比之诸县米价，大段辽远，与所访闻事体不同。方于六月二十九日行下，追本州县人吏赴司根究。今者伏睹前件，臣僚所奏本县饥民夺粮事理，上勤圣虑，特降指挥，而熹备使一路，曾不闻知，其本州县全无申报。在熹无所逃罪。其知县王执中委是弛慢不职之甚，难以容令在任。除已行下衢州，定将本官对移闲慢职事外，须至供申。

嘉定三年，大水，蠲赋。

八年，春旱至八月乃雨。

十年，饥，多盗。郡赈之。

十四年，大旱，蟊螣为灾。

十五年，久雨，江涨害民舍。

淳祐十二年，六月丙寅大水。发粟赈饥，遣使分行存问，除今年田租。

景定四年，饥。发米三万石赈衢、信饥。

咸淳二年，饥。令守令劝诸藩邸发廪助之。

第三节　元

至元十三年，大旱，饥。斗米钱五贯。

十九年，壬午有寇患，学宫灾（编者按：应为火）。

二十二年，饥。

大德元年，大水。

泰定二年，饥。

四年，七月大雨水。发廪赈饥，给漂毙者棺木。

至正十八年，冬，雨黑黍，草木皆花。

第四节　明

洪武三年，饥。免本年税粮。

六年，饥。蠲免税粮。

建文三年，六月蝗。蝗自北来，食禾穗，竹木皆尽。

永乐十四年，大水。

正统七年，八月天雨雹。大如鸡卵，林巢屋瓦皆碎，人亦中伤，后复大旱，人多饥死。

景泰五年，大雪。自正月至二月，凡四十二日，深六七尺。

成化初，大旱。饥。

九年，夏大水，行舟入市，坏民庐舍。

弘治三年，夏霪。降水骤涨，坏田庐无算。

十年，城市火。

十一年，大旱。鹿溪潭尽涸见大石，有“戊午天大旱”五字。

十二年，大水坏田庐。视成化九年尤甚。

十八年，大火焚庐舍殆尽。九月十三夜地震，裂生白毛。

正德三年，大饥，饿者载道。

四年，大饥。雨黑子，形与山中枧子同。

九年，冬大雪。竹木尽损，有经春不萌者。

十五年，六月大水。宝陀岩与三清山有蜃同日并出。

嘉靖三年，旱，大饥。斗米一钱五。毛惟静散谷相济。

【徐知县万璧柬毛惟静书】昨承教语，欲以贤友今日之积尽散于穷民，以为将来义仓永远之举，甚盛意也。生谓一举之中，则周恤之仁、救荒之政为两得之矣！而吾友经济之学亦于此可见。昔范希文自做秀才时，便以天下之事为己任；张横渠尝欲以井田之法，行于一乡之间，初不以未遇而忘经济之心。今吾友此举，非即二公之心乎？宜速如来教，刻日行之，开起散过名数送来，以为同志者劝。闻风之下，其乐从者必众矣。生当以吾友之名，首闻于上也。

五年，大旱。飞蝗蔽天。

八年，五月大水。八月十一日雨雪。

九年，四月初五日雨雹大如鸡卵，竹木皆秃，牛马有死者。秋旱，岁大饥。

十八年，夏霪秋旱。自四月霪雨至六月，漂没人畜无算，六月至八月旱，竹木皆枯，人多疫死。

十九年，蝗。

二十一年，六月蝗为灾。六月二十四日蝗自北来，飞蔽天日，食禾苗殆尽，县令捕之至七月初四日散去。

二十三年，四月至七月不雨，民饥。

三十九年，夏五月六月不雨。知府杨準请赈。

四十一年，夏五月大水。知府李遂请赈，免杂办十分之四。

四十二年，春霪，霪止即旱。

【县人毛恺与谷近沧书】十余年来，浙中困于军饷，盖昔无而今有者也。夫海汛之防，宁能去兵？尚恐屯戍欠要，老弱未祛，则所费为冗。向蒙剑门、羽泉二翁，前后题减各数万，民获一分之赐矣，今又不能不延颈吾翁耳。处州矿寇不时窥伺吾衢，每一窃发，乡间老幼辄窜匿深山不暇，即如生家，僻处一村落，族中眷属，无不皆然。联保甲以稽积宄；饬武备以折奸萌，似为要务。又今春台郡大水，金、衢、严、处率罹旱灾，缓征、议赈、备盗数者，目下至急也。至于惩贪奖善、薄赋轻徭、兴利去害，俾一段真精神真命脉，流行著察于所属郡邑之间，以致于太和，是在翁稍出其绪余云耳。

万历元年，霜降日雷电大作。

三年，五月至七月不雨。米价贵。

七年，螟，东南乡尤甚。

九年，虎乱。知县易做之募人擒获，破其腹，指甲盈升。

十年，大水，饥。推官胡以準出赈。

十五年，大水。

十六年，大旱。疫。

十七年，大旱。饥民载道。知县张斗赈之。是年光禄寺监事县人徐伯美捐谷千石。

二十二年，春大风拔木，夏大水。

二十三年，惊蛰大雪盈天。虎至郭外。初夏大水，五月旱，八月大火。先是元旦三日，居民拾得一钱，四面火字相向中，皆硃色。八月二十三日自雅儒坊延烧百余家，时讹传次月十九日当复发，是日果复延烧凡二十余家。自是城四隅，一日火三四发。太守岳万阶至邑设祭，投前火钱于通明巷井内始安。是年为五异。

二十六年，夏大旱。斗米价二钱。知县蒋光彦立法于市乡，煮粥救饥。

二十七年，夏大旱。

二十九年，八月江郎山火灾。是月二十七日，见中石之巅微烟渐起，向晚纤雨，雨后闻雷击声，火势烛天，映数十里，七昼夜不绝，烬余，古柏木从巅坠下，其香扑鼻。是年矿监委官搜掘土青，一邑骚然。

三十二年，秋日中，飞絮疫作。俗名羊毛瘟，市乡死者无算。

三十三年，十一月初九夜，地震。

三十四年，大疫。

三十六年，旱。

三十七年，复旱。

四十年，大有。秋，县治内翠柏开丹花。

四十二年，夏，九都积青山（出青山）裂。压田数百亩，有采樵者移至隔陇前山。

四十三年，旱。

四十五年，春大雪。

泰昌元年，冬，木冰，乳枝俱折。

天启元年，夏十九都地陷。秋旱民饥。

三年，春，城东隅地陷，广丈余，池水震荡，皆碧色。夏四月大水，九清桥圮。

崇祯八年，蜃。大水没田庐。

十三年，大饥。知府张文达出赈。

十五年，步鳌峰石崩，声如雷。是年二十七都闽人种靛者，揭竿起，屠戮张村、石门、清湖等处。兵道檄知府张文达督金华游击讨平之。嗣后土寇窃发无虚日矣。

十六年，旱。

第五节　清

顺治三年，大旱，斗米八钱。人采木皮土粉充饥。

四年，大旱，饥。

六年，西乡虎为患，有全村罄食无余者。

七年，西乡虎复为患。

八年，旱，斗米五钱，民多饥死。正月免万历间加派地亩钱粮三分之一，二月免人丁徭役有差，八月免五年以前民歉，儒学贫生于学田内动支银米赈给。

十一年，旱，斗米三钱。复遭寇乱，饥民载道。

十二年，夏大水，秋大旱。户部覆准命各省地方官照京师例设厂煮粥以救饥民。

十三年，西乡虎患。毛塘一路二三十里间白日食人，近山田地皆芜。

十五年，东乡虎患。猎户以弩射杀，抠出指甲数升，东岳庙前一虎被石栏压毙，凡六年患除。

十六年，大水。

康熙二年，大水坏田庐。次年为浙东郡县抛荒等事蠲免田税。

四年，六月大风雹。

五年，旱。

七年，大风拔木毁屋。

十年，大旱，蝗。禾苗尽槁，兼被蝗食，民往数百里外负米糊口，死者无算。

十三年，耿精忠乱，死无算。

十五年，八月乱平，残黎载道。次年因流亡未复，田土尽荒，题蠲从前逋赋，招抚开垦。

十七年，大旱。蠲赋。十八年蠲免本年丁银。十九年蠲免本年丁粮，有差。

二十年，大旱。二月暴风发。四月十六日未时大风雨。其风骤起，大雨如注，满城房屋撼动，倒坏更多，且压死居民。

二十二年，正月雨至四月。二麦尽烂，米价潮涌。

二十五年，闰四月大水。舟通城市，桥梁尽圮，田庐漂没，死者无算。免被灾田地银。

二十八年，正月南巡，全蠲本年租赋。

二十九年，大冻。

三十三年，秋螟。

三十五年，四月至五月不雨。

三十六年，夏大旱，八月雨雪。菽类尽死，居民采蕨充饥。

三十八年，八月大水，冲没田地。

是年三月南巡，免三十四、三十五、三十六三年未完银米。八月以大水故，兼免本县被灾田地银两，发仓以赈。

三十九年，秋旱大饥。免被灾田地银两，发仓以赈。

四十二年，旱。免被灾丁粮，发谷赈饥。

四十三年，旱。免灾田地银赈饥，次年免丁粮有差，四十五年免四十三年以前未完银米。

四十六年，旱。蠲赈有差。

四十七年，四月初七日雷震步鳌山，石笋折。七月十一夜大水坏庐舍。蠲免丁粮有差。四十八年又蠲免丁银。本年后复奉文免于预借南米。

【汪浩详文】查看得南粮一项，夏秋停征，此诚仰体皇仁至意，而转运补解，实为地方重累。在民，以长易团，卖贱买贵，每石已多三四钱不等，而舟只费用，胥吏浮冒无算也。在兵，驻防枫岭营，赴省搬领，七百余里，山路且居四分之一，舟夫运载，动费无穷，而守领未可刻期而论也。至于印官之苦，尤为万难。征银易米，少则累官，多则累民。卑职履任伊始，适当南米还解之时，爰集绅士耆老议价征解，众口哓哓，旬余未定，迹似阻挠而情实可矜，非如他事刁玩，可以王法惩之也。今嘉捷等既情愿春季多输，以备夏季兵食。而江邑夏杪秋初，早禾告成，本于秋季兵食无误，无容预借。则在民有本色便输之乐，在兵有朝领夕飧之欢，印官亦无议价凿枘之难，洵一举而三善备焉者矣。附王嘉捷等呈文。

【王嘉捷呈文】为恳恩详请就近拨给以苏民累事。窃惟江邑南米一项，历来拨给枫岭、衢协二营，在民有本色就近之乐，在兵无赴省领给之劳。载在县志，诚为两便。自三十八年为仰体皇仁事，夏秋停征，预借省仓支给，冬时完补，讵非生民厚幸？但地各不同，法难画一。江邑居浙之上游，山高河浅，雨集辄涨，雨止立涸，视他邑输挽最难。如今年夏秋所借省仓七百余石，现拨归安、长兴、海宁等处偿完。即由江之衢，不过百里，尚须鸬鸟船百六七十只，方能载入大舟。兼之盘塘过坝，脚费无算。倘遇骤风暴雨，糜烂堪嗟，此运米之万难者也。外此，惟有征银就近易米一法，然江米形长价贱，南米形团价贵，卖贱买贵，民累已极。矧异地买运，动经数月，收兑候批，更难刻日。而且吏胥侵浮，不可究诘。往往以一倍之费竟逾两倍，此又征银易米之万难者也。捷等未受停征之益，反受停征之累，有怀欲吐，已非一日。幸遇抚宪，利举弊革，俯从民便，已准金华就近拨给之请。捷等情愿春季多输，以备夏季枫岭营兵食。至于秋季，江邑地暖禾早，夏终收获，正可及时支给，无庸借兑，万不有误兵粮，自贻伊戚。伏乞仁天，轸念民瘼，赐文详请在各宪，得悉艰难，自为俯允。则江民世世顶祝，而营兵戴德亦无既矣。

四十九年，预蠲五十年丁粮。

五十年，东岳庙前有虎。

【汪浩驱虎文】闻之虎豹在山，樵苏不采，况逼近我城郭，惊恐我人民耶？近者南门之外，三虎昼出，自辰达午不退。虽驯而不害，来匪其所。惟神威灵服猛制虎之命，潜驱而阴率，俾归于深山密箐。我人民无恐，虎亦远害，神实职之。敢告。

五十一年，秋，螆食柏子尽。

五十二年，六月大旱，至十月乃雨。

【汪浩备荒论云】闻之上古有荒岁而无荒民，晚近有荒民而无荒政。然四方之备荒，旱潦每居其半，而江邑则忧旱者其常，忧潦者仅见。此虽地势使然，亦人谋之未豫也。通一邑而论，东北为众水所归，田素少灌溉，犹易与耳。若西南万亩绵亘，田独多，播种以后五日不雨，苗辄瘁；十日不雨，苗率枯。然则，补救之法宜何如？不闻刘氏之言乎：救荒不若备荒之有素，防旱不若备旱之有方。诚能思盛均三旱之说，仿《周官》遂人之遗，于泉脉流通之处，大为沟洫浍川之制。袁氏所云，雨旸在天，而时其蓄泄。以待旱涝者，人也。法宜劝地主素封之家，先事图维，通力合作于农隙之时。计田多寡，均出工资。凡污莱砂砾，畚其土而潴为塘，塘愈高而潴愈广。彼小民有志而无力，惟在上之人亲为倡率，俾豪右竞致其忱，既免临事张皇之苦，并无强弱争斗之形。一乡任而行之，众乡从而效之。备之于一时，即可行之于永久。此即《周礼》所谓：主以利而薮以富，用力少而见功多之实政也。又何必奔走群望，呼吁当途，鞭雷公而讼风伯乎。

五十六年，灾。

户部覆准浙江新城、诸暨、武义、西安、江山、常山、分水等七县，衢州一所被灾田亩，应免银照例蠲免，其被灾难民动截留漕米，委员赈济，仍于被水、被旱、成灾、不成灾地方均行平粜，被灾各州县现年应征地丁钱粮，旧欠漕项地丁银米，均令暂缓催，十一月复奉概免征收。

五十八年，灾。

十月户部覆准浙江西安、江山等二十一县并衢严二所被灾田亩，应免银照例蠲免，即动存仓米谷，遴委贤员按明户口散赈。

乾隆十七年壬申，夏大风雪。

三十一年丙戌，六月十四日，大雨雹。

五十五年，冬十二月大雪，木冰。枝断树折，坏屋伤人。

五十九年，夏无麦，冬十有二月大雷电雨雹。

六十年，夏大水。五月二十一日狂雨经昼，夜山水暴涨，坏田地桥梁庐舍，毙人畜。

嘉庆四年，夏无麦，大旱。

七年，夏大旱，饥。绅富捐米平粜，设厂一百余所，知县闻于巡抚阮元，旌以“义辅常平”额者十家，布政使给额以奖者十三家。

八年，春饥。绅富捐资运米平粜。夏麦大熟。

【刘侃义赈歌】有皤者老，茕独无依。有嫠者妇，憔悴无归。有子者儿，日以啼饥。有残疾者弗能作，谁为抚之。叶一解

蔡公恻然，念此方割。丁壮能自食，穷民乌活。穷民弗活，我心如剟。二解

邑有义士，奖其出粟。邑有正人，俾察其乡族。月给二十日，日有三合。叶三解

老人嘻嘻，扶杖而来叶。受米以归，是蒸是炊。四解

嫠妇惸惸，遣儿入城。受米以归，倚户笑迎。五解

孤儿衣裂，不笠不袜。头蓬脚污，逢人指说。六解

残疾萎靡，躄躄以起。今此得食，将来不死。七解

蔡公仁厚，是我父母。蔡公仁厚，胜我父母。八解

蔡公来矣，我民饱矣。蔡公去矣，我民无告矣。叶九解

十三年，六月大雷雨，暴风。

十四年，立夏前三日，雨雪。禾苗尽萎。

十五年，夏麦大熟，秋有年。

【蔡英备荒帖】径启者，上半年各祠捐米平粜，甚属美举。但荒歉时有而捐输无定，恐非经久之策。愚见不如于丰稔之年，各族向殷户中，照田产多寡酌量劝捐。每田一亩则捐谷数升，公储宗祠，或即附在祭租，俾族长、董事秉公经理。凡遇青黄不接，

则减价平粜；或大荒之岁，则以借给贫户，此即社仓遗法。而各储于祠，各济其族，为数不多，当益易于料理。至有田之家，每亩出谷数升，力所易办，而受惠者众。愿诸君子共勉为此义举也，谨布。

二十五年。夏大旱，斗米五百。

道光元年，三月，霪雨为灾。

【刘佳辛巳饥民叹】去年盛夏天恒旸，浙东八郡嗟奇荒。斗米五百价日翔，草根木皮皆充粮。今年多雨麦又伤，麦花未吐麦叶黄，三月未种秧田秧。呜呼！去年无禾犹尚可，今年无麦饥杀我。老农日日田头坐，仰天呜咽泪交堕。我语农人汝勿哭，君王心似光明烛。许开官仓贷官粟，赎牛租具插新禾，且忍饥肠待秋熟。

三年，夏大水。

九年，秋，江郎山火。七月十三日申刻，迅雷下震山石触电，延烧两昼夜，光烛十里外。

十三年，大水，饥。

十四年，大饥。秋有年。

十五年，夏大旱，自四月不雨至八月乃雨。苗稿苦饥，捐资设厂以赈，岁虽大歉，民赖以安，请旨给奖有差。

【徐文炳旱灾行】吁嗟乎，天胡为乎惨降此灾荒，田禾稿死人流亡。有田千亩不满百硕仓，穷户安得复有颗粒藏。睹此景况迫中肠，能无悲泣呼穹苍。岁今旃蒙协洽当，前年两度旱罹殃。秋谷歉收米价昂，道殣彼此遥相望。今春二麦喜登场，耕氓鼓腹幸少康。四月之杪雨沱滂，乘水翻犁遍插秧。继以耘耔颇匆忙，讵意从此日亢阳。咒龙鼓角喧祷禳，嗟哉旱魃太猖狂。焦金烁石火微张，罫田熯干龟坼长。中间不乏小雨洒甘浆，禾复抽青苏焦黄。无如烈火炙犹强，歊阳睒睒生角芒。再发三发起复僵，枯茎虽有尽秕糠。间有大江近水乡，桔槔梯上挂山梁。其奈五里十里空皇皇，涓流早已竭池塘。及至秋分以后始得沛汪洋，屈指已逾百有二十之流光。（自四月下旬一雨，阅五月六月闰六月七月俱不雨）可怜三时作苦脱裤裳，有秋失望空仓箱。从此妇子泣喤喤，剥榆掘草日不遑。噫嘻！日乌三足朝升翔，山蛇四翼告不祥。如此赤地遍村庄，灾黎何以度星霜。安得救荒大力济时方，田能续命起痍疮。积财积福试婉商，活人行见后裸昌。我作为歌写悲伤，拈毫堕落涕双行。

【王恩诏赈饥记事诗】梓里频年庆岁丰，那堪厄运到旃蒙（岁在乙未）。阳侯肆虐波涛险（前年水灾城不没者三版），旱魃为灾杼柚空。月纪黄杨知数极（是年闰六月），野无青草识民穷。米珠市价如潮涌（斗米钱八百），忍听哀鸣集泽鸿。

乡村禾黍尽萧条，极目郊原似火燎。万灶炊烟寒欲断，四民生计淡无聊。有书空乞颜公米，无路堪吹伍相箫。太息天灾恒代有，不图今岁值元枵。

大吏心存保赤诚，发棠重请为苍生。场开广厦依萧寺（设局城中海会寺），士集彼都仗老成。乞籴邻封思济众（往江西各路买米），救荒善策仿常平（各乡设平粜厂）。蹄涔何异甘霖沛，万口欢呼起颂声。

户口丁男簿籍操，灾黎白屋免逋逃（先立丁口册，计口给米）。馈贫粮许持三日（给三日粮，周而复始），输粟舟应集万艘。富室指囷同鲁肃（各处劝捐谷米，有多至百石者），通衢施食有黔敖（沿途有施粥者）。梓桑情谊原须笃，惭愧当途四字褒（事毕蒙大宪奖给“谊笃桑梓”匾额）。

（编者按：本诗字句按旧志校核）

十六年，秋，大有年。

十七年，麦大熟，秋又大获。

十九年，六月，天鼓鸣。

二十一年，十一月，雾木成冰。

咸丰三年，夏大水。饥。

六年，秋有虎患。岁大熟。

八年，正月竹实。三月城陷。死者无算。

九年，六月，雨毛。

十年，八月，西山白羊成群，倏不见。

十一年，十二月，冰，河水成冻。

同治元年，灾。蠲免银米。

二年，大疫。饥。

三年，大疫。

五年，夏大旱，蠲免二年未完南米。

六年，夏，江郎山鸣。

十年，四月，蝗。

十二年，七月十八日雨雹，树木皆折。蠲免六年以前未完银米。

光绪六年，四月，慈桥亭街火。七月，三圣殿巷街复火。

八年，五月，水没达下（达河）及大溪滩上坂与古林滩二处，淌去民田一百余亩，墙屋坍塌无遗。

十二年，四月十三日，大雨雹。石门镇石桥石坊被折，并压毙人畜。

十三年，正月初一夜，大雷电，风雨彻晓。

十四年，五月，大雨雹。六月，雪泉化赤，数月始清。

十五年，六月，大水漂没田庐。

十七年，暴风雨。文溪书院西廊全圮。

十九年，九月二十二夜，天降荧惑。溪滩盛传匪，匪入县城，已分窜至浮桥头，村民正在观剧，一时台下大乱，夺门逃命，拥挤不堪，妇女花钿委地。五都平坦各村亦牵牛担杂物来奔，翌晨方知是谣。

二十年，七月，城慈桥亭街火。

二十二年，四月十六日，城市火。在镇离亭街。

二十四年，九月二十一夜，荧惑降。风传九仙山匪将占县城，居民互哄一夜。

二十六年，六月二十四日，城市大火。直街自税务前至达道门止，横街自文昌阁前至榴花厅巷口止，刘家福陷城时所焚。

二十七年，大熟。

二十八年，小南门有虎，乡民有被食者。

三十年，学宫前石牌坊无风忽倒，石梁皆断。截食柏成灾，人犯之手足皆肿。

三十一年，夏有虎，由篁嘉渡至近郊，噬犬豕并伤毙人命。知县李钟岳立山神于南门，禳之乃平。

第六节　民国

2 年，4 月，大风，百祜塔尖被折。

3 年，大旱。以荞麦救饥。

5 年，四乡有虎。12 月，大雪平地盈尺，河水尽冻。

6 年，1 月 2 日地震。9 月，安和坊街火，焚去房屋百余间。毙 2 人。12 月 11 日，天鼓鸣。

7 年，1 月 3 日 4 钟，地震。秋霪暴风损及禾稼。

8 年，4 月，雷击魁星楼。

10 年，3 月 18 日，雨雹。童家淤各村倒去墙屋不少，伤及二麦。秋又饥，米价大贵。

11 年，上坳头山崩。

12 年，大水，鳌塘埂决。10 月桃花开。明年臧杨军入浙。

15 年，北伐军入浙，县署改组。

16 年，山塘王文谟妻，一胎产三男。

17 年，截食松叶。

18 年，大水。仕阳乡发生虫灾。

19 年，斗米价 2 圆。冬节日雷鸣，牛疫。

21 年，4 月雨雹，大如鸡卵，农作物被伤。6 月蝗。

[民国江山县志 37 年稿]

编纂名单

民国35年9月成立“江山县修志馆”

县　　　长：林希岳

修志馆馆长：毛常，后改毛钟騄

副　馆　长：毛以成

成　　　员：叶笑雪　毛世昌　郑裕仁

民国37年9月，县长陈颂文，向江山县修志馆发出裁撤通知。

（编者按：由于本志稿卷帙不全，无卷首。上述资料，摘自政协江山市文史资料第九辑《江山民国史稿》）

卷之一　沿革志

第一章　沿　革

唐武德四年，分信安置须江县，以城南有须江也。八年，废。永昌九年（编者按：查新旧《唐书·地理志》，俱为永昌元年，1990 年、2013 年版《江山市志》也已作永昌元年），分信安复置。——《旧唐书·地理志》

衢州信安郡须江。——《唐书·地理志》

本信安县之南川。——《太平寰宇记》

吴越改须江县曰江山。——《十国春秋》

衢州领县江山。《地理表·注》：本唐须江县，吴越改今名，以邑有江郎山也。

五代唐长兴二年，吴越改江山县。——《方舆纪要》

宋咸淳末，改江山为礼贤县。——《方舆纪要》《朱彩志》：以上县治，皆在今之礼贤镇。

元至元十三年，复礼贤为江山县。——《续文献通考》《宋成绥志》：《朱彩志》增"迁今治"三字，据《通考》文义，亦止复吴越时旧名，非必迁也。其迁自何时，不可考，姑阙疑。

衢州路领县江山。——《元史·地理志》

明太祖壬寅，改衢州为龙游府。癸卯，复称衢州，江山隶

焉。——《汪浩志》

清江山县属衢州府。——《汪浩志》

【汪浩沿革考】苏平仲列沿革于传志之后，宋潜溪谓其深得体裁。愚则谓天地定位而人事以起，因就建置而厘次之。按《旧唐书》：绩溪汪华，于大业末以土豪据郡境，并有宣、杭、睦、婺、饶五州。武德间归款，授为歙州刺史，总管六州军事，则此土在唐初当隶饶、婺之间。迨归款后，始有须江之称。其后或析或并，未有定名。至五季吴越钱氏，始更为江山县。自宋洎元，并无礼贤县名。旧志谓咸淳间改礼贤，至元间复称江山，迁今治。考王存《九域志》曰：江山县有礼贤镇。而《周益公游记》亦云：壬寅，发衢州。癸卯，过江山县。晚抵礼贤镇，宿太平寺。则礼贤之迁改不自元始也。况周正介在熙宁间有请撤学墙之说，朱文公作《儒学》与《景行堂记》，皆指此地，则自礼贤镇而迁改今治，当在宋初。而《通志》谓咸淳初改江山为礼贤，至元间复改礼贤为江山者，俱误也。

第二章 疆 域

县在府治西八十里。《清一统志》、赵镗《府志》、《浙江通志》俱七十里。东西广一百三十里。《衢州府志》：东西一百五里，南北一百六十里。《清一统志》《明一统志》：一百二十六里。明《广皇舆考》：一百二十九里。

东四十里至毛村石塔背，与衢县分界。《浙江通志》《衢州府志》：东二十五里至本府西安县纡溪源青山。自界至县四十里。旧志：三十五里。

南一百三十五里至枫岭，与浦城县分界。偏东为安民关，偏西为六石关、为五显岭，俱为江山县界。《浙江通志》、《衢州府志》、旧志俱南一百二十五里，至福建建宁府浦城县界小竿岭（编者按：此处应为大竿岭）自界至县一百里。

西七十里至庙底坳，与玉山分界。偏南为道堂，偏北为大桥，俱为江山县界。《浙江通志》、《衢州府志》、旧志：西七十里，至江西广信府玉山县界栗木。

北二十五里至砚瓦山界牌，与常山县分界。偏西为老屋基，偏北为下塘洞顶。《浙江通志》《衢州府志》：北二十五里，至本府常山县界竹荆。自界至县二十五里。

东南一百二十五里至东碛牛皮岭，与遂昌县分界。偏东为牛背岭，偏南为洪公岭，又南为苏州岭，俱为江山县界。《浙江通志》《衢州府志》：东南一百里，至处州府遂昌县界东碛岭底。自界至县三十里。旧志：东南一百里，至处州府遂昌县界东碛岭底。

西南九十里至官溪高路关，与广丰县分界。偏南为广渡嵩峰，偏西为何家墩，俱为江山县界。《浙江通志》《衢州府志》：西南九十里，至江西广信府广丰县界岩后。自界至县三十里。旧志：西南九十里，至江西广信府永丰县界岩后。

东北三十五里至后溪余家，与衢县分界。偏东为达埂，偏北为富筑街，俱为江山县界。《浙江通志》《衢州府志》：东北三十五里，至本府西安县界后溪。自界至县四十里。旧志：东北三十五里，至本府西安县界后溪。

第三章　城　垣

县向无城，矿寇时发，苦无防御。明隆庆元年，知县余一龙始鸠工相度，延袤五里，高二丈有奇，厚一丈五尺有奇，长一千丈有奇。每丈一城户主之。十丈为段，段长主之。十段，以义民主之。辟门凡九，东曰通昌、曰通禄，东北曰通宁，北曰通安，西北曰通化，西曰通兴，西南曰通贤，南曰通福，东南曰通和。各设城楼，雉堞鳞次。左踞文溪，右倚西山。故不穿濠，然雪泉之水，旧由西入穿街市而东出，筑城后拒使外向，故道犹存，春涝城坏。天启二年，知县张凤翼于通兴门左，凿窦引之，绕学官而东，风气回环，城郭完固。至康熙年间，故道湮塞，知县朱彩捐俸募浚，水循故道。于道光中叶，南隅城圮，又重修之。民国以来，旋坏旋葺。县长周心万，23年春创凿濠沟，以防□□，近因未浚，已塞过半矣。而城则于28年拆毁数处，以为航空之防御，便利旅行之交通，加以军民擅拆，一座山城，毁坏十之六七，惜哉！

第四章　经　纬

东经118度37分5秒。

北纬28度44分30秒。

按：地图最初之根据，厥为经纬线，故测定各地点之经纬度，实为大地测量之基本工作，亦即分野之准确位置。本省于民国5年，在杭州旧藩署测量局建天文台，用子午仪观测经纬度，费时五月之久。纬度，依泰尔考脱氏法，以代用天顶仪之子午仪，在天文历中选出31对之恒星实测；经度，系用子午仪，依太阴南中法实测。以英国格林威治为起点，结果杭州纬度为30度14分49秒15，经度为120度9分34秒。县之经纬度，即由此推算。

【汪浩星野辨】江山本衢支邑，原隶两浙。浙，古会稽地也。晋《分野志》谓会稽入牛一度，而浙省《通纪》则概云属斗。《清类典·天文书》又谓，衢州自牛五度至女三度。夫斗与牛、女俱在丑宫，实元枵之次。而江山旧志专系于牛。余锡又谓当在于女，以须女泉为证。按:《天文志》谓泗水入女一度，而二度已过子宫，则又星纪之次矣。一度相去二百五十里，或云四百里，或云二千九百三十二里。两朝《天文志》谓牛宿去极一百八度半，女宿去极一百四度半，则斯邑之属牛属女，安得以管窥定之？《左传·鲁昭公十年》，有星出于婺女。裨灶指为齐、薛之占，则知女星十一度，所该者广，又不得泥以须泉之名也。一行谓星之与土，以精气相属，而不系于方隅者。此说近之。

原按：十二次所属，子为元枵，丑为星纪。据辨斗与牛、女俱在丑宫，实元枵之次。而下谓女二度已过子，则又星纪之次。子、丑互易，恐有误字。

卷之二 地理志

第一章 山 脉

旧志：邑以小竿岭为祖山。蜿蜒百里许，至县西南斜驮岭分支，趋坳头，历旱坂，经樟山降，迄鳌峰；逶迤而下，穿田入城，结为县治。《康熙续志》所谓“旁分一支者”，乃斜驮岭之旁，非仙霞之旁也。

吾江诸山，以仙霞为祖山。来自南岭山系之大杉岭山脉，至此而为仙霞岭山脉之主峰也。由是分支者三：南为枫岭山脉，走龙泉；中为仙霞山脉之正干，入遂昌；北为怀玉山脉，发于仙霞北麓。西北行十余里，结为嵩峰；再北而望，两折西而两石回指；东北起为灵霄，向北蜿蜒于江玉边疆者，数十里入仕阳之西南境，北延郁为斜驮；由斜驮分支，东行隆为蚱蜢，陂陀迤逦，约二十里，崛起而为西山步鳌峰，蔚为庄严雄伟之县治焉。

【明永丰祝廷璇请罢矿坑议】嵩峰龙脉来自闽越，上接川蜀云贵，万有余里，与江山同出，会为金陵，朱晦翁亦尝言之矣。自嵩峰而上，荒远虽不可尽述，然其水分南北，有江海之别，固亦昭然可验。自嵩峰而下，折而北行，其左肩一线之水流注永丰，至龙潭入信河，会建、抚、章、贡诸水，潴为彭蠡，而北入于江；其右肩一线之水，由仙霞流注江山，至西安入衢河，会严婺诸水，合为浙江，而东入于海。故自嵩峰龙脉正脊蛇行，北为三清；又东北为大雄岭、马金岭；又北折为天目山，至金陵而尽。其脊以北，若信、饶、徽、宁、池，凡五郡；其脊以南，若衢、严、杭、湖、嘉、苏、淞、常、镇，凡九郡。山川行度虽分千衍万派，莫可致诘，而龙脉悉根于此。脊西诸水皆入江，脊东诸水皆入海。即是求之，其为金陵祖龙过峡之处，彰彰明甚。

县东2里，为**航埠山**。高5丈，周3里，其阳有鹿溪渡，帆樯上下，船行峡中，为一县奇观。诗载旧志，未录。

20里，为**渐山**，俗称大灵山。巍然秀出，上有偃王庙，旁发泓泉三，渐水之名始此。山顶有塔，已圮，其址尚存。县人徐逸平有记。石井岩与之相抗，旁有紫极宫，下临清溪，茂树郁翳，可容千余人。

25里，为**鹤鸣山**。巅有泉，不涸。昔赵清献登临于此。隔溪有青云洞，宋乾道间，里人凿石得此，内多蜕骨。洞旁一石株立，叩之有声。稍进，怪石蜿蜒，穴仅尺余，莫可穷极。与鹤鸣相并者，为徐王山。

徐王山，三峰秀峙。东麓押衙坞，乃徐偃王驻兵之所。

30里，为**神仙山**。崒嵂嶍嵘，上有泓泉。诗载旧志，未录。

去县东偏南40里，为**鹅笼山**。高60丈，上有龙湫。宋宣和七年，封其神为嘉泽侯。下有水帘泉，发于山巅，缘岩而下，若轻绡高挂。柳屯田为之记。

神仙山之东15里，为**白岩**　距县45里。山骨对下如垂钗。广一丈，深倍之；中平旷，可容百人。瀑流从巅下，如飞练。宋靖康中，邯郸李传正治圃岩外，名以“日涉”。诗载旧志，未录。

太阳山，在县东，去张村10里许。特出群峰之上，有泉石之胜。里人建有岱祠，极庄伟。

县东50里，为**步虚山**。在紫极宫前。巅有坛，为黄冠步虚之所。

由东而南，距县50里，为**独秀峰**。高45丈。明《嘉靖通志》：秀色为诸峰之最。

距县东60里，为**通济山**。有岩高4丈，广20余步。其深莫测，溜仅一线，达于峪窦。有石观音像。偏南相去，有罗汉洞。《天启志》：在石门院前，仅容一人入。《舆地纪胜》云，有施僧供者，忽一僧自言，我罗汉院僧也。受供已，脱只履置洞口而入，不复见。履迹犹存。

东去20里，为**鸡公山**。有石如鸡头对峙者，为鹅头突。远视，俨若鸡鹅相斗。

又去20里，为**白沙山**。其山脉，由南曲仄而来。

县南5里，为**景星山**，有宾旸洞。

【清马叙伦记】自杭州逆钱江而上，七百里至须邑。所过郡县，都有危峰奇峦，如西子颦，如公孙舞，如象王鼻，如狮子吼，如襟如带，如棋如罗。映江而峙者皆山也，都不知其何名。所识惟富春山，尤蜿蜒绮丽，有严光钓台故址，趁便舟不得上，抚其迹为恨。

近须江，北而南望，有石山岭岑，壁立迎人，而浮屠峙其侧，心窃志之。及抵须邑，询知所谓景星山者也。拂尘数日，乃邀毛子酉峰，请为向导，走往访之。拾级至山腰，从樵路行，得一庵，所谓小九华者也，有优婆夷居之。盖须俗丧礼，不用浮屠，以是无比丘、比丘尼。凡坊观、寺庵间，以优婆夷居之，亦以见须俗纯厚之未散也。

少憩，排棘而上，近山之巅，有洞窅然，仿佛吾州之烟霞洞，而险怪过之。面江临东，内可通入，所谓宾旸洞者也。入洞，道口可匍匐一人，望之如漆，乃持火蛇行而进。曲折数四，或高则攀，或下则跃，始信果有所谓羊肠鸟道者也。约百余步，忽逢巨窟，可纳百人。寒阴四通，道分歧路，不知所之，废然而返。

越三旬，复偕毛子酉峰、余子樾园、万子铸九、毛子敬居、遇卿并学友等二十余人，仍憩于小九华之庵。少顷，披葺而登。时久雨泥泞，履革底尤易蹉跌，万子竟不能从，众乃贾勇奋前。据景星之巅，有水一泓，清莹如吾州之龙井，争向盥沐。余遂越众扪壁，攀石跻其最上，斯真览众山而俱小矣。乃抵掌呼乌乌曰：此伯昏瞀人招列御寇之所也。仍缘壁下，与众访洞。秉烛匍匐，次第而入。虽余子亦不能从，止前所。忽闻蝙蝠声啾啾，烛之千百如大群，不知其何自来止于此也。噫，亦奇矣。

然，吾安知今日所谓人者，五十万年以前，不亦如此类也乎？是为记。

洞口颇窄，中极宽敞。凡五六层，内有石栏横界，杳不可测。以石投之，铿然有声。西为烟萝洞，可容20人。

南去10里　距城15里，为**心航山**。在清湖镇，里人毛应思结庵于此，有楼沼亭台，曲径逶迤，又有陆舠、听松团瓢诸胜。今皆陆续毁去。诗载旧志，未录。

小江郎山，相距里许。峭石悬潭，与浮梁映带，鲦鱼翕聚，宛然濠濮之间。诗载旧志，未录。

去城30里，为**云母峰**，一作云雾，俗名骑马尖。顶有龙井，长台人建塔其上。

相距10里，为**徐山**。山下有徐姓。巅有塔，有泉不涸；下有覆螺庵。西为**瞻岩山**，山有巨岩，可容数十人。

瞻岩山之巅，曰**鹞岩**。高百余丈，岩前夷旷，亦可坐数十人。鹞岩之下，有覆螺洞。旧志言，唐时比丘入定于此。至宋大观中，忽起，不知所之。因建圣庵于洞前。

万青山，距城40里。一作泛青，即旧志之洗仙山。言有渔者见洞口有道人，手招之不往，道人旋揭巨石，窒其门。诗载旧志，未录。

去10里，为**江郎山**。山高六百寻。一名金纯，一名须郎。《隋志》：信安县，有江山。即此。

【王韧按】江山界连福建浦城，浦城为汉之治县，属会稽南郡。孙权改称吴兴县。刘宋时，郡虽别属建安，须江尚未分辖，县境西南诸山，向为吴兴所属，可知。《浦城志》云，江文通尝令吴兴，能以风雅化民，邑人思之，因以名山。《隋志》：信安县，有江山。是隋以前此山之称，并无“郎”字，名县实本于此。文通名淹，尝为宋尚书郎，当时故共称江郎。此山向隶吴兴，因以江淹之贤名山，世人乃称为江郎。其说与徐偃王驻兵之地，邑人思之号曰徐王山正同，而与吴越改县之意亦合。自浙闽界分，浦城既失此山，而空留其说；江山有其山，而不知命名所由，记载家遂多不经之说。《文思博要》云，江郎化石，贤者易为误会，乃附数语于此。

诗载旧志，未录。

江郎山又南4里，曰**圣堂山**。高80丈，周15里，内有龙潭。

相距6里，为**白水岩**。高4丈。岁雩，有云自南出，则雨。又南10里，有风洞，俗名峡口吹。天将雨，则风从中出。《天启志》：洞临峡潭。

莲花山，在县南70里。由南而东，为石鼓。又东而南，为箬山。旧志：箬山，即茶岭。按：茶岭，在二十八都。

石鼓山，去城90里，距相亭东30里。山有十井，路绝险巇。井分上、中、下，言有龙居。其七井，路湿且潦；一井有石镜，煜煜生光，尤神怪。绝顶，俗名品尖，天霁望见衢城。相亭西，为六石岩。岩前有庵，昔有六石大悲者居此，故名。

与石镜岸然相对者，为**箬山**。高出仙霞之上，上有田，不涸。

嵩峰山，与广丰界。县南去亦90里。盘旋而上凡十八曲，极难登陟。峰顶有龙井，其水盛夏如冰。嵩峰之西北，有盘山，山形如盘，而盘亭在此。

去此10里，有**东华山**。形如笔，腋上有二小圆峰，下有三品庵。

仙霞山，距城百里。世所盛传之仙霞岭，即在此山。高360级，28曲，长20余里。诗载旧志，未录。

去岭10里，为**觑星山**。山势岿然，为众山之宗。登此可睹星辰。觑星山，去县治110里，高180丈。昔梵僧宝月结庵于此，前有巨石，尝饭虎于上。**茶岭**即为此山之支。

南距觑星20里，为**泉山**。周围数百里，皆高崖深谷。《汉书·朱买臣》言：闽越王所保，即此。《通典》：汉朱买臣云，东越王居保泉山，即今信安郡北界。

【宋成绥按】《买臣传》注：泉山，为泉州之山，去海十余里。疑非泉岭山。

【韧按】泉州居闽南，泉山居闽北，在汉为会稽南郡；朱买臣为会稽太守，注意边防，故言及此。若以为泉州之山，则地非所属，于买臣何与？况泉州在当时已为东越，内地无须关守，朱买臣所谓一夫当关，千人不能上者，未免过虑。宋成绥未体当时实情，乃有此疑。

泉山又南，为**浮盖山**。上有仙洞，洞口石坛，为雩祷所。旁有温峰，岩石倒垂如鸡味，味内有泉溢出。为旧时由浙去闽要路。浮盖山，在县治百里外。跨闽、浙、赣三省，衢、处、信、宁四旧府之境。危峙仙霞、梨岭间，为诸峰冠。幽境甚多，西与五显山接。

县治西，为**龙华山**即第一山。上有寺，曰“海会”。诗载旧志，未录。

去治西1里，为**西山**。周4里，峰峦秀拔，下有梅泉。宋徐复殷家于此。上有骑石岭，高40丈，状如人骑。明余一龙改名步鳌峰。诗载旧志，未录。

峰底**目连洞**，明净幽旷。逾岭而西，有茅石冈（即毛宅冈）。清初，施润章曾游于此。

与步鳌隔溪相望者，为**景星山**。山初名突星，宋绍兴十一年，知县杨雯易今名。

西去12里，为**蚱蜢山**。上有龙井，泉水不涸。有风洞，洞口草木，四时不凋；夏日风凉，冬日风暖。

又3里，为**马鞍山**。山之西偏北，有大岭洞。悬石如屋，愈入愈深，其下有石田。《康熙续志》：马鞍山有二，一在景星乡，一在齐礼乡。

大岭稍东，为**筋竹山**，一作登真岩。相传，詹妙容得道于此。唐别驾令狐峘易今名。高50丈，中有潭，深晦莫测。昔有刺史投金龙以祈雨者，因名。其里为天泉。宋和州沈祖德，作堂其址，匾曰“祈年”。

筋竹山偏南，距城25里，为**红旗岭**。路达玉山。每岁艺麦，不耕不耰，时至而获，独异他处。

马鞍山西去15里，为**清明山**。雄视潭源。明洪武间，里人徐景昭筑亭其上，曰“文和”。引清明之水为井，曰“鹿来”。并建三嵩书院于其右。旧志：姜应奇建有书院。

清明山再西去5里，为**南龙山**。东麓有石山塘，俗呼天井春。

南龙山西去为**霹雳山**，与玉山界。

县北1里，为**瓦窑山**。《天启志》：邑之主星系焉。后平为田。知县黄纶于旧址堆高四寻，延五百余丈，跨桥于河，构亭桥上。今圮。

去2里，为**茶山**。高15丈，周5里。须女泉在其下。

去县10里，为**水口山**，亦称双塔底。百祐、凝秀二塔，东西对峙，鹿水中流，为一县之关键。

水口山相接，为**龙眠山**。高5丈，周7里，俗名七里山。蜿蜒屈盘，故曰“龙眠”。

（编者按：此《地理·山脉》底本，原隶属《沿革志》，但纂者在文前又注：“《地理》已另立一册，归《地理志》。”现单列《地理志》一卷。而光《山脉》一章，不足以构成《地理志》全卷，故只作《地理志》之第一章）

卷之三　建置志

第一章　城　池

杜工部云，大城铁不如，小城万丈余。城固由来尚已。县城肇于明季中叶，四百余年，屹立无恙。迩来航空盛行，以城为赘旒，视若弁髦，谓地利不如人和，虽有金汤亦虚车自饰耳。诗曰，赳赳武夫，公侯干城。盖有其人，始有防御云。

《唐书·地理志》：唐武德四年，分信安置须江县，以城南有须江也。八年废，永昌九年（编者按：查新旧《唐书·地理志》，俱为永昌元年，1990 年、2013 年版《江山市志》也已作永昌元年）分信安复置。

《太平寰宇记》：本信安县之南川。

《十国春秋》：吴越改须江县曰江山。

《地理表·注》：本唐须江县，吴越改今名，以邑有江郎山也。

《方舆纪要》：五代唐长兴二年，吴越改江山县。

《方舆纪要》：宋咸淳末，改江山为礼贤县。《康熙志》：以上县治皆在今之礼贤镇。

《续文献通考》：元至元十三年，复礼贤为江山县。《乾隆志》：《康熙志》增“迁今治”三字，据《通考》文义，也止复吴越时旧名，非必迁也。其迁自何时，不可考，姑阙疑。

《元史·地理志》：衢州路领县江山。

《康熙志》：清江山县属衢州府。

【汪浩沿革考】苏平仲列沿革于传志之后，宋潜溪谓其深得体裁。愚则谓天地定位，而人事以起，因就建置而厘次之。按《旧唐书》绩溪汪华于大业末以土豪据郡境，并有宣、杭、睦、婺、饶五州。武德间，歙州刺史总管六州军事，则此土在唐初当隶饶婺之间。迨归款后，始有须江之称。其后或析或并，未有定名。至五季吴越钱氏始更为江山县。自宋洎元，并无礼贤县名。旧志谓咸淳间改礼贤，至元间复称江山，迁今治。考王存《九域志》曰，江山县有礼贤镇；而《周益公游记》亦云：壬寅，发衢州；癸卯，过江山县，晚抵礼贤镇，宿太平寺，则礼贤之迁改，不自元始也。况周正介在熙宁间有请撤学墙之说，朱文公作《儒学》与《景行堂记》，皆指此地。则自礼贤镇而迁改今治，当在宋初，而通志谓咸淳初改江山为礼贤，至元间复改礼贤为江山者，俱误也。

《康熙志》：县向无城，矿寇时发，苦无防御。明庆隆（编者按：应作隆庆）元年，知县余一龙始鸠工相度，延袤五里，高二丈有奇，厚一丈五尺有奇，长一千丈有奇。每丈一城户主之；十丈为段，段长主之；十段以义民主之。辟门凡九，东曰通昌，曰通禄；东北曰通宁；北曰通安，西北曰通化；西曰通兴，西南曰通贤；南曰通福，东南曰通和。各设城楼，雉堞鳞次。义民程相、王立督工于东；毛琛、郑杞督工于北；毛文兴、郑雍督工于西；王思、蔡汉督工于南，凡五阅月而竣。城左踞文溪，右倚西山，故不穿濠，然雪泉之水旧由西入，穿街市而东出，筑城后拒使外向，故道犹存，春涝城坏。天启二年，知县张凤翼于通兴门左凿窦引之，绕学宫而东，风气回环，城郭完固。今八十余年，故道湮塞，知县朱彩捐俸募浚，两月告竣，水循故道。乡耆王振绪、林起鲲、徐一森、何仍玠、王岁修、刘元亮、郑德真、蒋遂等董理。

《乾隆志》：县治四门，东迎熏楼，旧名宁处门。西拱北楼，旧名进常门。南通闽楼，旧名定浦门。北迎恩楼，旧名通衢门。

《康熙志》：清甲寅，闽逆之变荡平以后，雉堞倾颓，西偏尤甚，康熙四十八年知县汪浩详捐募修，逾年报完。

《乾隆志》：乾隆三十一年通估，计工料银二千三百七十两零，知县杨椿领修。四十一年知县宋成绥报竣。

道光七年，知县杨绍霆劝捐重修。

同治七年，知县陶鸿勋修葺南门城楼。

【明毛恺新建石城记】邑故无城，左溪右山，宛然一聚落耳。虽僻在深谷中，然南达闽，西抵信，东走括苍，其途盖旁达焉。明初至今，齿日繁滋，闾比如栉，盖二百年于兹矣。往岁邑有邻震，邑民荷担束装，终日为避寇计。病不朝夕城也。事已，辄复晏然为燕雀之处。嘉靖丙寅夏，见田余公宰吾邑，期年，政通民和，于焉隐度剂量，列其必城之略，牒诸太守肖山何公，以告诸分守虚江张公、分巡少山毛公，以闻诸两台督抚玉泉赵公、巡按仁庵王公。时邑之民惧财与力之弗赡也，侯则请屡岁之邑饷于赵公，以免加赋；请吏察之榜谕于王公，以息浮言。由是划地以任人，量费以给值，度役以授佣，计日以程绩，悬约以示惩劝，躬督以核坚瑕。尽撤土灰，纯用珉石。财无滥支，工无苟完，经始于隆庆丁卯之十一月，讫工于戊辰之四月。兹役也，侯其吾邑之干城，腹心也夫。

【明徐霈新建江山县城垣记】余侯莅邑之二年，百废克举，乃佥谋于众，筑城以捍之。又封步鳌山以振其来脉，修百祐塔以镇其水口。城之东西，各有巨山为障。惟城北空缺，乃建水星楼以屏翰之。城垣之极观备矣。

【明知县张凤翼泉水通城详文】为决秀水以协地舆以亨文运事。据生员璩应聘、王应立等呈称，江邑自祖山发脉，逶迤来至西山，中龙剥换结县，薜梅两泉相夹并流，绕缠黉宫。继因筑造城垣，拒水外向，而故道犹存。恳望按方隅而开水窦，俾金水回绕文宫，合须泉卫环县治等情到县。查得本县之西，原有薜泉与梅泉夹流入市，绕学宫东注，彼时人文财赋视今果盛，然此犹堪舆之说，但以形势而论，入城原为两水之故道，近拒之使外，春夏暴涨，冲捍城垣，则因势利导，似亦无如仍旧之便者。合据各郡县水门之例，于东西两城脚下各开一窦纳水入城，以安春夏之澜，逶迤而东，又即以安澜长泮宫之芹藻，于文运亦未必无小补也。

民国22年，东偏城坍五丈有奇，县长周心万修葺并创凿河沟以防□□。26年抗战发生，注重防空，自坏长城，东拆西毁，砖石移作他用，一座山城异于土垒几何?

第二章 公 廨

县治乃县令所莅，厅事栽花，课诸掾曹，振古如兹。昔张居正立外官久任之条，诚欲官斯土者，爰得我所，毋存五日京兆之心，视公庭如传舍而毅力治事也。民国鼎新，制度更张，县公署改称县政府，典史署易为地方法院，其他因革损益，适合潮流者，不知凡几。时局变迁，物换星移，是不无今昔之感矣。

峡口同知署《乾隆志》：峡口同知署，雍正十三年奉文分防驻札建造，咸丰八年毁。

【陈述经峡口同知厅壁记】同知之为官，一府之事皆当与闻。今则专司督捕，又称司马，实乃无马可司也。衢府之有峡口同知，未审始于何朝，本朝雍正十三年乃复设焉。先是福建台湾有朱一贵之乱，其余党窜入邻省，扇惑滋事，江西万载县一带，至烦用兵捕灭。嗣后闽浙交界处所，屡有聚集山间为匪者，督抚大臣奏设同知于此，居道路之冲，扼峡岭之隘，俾之弹压棚民，稽查行旅，勿令奸宄之徒潜匿出入于兹土。五邑捕务，仍兼辖焉，责任亦重矣哉。迄今百余年来，承平日久，荒山悉已升科，其开垦种植之人，皆成土著。而行李货物之往来者，亦无需乎盘查，同知遂成闲员。虽通判裁并后，举水利、驲传而尽属之，要亦有名而无实。无已，则于附近之报窃者而为之缉捕，其雀角细故，间亦为之剖判，为之寝息，此亦巡检事耳。或有一二士子来请讲艺，则又有衙门出入之嫌，而施不及远，且广文之不及矣。非居官者敢于旷废，亦时遇无事则然也。述经拙于为吏，调来于此七年矣，上官以其闲员也，使之解黄茶于内府者一，解架木于工部者二，往还辄一周岁。差竣回署，则饱食安寝，乐其用度之俭，风俗之淳，请谒之无多也。勾检簿书外，惟流览文史，栽种花草，以消永日，此亦与林下何异？设使遇雍正初年，凛凛焉惧盗贼之窃发，地方之不靖；又使遇康熙初年闽藩告变时，军马倥偬，夫且奔走送迎之不暇，何能一日安居于其署也哉。欲后来者，知设官之由，而遇此无事之时为可幸也。是为记。

枫岭营署《乾隆志》：雍正十年奉文驻札，建在廿八都，咸丰十一年毁。

城守营署《乾隆志》：在大西门内，雍正七年建，十三年增建头门、仪门、鼓亭、旗杆、大堂、二堂。咸丰八年毁。

江山县署 城西北通化门。《弘治府志》：面景星峰，元达鲁花赤马合谋修建，至元壬辰毁，知县程万里稍创。

《浙江通志》：明洪武三年县丞刘有恒、八年知县刘瓛相继鼎建。

《衢州府志》：弘治七年知县杨俊、嘉靖二十一年知县黄纶重修。

《康熙志》：清知县孙遂重建内衙。康熙元年知县万里侯建署内书院，颜曰“明远堂”。三十一年知县杨寃重建两廊及谯楼，又建堂于静思楼之址，曰“静思堂”。五十二年知县汪浩作“强恕轩”，中为“忠爱堂”，左右为耳房库，东为赞政厅架阁，库前为甬道，为戒石亭，东西为吏廊、仪门，东南为丞廨，为宾馆，前为谯楼，有坊曰“宣化”。按：宣化坊，咸丰八年毁。

《乾隆志》：乾隆十三年，知县刘守成于强恕轩东建厅三楹，厅后为室五间，为见宾之所。二十八年，知县雷士铨于仪门外寅宾馆旧基建东西班房各五间。三十二年，知县宋成绥以署内正屋、书房并头门、仪门、廊房损坏，捐银五百六十两，详明修建，续于后楼侧增建平屋三间，东厅旁增构书室五间，并建“仰山亭”以观射，为考试武童及操演民壮之所。署西北隅旧有井，上为冷香亭，知县刘守成建，为明署令方召殉节处，复因旧基益加恢广，中设神厨，奉方公木主以昭节烈。咸丰八年，毁于兵燹。同治七年，知县陶鸿勋建头门、仪门、大堂、川堂共十五间，又修整照墙一所，于详明奉准，领修钱四千串，内动支钱一千八百串零，又于善后捐款内提钱修建两廊、科房库、土地祠及署内正屋。八年，知县王景彝增建书房，又于二堂之东建客厅。九年，知县李春和建仓房、驿站房、班差门简各房，署内西偏建宾馆，四面围以砖墙，并通加髹漆。

【元许应祈重建县治记】县有社、有民，为□□□□□□□

元元，盖古子男国也，其去民最近，而与民最亲。然邑治系百里精神，邑长关百里命脉，必得明清廉介之彦，出长采邑，乃能帅先僚佐，主维政教。若夫治事之所，可以延吏民、示等威，不患其不以营缮为意也。江山为信安属邑，介在闽峤，地左赋下，视邻封为易治。惟县廨载毁于至元壬午，累政仅建厅事、吏舍，因陋就简，几三十祀，岂官府精神蔑壮观之期哉！良繇官长为民立命，未得其人尔。皇庆二年春，今达鲁花赤马合谋承事。公始至，喟然而言曰：县治不可不葺也。庀徒考费，顾安所出，爰集邑士毛攀龙等，谕其故，咸欢然相率，饬力课材。命郑嵩、徐可久分董匠役，树台门以穹楹，翼厅事以两厦，且辟中扃，广修庑、庖、厩、库、廪、警、曹、犴、户靡不增，旧而更新之。又于弓卒、传隶、乡正、胥徒，下逮茕独鳏寡，为之构庐县署之旁。加以祀土有祠，治圃有亭，垣墉聿崇，楹桷交翼，复因余力修庙学，完军营，筑候馆，创须水诸亭。经始于是岁秋杪，越明年讫庸。适县尹徐公贞莅止，协赞而落其成。余倚席衢州，侧闻江阳长官政声洋溢，职守攸縶，未克一拜大观。阖邑士民惧美弗传，求文以记其事。余惟伦有长幼，官有长贰，县大夫之长民社，于焉具瞻赞府，赖以矜式，诚一同司命也。公奉亲至孝，大节殊不可及。下车以来，以真廉特介为同列从事倡，故食檗饮冰而清于须水，抑强扶弱而明于星峰。抚字重于催科，茧丝轻于保障，兴学崇儒而道脉衍，拯饥周急而民脉苏。农殖户增，盗销讼简，五事煜然，卓冠五邑。譬诸人之一身命脉坚致，则精采振扬，所以拳拳胥宇之谋者，固所优为。水□先生所谓厚基博础，楹桷丰硕。民来观者，倾动惊骇，忘其百年之陋而以为瑰杰丽伟。今于江山见之，彼有视其官如传舍，玩弊忽倾，弗洒弗扫，相与偷燕息于颓栏穿壁之下，闻公盛举，亦可以少愧矣。然则今日坐琴堂长男邦，异时坐黄堂长侯服，等而上之，坐庙堂长百僚。元□为神气，宇宙间事事物物，孰有不就吾调理者。公回回人，字君璋，由中书省掾调泉府都事，再转而制锦途，甘棠阴蔽芾，殆非雷封偃室所能久稽，舆诵曰然，遂书以为记。延祐甲寅，嘉平既望，邑士毛攀龙、徐仲和、璩可道、周瑞、郑嵩、蒋友敬、徐可久、祝恒、周有文、毛初翁、郑祖、吴敬仲、毛文炳、柴璋、叶日荣、周崇立石。

按：此《记》勒石县堂左偏，前志失载，年久剥落十数字，余尚可辨，亟录之以备参考。

【明黄纶县令题名记】江山，衢州属县也。县必有令，古侯伯之职，辅之丞簿暨尉，罔非所以求民之莫。故事，部院省道以及郡县百司庶尹并有题名，史家事也，古今不废。县自唐武德间始置须江，寻省寻复。后长兴间，始改今名。入宋，风物稍稍有闻。我皇祖开天以来，己亥归附，丙午定辖，逮今一百八十年间，历任当不下百数人矣。载籍可考不满四十，中间遗忘，盖不特十之五也。予用是惧，砻石正衙之堂北。凡官是者，举以位，以世序书焉。人曰某也廉，某也惠，某也否胥，于是乎可稽已名也者，固夫人之所难逃者。予谓古人往矣，其间令弗令，亦有定已。古人受邑，或以劳勚，或以属戚、尚友，论世者犹或可诿而易视也。今制，非学圣人者不授事，然则国家以为贤而始任之，而顾以匪贤终之可乎。於戏！贤也者，春秋之所责备者也；名也者，实之表也。君子之所大也名，而有题斯彰彰矣。江山为邑，治万山中，水清土厚，山峻风庞，士多志节而学究本源，民务丰饶而俗雄狡黠。令于是者，非仁足以周德、勇足以立政、知足以经猷，未见其有足赖者。於戏！名者，实之表也。所以载实而考诸昔，以俟诸后人之考者也。欲慎诸名者，必先慎诸实。

按：作记在嘉靖二十四年。

【明易倣之重建县堂记】衢有支邑曰江山，面景星，四周层崖，霞壁如画，称巨区云。独门堂规制，至弘治始备，犹仍旧式。太守昔令其地，屡议修葺未遑，堂日就圮。温陵李公，以郡丞摄邑事，辄经度焉，而畚锸未之举也。居无何，丰沛张君才饶于令，逾年政成，乃慨然曰，惟修葺迟数年者，以岁祲也。今且稍稔，非时诎举盈矣。询之父老，江山为材薮，则何难焉。请于太守，太守喜。更请于诸当道，悉报可。即日鸠工，民争趋之，工不告劳，民不知费。经始于万历己丑冬，至庚寅孟夏告成，乃立石宇下，请太守记以文。太守曰：君子之重兴作，惧其无益于民耳。县之堂，为官亦为民也。藉令为长吏者过于自好，欲无受伤财劳民名，而蘧庐视之，一任其蕞陋，不一整顿，无论堂帘不辨，即冠裳在列，缝掖在门，谒者、侍者、趋者、环向而待命者，不睹攸芋，其何为观？如一中人之家，不堂不构，且愧亢宗，何言宰职？余昔有慨于中，谓此举当不后，讵今守衢，相去七载，始得张令成之，是身所未逮而贻之张令。且需余守衢而始就，一时其事相成之雅，若有待也。夫程材授功，营建之务也，其费在物力。革故鼎新，巨细毕举，临莅之事也，其费在精神。李公直署耳，既经理其始，张令以倥偬之日，存匪棘之意，若不能一息安者，此皆所谓以家事视也。至环堂而处者，皆江之民，环江邑皆令赤子，惟令煦育，惟堂安泽，令之堂颜曰“亲民”。倘不以家视之，堂上远于百里，堂下远于千里，门庭远于万里，有事不闻者多矣。新其堂与新其政，皆为后事楷法。太守尚谆谆若是，夫亦共事之思乎？ 张令讳斗，丙戌进士。李公为太守同寀，讳道先。

按：作记在万历十九年。

【明张斗县令题名记】令江山者，旧题其名于碑，竖于堂之左，岁久堂圮，碑亦泐残不可读。今堂且新矣，是碑也不可不与堂而俱新也。爰令工伐石，胪列其姓氏，以志不忘焉。夫令于民最亲，其为人贤不肖，民耳之、目之、咏歌之、嗟怨之，代相传播，自有口碑可考，奚以记为？虽然，民固悉之，而为令者则弗知也。今且具书于石碑，后之为令者，历指而数之曰，某也贤，民至今相与咏歌之者也。某也不肖，相与怨咨之者也。询其所谓咏歌者之何若而羡慕之、效仿之，期追随乎贤者之躅。询其所谓嗟怨者之何若，而内念深创，凛凛乎惟恐士庶将厕我于不肖者之列。勉而贤，远而不肖，其为民之福利，宁浅鲜乎哉！盖江山古太末属邑，民朴鲁而鲠直，少拂之则腹诽，少德之遂加额诵德。夫固易于损誉，亦不难于起声。迩来起声者为多，则其所以设施，而感孚之者必有道矣。为令者亦善自取哉！

按：作记在万历二十年。

江山县丞署《乾隆志》：旧在县城（今为栖流所），乾隆二十六年奉文移建二十八都。旧志：寻复改建县城，在县治东二十步，咸丰八年毁于兵燹。同治九年，知县李春和详请仍复旧制，分防二十八都。十年知县王彬奉准移建其废址，今建文昌庙。

江山县尉署《乾隆志》：在县署大门内左侧。康熙三十年建，乾隆三十八年典史张灵瑞于厅事西侧捐建书室三楹。旧志：咸丰八年毁。同治七年知县陶鸿勋建头门、大堂、左右皂役房、川堂、二堂、客厅、书房及署内正屋、协屋等共二十六间，于详明奉准领修钱四千串，内动支钱一千一百九十余串。

儒学署、教谕署、训导署《乾隆志》：江山县儒学署、教谕署，在明伦堂。训导署在明伦堂右。乾隆三十八年，司训施凤起重建后堂、书室及厨房。

乾隆十三年，训导潘显圻建经义斋三间，咸丰八年毁。光绪十八年，知县左宜之重建教谕、训导署，规模宏厂。民国元年改设县议参议两会，今作县党部。

仙霞关东山巡检司《乾隆志》：县南一百二十里，初设于岭下，明成化间移于岭上，今废。

江山县政府 民国 22 年，县长周心万改建新式。旧有头门、仪门、宣化坊暨屏墙，封建遗制概行撤废，规模一遵新制，以壮观瞻，有《双桂记》。

【民国县长周心万《双桂记》】署左厅事三椽为清代黔南李明府所建，榜题“三竿两竿之轩”。想见当年绿竹猗猗，饶有卫淇遗风。去今六十余年，物换星移，虽杜陵之破屋犹在，而梁园之竹竿无存，惟有木樨两树，高可十丈。六百年间物，交柯庭前，枝叶纷披，每届秋凉，香飘金粟，历任令尹多就此为偃息之所。余于二十一年冬来江视事，葺为宾僚办公地。今年夏奉令推广县政，职员骤增，爰于轩后增建三间以扩充之，中坎敷以玻璃瓦片。三五之夕，玉弓怒张，与僚友徘徊其间，不胜哥舒带刀之情。是与李令之左右修竹而异其趣者也，因缀数语以志其始末云尔。

36 年县长林希岳全部修葺，加以膏沐粉饰可观。

江山县地方法院 民国 21 年成立，设县治西偏。翌年扩充建筑，以方公祠并入，改设法庭，房舍及头门焕然一新。

江山法院看守所 原有管狱员署修改，以旧迁善所监狱改建。民国 32 年，所长叶承唐劝捐新增，共有平房 62 间，计基地面积 6 市亩。

警察所 民国初设旧典史署，旋移于关岳庙。31 年，倭寇流窜，庙毁，迁邑前毛祠（编者按：邑前毛祠应作刘祠）榴花厅。

第三章 法 团

有法律然后有制裁，有制裁然后有拘束。法团者，依政府颁布之法组织而成者也。民纪政体变，更崇尚法治，所有省县市乡自治之范围，虽广狭不同，其趋重法治之精神则一也。故议会之坐而论道，即社会进化之基础。所谓改良教育，发展实业，皆于是循序渐进焉。

县议会 民国2年成立，议员额20名，参议员4名，议长周正熺。以儒学署为议会场所，5年停罢。11年复行选举议员，员额20名，参事4名，由议会选2人，县知事委2人。会场仍设旧处，议长郑纪文，副之者毛鹤琴。

县参事会 会址在县署大堂右偏，以旧仓房改修。会长县知事任之，参事4人，半由民选，半自官委。佐理员2人，兼办文牍。出纳员1人，专司财政。15年，北伐军入浙停罢。

城镇乡自治会 清末划全县为23自治乡，每乡设乡董乡佐各一人。法定自治员若干人，民初相沿未改。3年，每乡改设自治委员或办事员一人专理其事。15年，改划为区，每区设区长一人，职员数人。17年，将三区所辖之二十八都增设为第六区。18年秋，办理土地陈报，编为146村里，里下以10户为邻，5邻为闾。20年冬，改村里为乡镇，分设123乡又23镇，设乡镇长、副各一人，监察员数人。23年，将146乡镇改划6镇18乡，于24年1月1日成立。废去邻闾，实行保甲。

教育会 清光绪三十一年，科举奉停，高等初等各学堂同时并兴，设劝学所与教育会，分任教务。光复后裁劝学所，原有职务由县设教育科办理，并设县视学，由科员兼任。3年，定为专职，划分学区，增设学务委员，旋改称教育委员，后又改区教育员。

劝学所 民国 5 年复设劝学所，置所长、所员等职，并设讲演所、通俗图书馆等。4 月间，金华道尹奉部发劝学所及学务委员会规程，饬县着手组织，由县呈荐毛犟为所长。是年洪宪称帝，省政改组，8 月由民政厅准委毛犟为所长。7 年，浙江设教育厅，9 月复由教育厅照原职加委。

教育局 13 年，改劝学所为教育局。适孙军入浙，毛犟委为江山县知事，所有局务由江懋泉代理。14 年 5 月，毛犟就局长职，9 月辞去。厅委杨益时为局长。16 年 1 月，杨益时辞，县委戴学南暂代。4 月戴又辞，县委徐志澄继代。是年北伐，底定政务委员会，即委徐志澄继任，徐以原局不敷办公，呈准将前参事会拨作局用。11 月徐志澄请假赴省，局务由县委黄耀庭暂代，17 年 1 月，销假视事。10 月间呈请辞职，由浙江大学校长蒋委朱曜西为局长。18 年 12 月，设立民众教育馆。19 年 4 月，朱曜西辞职，奉浙江教育厅长令，委王蒲臣为江山县政府教育局局长，乃将教育局依法组织内设总务、学教、社教三课，课长 2 人，课员 3 人，督学 2 人，事务员 1 人，书记 2 人，区教育员 5 人。次年王蒲臣辞，4 月，以徐莲溪继任。21 年，徐莲溪又辞，9 月厅委陈益继任。22 年陈益辞，9 月改任雷震甲。24 年雷震甲他去，以王同兴代。局内附有教育委员会、教育款产会、教育经济稽委会，历办巡回文库并教育行政周刊。同年 8 月，奉文改局为科，同府办公，县长周心万乃以黄嘉馨为科长。

商会 清光绪三十二年，由商界公推诸葛煦组织成立，名为总理，同时清湖设立分会。旋改称会长，以城隍庙寂然厅为会所。继任者汪镛堂，毛一麟副之。逐年会务进行，颇有起色，尚属完善。

第四章　善　举

古人有言曰，惟善以为宝。善也者，行之于上，明德以止善，彰善以树声，欲善而民善，可默喻于风草。行之于下，择善而从事，积善有余庆，取善而同善，咸相见以性天。微特慷慨急公，见义勇为已也。体造物之好生，行吾心之所安，人有善念，天必从之；善事阴行，其门必大。此为善所以最乐也，何劳而不为？

育婴堂　《乾隆志》：在城内市心街，乾隆十四年知县翁晟奉同本府捐建。旧有田租一百零八硕，向归礼书经理，咸丰八年兵燹，后堂屋损坏。同治四年，知县戴枚捐廉修葺，延邑绅周以恺、王开泰、毛以雅、姜鸿钧、毛金兰董其事。八年知县王景彝拨善后局余款三千串，由董发店生息，以资接济。诸绅又公捐田亩，修葺旁屋九间，以作仓房，期为久远计。

附育婴堂新旧田租：旧遗田租一百零八硕，毛金兰捐助新置田租五石二斗，镇安同善局拨入田租四十石，毛朝禄妻徐氏捐助田租七石五斗，王以德捐助田租九石四斗，王开泰捐助田租一十六石零五升，余全五捐助田租七石四斗，毛玉峰先后捐助田租五十九石七斗三升，陈显名捐助田租三石六斗，周以恺捐助田租一十石八斗，姜鸿钧捐助田租四石二斗，姜振麟捐助田租一十石六斗，姜瑞星捐助二十三亩零又塘二口。

救济院　在县河顶，于民国 17 年奉令筹办。县长陈鼎新经聘县绅何镛、朱镜湖为正副院长。就原有育婴堂遵章改所，如养老、孤儿、残废、施医、贷款，各部均未成立。陈县长去后，继者为全椒米公星如，武进吴公轶民，德清张公大钧，皆因任事未久，无所变更。21 年冬，诸暨周公心万来长县政，一再捐俸，拟具办法，聘县绅杨德中等为筹备员，推原任第一区行政督察专员汪汉滔等46人为名誉委员，并改推县长周心万为院长，而以县绅杨德忠（编者按：当为杨德中）副之。极力筹备，于22年6月酌设临时施医所。原有育婴堂经费岁入仅2300余元，增设一施医所，虽皆义务，不无开销，院中经费益绌，乃议决实行募捐。至24年9月止，计募到境内外捐款共得现行银币三千数百元。

【凤凰熊希龄启云】孔曰少怀，孟曰幼幼，《礼》曰幼有所长，是之谓仁，是之谓大同。故孙中山于旧道德主张仁爱，而以育幼规定于建国大纲第一条之内，诚视王道之重大事业也。江山县自周县长莅任后，爱民剿□，除暴安良，德泽洋溢，民心悦服，尤努力于救济事业。邑中绅商均属仁人君子，实事求是，以襄助贤令尹成功，政绩斐然，不独保婴已也。余今日参观施粥厂，亲见周县长与赈委会诸绅商，手持粥豆为灾民服务，其真诚热心，洵为世之罕有，其于中山先生所谓仁爱之道，身体力行，尤可钦佩矣。推此心以办保婴事业，则儿童前途之幸福必可预庆也，尚望各慈善团体向人竭力以助之。

因将育婴所先行整理，令育婴主任诸葛煦回复寄养、贴养两办法，且将留养部分酌添乳母，逐一实施以资改进。

养济院《乾隆志》：在县北通衢门外，明万历间署，同治陈端言改造北关上首，咸丰八年毁，同治十一年知县王彬重建。今存破屋数间，仍容纳残废之丐。

同善义塾 旧志：在县城。同治二年奉左制宪设。武生王开泰同庶母何氏捐助田153亩零，以岁入为修脯之资，有余则兼施棺药。

镇安同善义塾 旧志：在南乡镇安里，同治二年奉左制宪分设，建有崇文会，公捐田租藉给修膳膏火。复各捐田以为备荒、济溺、救贫、禁宰，诸善举俱于同治九年呈县立案。所有各项租额附后：崇文兼备荒额租二百四十一石二斗三升一合，济溺额租一百二十二石九斗五升，救贫额租十六石七斗，禁宰额租六石三斗，浚泉额租三石二斗。

漏泽园 即义冢《天启志》：在县南东岳冈，正德十四年，知县吴仲立。地窄不堪，嘉靖间知县王伦捐俸五两，买治民蔡泽山地，周围三百余丈，植以松柏，围以墙堑，今竖石门额曰“义冢”。

城西义冢 在通贤门外步鳌山目连洞下。乾隆丙子年，邑人王何毛郑徐五姓捐助，并置田租，立“耕寸会”为每岁培土并供盂兰之资。——录旧志

峡口漏泽园《乾隆志》：在三门坳。乾隆三十八年，绅士郑敬德、王永煌、柴曾镛、徐邦琅等捐建。知县宋成绥复创捐，置田供输粮税。

【宋成绥峡口三门坳义冢碑记】 古者四闾为族，使之相葬墓。大夫掌令，国民族葬，使皆有私地域而掩骨埋胔，更著于《月令》，凡所以恤民者至矣。其或违首丘之义，委骨异土，行有死人，尚或殣之，则所以济仁政之不及，亦在因地而为制耳。江邑峡口，侨寄浮于土著，往来甚伙。设有客死，殡诸道左，暴露可怜。绅士郑敬德等捐金，购三门坳山地为义冢，而徐邦琅又捐己山之相近者廓之，因以告余，冀立石垂久。余谓久远之道，在厚其资，重其事，付得其人。爰捐金倡众，益置田供输粮税，即交山源总口新建周王庙住持经理，且与之约曰：凡彼客死，讵无子孙，鬼犹求食，馁亦可悯，既已立冢，必次第编字，标以石，棺书年月、籍贯、姓氏，于和更设一簿，详悉记载，以俟死者子孙识认迁葬；其无名不识者，别作一丛冢，庶无相混。每岁春秋，

即令庙僧作佛事，施食焚褚。如此，则残魄知归，穷魄得所。邑人士之仁风，更余于掩埋之外矣。至义冢亩分、四至及增置田土，即刊碑左。众姓捐金多寡，皆例得书，使后有所考。是为记。

第五章 邮 电

置邮传命，先圣雅言之矣。然昔之驰烟驿路，迅递星火之公文，今之霏简邮筒，实获交通之便利。县介浙赣闽三省交通孔道，夙称南服要隘，况自铁道成立，邮电火车相辅而行，岂仅为兵家必争地哉。消息灵通，欲速即达。农产之输出，商贾之贸易，经济之发展，皆惟此是赖耳。

驿丞署 旧在县城 今为栖流所。乾隆二十五年奉文移建清湖 裁并广济驿兼管巡检，咸丰八年毁。——录旧志

广济渡水马驿 江山至浦城240余里，自仙霞以南皆重冈复岭，人烟稀少，原不设驿，凡自衢入闽者，皆由常山以达玉山。清取道仙霞，顺治十二年始移常山之广济驿于江山。——录旧志

广济渡驿驿丞俸银三十一两五钱二分，除积荒实征银二十九两一钱六厘五毫三丝二忽四微二尘，荒缺银两在于地丁项下拨补。

驿站经费，银三千八百一十四两六钱九分四毫一丝二忽七微五尘四渺一漠六埃五沙。乾隆四年新加驿站银一两。

广济渡驿丞经费，皂隶二名，银一两。驿站经费，银三百一十七两八钱九分一厘。

康熙三十一年裁驿站，充饷银一十一两八钱三分三厘二毫。——录旧志

驿递文件，向由民壮班派差。地址设县署右偏福德土地祠。有雨旸差一名，由县直达省城，以两日半至为限期。

电报局 江山之有电线，创自光绪十一年。上通福建，下递衢兰。设局于清湖镇，有局长并沿途修接线杆诸局员，分职司事。旋于民国 3 年迁入县城，今移沧州故庐 即旧镇龙庙。

邮政局 创办于光绪二十八年。初由商家培德药号代办，三十一年局成立，添设邮匭，发展营业。民国 12 年定为二等邮局，由中正街迁移沧州故庐。共设邮寄代办所计有 26 乡镇各设分匭代递。

电话局 民国 22 年创办。附设电报局内，营业颇发达。

卷之四　古迹志

第一章　故城　旧治

禾油麦秀，悠然故国之山川；石烂海枯，非是汉家之陵阙。俯仰陈迹，感慨系之矣。况沧桑变幻，时局靡常，安土重迁，世事恒有昔也。锦绣金汤，今也荒烟蔓草，太傅所以有湮没之悲，右军能无生今昔之感欤？

武安县治　嘉靖《浙江通志》：证圣年，割常山、须江、弋阳置。以其地有武安山，故名。《乾隆志》《太平寰宇记》：武安故城，在龙游县。《天启志》引入江山古迹。《康熙志》谓江山诸山无武安之名。今《浙江通志》亦引《嘉靖志》，姑存之。

江山土城　《天启府志》：高寻二尺，今不存。惟濠水自景星门入，环县治如带。按:《康熙志》误作寻二丈，《乾隆志》辨明之。

礼贤县治　《天启志》：宋咸淳间，改江山为礼贤县。县治即太平寺。按:《康熙志》沿革门引《九域志》，谓县自礼贤镇迁今治，断自宋初。而《康熙续志》又谓元至元十三年迁今治。未知孰是。

元江山军营　《弘治府志》：在江山县仙霞关。

第二章　坊　表

旧称牌坊，一作牌楼。盖坊之名称不一，所谓里坊者，属闾里之类，非若牌坊寓坊表之义也夫。巍然屹立，有威可畏，有仪可象，令人望而兴感，俨有顽廉懦立之思，非以其言可坊而行可表乎？若仅谓藉以显扬而作纪念，抑末也。

宣政坊　旧志：明知县吴仲建。

兴贤坊　旧志：明知县黄纶建。今改腾蛟起凤。

孝子坊　旧志：为璩伯綵建。

孝子坊　旧志：为何伦建。

高士坊　旧志：为周文兴建。

稚儒坊　旧志：为神童徐珏建。今改雅儒。

进士坊　旧志：为张恢、张恪兄弟建。

进士坊　旧志：为徐景符建。

绣衣坊　旧志：为何远建。

进士坊　旧志：为刁时中建。

科道坊　旧志：为龚隆、毛中建。

凌云坊　旧志：为胡刚建。

丹桂坊　旧志：为伍盛建。

宪台坊　旧志：为杨荩建。

联桂坊　旧志：为胡敩、胡诚建。

秋搏坊　旧志：为徐清建。

贡元坊　旧志：为胡本愚建。

登科坊　旧志：为毛瑚建。

钟秀坊　旧志：为周任建。

进士坊 旧志：为郑骝建。

会魁坊 旧志：为徐霈建。

文宗坊 旧志：为赵镗建。

大司寇坊 旧志：为毛恺建。

清时科甲坊 旧志：为周文兴等建。

尚义坊 旧志：为冯景渊建。

尚义坊 旧志：为王宏道建。

尚义坊 旧志：为冯景刚建。

贞节坊 旧志：为蔡贵娘建。

贞节坊 旧志：为蒋全娘建。

贞节坊 旧志：为王举妻江氏建。

贞节坊 旧志：为周曾妻毛氏建。

以上各坊在城内。

大义坊 旧志：为徐应镳建。

褒义坊 旧志：为输粟监事徐伯美建。

历朝承宠坊 旧志：为徐白、徐琪建。

奕世登庸坊 旧志：为徐和、徐清建。

进士坊 旧志：为蔡元道建。

会魁坊 旧志：为徐复殷建。

济美坊 旧志：为郑极、郑魏珽、郑一鹏建。

清秋坊 旧志：为鸿胪主簿毛惟一建。

少司寇坊 旧志：为徐复殷建。

以上各坊在郭外。

忠烈坊 旧志：为徐应镳建。

奕世青云坊 旧志：为柴氏建。

钟秀坊 旧志：为柴诚建。

殿院坊　旧志：为柴瑾建。

状元坊　旧志：为柴成务建。

折桂坊　旧志：为柴同恩建。

登云坊　旧志：为柴起敬建。

文奎坊　旧志：为徐盛建。

五桂坊　旧志：为柴卫、柴律、柴衎、柴绂、柴复建。

攀桂坊　旧志：为徐福建。

以上各坊在常山乡。

解元坊　旧志：为毛勉建。

进士坊　旧志：为姜瓒建。

经魁坊　旧志：为周文兴建。

大鸿胪坊　旧志：为周文兴建。

以上各坊在道成乡。

尚书坊　旧志：为毛文瑛建。

世科坊　旧志：为镇安毛氏建。

大司徒坊　旧志：为毛可游建。《康熙志》毛友，字达可，前志误作可达。是坊疑为毛友建，又误可达为可游也。友于政和间，以礼部尚书出守乡郡。

会元坊　旧志：为毛登龙建。

钟英坊　旧志：为毛寿安、毛丽建。

进士坊　旧志：为毛恺建。

毓秀坊　旧志：为祝德建。

兄弟登科坊　旧志：为周任、周积建。

翰英柱史坊　旧志：为赵镗建。

进士坊　旧志：为周任建。

以上各坊在江山乡。

进士坊 旧志：为毛邦翰建。

少方伯坊 旧志：为班平建。

得隽坊 旧志：为毛文琳建。

以上各坊在景星乡。

登庸坊 旧志：为徐汝舟、徐士钧、徐嵩建。

宾兴坊 旧志：为周颢建。以上各坊在齐礼乡。

进士坊 旧志：为毛羽建。

五马坊 旧志：为姜德政建。

牧伯坊 旧志：为姜梁建。

世英坊 旧志：为严孟建。

尚义坊 旧志：为吴林生建。

贞节坊 旧志：为吴绍妻章氏建。

尚义坊 旧志：为姜大悦建。前志作姜得。

以上各坊在感化乡。

进士坊 旧志：为柴兴建。

绣衣总马坊 旧志：为陆和建。

登云坊 旧志：为陆贤建。

以上各坊在利宾乡。

鼎魁坊 旧志：为郑齐建。在归厚乡。

尚义坊 旧志：为王克常建。在三卿口。

世美坊 旧志：为郑升之、郑寀、郑骝、郑国望、郑世熙建。在布政乡。

节孝坊 旧志：为何兆麒妻徐氏建。在税务前上大街东。

节孝坊 旧志：为杨世炳妻余氏建。在市心街东。

节孝坊 旧志：为周世道妻徐氏建。在经明巷下大街西。

节孝坊 旧志：为祝会三妻徐氏建。在西乡霞墟。

节孝坊 旧志：为柴成茂妻赵氏建。在长台。

节孝坊 旧志：为朱启泰妻汪氏建。在长台。

节孝坊 旧志：为朱时尚妻柴氏建。在长台。

节孝坊 旧志：为朱起甸妻徐氏建。在长台。

节孝坊 旧志：为汪在荣未婚妻刘氏建。在大陈。

节孝坊 旧志：为周大渚妻毛氏建。在秀峰。

节孝坊 旧志：为詹绍武妻方氏建。在峡口。

节孝坊 旧志：为周大浃妻杨氏建。在秀峰。

节孝坊 旧志：为黄序锡妻周氏建。在秀峰。

节孝坊 旧志：为蒋壥妻王氏建。在鹿溪。

节孝坊 旧志：为陈楚书妻刘氏建。在清湖。

百岁坊 旧志：为监生王廷珪妻周氏建。在清湖。

百岁坊 旧志：为周之孝妻杨氏建。在凤林。

百岁坊 旧志：为周起凤妻柴氏建。在凤林。

百岁坊 旧志：为毛芝文建。在凝湖。

百岁坊 旧志：为儒士何炳妻毛氏建。在通福门外。

百岁坊 旧志：为监生周广森妻徐氏建。在南乡长坑。

双孝坊 旧志：为朱尚聪夫妇建。在长台。

第三章　塔

慨自佛教盛行，殿宇金碧辉煌，浮屠巍峨矗立，而塔遂蔓延于四处。加以堪舆家偏重地形，以为峥嵘七级，秀毓吉祥，耸伟八重，威惊伏虎。甚至攸关水口，镇龙庆都邑之安澜，雅号笔峰，题雁兆人文之及第。倘所谓“不号浮图图最钜，不藏舍利利更普”者欤？

景星塔 《天启志》：在县治南。明知县余一龙建。道光年间，邑人重修。

百祜塔 《天启志》：在县北水口山。明知县余一龙建。道光二十六年，知县李玉典重建。

【明徐霈百祜塔碑记】我邑虽僻陋，而山水颇胜。结根自西南，逶迤数百里，至须川乃胎息焉，遂建为县治。南有景峰突起，若宾主然，乃于兹山建塔以标之。须之水自西来，回旋于县之东北，故水清而驶，号为“文水”，游人恣玩焉。惟北无水口为障，乃于县之十里两山夹处造一塔，于上望之，如莲花浮于水中，荡漾可爱。自有此县，即有此塔，不可一日无焉者也。

近来二塔俱坏，而北塔则上侧旁穿，其坏尤甚。故尹兹土者往往不利，士子二十年无科第，人皆咎之。生员何应龙等以是告于本学文谷公，偕谒我侯见田，翁曰：天时人事相符者也，今官敝而士蹶如此，岂皆庸琐龌龊不自振拔矣乎？或者南北二塔坏，火焚而水泄故也？夫火焚则木燔，水泄则精竭。文明之象澌矣！我侯蹶然而起曰：余之责也。乃毅然首倡，诸大夫从而和之。卜日鸠工，二塔并举，期月告成。南北遥望，如车两轮，改曰“百祜”，名实相应。

是年秋，生员果中乡试。又明年，我侯征书交至。佥告余曰：塔之有征如

此哉！我侯之功也，不可以无记。遂书其事，以镌于石。

【汪浩水口山记】江邑山高水驶，水经城东门北去，飞流约十里许，抵百祜。山东西对峙，如门户然。前人犹虑其山之未极嶒崪也，建双塔以锁之，诚欲其纡缓停蓄，为一邑福。

有山民周善长者，利其石可为灰，招工匠建窑厂，不数月而山势减。邑人士群吁请禁。余因与诸生谋曰：百祜山为一邑水口

固已，而山则周山也。彼小人惟知利己，遑恤其他，一旦以彼显然之利，谕以一邑隐然之福而止之，彼则何知？且彼仰事俯育，幸生活之有计，而以法夺之，有所不忍，而异日偷掘之患，亦难尽息。诸生为一邑计，盍出重价购之？诸生曰：善。于是周生三宅等醵资十二金，善长亦欣然出契。

山既有禁，课无从办，因公议立户，曰“公山”，附于衿图之前。岁扣通学廪粮约一钱，以完国赋。廪粮虽非公物，然亦一邑流传，无有定主，庶几公山与水口俱长云。公议水口山，户名“江公山”，计山十三亩，每亩该税陆厘陆毫，共该纳税八分。

凝秀塔 《天启志》：与百祜相对，高九层，尤为耸伟。万历三十一年，知县堵维垣建。又造塔庵十二间，邑士民蔡维范、徐允亨、王大统、王立、徐实等建。道光二十六年，知县李玉典重建。

【明徐可求凝秀塔记】余同年进士太冲堵侯来为令，问疾苦，拊饥寒，剔奸蠹，清赋刑，庶务丕釐，百废爰举。升墟而望东北之阙，鹿溪注焉。旧塔孤锐，法宜雄置，并控捍门。询诸耆艾，佥谋允谐；诹诸筮人，策兆献良。乃辨土物，课工徒，逾年造讫。集宾佐觞之，既登四瞻，五宿聚垣，华表双峙，山若增而高，水若浚而深。其方于卦值艮，于垣属天市，于气为六秀。因名之曰“凝秀塔”。

盖高明之气，其蓄泄也以时；博厚之气，其蓄泄也以理。理者，山川之脉络。得其理，斯得其秀。是生明智贤杰，佐皇家为世用。理气凝而呈为秀矣。用伐石镌功于塔山之麓。

【李玉典重建双塔碑记】须江，三衢剧邑也。距城北十里有双塔焉，东曰“百祜”，西曰“凝秀”。双尖夹峙，高出云表，若捍门然。汇南石鼓仙霞，东璩源玉源，西湖塘白马泉诸水，曲折沿缘，直趋城东，而交汇于是。据箬坝之上游，作瞿塘之一束。文水潆洄，财源关锁，所系非浅鲜也。

详考邑乘，西塔创始于万历末年，邑令堵公置。而东塔则不详何自起，其载于志书者，隆庆元年知县余公重修，并云“自有此县，即有此塔”，似宋移置县治当即创建，原名无可考。其曰“百祜”者，则自余公重修后改易今名也，迄今凡二百余年矣。乃事势靡常，星霜递更，剥蚀日甚。西塔于道光甲午陡然倾颓，东塔则不知圮于何时。询之故老，无有能言其故者，大约不离百年者近是。夫山川不改，人物顿非。合前后参观之，甲第科名，昔之日何其盛；上下二三百年间，流风余韵，何忽焉遽衰？有志者按其舆图，览其风土，不胜有兴颓举废之思焉。

岁乙巳，予来摄邑篆，公余与绅士谈及，咸欣然欲兴复旧观。爰于丙午春，倡议劝捐，并得公款二千金，为之嚆矢。经始于是年三月，迄丁未冬嘉平月，而二塔告竣。址仍其旧，而象取其新。计共去钱一万贯有奇，工坚料实，用省计周，隆隆然，兀兀然，遂成一县巨观。其一切经费度支，另刊一册，以信今而传后，兹不赘入，从简约也。名仍“百祜”“凝秀”，亦不忘其所自云。

【刘侃抵百祜塔诗】崚嶒跧水起，塔势镇寒郊。绝顶簪斜树，危窗带弃巢。葭边潭影散，石外浪声敲。薄暮收帆处，闲云尚恋坳。

又《舟过凝秀山下》诗：峭壁撑青嶂，斜阳荡水滨。涡旋圆髻晕，石皱乱麻皴。空穴时成响，饥鸥不避人。近山先垒暗，惆怅閟松筠。

【徐庚瑞百祜塔落成诗】我邑山川秀色明，重营百祜告功成。潺潺须水牢关锁，指顾争题雁塔名。旧址重番起七层，焕新气象倍崚嶒。江城对峙撑门户，合作云梯约共登。

【郑调元和诗】环城水秀更山明，有志果然事竟成。即看捍门撑半壁，好仍百祜署前名。浮图七级耸层层，舍旧谋新气象嶒。关锁财源全赖是，胜他年谷话丰登。

【郑赞元和诗】旧基依样认分明，百祜重题已告成。忽报抡元欣有兆，始知此举利科名。隔水遥瞻最上层，俯涵波影亦崚嶒。昂头已近青云路，奋翮何人快早登。

【王郁堂双塔落成诗】塔造自宋迹已古，塔修于今溯余堵。地灵人杰双管诩，久不见此幸复睹。有基可凭事易举，工竣丁未始丙午。七层九层仿前矩，城北十里水之浒。对峙东西若宾主，西曰凝秀东百祜。正直其身异病偻，玲珑其心启愚鲁。其脚樵者莫砺斧，其顶猎者莫试羽。为须锁钥捍门户，为须华表耀行旅。为须棨戟会圭组，石旗南现塔延伫。帆笏北来塔招取，步蟾作梯青云侣。钓鳌作竿红日煦，霞散绮时塔作杼。虹垂桥处塔作柱，岫鬟塔簪凤鸾舞。波镜塔涵蛟龙伍，不号浮图图最钜。不藏舍利利最普，百倍其功神凝聚。天地人合祜秀府，塔铃琅琅风吞吐，闻得塔语如是语。

【郑恒年舟过双塔诗】忽过篁嘉渡，风来语远铃。天空飞鸟下，潭静蛰龙腥。作镇撑双阙，成功届十星。人文今兆启，长啸问山灵。

俞嘉塔 《天启志》：县东北三十里。万历十九年，知县张斗建。邑士民王立、徐世卿、叶臣等捐赀。塔与百祜、凝秀鼎立为邑关锁。今圮。

华山塔 在长台华山头。今圮。

凤林塔 《天启志》：在凤林水口。

雅儒塔 在雅儒水口。今圮。

清漾塔 《天启志》：在清漾对案。

秀峰塔 在二十一都。秀峰人建。今圮。

骑马尖塔 在东序（今东儒）。长台人建。今圮。

下睦塔 镇安人建。今圮。

镇松塔 在长台金榜山。今圮。

峿峰塔 在三十都柴村。

义塔 《汪浩志》：在北门外旧养济院基。近设以瘗无主骸骨。

第四章 室第园亭

（附楼馆堂舍阁厅斋庄院居墅所石墓）

桑田沧海，吊古者恒寄其怀；梓泽丘墟，摛情者必宣其藻。后之视今，亦犹今之视昔也。盖地以人重，人以地永。县诸名胜，一经回溯，不知凡几。民国肇造，三令五申，保存古迹。留心掌故者，乃征迹于僻壤穷乡，冀获其什一。发思古之幽情，集名流于胜会，玩赏留题，情见乎词矣。况星霜屡易，百年几度，琴樽丘壑，犹存四壁。空留风月，可不按图以索珥笔而记欤！

毛氏西园 今墨池、山水石犹存。

【清杨奏瑟诗】五月西园冷似秋，回塘过雨水争流。青摇薜荔迷危堞，绿散芭蕉障小楼。林下有人常问竹，天涯底事未归舟。江南自古繁华地，不及家山处处幽。

又《归憩江城日西园共话时》前商明府云笠时任义乌令，因送琉球贡使，重过江山兼游江郎、仙居诸胜，回寓西园别业，邀陪数日，赋此饯别。

一杯林下酒，几首道中诗。到县为花遍，游山爱石奇。竹旌临晓发，何以慰相思。

郑氏陶园 今书阁、石洞犹存。

【杨奏瑟诗】五柳先生宅，七松居士家。风怀归淡荡，尘事少纷拏。几坐长吟榻，时停上客车。（彭、施二学博，时劳枉顾）秋来三径里，贳酒对黄花。

（编者按：以上两园，底本原置第三章《塔》末，今移置本章首，以副名实）

潜心室　《乾隆志》：在长台。柴禹声建。

【宋徐存潜心室铭】天在为吾性，觉处强名心。是心本无放，放处即非心。欲识真心状，光明常在今。白日当空挂，何曾待汝寻。古人云放心，正指流情说。流情虽不害，解为人汩没。视听言动间，浮云遮白日。遮处断永世，冥冥若暗室。智者辨当早，觉从萌处别。先立乎其大，小者胡能夺。转眼动常省，临流刚且决。久久转光明，吾身骑日月。

【明杨魁次徐逸平潜心室铭韵】莹净常自在，曰心亦曰性。灵明湛真宰，曰性亦曰心。真心非有我，乌得有古今。后世不知心，形气外头寻。缘是不知性，多从后天说。憧憧往来间，真体为灭没。旦暮雾烟滃，云深那见日。日用了不知，谁克相尔室。屋漏果无愧，白黑晓然别。磨涅在亲民，勿为磷淄夺。动静互为根，无欲早自决。心体浑一致，长空片轮月。

日涉园　《弘治府志》：在江山县东白岩。有飞瀑。宋靖康末，邯郸李传正爱其秀拔，因治圃于此。《天启志》：在仙居寺前。

赵氏园　《弘治府志》：西山景盘赵氏园内，有梅泉。

枕园　《乾隆志》：在雪泉左。明邑人王球建。

【清车景锜题枕园诗】负郭园林好，尘嚣自扫除。玉箫仙史曲，金错美人书。夜阁焚香后，春池涤砚余。别来频想像，不让辋川居。

【杨世奇题枕园诗】

寂寂双扉僻处开，乌衣深巷旧亭台。一池春水明衣镜，谁把红鹅换字来。

层楼百尺倚山椒，桂影参差间柳条。有客不妨聊斗茗，雪泉正好坐清宵。

涉园 《乾隆志》：在鹿溪东。邑人郑鎧建。按：涉园有南野春耕、东皋明月、白渡征帆、江郎远碧、牛岭松涛、鳌峰残雪、江城晚烟、鹿溪渔火八景。

【清王汝为晚过涉园访毛子恭居诗】别业临沙渚，高垣隐薜萝。林疏秋色近，山回暮寒多。茧足幽情惬，横经胜友过。无嫌归路缓，隔水起樵歌。

【姜亨肇涉园八景诗】

日暖风柔水拍堤，催耕春鸟傍人啼。软红尘外劳劳客，争似南山老抱犁。

银河西泻月轮东，影落澄潭万象空。试向平原高处望，清光午夜正当中。

我欲乘风破浪游，参差怪石砥中流。布帆安稳今无恙，芦雁汀花送去舟。

三山壁立仰奇峰，凭眺苍茫远黛浓。仙驭不归归亦得，烟云幻出碧芙蓉。

叠嶂横空翠欲流，风鸣天籁静含秋。倦来一枕游仙梦，梦觉松花坠玉楼。

一夕风吹冻欲消，云根微露见山腰。零琼碎玉寻诗地，遮莫骑驴问灞桥。

匹练横拖昼欲暝，望中城郭影亭亭。虎头纵有沧洲笔，难写迷离一派青。

历乱渔舟古渡迷，明星点点映前溪。一声欸乃歌初罢，垂钓寒江月未西。

悦亲园　在城内瑞云庵左，民国18年县人姜超岳建。

【姜超岳悦亲园记】予之置斯园以娱父母，盖民国十七八年间事；而以“悦亲”名，则在吾母弃养之后。呜呼，是不能无说矣。

当吾母之病亟也，症候反复，朝夕靡常。一日午后，忽呼人扶之观园，予告以风寒，母意不豫曰：几见长幽居室而可疗病者！予乃安以软椅，拥以厚衾，舁之出，顾而怡然。然力不能胜时，且瞑其目。予指陈若者为初设秋千，若者为新构棚架。颔而笑，低声曰，好好。良久请入，微摇其首示不可，固请默然。其依恋斯园，有如此者。时在丙子腊月初五日，国历二十六年一月十七日也。呜呼，孰料次日之晨，吾母竟弃世而逝乎，竟与斯园永诀乎！

犹忆予方髫年，母尝携予诣亲友，见园圃辄曰，居处得是斯善矣。时吾家贫，固无力致之也。逮吾兄弟于役四方，偶获升斗蓄，遂有今日之园。岁时归省，时侍父母俯仰园中以为乐。母顾语予，人之有园，或失之隘，或失之僻，或失之不能眺远，不能得水，唯吾斯园为尽善。今而后，唯望尔兄弟珍重前程，吾二老可乐余年矣。呜呼！言犹在耳，风木顿悲，吾其何处呼吾母、见吾母乎！

自吾母之病而逝而葬，先后三月，亲友之至吾家襄事者，日辄十数人、数十人，久习喧阗。既葬，而骤尔静寂。吾恐吾父之触景生悲也，乃鸠工治其庭园，新其户牖，于园门隙地，设坐息之所，叠石为凳，展檐为亭，改辟畦径为甬道。将蒇，吾父朝暮视之而泣曰，汝母在，不知欢乐为何如。予忍泪进解曰，母虽逝，其在天之灵，必有托于斯园者。而今冥冥中之欢乐，应无异于生前，则吾父固犹与吾母同乐也。所望于吾兄弟者，自当夙夜惟寅，以慰父母。父闻而微颔之，予遂榜其门曰“悦亲园”。时距吾母逝月又五日，距葬十有九日耳。呜呼！吾母其果陟降有赫，色然而喜乎。

园地三亩余，旧为璩、杨、陈姓产。其南半古契称曰“蔡宅埂”。位城中而微东南，竹树果蔬，行列可观，绕以短垣。北邻瑞云庵，矮屋数楹，新筑二间，即吾今日家室之所在也。饮井一，甘而洌，俗称“九连池”者，园挟其二，荡漾前后。东则流沟陷其外，西则有户径达阛市。举目而瞩，凡吾江山丽郭之胜景，如西山、步鳌、景星、烟霞诸胜，皆可一览而得。然则吾父母之乐，有斯园也，岂偶然哉？岂偶然哉！

景星公园　在景星山，民国乙亥初夏建。园傍山麓，春时遍山杜鹃，杂以稚松；秋来分畦揭橥，莳以菊花。佳者种以瓦缶，亭台错杂，布置一新。可茗可酌，客子易为销愁。偶一过之，令人忘返。

【熊希龄游景星公园赠周令心万诗】突星闪闪照江郎，风景天然众乐场。春到省耕黄刺史，兴来拜石米襄阳。鳌峰西障连硐堡，鹿水东流灌稻粱。知是此邦贤令尹，一身辛苦为民忙。

【周心万景星公园诗】

小叙园亭又阅年，白云红叶两依然。西风欲改山河样，一石当空独撑天。

岂有桃源可避秦，山林况复逼嚣尘。当年底事烟萝子，来作此中遁世人。

江郎山水本神秀，此处林泉又一奇。自我披荆斩棘后，扬风扢雅孰为之。

荒烟落日吊忠魂，乱世功名宁足论。苍狗白云皆往事，青青惟有一山蹲。

【王韧景星公园诗】

一掌摩空摘景星，几疑陨石化长庚。元龙选胜开觞政，老虎分形袭兽名。荞麦四郊因岁歉，芙蓉十月本天成。莫嫌块垒胸前塞，文境从来喜不平。

不数文星数将星，笺诗谁复补由庚。偶寻泉石盟新契，权把亭台换旧名。佳境却当孤客在，奇峰多赖巨灵成。道傍伫立思前事，醉眼朦胧李北平。

此中须女是分星，秋尽流光欲换庚。久滞白云如识我，初来红叶不知名。炉豆好酒霜催老，案上新诗雨逼成。为有周郎能顾曲，试将险韵押平平。

鬓已盈霜发已星，逢人珍重问生庚。水清思和沧浪曲，世浊宁甘薄幸名。每听瓜分愁欲绝，不因瓠落叹无成。乘风攫得长虹住，付与溪桥话太平。

【毛存信和韵】

漫说一堂聚德星，山间小住话同庚。江城如画鸿留印，川岳钟灵虎著名。曲槛饱看风景丽，小桥点缀月形成。晚来欲畅登临兴，哪怕崎岖路不平。

鳌峰对峙焕景星，微雨骤飘欲卜庚。细认来龙须着意，闲听好鸟自呼名。清溪凝秀长虹映，怪石踞雄猛兽成；更上一层高眼界，忠魂万古吊未平。

亮节孤高炳日星，墓川风劲响商庚。径行曲折通幽处，亭接短长标雅名。音悟石泉谐节奏，奇探岩壑妙生成。河阳花放满城丽，却喜政平似水平。

四面峰峦若拱星，东西辉映耀长庚。清幽石室三生福，磊落洞天一品名。霜菊而今知骨傲，烟萝自昔炼丹成。有缘同领山川胜，缓步归来路坦平。

【王承瀚景星公园诗】

世乱年荒值此来，登临放眼乐徘徊。仰瞻虎嶂摩残塔，遥指鳌峰拥碧苔。流水小桥通古寺，白云红叶叠层嵬。欷歔展拜方公墓，双眶盈盈泪暗催。

小飞来下水涓涓，一角斜阳一勺泉。叠翠偎亭名后乐，万山拱笏礼先贤。剔除蔓草开幽径，收拾烟萝补洞天。难得周公吴令尹，鹤囊输尽买山钱。

【何镛景星公园诗】

茅亭小酌喜筵开，把酒持螯乐共陪。愿祝东皇风渐定，莫吹红叶乱飞来。

遍地哀鸿莫乱呼，爱民郑侠早呈图。遥将万斛西江水，来救车前涸辙鱼。

石罅常流水一湾，甘心潜伏此地间。烟萝子问烟萝水，为恁情由不出山。

【傅拙景星公园诗】兴来步入景星山，老虎称雄独守关。塔顶高通天上汉，波心倒映壑中岩。层峦四面拱如笏，活水一池曲似环。却喜周公平乱后，亭泉小筑乐盘桓。

【朱镜湖景星公园诗】西有步鳌东景星，相朝宛似虎龙形。仰瞻古塔虚空矗，俯吊方莹姓氏馨。山为清幽堪驻足，区因风景特营亭。夕阳冉冉难留住，归折黄花插玉瓶。

【周梅生景星公园诗】嗟余白发已星星，虚度光阴六二庚。只为儿曹权邑篆，闲探形胜赏江城。昔惊□旱重遭困，今幸亭台粗落成。欢叙宾朋同燕饮，惟期和济奏升平。

【柴之藩景星公园诗】

突兀奇峰号景星，天然一幅画图形。云收梵刹鳌峰露，雨过稻田鹿水馨。怪石嶙峋探古洞，斜栏曲折上新亭。高低踢蹐虎关路，兴尽归来制酒瓶。

九日登高名胜区，凭栏眺望物华殊。螺峰叠叠堆红叶，雉堞亭亭映碧湖。古塔高临危巘上，新台斜倚半山嵎。回头凭吊方公墓，满目苍凉感欷歔。

冷香亭　在县治内。明知县方节愍召殉节处。

【清陈扬善冷香亭怀古诗】井底衣冠想像中，冷香淡宕出晴空。当轩剩有严城月，绕砌犹传素箑风。须水几人争一死，景星片碣纪孤忠。敬亭麦饭谁赍到，血迸秋山万树红。

【周允协题冷香亭吊方公诗】六字前驱拟岳侯，后先正气作同俦。忠魂已逐唐王去，长梦惟从高帝游。绝意求生明取舍，无钱埋骨任沉浮。当年冷落无人识，千古英风井畔留。

【何茹连冷香亭吊节愍方公诗】雄关铁骑压危疆，遗老能言古战场。摩狱岂忘离黍恨，怀沙空剩碧泉香。江枫半染苌宏血，庭树犹思召伯棠。何日西风持麦饭，景星山下哭斜阳。

清风亭　《康熙志》：在县治分司前府馆内。明正德七年，同知孟周建。

梯云亭　在文明坊。为入文溪书院之初阶。

皆水亭　在水中央，文溪书院有小桥可通，绿波红蕖，最宜销夏。

一苇亭　《乾隆志》：在航埠水次。明毛元敬建。

【清周遐祚秋日登一苇亭离亭燕词】客里光阴真骤，风物又逢重九。水色山光都不异，只恨绿稀红瘦。乘兴倚花栏，已过授衣时候。　远浦未消回溜，催散鹭朋鸥友。天末归航偏历历，数尽云樯如绣。慷慨一悲歌，惊落霜华满袖。

始喜亭　《浙江通志》：在江山县南面烟萝洞。宋嘉泰三年，县令黄汝嘉名之。亭毁已久，迹不可寻。甲戌之秋，县长周心万思复其旧，乃择烟萝洞前一小山，平之为台，建亭其上，名之曰“古始喜亭”。三衢保安总司令鲁忠修署其额。有联云：古迹待搜寻，始见羊肠成鸟道；新亭工建筑，喜看虎柙镇雄关。

【何镛始喜亭诗】亭名始喜意何深，年代遥遥没处寻。想是当年逢喜雨，欢怀常具济人心。

【周锡福始喜亭诗】危亭矗立碧山阴，阅尽沧桑岁月深。偶尔经过消俗虑，安然憩坐洗尘心。岩前花放灿如锦，石上泉流鸣若琴；始喜命名原有意，令人俯仰费沉吟。

江山奇观亭 《明统志》：在江山县治西西山。邑人择胜为亭，宋令黄汝嘉题匾。

一视亭 《天启志》：在南城。知县余一龙建。今废。

青霄亭 《天启志》：县北塊桥上。知县黄纶建。今废。

松山亭 《天启志》：县北柘桥上。知县黄纶建。今废。

木樨亭 在马枫山。今废。

【明徐日葵木樨亭记】有宋提举辛一公之卒也，葬邑南之马枫山。其子荣九公庐其墓侧，致孝思也。越明年而丛桂挺生，绕于其上。族人异之，因更其所庐旧址为木樨亭。

是亭也，屹若层峦，展如垂翼，得星辰之灵，挹河岳之秀。面眺江郎，回望突骑，右瞩蝍蟟，左顾景星，斯真据一邑之胜也。亭畔有泉，泉香可爱，泉中有石，石嵌可容。乘三春而胜游，际九秋而凭眺。登斯亭者，或亦有丘壑之哀、思慕之痛，而怀昊天之罔极者乎，亦越于今。族人更增其制，高其閈闳，厚其墙垣。敞其前，以祀梓童帝君，为文昌之阁；奥其后，以奉教授公，为本支之宗。亭之前后，顿觉改其面目，而木樨之名依然不改。

噫！是亭之作也，为木樨而作欤，抑非为木樨而作欤，非为木樨而作，则庐墓已耳，胡为而更增祠与阁也。是则，有木樨作其先声，而公之至孝若昭，有祠与阁踵其后事，而斯亭永垂不朽矣。

《诗》有之：高山仰止，景行行止；虽不能止，然心向往之。今而后，苟有念公之孝者，入其亭睹木榫依然，而水源木本之思，有勃然而兴者矣。于是乎书。

水哉亭 在西山，即今之梅泉。齐殿中侍御史祝辂爱此泉，后人尔达建以记胜。

【戴尧天水哉亭诗】梅泉之畔草初青，泉上春涵屋数棂；风逐云飘摇远树，影随水转动浮萍。一池波色开明镜，万点峰峦拥画屏；非是主人真乐水，此间何用水哉亭。

一览亭 在烟萝洞石右角。甲戌十月，县长周心万建。有联云：怪石无知多挡路，夕阳有意不衔山。

后乐亭 在景星山北端。甲戌七月，县长周心万建。有联云：故迹重寻赵阅道，寸心深契范希文。

【王国治后乐亭诗】曲曲弯弯路，忽高又忽低，游人须仔细，遮莫马留蹄。

双溪亭《天启志》：县北塔溪渡夹沙中。知县黄纶建。今废。

华溪亭《天启志》：县东十里华清桥边。知县黄纶建。今废。

三望亭《天启志》：县西南二十里。知县黄纶建。今废。

萃贤亭《名胜志》：在江山县礼贤镇。邑人周颢建。

【宋欧阳修萃贤亭诗】君家富山水，占胜作高亭。坐听溪流响，能令醉客醒。阳生群木秀，寒入乱峰青。吾族东南美，人贤地益灵。

【苏舜钦寄题萃贤亭诗】君家作虚亭，跨涧复依山。游鳞俯可钓，佳木坐可攀。我思醉其上，与君开尘颜。缅邈未曾到，东望空长叹。

【梅圣俞寄题周源员外衢州萃贤亭诗】昨朝江南客，语子川上亭。有时飞雨来，不见前山青。卉蔓人未识，鸟哘日可听。既将迟贤者，无使童仆扃。

《康熙志》：此诗旧志不载，今从集中采入，但题为周源。考选举志，源为宝元元年进士，颖熙宁三年进士，相隔三十三年。岂源作之，而颖仍之，同是此亭，寄题有先后，故分属两人耶？至衢州之即为江山更无疑也。

天一亭 《康熙志》：在仙霞岭天雨庵内。

【清柴炜天一亭诗】绝巘开泉窦，亭闲水自流。白云归寺冷，清磬出林幽。翠滴千峰雨，寒生六月秋。尘心到此静，长啸叹蜉蝣。

化石亭 在江郎山。道光二年，僧乾裕募建。

三近亭 在县北二十五里大陈庄。道光间，里人汪如升建。亭有三层，飞阁八面，树木荫翳，峰峦环绕。每一登览，殊豁胸襟。

【佘以增诗】三层突兀势凌空，八面窗开八面风。山色近依平槛下，书声高唱入云中。人家点点炊烟散，春树亭亭翠霭笼。雨后凭栏闲眺望，满楼诗景画难穷。

【王景彝诗】山势盘纡处，巍然杰阁开。环峰青入抱，古木绿成堆。岂但承先志，还期产异材。寄言贤父老，更与好栽培。

介　亭 在仙居寺内。明毛端简公恺读书处。今废。

登云亭 在江郎街。同治十年建。

西山亭 在西山岭。光绪初邑人捐资建。

望云亭 在小飞来北角。本系石壁，毁于路工，遂成缺陷。县长周心万，拟筑亭以补其缺。适江山赈务分会诸绅，为甲戌救灾立碑于此，因覆以亭。额曰“望云”。何镛有记，详纪念碑。

【毛存信望云亭诗】望切云霓慰渴饥，苍生霖雨属周伊。油然天作殷翘首，偶尔龙兴喜展眉。苍狗化形多变幻，绿杨穿眼却迷离。无心出岫偿如愿，待兆丰年雪意思。

明远楼 《天启志》：在县治内。宋知县程准建。今废。

【程准明远楼诗】拥清亭上一楼过，占得江山万象多。帆带暮云归别浦，崖拖秋色落澄波。天连尺五银河挽，月倍寻常玉镜磨。安用藩篱障吾目，被襟千里快长歌。（按：首句疑有误字）

水星楼 即天乙楼。《乾隆志》：在县治东北，与景星山相对。邑素患火，故建。楼高六丈余，中供真武像。明知县余一龙建。义民郑桃等捐赀重修，桃之子亭贤复创置田若干亩，以给香火。年久圮。清知县朱彩重修。

【清何茹连登水星楼和壁间韵】太乙楼高半接天，望中须女旧山川。溪流远挟千峰雨，暮霭遥连万井烟。古壁龙光腾剑气，上真法象耀星躔。一声清磬浮云外，仙梵依稀胜管弦。

万卷楼 《乾隆志》：在通和门外梅花墅。明邑人郑德徵建。今废。

奇气楼 《天启志》：在长台高斋山下。宋柴望建。

【宋柴望奇气楼诗】 此斋全占嵩高胜，更尽楼前第一奇。芳草碧连天水处，数峰青断暮烟时。山川不逐阴晴换，宇宙闲看岁月移。琴已懒弹书懒读，一帘花影咏春迟。

【清毛元坤登奇气楼故址诗】万峰秀气到楼奇，奇士居来定与宜。航海二王无寸土，归田四隐有遗基。曲江忠愤陈金鉴，屈子悲歌寄楚词；手泽至今同劫烬，独留奇气尚堪追。

挹爽楼 在景星山，即省耕堂之中楼。推窗远眺，西山在目，爽气迎人，怡然足乐。榜额“挹爽”二字，为县长周心万题。

【毛存信挹爽楼诗】更上一层意境开，云天爽朗净尘埃。珠帘遥对西山卷，两袖清风徐引来。

望霞楼 在步鳌山目连庵前。旧名“印月”，县长周心万易今名。有联借王摩诘句：江流天地外，山色有无中。

松风馆 未详。

【宋郑魏珽题松风馆诗】一壑萧然万里间，此身落得似云闲。蹁跹野鹤身同逸，来往樵人语不关。瑶草茂时春淡荡，乱溪交处水潺湲。偶怀知己携琴去，十里松风未出山。

景星馆 《明一统志》：在江山县南五十步。宋汪大猷、辛弃疾皆有留题。

梅花馆 《乾隆志》：在石门。明毛介川退居之所。今废。

瑞萱堂 《康熙志》：宋柴望建以奉母。在长台庄。

集翠堂 未详。

【宋毛滂集翠堂诗】烟岫供寒翠，风帘舞小晴。短墙分竹色，虚户纳松声。弄笔云窗暖，煎茶玉醴轻。端知松桧月，独伴夜禅清。

双溪堂 《舆地纪胜》：江山县双溪泉，在县市中。有双溪堂，为负邑佳处。

祈年堂 《天启府志》：江山县登真岩有潭。唐刺史投龙祈雨，名为“天泉”。宋守范祖德作堂其址。

世学堂 《弘治府志》：江山县柴禹功受业杨时之门，匾其堂曰“世学”云。

夹溪草堂 《康熙志》：疑即石门别墅。

【明毛恺夹溪草堂诗】烟树草离离，双江抱村曲。中有幽人居，茅屋数间足。风度响松篁，芝香走麋鹿。对景欲忘言，云白山更绿。

资贤堂 《康熙志》：疑即毛尚书第。

省耕堂 在景星山西麓。乙亥十月，县长周心万拨公款建筑。凡三楹，内辟昆虫实验室合作农场办事处。堂额为熊秉三题。有联云：山水有清音，为辟园林延胜妙；春秋多佳日，闲从父老话桑麻。

芝洲精舍 在茅坂。明徐进士紫崖为璩孝子伯綵筑。

兰香精舍 《康熙志》：在仙居寺。

【明毛允让兰香精舍诗】君不见，终南之山足幽胜，昔有高人讥捷径。又不见，竹林仙刹起云中，登临莫得空闻钟。岂若兹山深可寓，栖迟回隔红尘路。洞门无际水为帘，瀑壁高悬雨增布。细如丝竹鸣，大比春雷怒。石濑松涛白日间，幽香不断兰满山。古殿池南敞精舍，银台罗岫窥栏杆。凿沼成莲社，鸢鱼资考槃。考槃者谁子，懒慢不堪比。床头一卷书，字字涵至理。至理从来未易寻，高山流水自知音。阶前鹿豕浑忘我，溪上鸥凫惬素心。山空听伐木，乐处闻春禽。不识春禽信多少，山山次第啼春晓。梦回一枕水天空，窗开半榻烟霞绕。我友谁人入室来，共滋九畹歌尘表。

怀舒阁 《弘治府志》：在仙居院。前有水帘，宋毛谏议即其前为阁。

百客厅 《康熙志》：宋柴望建。在长台庄。

克斋 《名胜志》：江山县西山。宋徐复殷家于此。

拜石斋 在烟萝洞左侧。凡三间。乙亥七月，县长周心万拨公款建。四围窗牖敷以玻璃，坐卧其中，奇石罗列目前，足资游人休止。额为熊秉三题。

【毛存信拜石斋诗】奇境天开峭削中，权将故事效南宫。点豆尽化钝顽兵，我亦呼兄拜下风。

白云庄 《舆地纪胜》：在江山县南三十五里石门。有轩堂台榭之胜。宋邑人毛维瞻建。《天启志》：内有掬泉轩、平溪堂、晚望楼、懒归阁。

【宋赵抃次韵白云庄三咏诗】

〔掬泉轩〕好山深处静开轩，目送孤云手弄泉。枕石堂无金玉富，濯缨家有子孙贤。初寻旧隐逢三伏，已发新吟近百篇。闻说夜深炎暑散，凉飔浑似素秋天。

〔平溪堂〕亭有休休古退藏，岂如溪上构虚堂。坐邀城市真潇洒，却谓江湖太渺茫。下笔新题无俗事，措笻野服是家常。临流最有清风快，未见古人心已凉。

〔眺望台〕治圃我依浮石滩，筑台君占白云山。三秋一日登临外，千里同风咫尺间。峰黛阴晴常黯黯，溜琴朝夕自潺潺。休官谁道何曾见，林下如今两处闲。

又〔题毛维瞻懒归阁诗〕溪流回合逗方池，轩槛前临面翠微。紫陌红尘行不顾，白云青嶂坐忘归。方荣即隐谁能继？未老先休世所希。我昔侵晨登阁会，主翁留散见蟾辉。

按:《康熙续志》本《天启志》作柴望诗，今从《清献集》校正。

【僧显忠白云庄诗】门外高踪近翠岑，杖藜时得去幽寻。牛羊数点烟云远，鸡犬一声桑柘深。高下闲田如布局，东西流水若鸣琴。更听野老谈农事，忘却人间万种心。

仰山书院 在景星山。原为东岳行宫，明知县黄纶改祀逸平、正节两先生。明夏尚朴有跋。

【明夏尚朴咏徐逸平诗】平生只见朱元晦，秦桧何由觌面看。只为两心情别迥，殊途明道悟龟山。

【明夏尚朴咏徐正节诗】宋室兴亡世道关，等闲一死重丘山；千秋正气堂堂在，石秉心兮铁作肝。

正学书院　初名逸平书院，旧在南塘。明正德十五年，知县吴仲改建骑石山。嘉靖二十二年，知县黄纶重修。隆庆间，知县邵仲禄重建，易名“正学”。万历四十一年，邑人郑朝焕、程德芳等重建。清乾隆六十年，教谕应芝晖、训导蔡英重建。咸丰十年，毁于兵。民国12年，县人何镛、朱镜湖等就书院旧址建（编者按：建字底本无，酌加）程公祠。25年，县长周心万仍改“正学书院”，而程公祠名义仍保存。31年，倭寇窜扰，被毁。

【明周文兴逸平书院记】吴亚夫以名进士来尹吾邑，当风俗敝坏之余，而能法以绳之，礼以行之，政是以和，民是以肃。然又以为无以激厉乎人，于是访乡先正徐公诚叟者，为立祠于西山之阳，捐俸置祠田若干亩，俾公子孙世守焉，属予记。侯之为此，非特为公荣。盖将使人望而敬焉，以兴起其为善之心。江人有能自励焉者，未必不自侯此举始焉。

【宋朱熹重过南塘吊徐逸平先生诗】不到南塘久，重来二十年。山如龟背厚，地与马鞍连。徐子旧书址，毛公新墓田。青山自相识，无语转凄然。

【清姜启元登步鳌山访逸平先生遗迹诗】群谓当时吾道南，高居屡驻大夫骖。传经无愧杨中立，求友频过朱晦庵。字冷荒碑寒赑屃，院沉蔓草暗伽蓝。攀荆凭吊西风里，日落烟霏酒半酣。

【毛默访逸平先生遗迹诗】寂寂南塘徐子居，为寻旧址近何如。心铭共说遗残碣，手泽谁传有积书。访道亲承中立教，质疑数接考亭车。大儒身后天难问，太息频来空式闾。

【祝敬棠正学书院诗】绝顶高贤室，先生号逸平。心传文靖细，道脉紫阳精。座下同稽首，池边共濯缨。行高兼学奥，千载有遗名。

梅泉书院　在步鳌峰下梅泉旁。元周丙吉建。

【元吴澄梅泉书院记】须江西山之麓，多出名泉。其最上一泉曰梅者，因隐君丙吉周公而名也。丙吉公从其父庆十二公择地偕隐，能承次说公家风，经明行修，不干利禄，学者仰之，为儒林冠冕焉。

长君丙吉公克承父志，沉潜经史，谢绝纷华，惟以洁清自娱。所居室右，有奇石高丈余，瀑布悬空，泉琴咽石。其东则灵山隐雾，祥光被石；南则景星插天，江郎远映；北则文水绕郭，鹿溪长流，盖得天然之秀也；西面芳涧而上，奇岩秀石，起伏于幽篁苍藓之间，而泉声泠泠，出于其下。周公爱斯清泉，结庐于旁，为讲学地。又植古梅数十本，横斜泉上，名之曰“梅泉”。

卜隐庆公，虽抗志幽居，不出户庭，而当时之自远来学者，上通闽楚，下递吴越，担簦戾止，所居几不能容。

丙吉公贤嗣君宝，亦能绍衣厥考，自分讲席。一日，请于父曰：“乐育英才，攸关性分，舍旁隙地尚多，曷增之以为书院？”丙吉公许诺。乃鸠工庀材，芟芜剪秽，因泉石自然之势，为轩亭高下之规；中间缀以群芳，疏为池沼，不数月而书院告成。

院中讲堂，奉宣圣暨诸贤位，崇道范也；旁列濂溪周子，凛家学也。又旁室两间，右储书史，示正业也；左列琴瑟，供游艺也。庭蓄芳草，间以异卉，药栏花径，曲折盘旋，窗草不除之意也。由左而东，别营小轩，前对灵山，后倚峭石，广深仅二丈余，中悬无极太极之图，颜之曰：“稽古轩”，盖丙吉公退居游息之所。由堂右而西，别构“治心斋”，为多士讲学问难、明道解惑之所。公每云：“千古圣贤事业，无过治心。”宋隐贤徐子逸平，心箴具在，流风固不远也。

由“治心斋”逶迤而上，复有轩曰“嘉鱼”。轩广不过三楹，屋高不过丈余，而下临方池，俯瞰奇石，则翼然有上挹层霄、怀抱万峰之势。其下二三丈许，又有半月鱼池，池中特起奇石，头戴幽花，足濯涟漪，岛屿潆洄，与蜃气鲸雷交相吐纳。池旁则曲槛横栏，供人徙倚。盖非鱼而知鱼之乐，或亦丙吉公对时育物之意欤？自月池而西，鱼梁横涧，径达梅泉。泉畔旧已植梅，兹更为起辟芟除，益植数十株，不复杂以他卉，乃名之曰："梅泉书院。"

告成之日，周君率诸生合奠先圣，置酒落之。予仕宦都会，耳食声名，故北归时迂道过须江，访庆公遗踪，而适逢其会，丙吉君嘱记于予。予思周君出其家学，资朋友之讲习，道明惑解，夫何烦言。惟是"二程"风月与点襟怀，则澡炼性情，固必有不徒得之讲贯者。

水不言而人喻其机，山不言而人览其秀，梅不言而人挹其香。是有言之教，其教犹浅；而无言之教，其教乃深也。诸生能体周子"不言之教"，以默会夫山水者，默会夫一己之性灵，则授受亦不烦言而解，是则周君之教也。不然，而讲贯徒为艰苦之具，泉石聊供选胜之怀，两者胥何当耶？丙吉君笑而韪之，遂书之以为诸生勗。

鹿溪院　在鹿溪。元皇庆癸丑建。明万历间，改建航埠山。今废。

【明徐愷鹿溪桥院诗】两岸青山曲趁溪，倚岩院落傍高低。一双乌鬼浮沉食，无数黄公来去啼。花径暗香风透远，稻田新绿雨催齐。老僧正说天台事，水自东流日自西。

烟萝道院　在普济经堂侧。

【清郑一昌烟萝道院赠陈道士诗】知君非为买山夸，求道心坚揽物华。夜半无人同步斗，朝来何地独餐霞。雨过细草沾衣湿，舟入长溪傍岸斜。寂寂自开金灶火，不须相见话桑麻。

川上居 《乾隆志》：在航埠山。明毛文兴建。

水心居 《乾隆志》：在上花园。万历间，邑人郑杞、郑谦同建。

和鹤居 《乾隆志》：在南门内。明徐藿心书舍。

文石居 《乾隆志》：在清湖。邑人毛应思建。

濠上居 《乾隆志》：在宾日桥左。明邑人郑德城建。

【清陶之纲题濠上居赠郑二雨植诗】好寄庄生达，长吟爱尔闲。夜蟾斜照水，晴旭远衔山。茗椀花间出，巾车竹里扳。不妨频过晤，迟我听潺湲。

高士居 《康熙志》：旧志不载。疑为周文兴故居。文兴致仕后，胡宗宪表其里为“高士坊”，或因以名其居也。

【清蒋际元题高士居诗】烟萝兴好宦情疏，奕世犹传高士居。自有雄文惊日月，不妨大道寄樵渔。归来身世盈樽酒，老去行藏压架书。惆怅芳徽谁得似，软红尘里早悬车。

石门别墅《康熙志》：旧志不载。疑即夹溪草堂。

【明毛恺石门别墅诗】石门俯幽深，逶迤旷周旋。两溪从东来，中有五亩园。诛茅庐其间，时挹肥遁贤。在御有琴瑟，批阅足简编。暮云景云媚，微飔扇和暄。平芜涨新绿，弱柳吹香绵。良朋亦萃止，被服恒新鲜。濯缨清流沚，振履崇丘巅。

菊所《乾隆志》：元毛德祥建。周伯温颜以“城市山林”。今废。

【明王朴城市山林记】 三衢之江阳，有隐君子曰毛君德祥者，居于县东之阛阓间。其县南诸山，适当其门，而左右县后，环树以花竹槐柳松柏之类，阴翳茂郁，浮芬积翠。庭堂深靓，而门闬雅洁。朝爽之气，可揽于帘帷之间；烟岚之耀，日浮于几席之上。虽跬步廛肆，而喧哄之声、奔趋之尘，盖不能及其仞墙而接其耳目也。昔左丞番阳周公伯温，闻君之名，扣门往见，赏其所居之胜，因篆“城市山林”四大字以畀之。

今年春，君以事至京师，余适相见于逆旅。目其貌，温然以和，而清萃秀爽之气，复津然见于眉目之间。吾意其必为山林有道之士也，因日与往来。久之，君乃征文记其所谓“城市山林”者。余曰：夫山林之与城市，其趣味之殊，不可同日而语明矣。盖城市者，小人射利之所便；而山林者，君子隐德之所乐也。是故，据康庄之衢而通舟车之货，竞锥刀之末而规三倍之利，君子固无所用于此焉。若夫探丘壑之幽而擅泉石之赏，藉丰草之色而坐茂树之阴，彼射利者亦不能一日安于此也。由此而论之，则城市、山林各适其适，而君子、小人之趋向，固不同矣。虽然，所贵于君子者，心无适莫而不物于物也。彼山林、城市皆物迹之所寓，而君子之有道者，其心讵尝泥于迹哉？是故，君子之隐也，或伍编氓于城市之中，或侣麋鹿于山林之下，迹不同而心未尝有异。其在城市也，彼物欲之纷拏者，固不能以动其中；而在山林也，亦未尝枯形灰心如偶人而已也。而或者不求其心而泥其迹，故于城市山林，辄有轻重去就，而复有大隐小隐之说，是皆物于物而不达于道者，夫岂知言也哉！

毛君居城市之中，而有山林之趣，优游逸豫，以全其身，而以诗书礼乐淑其子孙。今年已六十余，其德弥劭而志气不衰。人皆曰：毛君乐夫城市之山林而不肯出也。呜呼，孰知夫君之所乐，有在于山林城市之外者乎？故因记以验之。

【明胡拱辰菊所赠毛德祥诗】汉代名儒裔，元朝处士家。一轩偏种菊，九月尽开花。有酒须频赏，无钱不厌赊。灵根几已叶，秋色转交加。

【宋濂菊所为毛德祥赋诗】吾慕毛苌奕叶芳，幽栖种菊待重阳。一篱露浥花方发，三径风来酒亦香。坐对南山情更逸，饮来灵水寿偏长。悬知靖节风流在，不羡裴公绿野堂。

【张舆城市山林诗】大隐幽居何处寻，江阳城市有山林。闲阶鹤迹苍苔润，白昼棋声绿树阴。钟鼎已无他日梦，乾坤惟有百年心。虽缘门巷通车马，不受红尘一点侵。

【林温城市山林诗】阴阴杨柳绿临门，半似城居半似村。昼静白云栖竹上，秋深黄菊绕篱根。岂无樽酒留宾客，亦有诗书遗子孙。隔屋红尘飞不到，人间何必问桃源。

眠牛石　在大陈村。其石横歆岭右，形似双牛对卧，四面有石栏围之。

【清汪日丙眠牛石诗】幻出双牛质宛然，路旁卷卧已多年。曾谁说法看头点，可有要盟把耳牵。月出清宵休喘息，春生绿野任安眠。前身应历耕耘苦，天使高栖百尺巅。

景星石　在景星山巅，壁立万仞。明知县易倣之刻“中天一石”（编者按：石应作壁）于上元。

【元柴登孙景星石诗】石中景星何事生，千古嵯峨众目瞠。要识上天长毓秀，此山犹有庆云横。

三叠石　在烟萝南。三石交叠如品字。中有洞门，可坐五六人，为天然石门。四省剿□总指挥卫立煌，题“洞天一品”四字于石。

小飞来　俗名猪头石，在景星山西麓。奇石嶙峋，堆金砌玉。望之如假山，实皆天成。殆即所传赵炳鞭指所坠之西峰，聚而为此云。县长周心万嫌其名不雅驯，易以今名。

【毛存信小飞来诗】石如刚鬣费疑猜，仿佛飞从天竺来。道是化工真妙手，好将此窟作蓬莱。

老虎石　在景星山巅。其形似虎，耳目口鼻毕具，因名老虎石。明知县易做之凿“中天一壁”四字于石上。

何王墓 《府志》：在礼贤镇。不知何代人。或侵掘，则暴风疾雨随作，人颇异之。

赵王墓 《府志》：亦不知何代人。在县东北一十里龙眠山下。

葛王墓 《天启府志》：在县西35里。不知何代人。旧有碑，田夫斲为磨，一日，雷震碎之。有取花砖者，雷复震。今莫敢动。

〔唐〕

祝钦明墓 《天启志》：在石魁潭。其地多祝姓，相传钦明葬此。又云道成乡相亭寺旧有碑存。

祝奢墓 《浙江通志》：在景星山下。武德九年，封妻陈氏为怀德县君，诏合葬。

衢州刺史周美墓 《天启府志》：在江郎山下留春坞。

〔宋〕

乐清令周颢墓 《府志》：在五里原。

王忠献公墓 《康熙续志》：在县东北崇善乡严巃。公姓王，失其名，世居汴梁，典禁旅金枪班，留守宗泽辟参议军机。建炎初，金人入滑，往援有功，累迁至枢密副使。金人攻扬州，留殿扼江渚，被执不屈，遂遇害。子撰，时年十六，寻父尸于野，又庐其旁。事闻，乃录为官，迁公柩葬于此。

知县叶端墓 《天启志》：在县后大樟树下。按：今在署后园。

孝子王撰墓 《天启志》：在上花园。

逸平先生徐存墓 《府志》：在南塘景星乡。明知县黄纶访得之，立碑曰：宋大儒徐逸平先生墓。又访裔孙成章，才周岁，令守祠，置田六亩，以供祭祀。

【明黄纶　徐逸平先生墓碑记】於维先生学有渊源，早与罗从彦诸君子，同学于龟山杨公之门，则伊洛传心之统，惟先生得其传矣。学成而归，讲道于家，从学者至千余人。朱子屡拜其庐，每有所请，先生告以克己归仁、知言养气之说。初若未达，久而后悟。又谓“放心”之解，得力于先生为多。则先生之心，殆深契于文公之心矣。

先生隐居山林，深藏不仕。时相秦桧欲识之，竟不可得。则其所立之高，殆若凤凰之翔于千仞矣。先生所著，有《六经讲义》《中庸论》《孟解》等书，惜乎不传，而托诸邑乘者，仅有“潜心室”一铭。今颂其铭，而究其蕴，则先生心洁而道尊，行纯而德立，真一代之真儒、百世之师范，岂特江阳之前哲与两浙之仪型而已！

纶以疏慵来令兹邑，首拓厥祠，继表厥墓，所以追尚先生者，不敢不尽其心焉。然先生之心，流行于天地之间而未泯者，则固不以是为有所加也。酌清湖之寒泉，荐南塘之芳藻，用表此心之诚，求格先生之心而已矣。

【清汪浩　徐逸平先生墓勘案】康熙五十年，勘得先贤徐逸平先生墓在雉乌渊，计税五亩。国初，嗣绝，有裔甥王云从承祀办粮。至诚，则云从之侄也，以盗砍具控到案。经本县亲丈，其来龙右，盗葬二穴，姑念无碍，免其起迁；砍木二株，亦免深求；合将所丈弓口，开明列案。今后樵苏必禁，敢有肆其剪伐者，必以三尺从之。计开：来龙岭从逸平先生坟围四十二弓，直至岭上有二树为界。岭左十弓，岭右十四弓，周围一百六十弓。

【清杨奏瑟谒徐逸平先生墓诗】路缘重岭上，西去即南塘。断碣风霜蚀，空山草木香。渊源寻洛水，著述老江阳。徙倚松楸晚，临行拜斧堂。

少师祝常墓　《天启志》：在溪滩。

江山丞郑极墓　《康熙续志》：在县北青霄桥。

殿中侍御史柴瑾墓　《天启府志》：在毛村石壁寺后。

刑部侍郎徐复殷墓　《府志》：在九都出青山内。翰焕之孙，正节公应镳之祖也。

刑部侍郎周自强墓　《天启府志》：在礼贤镇圆觉庵。敕葬。

国史编修柴望墓　《天启志》：在长台高斋。　按：高斋为国史读书处，其山即名高斋。

【元苏幼安国史秋堂柴公墓志铭】公姓柴氏，讳望，字仲山，号秋堂。其先卫人，始祖承事公仲紧，避五代之难，徙居江山。四代祖讳元瞻，以孝廉著称，辟于朝。先从祖司封公天锡与弟天因同年进士，能以风节立朝，不附权贵。嗣后，太史公禹声、待制公中行、侍御公瑾、大理公卫、承务公复，皆以理学、政事伯仲后先。柴氏盖奕奕有声矣。承务公生朝奉公伯之，朝奉公生迪功公可用，迪功公生秋堂公。公生而颖异，五岁诵《诗》《书》辄不忘。甫成童，博通经史，诸子百家无不研究。方闭户力学，而篇什传播，流遍江左，咸推为天下士矣。理宗嘉熙间，为太学上舍，除中书省奏名。

淳祐六年丙午，元旦日食，诏求中外直言。公素明象数，每夜占星斗，时复惨怛，悲歌慷慨，左右莫知其所为也。及闻诏，乃撰《丙丁龟鉴》一十卷，起周威烈王五十二年丙午，止后汉高祖天福十二年丁未，上下通一千二百六十年，为丙午、丁未二十有一。数其吉凶祸福于前，指其治乱得失于后。正月书成上进，忤时相意，诏下府狱逮诘，几不免。时，大尹尚书节斋赵公，上疏言柴望忠诚恳切，所述根据史传，未可重以为愆。得旨，放归田里。京师之人谓公谠论不容，无不叹息。

公不以得失介意。既抵家，和渊明《归去来辞》以自遣。隐长台之高斋，有楼匾曰“奇气”，厅曰“百客”。宾友至，则相与啸傲物外。就之游者，裹其神采，飘飘起驭风之想。公性至孝，早丧父。太夫人毛氏孀节，授公学业。公在太学时，虽晨游结驷，无一夕不问安否。解职后，益加虔谨，于所居重构堂，曰“瑞萱堂”。承欢甘旨，务竭其衷。居丧，哀毁成疾，蔬食庐墓，块然骨立。

公家居，声名藉甚，当涂屡荐之。景炎二年，端宗登极，三山孔大谏举奏，荐公以布衣直疏前殿，特旨授迪功郎、史馆国史编校，屡进疏论。是时颠覆益甚，忠志不遂，郁郁成疾，遂归山中。

及宋亡，元朝物色旧臣，公杜门谢客，独卧一榻，而感慨激烈每于吟咏间见之。其即事诗曰：“翠华海上知何似，白首山中空自惊。”又书感曰：“堂前旧燕归何处，花外啼鹃月几更。”其凄惋忠愤，读之可为下泪。公从弟通判随亨、制参元亨、察推元彪俱宋旧臣，与公同志，遁迹不仕二姓，赓咏于烟露之间，耸动江湖，称“柴氏四隐”云。

公生于宋嘉定五年壬申，卒于至元十七年庚辰，年六十有九。葬高斋之奇气楼下，即公所居也。公娶王氏，生一子希浚，为宋太学生，今不仕。

大理寺正柴卫墓 《康熙续志》：在云母山，今宝莲庵。

武略将军赵善孚墓 旧《浙江通志》：在县九都峰下。

进士柴随亨墓 《天启志》：在榉林九磜口。

【明李遂宋建昌郡大夫柴公墓碑记】往余守衢，以志籍多缺，而文献之靡征也，则尝博稽故实，收葺散佚，以为郡乘。虽简编未就，然一方之士，余盖得以尚论而近友之矣。其在宋有“四柴”者，建昌公其一也。公家学有承，筮仕不苟，登宝祐四年进士，知建昌军事，守己爱民，时称循吏。而仕当革命之际，乃与其兄国史望、弟制参元亨、察推元彪，俱隐于榉林九磜之间。盖知时事已去，不欲禄仕，人称“柴氏四隐”云。

既而，元物色旧臣。公自以宋室遗黎，耻事二姓，并不应征辟，而感愤激烈，特于兄弟唱酬中见之。黍离麦秀，悠悠之怀，盖终其身不一日释。呜呼，士何不幸而遭遇若此耶！

余读《宋史》，见其当国事流离之际，一时忠臣义士效命毕力，沉江溺海，曾不悔恨。盖虽时移事去，犹灭名遁世，恋恋旧君故国之思，论者以为宋礼贤养士之报。果然，则感遇酬知，宜自要近，乃或奋起孤远，期于自靖；而偷生南窜，忍耻北面，顾平日尊贵宠势者，为之何感应之不类耶？

盖君子之仕也，以行君臣之义。是故，或远或近，或死或不死，盖君有见于义无所逃，而分当自尽，而彼以为为利禄而效忠者，亦浅之乎知士矣。建昌公审己揆时，守贞遂志，识微于几先，而允蹈于事后，虽志节未彰，而亦文、谢之流亚也。

按：是碑为李大司马襄敏笔，载《罗山集》中。《柴氏四隐集》亦载之。与旧志所载微有不同，今从李公原本。

柴蒙亨墓 《康熙续志》：在秀峰下南安寺。

毛铁砚先生墓 《康熙志》：在沙堤。

毛夫人詹氏墓 《叶水心文集》：葬衢州江山县南台寺绿秀山。

【宋叶适毛夫人墓表】故朝奉郎知珍州毛楲妻孺人詹氏，从其子为秦司买马干官，卒葬衢州江山县南台寺绿秀山。是时，吴曦断东道自王，方平虑其国，忘其家，先其君，后其亲，以节闻天下。他年，自庐山来永嘉渚上，请余为夫人表于墓。余曰：史有状，壤有铭，具矣，复欲何所道，且必言子骂贼，是自表也。方平泣诉曰：诚然，吾得大罪于母四：

本以贫故，急升斗禄尔，乃浮江纤湖上一线之峡，遭狂贼僭乱，震动仓卒，留无计，去无从，是不择便近地危其亲，罪一也。曦盗蜀，无假南士，不亟东下，益西寄孥，议使者坐，纵口骂曦，激士大夫心，为贼囚守。虽曦自毙，蜀复完，而母以忧愤终，是不量官守高卑，于亲何益？罪二也。曦死用乏，方增赋佐诸费，吾数语有位，治叛国，当明顺逆，今籍阴通贼十数大家，资数千万，何不给而重敛？疲民皆张目缩舌，不敢应。吾因大怒，题绝印纸，不可纳考功。是不度事难易，妄发无已无益，毛氏之祭，由是缺焉。罪三也。既失事，耕庐山。追忆吾母，暑风清，冬日燠；或牵软车，妇扶前，孙挽后。山巅可休，水滋可息。今不及游矣，封一蘋魁，剥一豆荚，妻子皆得饱，吾母不及享矣。古人以代耕之禄不及为亲恨，吾以代禄之耕不及为亲悲。罪四也。

夫忠不获其上，谤郁于下；孝不全其亲，罪积于身。故揭书之，使过而读者，无不彰也。雨渍风裂，石苟未漫，吾罪犹未已也。所以戒天下为人子者焉。余谓君前事，幸未至陷胸碎首。虽然，亦烈丈夫矣。而其辞约，其义隐如此，是可表也。

县令何程墓 《康熙志》：在裴家突九龙山。

治中何郁墓 《康熙志》：在下西山岭下。

徐正节先生衣冠墓 在保福寺。按：先生全家殉节，诸仆为具棺，殓殡于西湖金牛僧舍。后十八年，其同舍生刘汝钧，率儒生五十余人，收而葬之方家峪，私谥“正节先生”。具载万历《杭州府志》。是先生忠骨已窆钱塘，邑墓相传为瘗先生衣冠处，故表而识之。

〔明〕

知县陈仲进墓 旧志：在窑山下。

孝子何伦墓 旧《浙江通志》：在坟前山。

刑部尚书毛端简公墓 《天启志》：在景星山。赐葬。

【明徐阶 毛端简公墓碑记】公讳恺，字达和，别号介川。嘉靖辛卯，领乡荐；乙未，举进士。授行人，奉使肃藩，尽却其馈。己亥，擢御史，疏忤执政，调宁国推官。壬寅，召拜南京营缮司主事，分司芜湖。历员外郎、郎中，皆在工部。甲辰，改刑部。己酉，出知瑞州。辛亥，调宁国。甲寅，补莱州，迁山东按察副使。居三年，迁江西右参政。又三年，迁河南按察使，转右布政。辛酉，迁都察院右佥都御史，巡抚保定，提督紫荆诸关。岁饥，为视赋缓急，次第征之，而尽罢诸役之无名者，凡活万余人。关故临边，严兵守诸要害，边事以宁。

壬戌，迁右副都御史，总督漕运，巡抚凤阳。逾年，迁刑部右侍郎。寻改吏部。丙寅，迁南礼部尚书，复改吏部。穆宗即位，召为刑部尚书。道得脾疾，疏乞致仕，诏不允。戊寅夏，公始至，首请以中官之干纪者，付法司。又奏释滞囚，辨雪其冤抑，风采凛然。己巳，疾复作，会有所不乐，连疏乞去，诏乘传归。

公素癯，又讷于言，然操履严洁，不可以毫发犯。其断大事，排大奸，即鼎镬在前，不少挠屈。常曰："吾行事，求慊于心。心所不安，虽死亦不敢为也。"故公自少至壮，以至于老，自谓未尝有一愧心之事。海内士大夫，闻而信之。其去位也，莫不顿足以惜云。

广东布政使徐霈墓 《天启志》：在上溪。

博士周亚卿墓 《天启志》：在梅泉。

副使郑骝墓 《天启志》：在十二都钟山。

孝子璩伯綵墓 《天启志》：在茅坂。

太守姜瓒墓 《乾隆志》：在新塘边。今按：在广丰。

中书徐惟辑墓 《天启志》：在本里。

鸿胪卿周文兴墓 《天启志》：在樟村垅。

邵武通判郑忭墓 在百石。

藩相鲁应华墓 《天启志》：在纸塘。

太守毛允让墓 《天启志》：在观音堂。

柴白岩先生墓 《天启志》：在长台经堂山。

通判赵洙墓 在金家垅。

赠承德郎徐公鹤秋墓 《康熙志》：在陌山岭下。

【明韩爌 徐公鹤秋墓碑】越中江邑，山水多奇，屡产高士。有封君鹤秋徐公者，系予己未所举进士日葵之父。公世系出自宋南渡，其先世县尉公，卜居江之南门，五世景符公，以科第显。历六叶，生璘，璘生以明，以明生公。

公生而颖异，倜傥不羁，幼习举子业，弱冠勿售，因挟策外游，与名贤相问难。归，试于郡。太守易霍冈公奇之，始补邑庠，声名藉甚。四方负笈从游者，不远数百里。公多方造就，庠俊半出其门。秋闱屡蹶，意殊不怿。壬子，主政领乡荐，己未，捷南宫，乃养高泉石。公性至孝，谊笃友于，好施予。事叔以道、兄九龄，生死无缺，视侄犹子，终始无二。与知识往来，虽倾囷倒囊无难色。里中少年辈，微有善行，奖借不遑；稍匪彝，即面斥不少假。行善不令人知，为人解纷排难，事定不自以为功。府县延乡宾，岁时存问，甚为上官敬礼。

公讳九皋，字汝贤，号鹤秋。生于嘉靖壬子正月廿一日辰时，卒于泰昌元年十月初一日辰时，享年六十有九。以子主政，覃恩赠承德郎、刑部江西清吏司主事。葬陌山岭下龟山。盖公精于堪舆，素所自择云。

刑部郎徐日葵墓 《乾隆志》：在杨柳丰。

御史何远墓　《康熙志》：在下西山岭下。

署江山县知县方节愍公墓　《乾隆志》：在景星山。　按：山麓有碑。题曰：明忠臣节愍方公墓道。

【清何茹连秋晚谒方公墓诗】苍凉松桧几经秋，凭吊忠魂土一抔。商鼎有归天北顾，鲁戈难挽日西流。残碑苔蚀龟犹卧，华表烟深鹤自游。空对寒风思剑佩，萧萧落叶满荒丘。

【郑瑞麟谒方公墓诗】节愍思方令，杀身仁已成。天心常北顾，臣志独南行。陇外清风冷，松间白日明。偶然逢野老，犹自说忠贞。

何宾峰先生墓　《康熙志》：在十六都礤上湖山底。

御史陆和墓　在陆家漾。

知府周任墓　在二十五都宝峰。

王府长史周积墓　在山下高山寨。

右佥都御史赵镗墓　有《墓志》，载《艺文》。

〔清〕

孝子朱尚聪墓　旧志：在下仓。与妻孝妇徐合葬。

提督黄大谋墓　旧志：在十四都毛沉后门。

提镇毛秉刚墓　旧志：在上尖。

状元林天彪墓　旧志：在景星山前。

状元黄瑞墓　旧志：在洋广马头山。

探花林天洛墓　旧志：在平山油车坂。

副将林向荣墓　旧志：在杨柳丰水碓顶。

副将朱诏荣墓　旧志：在二十三都华山头。

潮州府知府何茹连墓　旧志：在西乡檀楸坞，与恭人王氏合葬。

漏泽园　即义冢。《天启志》：在县南东岳冈。正德十四年，知县吴仲立。地窄不堪葬，嘉靖间，知县黄纶捐俸五两，买治民蔡泽山地，周围三百余丈，植以松柏，围以墙堑。今竖石门，额曰“义冢”。

城西义冢　在通贤门外，步鳌山目连洞下。乾隆丙子年，邑人王何毛郑徐五姓捐助，并置田租，立耕寸会，为每岁培土，并供盂兰之资。

峡口漏泽园　《康熙志》：在三门坳。乾隆三十八年，绅士郑敬德、王永煌、柴曾镛、徐邦瑯等捐建，知县宋成绥复创捐置田，供输粮税。

【宋成绥峡口三门坳义冢碑记】古者四闾为族，使之相葬墓。大夫掌令，国民族葬，使皆有私地域而掩骼埋胔，更著于《月令》，凡所以恤民者至矣。其或违首丘之义，委骨异土，行有死人，尚或殣之，则所以济仁政之不及，亦在因地而为制耳。

江邑峡口，侨寄浮于土著，往来甚夥，设有客死，殡诸道左，暴露可怜。绅士郑敬德等捐金，购三门坳山地为义冢，而徐邦瑯又捐己山之相近者廓之，因以告余，冀立石垂久。

余谓久远之道，在厚其资，重其事，付得其人。爰捐金倡众益置田，供输粮税，即交山源总口新建周王庙住持经理，且与之约曰：凡彼客死，讵无子孙，鬼犹求食，馁亦可悯。既已立冢，必次第编字标以石、棺，书年月、籍贯、姓氏於和，更设一簿，详悉记载，以俟死者子孙识认迁葬。其无名不识者，别作一丛冢，庶无相混。每岁春秋，即令庙僧作佛事，施食焚楮。如此则残魄知归，穷魄得所，邑人士之仁风更余于掩埋之外矣。

至义冢亩分、四至及增置田土，即刊碑左。众姓捐金多寡，皆例得书，使后有所考。是为记。

孝子毛云坎墓　在北乡五村头打铁桥前。

处士毛德存墓　在东乡上江坝。环堵卓然，设置石桌、椅。有德大中丞晓峰撰：“元启图书开万象，道承牺圣后一人”联语刊壁间，知县洪承栋志其墓。

嘉定知县刘佳墓　在北门外三桥西偏。浙闽总督吴棠亲往祭焉。

贞烈女毛凤英姑墓　在通安门外紫竹林。知县张缙云详请建贞节祠。德清俞曲园有诗纪其事。

【清叶秉钧撰墓志铭】有宋之季，须江有孝烈女徐元娘，年十六随父兄殉难临安，与岳娥、文媛世称“南宋三贞”者也。迄今六百年，而有贞烈女毛凤英，为逼娼不从，惨死于两毒妇手，年亦十六稚龄，劲节辉映后先焉。顾烈女以正节先生为父，以两赠兵部为兄，而又有博学卓识如忠懿夫人者为之母，含华毓秀，早自有卓越寻常者。

今贞烈女何如哉？生于乡曲，父早逝，母改志。甫七岁，城中王姓养为妇，舅故阘茸，姑徐氏实有鸨心。女及笄，将娼之以牟利。邻妇周王氏素无行，曾杀其八龄养子久丽丹书者，与徐暱为之谋。适有贾人子，橐多金，为狭邪游。周导至徐所，徐欣然令女修容出侍。女不可，二人挟而傅之粉。为将易衣，女脱入爨室，手黜黔。而徐迹之，见而大骇，促改饰。挞之再，迄不可。噪声外达，贾人子者逸。徐怏怏复挞女，周劝止说：是儿太拗执，当渐驯之。徐终不释，绝女食。越日，周见女首蓬面垢，抚慰并诱劝之，曲说百端，女誓不为无耻事，周羞且愤。徐亦怒，引锥锥之数十下，问犹倔强否？顺从否？女誓死不从，即又烙锥锥之数下。誓如故。乃说其听之藐也，提其耳，铰以剪；说其言之戆也，即以剪筑其舌。女不忍其楚，两手支拒，则拘手，锥剪叠下，十指半脱，女大号。二人亦惶急，辄以沸汤注其口，遂奄然毕命。甲午二月二旬有九日也。

女死后，母族至，以贿寝其事。三月五日，官绅集育婴所，女邻有副贡姜丙曾者，备述女死状。署令张司马缙云，不旋舆即诣验。启棺面如生，伤痕血犹新，历七日而无臭秽。观者惊异，咸说周徐殆非人，此女信稀有。有泣下者，司马亦为改容。验竟即捕，周已远匿，置徐氏狱中。余门下毛自强为余言，往岁女佣其家者六七月，每自言不免于死。问其故，则云，姑将以为娼，非死何能免？初不意其言之悲也，而至今则验。

呜呼，弱龄女子既鲜姆教，又有不令姑以导之、能不失其身者几何？利欲欣其前，而刑威随其后，能不变其志者又几何？且夫矢死靡他之说贞，视死如归之说烈。今毛氏女处五浊而不混，历百折而不回。其贞也，艰贞视安贞尤卓；其烈也，毅烈较激烈为难。诔曰：贞烈无繁称焉尔。或曰，女久妇于王，虽未婚名已正，今称之曷为女而不妇？曰其姑毙之，其舅不能庇之，其夫稚懦漠视之，则王氏安得而妇之？且女未庙见，归葬女党，礼也。

余忝职风教，商之司马，拟请旌后，建坊立祠，而先为埋其骨。适姜丙曾、毛自强访得北门外隙地以告。其地秀汇东溪，冲当南浙，妥幽彰美，两得其宜。爰酌费醵资，克日蒇事。题其碣曰："芳追孝烈"，并志其砭石而系之铭。

铭曰：须女之泉静而清，缀术不明，漫云婺宿其降精。□以为斯地炳灵，实产闺英。前有孝烈后贞烈，须泉流芳永不竭。

建宁总镇建威将军蔡福谦墓 在县西十里长丰。

民国军事委员会卫士队中校毛裕礼墓 在县南峡口镇国泰寺山。

卷之五　灾害志

（自同治起，其旧志已载者未录）

第一章　清

同治元年，灾。蠲免银米。

二年，大疫，饥。

三年，大疫。

五年，夏，大旱。蠲免二年未完南米。

六年，夏，江郎山鸣。

十年，四月，蝗。

十二年，七月十八日，大雨雹，树木皆折。蠲免六年以前未完银米。

光绪六年，四月，慈桥亭街火。七月，三圣殿巷街复火。

八年。五月，水没达下（今达河）及大溪滩上坂与古林滩二处，淌去民田一百余亩，墙屋坍塌无遗。

十二年，四月十三日，大雨雹，石门镇石桥石坊被折，并压毙人畜。

十三年，正月初一夜，大雷电、风雨彻晓。

十四年，五月，大雨雹。六月，雪泉化赤，数月始清。

十五年，六月，大水漂没田庐。

十七年，暴风雨，文溪书院西廊全圮。

十九年，九月二十二夜，天降荧惑。大溪滩盛传匪入县城，已分窜至浮桥头。村民正在观剧，一时台下大乱，夺门逃命，拥挤不堪，妇女花钿委地。五都、平坦各村亦牵牛担什物来奔。翌晨，方知是谣。

二十年，七月，城慈桥亭街火。

二十二年，四月十六日，城市火。

二十四年，九月二十一日夜，荧惑降。风传九仙山匪将占县城，居民互哄一夜。

二十六年，六月二十四日，城市大火。直街自税务前至达道门止，横街自文昌阁前至榴花厅巷口止，刘加蝠（编者按：当为刘家福）陷城时所焚。

二十八年，小南门有虎，乡民有被食者。

三十年，学宫前石牌坊无风忽倒，石梁皆断。截食柏成灾，人犯之，手足皆肿。

三十一年，夏，有虎由篁嘉渡至近郊，噬犬豕，并伤毙人命。知县李钟岳立山神于南门，禳之乃平。

第二章 民 国

2年，4月，大风，百祜塔尖被折。

3年，大旱。以荞麦救饥。

5年，四乡有虎。12月，大雪平地盈尺，河水尽冻。

6年，1月2日，地震。9月，安和坊街火，焚去房屋百余间，毙2人。12月11日，天鼓鸣。

7年，1月3日4钟，地震。秋霪暴风，损及禾稼。

8年，4月，雷击魁星楼。

10年，3月18日，雨雹，童家淤各村倒去墙屋不少，伤及二麦。秋又饥，米价大贵。

11年，上王坳头山崩。

12年，大水，鳌塘埂决。10月，桃花开。明年，臧杨军入浙。

15年，北伐军入浙，县署改组。

17年，截食松叶。

18年，大水。仕阳发生虫灾。

19年，斗米价2圆。冬节日，雷鸣。牛疫。

21年，4月，雨雹，大如鸡卵，农作物被伤。6月，蝗。

22年，6月17日，水暴涨，毁坏田庐，压毙人畜不少。8月，蝗。

23年，6月，大旱。8月3日，江郎山火。9月，□劫清湖、贺村，车站被毁。是年，孝义社助拯3000元，各处助拯4079.515元。省赈34700元，以12700元作为冬赈，以22000元作为次年春赈。

【何镛甲戌救灾碑】《书》曰：若岁大旱，用汝作霖雨。夫古之作霖雨者，吾不及见。去岁大旱，为吾邑作霖雨者果伊谁？前内阁总理湖南熊秉三先生，殆其人欤？江邑去年荒旱，收成仅及二分。秋后调查，嗷嗷待哺者几二万户，加以□□肆扰，乡间盖藏殆尽。江民之疾苦，不堪问矣！县长周公心万，轸念民瘼，组织救灾会，派委员赴省垣报告灾情，并请赈恤。先后蒙省赈务会拨棉衣六百件，赈款一万二千元，麦种四百石，乃将救灾会改为赈务分会。除北平孝惠学社特赈银三千元外，所有省款以八千元分给贫户，以四千元设四乡粥厂。及本地之输捐，旅外同乡之补助，虽可苟延残喘，亦不过为杯水车薪之救而已！在会诸公，焦思万状。本年春，先生因省亲至江，仁声素著，不得不为将伯之呼。先生亲莅粥厂，见扶老携幼者争相就食，目击心伤。回沪时迳向吾浙省政府酌商得赈款二万二千元，又向沪上各善团捐助银二千余元，益以就地捐借各款，遂向沪循环运米近万石来江。吾邑得此大宗米石，设处平粜，流通四乡，又给贫户银万余元，余悉以施办工赈。于是水利以兴，县道以成，江民有含哺鼓腹之乐，无甑尘釜鱼之叹，皆出先生之赐。先生之施惠于吾民者，岂浅鲜哉！爰为之词，并颂之曰：天灾流行，玉叶焦枯。遍地哀鸿，声闻凄楚。幸遇吉人，仁声久著。大力盘旋，登高呼吁。乃集巨资，霈同甘澍。移粟万钟，费免阿堵。图陈郑浃，恩深召父。

24 年，春，监狱瘟疫，毙相继。3 月 18 日，大风拔木，伤农作物无算。5 月 15 日，清湖大火。6 月，山洪暴发，城坍数丈。

【毛存信水灾诗】蚩尤塞空天异色，阴霾蔽日云翻墨。黄梅昼夜雨滂沱，老蛟厉角鱼生翼。民国己亥夏六月，四处山洪倏暴发。泛滥迷目势滔天，下者为巢上营窟。一角山城据上游，平地起波好行舟。登城遥望炊烟绝，涌出玻璃万顷浮。雉蝶逐流去无踪（城垣坍塌数丈），漫天白气四面封。断椽下击瓦盆裂，休道无人水自舂（黄埠山有碓两座均漂去）。昨夜洪流没柱石，平明忽又涨多尺（水势以二十六日为最大）。回首乙卯罹水荒（如此大水民国四年涨过一次，但时间不及今时之久），浩劫重逢咸蹙额。密雾霑郊湿似霰，恶风狂浪惊江面。蛟鳄时若露鳞爪，鼋鼍光怪倏隐现。栋崩非复紫画梁，破屋数椽遮白板（大溪滩乡冲毁房屋百有余间）。当知碧翁终无情，摇荡田畴讵有限（航头、五都等处被害田地三千余亩）。断木残砖怆路歧，迁延星火驿驶驰（公路桥梁、铁路轨道均被损坏多处，水陆断绝交通）。汪洋恣肆虐凭夷虐，行不得也鸟犹知。倾堤决堰时有闻（鹿溪官堰亦被冲坏），怒涛直欲没天垠。斯民饥溺问谁拯，白昼如见风尘昏。结庐淤地本荒凉，原来瓶罄无盖藏。野水茫茫天晦冥，作苦岂余隔宿粮（城外十月淤一带，地数百亩，种菜谋生八九十户、三百七十三口所种瓜豆蔬菜概行冲去，情殊可悯）。那知痴女不解事，声声尚索苦李尝。毕竟小儿饿两日，奚堪拾土充饥肠。是时令尹我公周，廑念民艰心殷忧。商诸士绅急施赈，甘分饼饵渡鹿头（派员携带大批烧饼，往过溪王、黄埠山、十月淤、三关碓等地方散发救急）庶民欢呼蒙公赐，我公闻之转生悲。巡视各处破残景，邮电乡镇报趁期（县长为明了县内灾情，便于救济起见，特代电各乡镇长，饬即调查具报）客岁望雨雨漫催，今朝连阴郁不开。屈指时光旬余日，洪涛澜汗往复回。天灾流行究靡穷，虽有郑侠绘难工。兵火旱疫都惊饱（去秋天年亢旱，□临城下；今春监狱发生瘟症，亡者甚众；夏复清湖大火，损失尤觉甚巨）又苦霪潦降鞠凶。我今见此心郁结，我诗赋此气先咽。水灾之灾灾何酷，后日艰难知已决。

27年，3月，寒气肃杀异常，冷度达于极点，油菜尽行冻毙。

30年，夏，无麦米，价骤贵，民掘蕨根充饥。

31年，4月26日，大水入城。陈家庵、乌龟塘等处房屋尽圮，溺毙人畜甚众。相传东乡秀峰出蛟，田庐漂没无算。

33年，4月6日，大雨雹毁屋拔木，农作物损伤甚巨。

34年，1月26日，降雪二旬。未霁，旋又大雪纷纷，积五六尺，为近年所罕见。3月1日下午，天空霾云密布，风雨大作，霎时，冰雹继降，大如鸡子，历半时始停。公园照相馆玻璃房打成一片瓦砾。翌晨，续降冰雹三时，止后尤细雨霖霖。7月，仕阳乡发现猛虎、斑豹，时出噬人畜，幼童遇害达十余人。该乡各保以无法抵御，每俟日光西斜时闭户不出。8月，长台、石门、上余等乡镇境内发生青虫，形态像蚕，背部深绿，腹部灰白，吐细丝卷稻叶，人误触则皮肤起水泡，痛痒难堪，佃农实无法可施。12月，雷鸣数次。

【毛存信冬日雷鸣诗】岭上梅花竹外松，居然三友约三冬。风云华夏驱狼虎，雷雨小春起蛰龙。威振聋聩飞紫电，心惊物候转黄钟。漫云敌触天公怒，我亦御倭冠发冲。

35年，3月21日午时，有白虹自北直贯东方。4月5日夜，大风雨雹伤害农作物，毁损房屋，压毙人民多处。24日下午，仙霞乡保安地方风雹异常，冲倒房屋数百家，损失达数千万元。人畜压毙，农作物伤害，不计其数，灾民叫苦连天。8月，疫疾大作，首自大洋桥、陈家、灵谷山一带发现，继而蔓延上仓、大桥、文山底、店边、霞墟各地，疫势极其猛烈，害病者几占半数以上，或有全家患病者。仅以陈家、文山底而言，每日每地死亡竟达20人左右。

37年，夏，狼狗三五成群，出没无常，肆虐村落，于5月3日夜入城，狂噬伤2人，旋向南门逸去。冬至夜间，骤然巨雷连震，雨随倾注，电杆击损多数，大木亦拔。连日细雨，气候冷甚，农作物被伤。据云或系西伯里亚寒流向中国南部袭击所致。

卷之六　风俗志

第一章　礼　仪

入境问禁，入国问俗，俗尚既殊，风气各自为也。自欧风东渐，都邑竞尚文明、自由、平等，适合潮流摩登。效首如飞蓬，集团结婚，翻新花样。抑知中国数千年崇尚礼教，上而服物有章，下至社会之中，冠婚丧祭，俱有礼文。今之庆贺祝吊，以脱帽鞠躬举手为礼节，虽不若拜跪之肃穆，是或一□也。

《乾隆志》：童子年十三四始养发，十六以上始冠，冠之日仿家礼。

《乾隆志》：男女婚姻，媒妁登门，拜而求之，有经年始获允者，允则酬媒极縻费。万历初，知县易傚之禁革，始渐简。

《康熙志》：婚嫁，亦各视其家之贫富，惟迎娶甚简。迎娶之礼：夫族择亲属，偕媒妁，远迓妇之里门。妇族送诸途旅，揖而返。近亦有迎诸其家者，犹有古亲迎遗意也。

新妇入门，女使捧宝瓶，于左右扶新妇跨马鞍背过，谓之平安。入房后抱狸奴于怀，以手拊之，谓为富贵根苗。

《乾隆志》：丧礼，不用浮屠。近亦有用僧道建水陆道场者，而守礼之家卒不为。

旧志：吊丧以一七至三七为度，随亲友自至，过此则闭灵矣。

《康熙志》：富家大族必有宗祠，备极宏丽，祭则子姓毕集。宗祠以冬至节为大祭。祭之日分丁饼，六十以上，则视年寿而有加。有功名者倍之。常祭之外，又有衣冠会，无功名者不得与。尚齿贵爵之风，犹有存者。

汪浩《风俗论》：斯邑土著，绝无鬻男卖女之事。此风气之最不可及者。

扫墓，岁以春正、清明、重九三次。衣冠必整肃，备物必丰洁，而尤以春正为首重。

禾初登，先祀天地、土谷之神，次祭祖，然后举家会食，谓之尝新。

第二章　习　尚

《正德志》：山峻水驶，故士多志尚，讲究理学。地僻土腴，故居民饶裕，俗尚奢靡。

夫一角山城，三省边境。土风朴塞，俗尚椎鲁。农安耕耘，士持课诵。阛阓之肆，鬻贩相堵。化行俗美，习焉如常。民国纪元，改良习惯。风气一变，学校林立。渐进文明，社会开通。谋生利溥，邑普弦歌。人鲜游手，不亦和亲康乐、风俗可录为成书耶！

《天启志》：士尚气节而励德行。向时人务本业，野无旷土；迩来清湖为闽越孔道，至有释耒而逐负担者。

【黄纶题名记】水清土厚，山峻风庞，士多志节而学究本源，民务丰饶而俗雄狡黠。

【张斗题名记】民朴鲁而鲠直。

【徐霈　薛侯去思碑记】 拥浙上游，山峭水激，民俗果悍，负气而好讦。

《乾隆志》：庐舍附近别构数椽，曰学堂，延师训子弟，所在多有。

【清徐应芝居家乐诗】居家之乐乐何在？乐得门户生光彩。光彩不须多积财，只要耕读二字休倦怠。耕者耕读者读，禾田书田有丰熟。负耒不走衙门前，抱策日日对圣贤。粗衣淡饭吃得饱，就是人间活神仙。底事富润屋，百工纷扰烦心腹。底事丽章服，一身华艳减福禄。底事呼奴唤婢动鞭笞，谨防下流为我欺。底事权衡子母计铢锱，致使日夜焦我思。君不见，私债无负欠，藜藿充饥免挂念。又不见，国课早完纳，菜根咬断也快活。居家之乐是真乐！

《康熙续志》：田亩倩人种植，成熟分收，即佃户也。别有一种，曰伙余，多自家仆，令其居庄看守；或外乡单丁，以庄屋栖之，给以偶有子孙，则世服役，如奴隶然。亦有窃其赢粮为什一计者；或田主式微，则挈其孥以遁。至小根一项，其弊尤多，或伙余力不胜耕，转雇他人，私为契约；或一时需用，将本主之田私行典戤。浸淫既久，综核殊难；更有逋租累累，田主别召，必百计阻挠，势同霸占，虽告官伸理，得不偿失矣。

士与农分。士之子恒为士，务诵习而不问恒产；农之子恒为农，胼手胝足以终其身。近亦有既耕且读者矣。

树桑，鲜习业。即有，不过园圃中数株。间有饲蚕者，缫丝质甚粗，且不善织。同治七年，知县陶鸿勋分给蚕书。九年，知县张彝购买桑秧，广分课种。土性攸殊，种未能盛。

木棉，宜于沙土，西北乡多植，东南则不擅其利。此亦财源之未开者也。

邑无游民，故城市乡村罕有茶坊酒肆。

邑多聚族而居，少客民。惟石工多兰溪、义乌人，然亦岁相往来，久居于此者寥寥。其列廛而市者，则间有豫章、皖南之人。

邑好弦歌，岁遇有秋，则丝竹管弦之盛，几如壤祝衢讴。

煤洞、炭窑、纸槽、木行，为江邑商贾之大，兵燹后各商皆复业。独业煤者，因洞老山荒，产汞未旺，至今停采。其废洞地道曲折，交通旁达，易于藏奸，此防诘之最为紧要者也。

溺女之风，江邑不免。自蔡东轩学博劝谕后，读书明理之家幡然改革。今置育婴堂，收贫无以养者，此风顿息矣。

【蔡东轩劝救溺女法五条】溺女之惨，素有痛心切齿，而拯之无术。若以官法相治，虑有多事小人，即从此藉端诬陷，转兹扰累；第以空文劝戒，则听者藐藐。尝于无可挽救之中，拟为随力禁援之法，愿同志仁人君子推广此意，共谋革回敝俗。爰列数条于下：

一、祖父立法以禁子孙。凡其派下，无论贫富，有溺女者即削其谱，逐出宗祠。盖彼既以残忍之心戕其儿女，则我亦不必认为子孙。此条当书之遗嘱，载之宗谱，告之祖先，鸣之族长，俾世世守之勿易。

二、宗长立法以禁族众。凡其共祠、共谱中有溺女者，阖族会议，无论绅衿齐民，必于祖灵前杖责。若于如情愿输银赎责者，则当随家产多寡，严定罚例，即公储其银，以分给族之贫而育女者。

三、士人多方以劝其房分亲戚朋友。读书实际首在敦伦，以父母而溺无辜之女，岂非人伦大恶！故凡师徒讲论、姻邻聚谈、同室同侪居游出入，常常以此事之伤心惨骨，往复告诫，必有天良默动，自悟习俗之非，而已溺者不至再犯，未溺者不忍开端矣。且彼自戒于己，必将复为人戒，转相劝止，不溺者日多，溺者日少，此即是转移风俗之功。此是读书人分内责任，务共勉之。

四、富家捐产立法以救贫女。如生齿不多而有田百亩者，析捐十分之一，于其家计必无所损。而此十亩中，除净粮课、户费，通丰歉而计之，每岁可得谷十石。遇亲属邻里贫不能举女者，劝令勿溺，即予谷一石，置簿登记姓名及女生年月，嗣后每年予谷若干。女年渐长，则谷亦渐加，约谷四十石，分作十五年以给之。而此女长大出嫁矣，彼嫁则续救一女。十亩之产，十五年中可救养四女，则一百五十年中可救四十女矣。千田而析捐百亩者，十五年中即可救养四十矣。自为经营，俾与者无所侵蚀，受者无可假冒。没身后则以此田附入祀产，传子孙之贤者掌理遵守。迩来义仓、义学大都有名无实，而此项则人受实惠，是永为子孙造福。且家产罕有传至十代，而此产可存之不朽，能如是积德者，必世世有佳子孙以继之。盖以救人身命为事，而其后人不大获天佑者，理之所必无也。

五、家长族长时常申戒妇女以溺女之罪。妇人柔而多狠，不读书不明理。贫者忧女难养，富者忧女难嫁，无子者忧育女则男迟，又或以女为无益，或以抚字辛苦，或托言恐其后日贻羞父母。为家族长者，当晓以女若难养，何妨早予至亲家为养媳；女若难嫁，何妨嫁从俭省，究竟免得罪过；若忧男迟而溺女，则罪益重，男益不可得；若厌女无益，则己媳从何而来！怕育女辛苦，则己身何由长大！怕女后日贻羞，则生男后日岂能必其尽佳！况男女定自天命，一人该得几女，溺死者即不算数，故每见人溺一女又生一女，必要补足其数而后已，徒多吃临盆之苦痛，积杀命之恶孽耳。使妇人皆闻此言，共知此理，则此风可息。

《康熙续志》：交易田产，借贷银钱，例有白会，即欠约也。田产有价值低昂之际，银钱有陆续付给之时，白会开载之数未能依限结清，久之得以借口，居间者又视相与之厚薄而左右其袒，颇难剖别。

第三章　节　序

删诗而录《豳风》，著礼而重《月令》，皆以时序运行，农事攸关，故取寅为人正，以行夏时。迩来农历风行海内，验五行之占，决八风之候，岁时节序，概循其旧，岂积习难移耶？亦华夏以农立国，不违农时之遗意也。

元旦　《康熙续志》：忌洒扫，三日后携榼登山揽胜。近则揽胜无举行者，皆以拜扫为正务，礼渐归于厚矣。

元夕　放灯，笙歌彻旦，鱼龙曼衍之戏，填街塞巷，夜行不禁，而妇女无出游者。

自军民合作以来，各处灯彩花样翻新，较前十分热闹，而提灯游行潮流所趋，红男绿女往观如堵。其有设音乐社者，提倡高尚娱乐，分昆曲、评剧二组，特向沪上采购全副乐器，具有研究兴趣者，已不乏其人。

【毛存信军民联欢提灯游行诗并序】丙子之年，辛卯之月，闽赣浙皖总指挥张上将发奎组织人众大会，增进军民感情，游艺表演，参加合作。互相云拥，花幡与杏帘齐飞；行见风从，草野共柳营一色。恍集雄军十万，如流水而令申；讵止子弟八千，参从云之保甲。容威荼火，好恰芸生。适逢扑蝶会中，流辉火树；试看走马影里，戏弄春灯。世界大同，珠联璧合。民情可见，巷祝衢歌。畛域无分，闾阎同庆。邀周郎而顾曲，谁为东道主人；拟贾生之燕游，大璨西湖灯火。金吾弛禁，玉漏催更。天开不夜之城，竟久未扃鱼钥；人进文明之步，同心自见蝉联。洵行乐之及时，爰涉笔而托赋。

郎照红妆耀外观，群儿自贵显郎官。衣冠犹是汉家制，马上留心子细看。

睡狮已醒大中华，连炬高烧千万家。还算今年灯彩好，鱼龙变幻胜春花。

二月二日　农家以芝麻、米、豆杂煮而食以解疫。

社日　以葱和豆腐调羹食之，可免蛇咬之患。

清明节　备牲醴扫墓，用五色粉肖鸡犬诸物形，谓之花鸟。

四月八日　《康熙续志》：作青精饭，船户祀周孝子。近时诗礼之家多以是日陈经拜之。

立夏节　有秤人之举，悬秤于庭中，合家男女老幼均权衡每人轻重，以为笑乐。一年一度可借此明了每人之体重变化如何，亦属卫生之道。惟亦有迷信之处，如俗谓逢丑、未、酉、亥年所生，属牛、羊、鸡、猪之人秤之，能令人肥壮；卯、戌、午、申年所生，属兔、狗、马、猴者秤之，亦不妨。但遇寅、辰、巳、子年所生，属虎、龙、蛇、鼠者，则绝对不能秤，秤之则有不利。又秤时须秤砣鲜起，方可保一年身体鲜健，虽涉迷信亦积习相沿耳。

端午节　《乾隆志》：投各种草于汤以澡浴，谓之百草汤。是日也，门悬艾旗、蒲剑，用石灰画弓箭或八卦，以驱邪祟。并用彩绳系小儿女臂以辟邪。亦有用香袋者。至七夕，剪彩绳以投檐溜，谓助鹊架桥。

六月六日　田户携壶浆、操豚蹄，馌彼南亩，虔诚而祝，谓之烧田秋。

中元节　俗尚迷信循旧，茹素诵经，放焰口，祀祖先，纸镪堆焚，耗费甚巨。近有烧以冥钞者。

【清刘佳中元曲】

钉盘罗列篆烟霏，画像家家尽祭仪。刚是城隍神过后，纸钱如蝶作团飞。

岭月初升夜色凉，秋声一径送啼螀。最怜挽手娇儿女，绕巷沿门插路香。

野冢累累接短桥，碧芜极目总萧条。孤魂坛外凄凉月，箔锭成山彻夜烧。

中秋节 旧志：摘瓜果，以衣襟裹送新妇家，有用鼓吹、彩灯前导者，谓之送灯祈子之意也。

【清刘佳中秋竹枝词】

一炷盘香袅碧烟，黄昏悄拜画帘前。不知今夕天边月，得似儿家饼样圆。

灯花小朵缀银河，薄醉妆台扫黛蛾。夜半敲门听吉语，愿侬生子比瓜多。

八月下浣 集旗进香，新旧兴福、麟祥等会，合群赴太阳、三清诸山古刹朝香，颇极一时之盛。

重阳，各村落无家不蒸醅粿，馈诸亲友以为节礼。谚云：重九蒸糕蒸粉醅，明年仍旧好年岁。

十月上浣 旧志：汲井花水酿酒，藏至来春桃花开，始饮，谓之桃花酒。

双十节 大灵源圣案，历来奉行迎神赛会。旗旄导前，金鼓喧后，男红女绿，非常拥挤。十二社轮流值迎，今岁甲出案乙进案，明年乙出案丙进案，周而复始。求嗣者必应，酬愿者咸集，白叟黄童偕赴案博览。祭品丰盛，俨有奉牲以告、博硕肥腯、民力普存之遗意。

除夕 旧志：剪五色楮为和合寿星之类，贯以彩绳，缀以佳果，悬户牖间，以迎嘉祥，谓之百事大吉。

第四章　方　言

钟仪操土音之乐，扬子著方言之篇。村言俗谚，历来所尚。盖风气不齐，语言自别，岂可与楚南鴂舌、齐东野语相提并论而漠视之？姑为录存，虽无当风雅之目，而水土人情可见一斑。此陶靖节所以有情话之悦欤。

天类　雷曰雷公。电曰歘闪。日曰日头。月曰月光。雹曰龙白子。雾曰戊。虹曰东干　取《诗经》蝃蝀在东之意也。霰曰雪又。银河曰破车。檐冰曰胡铎钉。细雨曰雨毛尿。日出曰日头上。天早曰天光。上午曰豆前。下午曰豆罢。向晚曰乌阴底，又曰黄昏。天暖曰炖。阴寒曰乌风冻。雪点曰雪洒子。

地类　菜园曰菜丰（编者按：丰原作圞，读如哄，字库不载，约而写作丰。而菜园，方言则作 qīkòng）。庭前空际曰天井埂。中庭曰厢厦。屋檐前曰瓦沿头。水沟曰潢沟窨　即《左传》潢污行潦所谓也。出水处曰窨洞。阶曰踏道。厨房曰灶门底。楼上曰楼顶。楼下曰楼底。田边曰田塍。丘曰泥墩。树曰楱（编者按：此字读作 còu 或 qiù，字库不载，现通写作树）。

人事类　祖父曰公。父曰爸。母曰娘。儿曰诺媄。女曰娜宜。乳母曰荫娘。夫曰老公。妻曰老妈。新娶媳曰新如宜　取《诗》云，如兄如弟、宜室宜家之意义。螟蛉曰换黄子。奴曰后生。婢曰庶娜宜。妇人曰堂客。年长曰老日男。短命曰夭寿。祭祖曰拜太公。祭神曰拜老佛。短曰矮子。医曰太人。巫曰师公。人能干曰好本领，又曰厉害。人穷苦曰筲哥，又曰白竹筒。聪明曰活消。忠厚曰老实。疯癫曰病神　因神经错乱。眼曰目睛。口曰嘴哺。

项曰头颈。肩曰肩架盍。背曰背脊心。胆小曰缩头缩脑。貌不扬曰死形。语艰难曰达舌。斗殴曰相挡。初睡曰头寝。瞽曰瞎目男。痴曰沙子。粥饭曰三顿。点心曰借力 借食而生力气。晚饭曰吃慢。食饭曰划。饮茶曰呷。送客人去曰慢慢走。去读书曰上学堂。说大话曰不自量。缺唇曰额嘴。睡曰睏。造谣曰浮里起空。与人不睦曰冤家，又曰对头。戏谑曰搭山头。大曰达。瘦曰硗。肥曰壮。打油者曰麻车鬼。卖牛者曰牛贩子。羞耻曰倒霉，又曰黄面《书》云：颜厚有忸怩，即此意也。速急曰快么，又曰赶紧。人曰男。

物色类 器皿曰架生。盆曰碟。杯曰盏。藏谷曰仓厫。靠背曰交椅。坚固曰牢沓。数个曰几个。击物曰囿（编者按：底本此字写作圙，查《中华字海》读作 qué，实际上方言读作 cái，此字字库不载）。扯物曰撕。少曰格么滴滴。多曰无千百大万。喜奉承曰戴炭篓。不还债曰野猫借鸡。亏空曰七瓶八盖。浑张曰糊里糊涂。食不称意曰老虎吃苍蝇。苦说不出曰哑子吃黄连。借端索诈曰拷竹杠。随便行事曰弗当心。借人势力曰头顶茅窖板。憎人讨厌曰目睛看出火。痴心妄想曰买帽不想头。鄙吝不堪曰鼻头屎当酱。说好语曰喝彩。做体面曰把架子。红曰红滴滴。绿曰绿戍戍。黄曰黄茶茶。白曰白屑屑。乌曰乌这这。青曰青洋洋。

土音谚语悉数难终，略述一二，亦毛举大概，其余可类推耳。

卷之七　食货志

第一章　赋　则

县既有治，即有赋税。自杨炎创两税之法，税分夏秋，古称便民。而南粮之病，县受其累最重。民国鼎新，制度变更，此累已化乌有。近以实物输粮，犹古粟米之征也。

第一节　清

原额田三千六百四十顷六十八亩五分。自雍正七年至乾隆四年，除豁田外，增自首田、置买籍田、新升田。该田三千六百三十七顷七十二亩二分一厘四丝。每亩征银九分六厘五毫五丝，该银三万五千一百二十二两二钱六厘九毫一丝四忽。每亩征米六合二勺六抄，该米二千二百七十七石二斗一升四合三抄。自康熙三年至道光十四年，历年开垦升科，除冲压坍荒。实存田三千三百四十顷四十七亩六分八厘二毫四丝五忽。实征银三万二千二百五十二两三钱三厘七毫四丝五微四尘七渺五漠五埃，实征米二千九十一石一斗三升八合四勺九抄二撮一圭三粟七粒。

按：明代洪武时科则，田有鱼鳞册，户有黄册。后来，划一丁地科派，名色改为一条鞭。清康熙五十一年，以上年丁册为常额，新增者作为盛世滋生，永不加赋。雍正四年，准浙江各属，丁银照通省田亩均摊，每银一两，均摊丁银二钱四厘五毫零。自此丁有滋生，徭无加额。此外，尚有漕南漕粮乃征本色者，南粮乃征本色者。

现额田三千三百四十七顷四十八亩五分八厘一毫四丝五忽。实征银三万二千三百十九两九钱七分五厘五毫三丝八忽九微九尘七渺五漠，实征米二千九十五石五斗二升六合一勺一抄九撮八圭七粟七粒。

原额地七百八十五顷二亩五分。自雍正七年至乾隆三年，除豁地外，置买籍田、台基及教场地。该地七百八十四顷九亩七分一厘三毫。每亩征银三分四厘二毫，该银二千六百八十一两六钱一分二厘一毫八丝四忽。每亩征米二合一勺七抄，该米一百七十石一斗四升九合七抄。自康熙三年至道光十四年，历年开垦升科，除冲压坍荒。实存地五百九十三顷八十四亩六厘二毫九丝一忽。实征银二千三十两九钱三分四厘九毫五丝一忽五微二尘二渺，实征米一百二十八石八斗六升三合四勺一抄六撮五圭一粟四粒七黍。

现额地五百九十五顷四十亩六分四厘一毫九丝一忽。实征银二千三十六两二钱八分九厘九毫五丝三忽三微二尘二渺，实征米一百二十九石二斗三合一勺九抄二撮九圭四粟四粒七黍。

原额山三千七百二十二顷三十八亩九分。每亩征银六厘二毫，该银二千三百七两八钱八分一厘一毫八丝。每亩征米四勺八抄，该米一百七十八石六斗七升四合六勺七抄。自乾隆元年至嘉庆二十五年，除豁坍荒。实存山三千三百七十三顷七十三亩二分五厘一毫二丝。实征银二千九十一两七钱一分四厘一毫五丝七忽四微四尘，实征米一百六十一石九斗三升九合一勺六抄五圭七粟六粒。

现额山三千三百七十三顷七十三亩二分五厘一毫二丝。实征银二千九十一两七钱一分四厘一毫五丝七忽四微四尘，实征米一百六十一石九斗三升九合一勺六抄五圭七粟六粒。

原额塘坎一百二十九顷九十九亩三分。每亩征银九分九厘，该银一千二百八十六两九钱三分七毫。每亩征米六合四勺，该米八十三石一斗九升五合五勺二抄。自乾隆元年至道光十四年，除豁坍荒。实存塘坎一百一十七顷五亩七分五厘六毫五丝。实征银一千一百五十八两八钱六分九厘八毫九丝三忽五微，实征米七十四石九斗一升六合八勺四抄一撮六圭。

现额塘坎一百一十七顷八亩八分二毫五丝。实征银一千六百四十二两八钱六分七厘七毫八丝九忽九微四尘六渺七漠九埃一纤三沙，实征米七十四石九斗三升六合三勺三抄六撮。

原额人丁二万九千七百五十四丁口。内：市乡成丁，六千五百五十二口。乾隆三年至乾隆四年，捐置教场，免丁四分五毫。该成丁六千五百五十一口五分九厘五毫。每口征银二钱五分七厘五毫，该银一千六百八十七两三分五厘七毫一丝二忽。康熙二十年、三十年，清补足额，后自乾隆元年至嘉庆五年，除冲压坍荒免丁。实存成丁六千三百八十丁六厘九毫八忽七微一尘七渺二漠五沙。实征银一千六百四十二两八钱六分七厘七毫八丝九忽九微四尘六渺七漠九埃一纤三沙。

食盐钞丁二万三千二百二丁。除乾隆三年捐置教场免丁一丁四分三厘三毫。该钞丁二万三千二百丁五分六厘七毫。每丁征银一分四厘五毫，该银三百三十六两四钱八厘二毫二丝二忽。康熙二十五年、三十年，清补足额后，自乾隆元年至嘉庆五年，除冲压坍荒免丁。实存钞丁二万二千五百九十三丁一分四厘六毫六丝四微三尘三渺二漠七沙。实征银三百二十七两六钱六毫二丝五忽七微六尘二渺八漠一埃四纤一沙。

每银五两八钱八分二厘，派市乡成丁一丁。

每银一两六钱五分九厘，派食盐钞丁一丁。

以上田、地、山、塘、人丁等项，共征银四万三千四百二十二两七分四厘九毫一丝二忽七微二尘。康熙六年至嘉庆五年，历年加除。通共实征银三万九千五百四两二钱九分一厘一毫五丝八忽七微一尘九渺一漠五纤四沙。内：乾隆六年至嘉庆五年，历年加除，通共实征银三万九千六百六十九两三钱四分六厘七毫七丝七忽二微二尘六渺二漠二埃五纤七沙，共征米二千七百九石二斗三升三合三勺六撮三圭一粟四粒。内，康熙六年至乾隆五十一年，历年加除。实征米二千四百五十六石八斗五升七合九勺一抄八圭二粟七粒七黍。除收零积余米实征米二千四百四十四石六升七合四勺八抄三撮八圭二粟七粒七黍。

南米一千九百九十一石四升九合六勺。

月粮给军米四百五十三石一升七合九勺。

外赋入地丁科，征银一百三两五钱六分五毫一丝。内：

本府税课司课钞银八十八两八钱五分一厘一毫八丝。均徭编征，抵裁充兵饷。

本县课钞银一十四两五钱三厘八毫五丝。均徭编征，抵经费用。

鱼课银二钱五厘四毫八丝。里甲出办。以上三款，系随粮带征，即在地丁编征之内。

外赋不入地丁科，征银五两八钱八分九厘九毫五丝。

内：

本县课钞银五两二钱四分九厘九毫五丝。原系碓户出办，归经费用。

荐新芽茶四斤。每斤价银一钱六分，该银六钱四分，原系茶户出办。

以上地丁并外赋，共征银四万三千五百九十六两九钱九分九厘二丝七忽八微九尘五渺。自乾隆六年至二十七年，除冲压坍荒。实征银三万九千六百七十五两二钱三分六厘七毫二丝七忽二微二尘六渺二漠二埃五纤七沙。每两随正征收耗羡银五分，该银一千九百八十三两七钱六分一厘八毫三丝六忽三微六尘一渺三漠一埃一纤三沙。内：

起运地丁银三万二千四百八十二两六钱七分二厘。

颜料蜡茶银一百五两二钱四分六厘。

荐新芽茶银五两一钱六分。

抵课银四两四分。

司存留银一百三十七两二钱八厘。

府县存留银五千八百三十五两四钱一分九厘。

漕项银一千一百五两四钱九分二厘。

起运银三万六千三百三十二两八钱六分七厘六毫五丝二微四尘二渺一漠五埃。除冲压坍荒，实征银三万二千五百六十九两二钱二分七厘七毫三丝五忽一微二尘七渺一漠一埃四纤九沙。滴珠路费银一百四十两七钱五分九厘三毫四丝一忽一微九尘八渺六漠八埃九纤五沙。除冲压坍荒，实征银一百三十两六钱九分四毫三忽五微九尘九渺九漠九埃七纤九沙。内：

户部本色银九十六两三钱八分八厘七毫七丝三忽六微四尘（除冲压坍荒，实征银九十六两五分四厘六毫九丝二忽一微三渺□尘□漠九埃九纤二沙，路费银八钱六厘一毫三丝三忽八微四尘五渺四漠。除冲压坍荒，实征银八钱二厘八毫九丝三忽六尘五渺九漠八纤四沙。内：

蜡茶本色银一十七两二钱八分八厘七毫二丝一忽三微七尘五

渺。征银解司，另款解部充饷。

蜡茶本色加增时价银二两四钱八分七毫一丝六忽。每年纂入，由单颁发征输，另款解司汇充饷用。

黄蜡折色银五十五两五钱五分一厘三毫八丝八忽六微六尘五渺。路费银五钱九分五厘四毫五丝四忽三微五尘四漠。征银解司，另款解部充饷。

黄蜡加增时价银一两一钱四分一厘九丝六忽二微五尘。原编银一两一钱四分一厘一毫六丝六忽七微五尘，除冲压坍荒，实征银一两一钱一分一厘九丝七忽六微四尘二漠四埃一纤九沙，路费银一分一厘四毫一丝一忽六微六尘七渺五漠，除冲压坍荒，实征银一分一厘一毫二丝九微九尘三渺七漠一埃九纤五沙，不入科则，每年于地丁项下每两科加。征银解司，另款解部充饷。

芽茶折色银五两四钱八厘八毫三丝一忽二微五尘。路费银五分四厘八丝八忽三微一尘二渺五漠。征银解司，另款解部充饷。

芽茶加增时价银七两二钱四分六厘二毫二丝七忽三微。原编银七两二钱四分六厘六毫七丝五忽，除捐置教场，冲压坍荒，实征银七两五分六厘七丝九忽二微九尘九漠九埃一纤六沙，路费银七分二厘四毫六丝六忽七微五尘，除捐置教场，冲压坍荒，实征银七分六毫二丝八微八渺五漠三埃七纤八沙，不入科则，每年于地丁项下，每两科加。征银解司，另款解部充饷。

叶茶折色银二两九钱六厘五毫。路费银二分九厘六丝五忽。征银解司，另款解部充饷。

叶茶加增时价银四两三钱六分五厘二毫九丝二忽八微。原编银四两三钱六分五厘五毫六丝二忽五微，除捐置教场，冲压坍荒，实征银四两二钱五分一厘三毫五丝七忽八微八尘二渺四漠六埃五纤七沙，路费银四分三厘六毫五丝五忽六微二尘五渺，除捐置教场，冲压坍荒，实征银四分二厘五毫四丝三忽六微七漠五埃一纤一沙。不入科则，每年于地丁项下，每两科加。征银解司，另款解部充饷。

以上共地丁银八十一两八钱三分四厘四丝八忽九微五尘二渺九漠。新加银一十二两八钱八分一毫四丝二忽五微三尘二渺五漠。除冲压坍荒，实征银一十二两五钱四分二厘八毫二丝二微一尘六渺七漠七纤六沙。时价银二两四钱八分七毫一丝六忽。

户部折色银一万一千一百七十二两五钱五分九厘三毫四丝八忽六尘八渺一埃七纤六沙。除积荒，实征银一万三百九十六两四钱九厘二毫三丝二忽一微七尘八渺一埃七纤六沙。滴珠路费银一百九两九钱三分八毫九丝一忽一微四尘三渺二漠八埃九纤五沙，除积荒，实征银一百一两五钱九分五厘一毫七丝三微八尘九漠八埃九纤五沙。内：

折色银一万一千一百十六两三钱二分九厘四毫四微六尘八渺一埃七纤六沙。除积荒，实征银一万三百四十两一钱七分九厘二毫八丝四忽五微七尘八渺一埃七纤。路费银一百九两九钱三分八毫九丝一忽一微四尘三渺二漠八埃九纤五沙，除积荒，实征银一百一两五钱九分五厘一毫七丝三微八尘九漠八埃九纤五沙

雍正七年，新升银一十三两五钱四分四厘三毫二丝三忽六微五尘。

乾隆四年，新升银四十二两六钱八分五厘六毫二丝三忽九微五尘。

以上共地丁银一万一千二百八十二两四钱九分二毫三丝九忽二微一尘一渺三漠七纤一沙。除积荒，实征银一万四百九十八两四厘四毫二忽五微五尘九渺七纤一沙。

礼部本色银六两七钱六分八厘八毫七丝六忽八微一尘二渺五

漠。袋袱、篓杠津贴、路费共银六两七钱二分一毫。内：

荐新芽茶折征银六钱四分。黄绢、袋袱、旗号、篓杠、路费银四两五钱二分。

药材本色银一两四钱六厘七毫三丝九忽七微五尘。津贴路费银七钱三分三厘三毫六丝九忽八微七尘五渺，征银解司，另款解部充饷。

药材改折银二两九钱三分三厘四毫六丝二微五尘。路费银一两四钱六分六厘七毫三丝一微二尘五纤。征银解司，另款解部充饷。

药材加增时价银一两七钱二分八厘六毫七丝六忽八微一尘二渺五漠。每年纂入，由单颁发征输，另款解司，汇充饷用。

以上共地丁银一十一两一钱二分三毫，不入田亩外赋。芽茶折征银六钱四分。

药材时价银一两七钱二分八厘六毫七丝六忽八微一尘二渺五漠。

礼部折色银八十八两一钱二分三厘一毫二丝。除积荒，实征银八十一两八钱八分八厘五毫二丝二忽八微九尘。津贴路费银六两七分九丝六忽，除积荒，实征银五两六钱九厘七毫八丝三忽二微四尘七渺七漠。

以上共地丁银九十四两一钱九分三厘二毫一丝六忽。除积荒，实征银八十七两四钱九分八厘三毫六忽一微三尘七渺七漠。

工部本色熟铁银五分三厘四毫。路费银五厘三毫四丝。

以上共地丁银五分八厘七毫四丝。

工部折色银四千六百五两五分七厘四毫四丝二忽八微二尘。除积荒，实征银四千二百八十四两五钱四厘五毫八丝八忽七微九尘七渺九漠一埃二纤七沙。路费银一十四两一钱五分七厘三丝三微一尘，除冲压坍荒，实征银一十三两一钱二分七毫九丝五忽一微三尘五渺四漠。内：

折色银四千四百六十五两七钱七分七厘六毫三丝九忽五微。除积荒，实征银四千一百四十八两八钱七分三厘三毫九丝七忽七微八尘，路费银十四两一钱三分五厘八毫九丝八微，除积荒，实征银一十三两一钱一厘一毫二忽九微一尘二渺四漠。

匠班银一百三十九两六分八厘四毫八忽一微三尘。原编银一百三十九两七分七厘，除捐置教场，冲压坍荒，实征银一百三十五两四钱二分九厘二毫六丝八忽七微七尘七渺九漠一埃二纤七沙。

鱼课改折银一钱三分三厘四毫。除积荒，实征银一钱二分四厘八毫二丝二忽五微一尘。路费银一分三厘三毫四丝，除积荒，实征银一分二厘八丝二忽二微五尘三渺。

鱼胶新增时价银七分七厘九毫九丝五忽一微九尘。除积荒，实征银七分六厘九丝九忽七微三尘，路费银七厘八毫。除积荒，实征银七厘六毫九忽九微七尘。

以上共地丁银四千四百八十两六分二毫七丝三微。除积荒，实征银四千一百六十二两一钱一分二厘四毫。

顺治九年，旧编裁剩解部并米折银六百六十六两九钱三分三厘六丝五忽六微九尘三渺二漠九埃二纤九沙。除各项开除，实征银六百一十八两二钱二分五厘九毫一忽二微五尘三渺二漠九埃二纤九沙。路费银三两六分九厘七毫五丝，除积荒，实征银二两八钱三分五厘三毫二丝一忽七微七尘。

顺治九年，裁扣银三百八两。除积荒，实征银二百八十四两七钱七分六厘五毫三丝七忽四微五尘。

顺治十二年，裁知县迎送上司伞扇银八两。除积荒，实征银七两六钱八分一厘七毫二丝八忽二微四尘。

顺治十三年，漕运月粮三分拨还军储银二百七十五两五分二厘。除积荒，实征银二百六十四两一钱二分七厘七忽六微六尘。

顺治十四年，裁扣银四百四十两六钱四分二厘。除积荒，实征银四百二十三两一钱三分九厘五毫二丝三忽二微一尘。

顺治十四年，裁膳夫银四十两。除积荒，实征银，三十八两四钱九厘三毫五丝九忽九微六尘。

顺治十五年，裁优免银三百九十七两二钱八分九毫。除积荒，实征银三百八十一两五钱六毫七丝九忽八微二尘。

顺治十六年，裁官经费银五十七两九钱二分。除积荒，实征银五十五两六钱二分三厘七丝二忽四微九尘。

康熙元年，裁岁考心红银二十一两二钱五分。田亩带征匠班银一百三十九两六分八厘四毫八忽一微三尘，除积荒，实征银一百三十五两四钱二分九厘二毫六丝八忽七微七尘七渺九漠一埃二纤七沙。新加银八分五厘七毫九丝四忽七微，除积荒，实征银八分三厘七毫九忽七微。

裁改存留解部银一万六千三百七十五两六钱二分九厘四毫九丝四忽八微五渺一漠二埃五纤九沙。除积荒，实征银一万五千二十九两六分七厘六毫三忽四微七尘四渺五漠二埃五纤。路费银三两六分九厘七毫五丝，除积荒，实征银二两八钱三分五厘三毫二丝一忽七微七尘。内：

南折银一万一千八百三十一两三钱六分四厘三毫。除积荒，实征银一万一千三两五分四厘二毫一丝八微一尘一渺。顺治十四年，除裁实征银一十九两五钱六分二厘五毫六丝四忽九微七尘。

康熙元年，裁吏书工食银九十六两。除积荒，实征银八十八两三钱七分六厘七毫三丝八忽九微四尘。

康熙二年，裁仓库学书银二十五两二钱。除积荒，实征银二十三两一钱九分九厘四丝三忽九微七尘。

康熙三年，裁岁贡路费银一两四钱。除积荒，实征银一两二钱八分九厘二忽四微四尘。

康熙三年，裁本县教职门子银七两二钱。除积荒，实征银六两六钱二分八厘一毫五丝五忽四微二尘。

康熙三年，裁斋夫银三十六两。除积荒，实征银三十三两一钱四分二厘七毫七丝七忽一微。

康熙六年，裁官经费银七十二两二钱八分。除积荒，实征银六十六两五钱四分一毫五丝四忽六微八尘。

康熙十四年，裁银二百六十一两二钱四分四厘三毫一丝三忽一微四尘二渺五漠。除积荒，实征银二百四十两五钱二分五厘一毫六丝二忽三微四尘二渺五漠。

康熙十四年，裁银一百一十四两八钱四分四厘七毫七丝三忽四微。除积荒，实征银一百五两七钱二分五厘七毫五丝二忽三微一尘。

康熙十五年，裁银五十九两八钱九分六厘六毫五丝。除积荒，实征银五十五两一钱四分一厘三毫五丝六忽九尘。

康熙十六年，裁银一十一两九钱二分。除积荒，实征银一十两九钱七分三厘一毫三丝五忽九尘。

康熙二十七年，裁府县岁贡赴京路费银四十二两。除积荒，实征银三十八两六钱六分四厘七丝三忽二微九尘。

康熙二十七年，裁银一百一十一两七钱九厘五毫二丝二忽。除积荒，实征银一百二两八钱四分一厘三毫八丝六忽一微一尘。

康熙三十一年，裁驿站充饷银一千一百五十四两四钱三分七厘一毫七丝五微六尘九渺三漠三埃三纤。除积荒，实征银八百五十二两一分五厘三毫九丝六忽九微二尘八渺五漠三埃三纤。

康熙三十九年，裁本府同知皂隶银七十二两。除积荒，实征银六十六两二钱八分二厘五毫五丝四忽二微二尘。

康熙五十六年，裁本府拜进表笺绫函纸札写表生员工食香烛银四两六钱八厘八毫。除积荒，实征银四两二钱四分二厘二毫六丝四忽四尘。

雍正三年，裁宪书纸料银一十三两三钱二分六厘。除积荒，实征银一十二两二钱六分七厘五毫七丝一忽八微三尘。

雍正六年，裁灯夫银二十四两。除积荒，实征银二十二两九分五厘一毫八丝四忽七微二尘。

雍正十二年，裁扣民壮工食银四十八两。除积荒，实征银四十三两九钱四分四厘七毫五丝一微五尘九渺二漠。

乾隆元年，裁仙霞关巡检经费银一百一两一钱二分。除积荒，实征银九十二两五钱七分八厘八毫七丝六忽九微。

道光十三年，裁本府通判工食银七十二两。除积荒，实征银六十六两五钱一分八厘六毫八丝一忽三尘。

以上共地丁银一万六千三百六十五两九钱八厘八毫一丝七忽八微五渺一漠二埃五纤九沙。除积荒，实征银一万五千一十九两一钱一分二厘四毫九丝八忽二微四尘四渺五漠二埃五纤九沙。收零积余米易银一十二两七钱九分四毫二丝七忽。

留充兵饷改入起运银三千九百八十八两二钱八分七厘一毫九丝四忽九尘六渺五漠六纤五沙。除积荒，实征银二千六百七十四两四钱八分四厘八毫一丝八忽八微七尘四漠六埃二纤。内：

田、地、山银七百二十一两一钱六分八厘七毫八丝二忽六微九尘六渺五漠六纤五沙。原编田地山银三千二百二十九两四钱三分八厘八毫，又原编裁冗银八百六十八两四钱七分六丝，驿站项下通共协济银二千九百两一钱二分四厘九毫八丝七忽，抵解兵饷扣留外，又各项开除，实征银二百六十四两五钱九厘二丝八忽一微五尘四渺六漠一埃一纤九沙。

兵饷银三千二百六十七两一钱一分八厘四毫一丝一忽。除积荒，实征银二千四百九两九钱七分五厘七毫九丝七微二尘。

以上共地丁银三千九百八十八两二钱八分七厘一毫九丝四忽九尘六渺五漠六纤五沙。除积荒，实征银二千六百七十四两四钱八分四厘八毫一丝八忽八微七尘四漠六埃二纤。

盐课　解归藩司充饷

仙霞关巡检司抵课银四两　滴珠路费银四分。

以上共地丁银四两四分。

漕运　粮储道专辖

漕运本色月粮给军米四百五十七石二斗九升。除冲坍，实征米四百五十三石一升七合八勺五抄九撮七圭二粟二粒，每石折征银一两二钱，该银五百四十三两六钱二分一厘四毫三丝一忽六微六尘六渺四漠。

随漕改折银一千一百一十六两六钱二分一厘六毫一丝三忽六微。除冲坍，实征银一千一百五两四钱九分一厘七毫二丝七忽三微七尘。内：

浅船料银四百四十五两三分七厘。除冲坍，实征银四百四十两六钱六毫四丝三忽九微二尘。原编解船政同知支销后，该同知奉裁，仍行解道。

贡具银一十六两四钱三分二厘八毫八丝九忽。除冲坍，实征银一十六两二钱六分九厘三毫五丝二忽八微五尘。原编解船政同知支销后，该同知奉裁，仍行解道。

运官廪工银一十三两三钱六分三厘七毫二丝四忽六微。除冲坍，实征银一十三两二钱三分九毫四丝二忽一微七尘。

月粮七分给军银六百四十一两七钱八分八厘。除冲坍，实征银六百三十五两三钱九分七毫八丝八忽四微三尘。

以上共地丁银一千一百一十六两六钱二分一厘六毫一丝三忽六微。除冲坍，实征银一千一百五两四钱九分一厘七毫二丝七忽三微七尘。

存留银，六千二两七钱一分四毫二丝二忽七微五尘四渺一漠六埃。除积荒坍缺，实征银五千八百六十五两五钱一分八厘六毫四丝七忽二尘四渺九漠。内：

司存留银一百四十八两五钱。除积荒坍缺，实征银一百三十七两二钱七厘五毫六忽三微。内：

布政司解户役银九十两。除积荒坍缺，实征银八十三两一钱四分七厘八毫一丝七忽四微二尘。

战船民六料银五十八两五钱。除积荒坍缺，实征银五十四两五分九厘六毫八丝八忽八微八尘。

以上共地丁银一百四十八两五钱。除积荒坍缺，实征银一百三十七两二钱七厘五毫六忽三微。

府县存留银五千八百五十四两二钱一分四毫二丝二忽七微五尘四渺一漠六埃。除积荒，实征银五千七百二十八两三钱一分一厘一毫四丝七微二尘四渺九漠六埃。

本县拜贺习仪香烛银四钱八分。除积荒，实征银四钱四分一厘九毫八丝一忽一微八尘。

本县致祭文昌帝君银六十两。系动支地丁题销册内，仍于起运项下造报。

本县致祭关圣帝君银六十两。系动支地丁题销册内，仍于起运项下造报。

本县致祭厉坛米折银六两。系动支地丁题销册内，仍于起运项下造报。

本县祭祀银一百二十八两。除积荒，实征银一百一十八两二钱九分五毫四丝一忽九微九尘。其不敷银九两六钱七分七厘五毫四丝一忽九微九尘，系动支地丁题销册内，仍于起运项下造报

文庙香烛银一两六钱。除积荒，实征银一两四钱四分二厘七毫九丝六忽八尘。

迎春芒神土牛春酒银二两。除积荒坍缺，实征银一两八钱五分一厘四毫三丝七忽三微九尘。

本府经费银一百八两。除积荒，实征银九十九两七钱七分七厘六丝三忽六微八尘。荒缺银两在于地丁项下拨补。

本府峡口同知经费银二百五十四两。系动支地丁题销册内，仍于起运项下造报。

本县知县经费银六百七十七两四钱。除积荒，实征银六百二十五两六钱六分一厘八丝二忽六微五尘八漠。以上荒缺，每年在于地丁项下拨补。

县丞经费银七十六两。除积荒，实征银七十两一钱九分二厘七毫二丝八忽七微四尘，荒缺银两在于地丁项下拨补。

典史经费银六十七两五钱二分。除积荒，实征银六十二两三钱六分一厘七毫三丝一忽七微九尘。荒缺银两在于地丁项下拨补。

本县儒学经费银一百八十五两九钱二分。除积荒，实征银一百七十一两七钱六分三毫四丝六微八尘。荒缺银两在于地丁项下拨补。

本县儒学加俸银四十八两四钱八分。系动支地丁题销册内，仍于起运项下造报。

广济渡驿驿丞俸银三十一两五钱二分。除积荒，实征银

二十九两一钱六厘五毫三丝二忽四微二尘。荒缺银两在于地丁项下拨补。

孔氏世袭翰林院五经博士经费皂隶一名银六两。除积荒，实征银五两五钱四分二厘一毫三丝三忽六微八尘。荒缺银两在于地丁项下拨补。

乡饮酒礼二次银七两五钱。除积荒，实征银六两九钱二分七厘九毫二微二尘。

府县岁贡银四两九钱。除积荒，实征银四两五钱二分七厘一毫七丝一忽五微。

看守公署门子工食银八两。除积荒，实征银七两三钱八分五厘七毫三微二尘。

冲要五铺司兵工食银一百二十四两二钱。除积荒，实征银一百一十四两七钱五分六厘八毫七丝五微七尘。其荒缺银两地丁项下拨补。

各渡渡夫工食共银三十九两。除积荒，实征银三十六两二分七厘一丝三忽四微九尘。其荒缺银两地丁项下拨补。

孤贫老民三十五名布花木柴银二十一两。除积荒，实征银一十九两四钱二厘三毫八忽八微二尘。

孤贫三十五名口粮银一百二十六两。除积荒，实征银一百一十六两四钱二分一丝五忽九微三尘。以上孤贫柴布口粮，荒缺在于地丁项下拨补。

县重囚口粮银三十六两。除积荒，实征银三十三两二钱六分二厘八毫六丝六忽八微四尘。

驿站经费银三千八百一十四两六钱九分四毫二丝二忽七微五尘四渺一漠六埃五沙。

以上共地丁银五千八百四十八两九钱六分四毫七丝二忽七微

五尘四渺一漠六埃五沙。除积荒，实征银五千七百二十二两九钱六分一厘一毫九丝七微二尘四渺九漠六埃。

不入田亩外赋银五两二钱四分九厘九毫五丝。

存留本色米二千二百三十九石一斗五升二合八勺七抄九撮三圭一粟四粒。除冲压坍荒，实征米一千九百九十一石四升九合六勺二抄四撮一圭三粟五粒七黍。内：

南米二千二百三十五石五斗七合一勺五撮三圭九粟四粒。原编米二千二百四十一石二斗九合。除置买籍田、台基，捐置教场及冲压坍荒，实征米一千九百八十七石四斗三合八勺五抄二圭一粟五粒七黍。

雍正七年，新升米八斗七升八合一勺七抄一撮五圭八粟。

乾隆四年，新升米二石七斗六升七合六勺二撮三圭四粟。

地丁加闰银五百五十一两八钱九分一厘一毫六丝四忽八微八渺二漠五埃六纤八沙。

新加驿站银一两，共该银五百五十二两八钱九分一厘一毫六丝四忽八微八渺二漠五埃六纤八沙。除冲压石积，实征银五百五十二两二钱一分一厘一毫五丝七忽六微八渺八漠八埃一纤二沙，每两随正征收耗羡银五分，该银二十七两六钱一分五毫五丝七忽八微八尘四漠四埃三纤一沙。

起运地丁银八十六两一钱九厘。

抵课银三钱三分七厘。

漕项银三十两一钱二分五厘。

府县存留银四百三十五两六钱四分。

地丁月粮加闰米四十三石八升四合八勺。除冲压石积，实征米四十三石五升五勺八抄八撮四圭九粟八粒。

起运折色加闰银八十六两七钱四分八厘七毫九丝八忽一微四

尘八渺二漠五埃六纤八沙。除冲压石积，实征银八十六两二钱四厘七毫九丝九微四尘八渺八漠六埃四沙。

户部折色银三两九钱九分六厘三丝五忽五微七尘一渺四漠。路费银四分一厘九毫五丝二忽四微二尘六渺八漠五埃六纤八沙。

工部折色银七十五两四钱七分一厘七毫九丝。路费银五厘八毫九丝九微。

顺治九年，旧编裁剩解部银四两八钱八分二厘五毫。

顺治九年，裁扣银二十四两。

顺治十三年，漕运月粮三分拨还军储银一十二两九钱二分五厘四毫四丝。

顺治十四年，裁扣银六两四钱五分。

顺治十四年，裁膳夫银三两三钱三分三厘三毫。

顺治十六年，裁官经费银三两八钱二分六厘六毫。

顺治十六年，裁闰月俸银一十七两五钱八分九厘六毫。

康熙元年，裁吏书工食银八两。

康熙二年，裁仓库学书工食银二两一钱。

康熙三年，裁本县教职门子银六钱。

康熙三年，裁斋夫银三两。

康熙六年，裁推官皂隶银六两。

康熙三十一年，裁驿站充饷银一十一两八钱三分三厘二毫。

康熙三十九年，裁同知皂隶工食银六两。

雍正六年，裁灯夫银二两。

雍正十二年，裁扣民壮工食银四两。

乾隆元年，裁仙霞关巡检经费银五两八钱。

道光十三年，裁本府通判皂隶工食银六两。除坍缺，实征银五两九钱九分二厘。

兵饷银一百八十三两五钱三分八厘九毫二丝九忽二微五尘。原编银一百九十九两五钱三分八厘九毫二丝九忽二微五尘，除冲压石积，实征银一百八十三两二厘九毫二丝二忽五尘六漠四纤四沙。

以上共地丁银三百九十一两三钱八分九厘七毫九丝八忽一微一尘八渺二漠五埃六纤。除编入存留项下，实征银八十六两七钱四分八厘七毫九丝八忽一微四尘八渺二漠五埃六纤。除冲压石积，实征银八十六两二钱四厘七毫九丝九微四尘八渺八漠六埃四沙。

盐课加闰　解归藩司充饷

仙霞关巡检司抵课银三钱三分三厘三毫三丝三忽三微三尘。滴珠银三厘三毫三丝三忽三微三尘。

漕运加闰　粮储道专辖

漕运本色月粮给军米四十三石八升四合八勺。除冲压石积，实征米四十三石五升五勺八抄八撮四圭九粟八粒，折银五十一两六钱六分七毫六忽一微九尘七渺六漠。

随漕折色月粮七分给军银三十两一钱五分九厘三毫六丝。除冲压石积，实征银三十两一钱二分五厘三毫六丝。

存留加闰银四百三十五两六钱四分九毫。

本府知府经费银九两。

本府峡口同知经费银一十四两五钱。

本县知县经费银五十二两七钱。

县丞经费银三两。

典史经费银三两。

本县儒学经费银七两五钱三分三厘三毫。

广济渡驿丞经费皂隶二名银一两。

孔氏世袭翰林院五经博士经费皂隶一名银五钱。

看守公署门子工食银六钱六分六厘六毫。

冲要五铺司兵工食共银一十两三钱五分。

驿站经费银三百一十七两八钱九分一厘。

各渡渡夫工食共银三两二钱五分。

孤贫三十五名布花木柴银一两七钱五分。

孤贫三十五名口粮银一十两五钱。

以上共地丁银四百三十五两六钱四分九毫。除坍缺，实征银四百三十五两五钱三分八厘九毫。

同治四年，抚宪奏定《减浮章程》。

地丁每两旧征钱二千四百四十文，经署藩宪李核减二百四十文，嗣奉抚宪左清查通省浮收之弊，续经抚宪马奏明通饬，江山县再减钱二百文，每两连耗征银一两一钱起解，一五，合钱一千六百五十文。准留平余钱三百五十文，为县署办公之用。所有道府宪办公经费、岁科考试经费以及院司道府房费并书院山长修金，均在其内。十年，因银价日昂，征不敷解，奉抚宪杨奏请照市价征收，随时增减，悬牌粮柜，与从前奏定原案仍无出入。南米每石旧征随时定价，自四千余文至六千余文不等，通牵折征钱五千一百文，奉抚宪通饬，江山减钱七百文，实收钱四千四百文，所有县署公用以及司府经承本县书役斗级经管等项费用，均在其内，现仍照此办理。以上仍旧志。

（编者按：以上内容，字句与旧志有异文处，均从旧志改）

光绪二十三年，通饬减浮案内，详定银每两仍收钱二千二百二十文。是年永康举人应万选等以浮收上控金华府，继详请藩宪恽核减，遂通饬各属凛遵。同治三年，减浮存案，限期禀核施行。

光绪二十四年，严禁粮米合勺畸零作一升计算、银两厘毫尾零作一分计算。是年户部议复庞鸿书请减浮，收折内，核准。

光绪二十八年，赔款案内，正银一两加捐制钱三百文。上年十一月，奉户部咨，此次赔款议定四万五千万两，每年应还本利银千八百八十二万九千五百两。浙江省每年派银一百四十万两。本司会同粮道酌议各州县应征丁漕钱粮，每征正银一两加捐制钱三百文。自本年上忙始，随同正银核算，一律收捐，另无丝毫浮费。　按：赔款本息表，年息四厘，分三十九年还清，以西字分五类，自西历一千九百二年至一千九百四十年止。应付本利银九百八十二兆二十三万八千一百五十两。甲午赔款共四百五十兆，系照海关银两市价易为金款尔。时市价计海关银一两即德三马克零五五、奥三克勒尼五九五、美元零七四二、法三法郎克七五、英三先令、日本一元四七、荷兰一弗乐林七九六、俄一卢布四一二俄卢布。　又按：金平算即十七多理亚四二四。

第二节　民国

光复之始，地丁改两为圆，旧时平余，充作县税。杭嘉湖之漕粮与浙东西各属之南粮，易名为抵补金。原照米石计算，20年废除米石本位，改完银元，同时将地丁名称改为上期田赋抵补金。

额征田三十三万七千九百六十三亩六分三厘。每亩科则，征银一钱三厘四毫四丝。计每两征正税一元五角，粮捐三角。19年起，合并为正税一元八角。米五合八撮。计每石折征抵补金正税三元，粮捐三角。19年起，合并为正税银三元三角。自21年银米改银元起，每亩改征上期田赋正税银一角八分六厘，下期田赋正税银一分七厘。附税部分每亩征数各年分列于下：

计民国16年，省县附税银二角一分五厘八毫五丝，共正附税银四角一分八厘八毫。

17 年，征又银二角四分九厘九毫三丝，共正附税银四角五分二厘八毫八丝。

18 年，征又银二角六分七毫九丝，正附税合计银四角六分三厘七毫四丝。

19 年，又银三角八厘八毫六丝，正附税共银五角一分一厘八毫一丝。

20 年，又银三角七分九厘七毫四丝，正附税合计共银五角八分二厘六毫九丝。

21 年，又银六角八分九厘，正附税合计共银八角九分。

22 年，又银六角九分四厘，正附税合计共银八角九分七厘。

23 年，又银五角八分，正附税合计共银七角八分三厘。

24 年，又银五角八分一厘，正附税合计共银七角八分四厘。

25 年，又银五角五分，正附税合计共银七角五分三厘。

额征地六万五百五十五亩八分八厘八毫。每亩科则，三分六厘六毫，米一合七勺六撮。每两正税等数，详田亩科则内，下同。自 21 年银米改征银元，计每亩改征上期田赋正税银六分六厘，下期田赋正税银六厘。附税部分，每亩征数各年分列于下：

民国 16 年份，省县附税银七分六厘三毫二丝，正附税合计共银一角四分八厘一丝。

17 年，又银八分八厘三毫五丝，正附税合计共银一角六分四丝。

18 年，又银九分二厘一毫九丝，正附税合计共银一角六分三厘八毫八丝。

19 年，又银一角九厘一毫九丝，正附税合计共银一角八分八毫八丝。

20 年，又银一角三分四厘二毫八丝，正附税合计共银二角五厘九毫七丝。

21 年，又银二角四分五厘，正附税合计共银三角一分七厘。

22 年，又银二角四分六厘，正附税合计共银三角一分八厘。

23 年，又银二角六厘，正附税合计共银二角七分八厘。

24 年，又银二角六厘，正附税合计共银二角七分八厘。

25 年，又银一角九分五厘，正附税合计共银二角六分七厘。

额征山三十万六千七百七十亩九分九厘二毫。每亩科则，银六厘六毫四丝，米三勺八撮九抄。自 21 年银米改征银元起，每亩改征上期田赋正税银一分二厘，下期田赋正税银一厘。附税部分，每亩征数，计各年分列于下：

民国 16 年份，省县附税银一分三厘九毫五丝，正附税合计共银二分七厘一毫八丝。

17 年，又银一分六厘一毫八丝，正附税合计共银二分九厘四毫一丝。

18 年，又银一分六厘八毫八丝，正附税合计共银三分一毫一丝。

19 年，又银一分九厘九毫八丝，正附税合计共银三分三厘二毫一丝。

20 年，又银二分四厘五毫一丝，正附税合计共银三分七厘七毫四丝。

21 年，又银四分五厘，正附税合计共银五分八厘。

23 年，又银三分八厘，正附税合计共银五分一厘。

24 年，又银三分八厘，正附税合计共银五分一厘。

25 年，又银三分六厘，正附税合计共银四分九厘。

额征荡一万一千五十八亩五分六厘九毫。每亩科则，银一钱六厘一毫，米五合一勺九撮。自 21 年银米改征银元起，每亩改征上期田赋正税银一角九分一厘，下期田赋正税银一分七厘。附税部分，每亩征数，各年分列于下：

民国 16 年份，省县附税银二角二分一厘三毫六丝，正附税合计共银四角二分九厘四毫七丝。

17 年，又银二角五分六厘三毫六丝，正附税合计共银四角六分四厘四毫二丝。

18 年，又银二角六分七厘四毫四丝，正附税合计共银四角七分五厘五毫五丝。

19 年，又银三角一分六厘七毫五丝，正附税合计共银五角二分四厘八毫六丝。

20 年，又银三角八分九厘四毫六丝，正附税合计共银五角九分七厘五毫七丝。

21 年，又银七角七厘，正附税合计共银九角一分五厘。

22 年，又银七角一分二厘，正附税合计共银九角二分。

23 年，又银五角九分五厘，正附税合计共银八角三厘。

24 年，又银五角九分六厘，正附税合计共银八角四厘。

25 年，又银五角六分四厘，正附税合计共银七角七分二厘。

历年正税赋额列下：

16 年，地丁银四万三百三十两三钱三分五厘，抵补金米一千九百九十七石四斗五升四合。

17 年，地丁银同，抵补金米同。

18 年，地丁银同，抵补金米同。

19 年，地丁银同，抵补金米同。

20 年，地丁银同，抵补金米同。

21 年，上期田赋正税七万二千六百三十八元三角七分八厘。下期田赋正税六千六百二元三角九厘。

22 年，上期田赋正税七万二千六百五十一元三角六分二厘。

23 年，同。

24 年，同。

25 年，同。

23 年，旱灾，蠲免正税如下：

上期田赋正税银七千七百十二元五角三分四厘。

下期田赋正税银七百二元四角八分一厘。

杭江铁路暨公路收用土地豁免赋额如下：

21 年，上期田赋起，正税银三百七十九元三角七分六厘。

又，25 年，续办豁免正税银五元二角三分。

21 年，下期田赋起，正税银三十四元六角二分六厘。

又，25 年，续办豁免正税银四角七分七厘。

第一次豁免，民国元年至 6 年民欠田赋。

21 年，遵 17 年 8 月浙江省政府江代电，颁发豁免民欠旧赋，计豁免 7 年至 15 年实欠在民旧赋，以实惠人民；并遵财政厅 21 年 1 月 7 日第十号训令，会同省税督征员俞守南，点验剩串，于 1 月 15 日在县政府前面空地焚毁。其焚毁各年剩串数目如下：

元年份剩串，银三千九百四十七两三钱六分四厘，米三百石六斗七升二合。

2 年份剩串，银四千一百四十七两四钱八分五厘，米二百五石一升三合。

3 年份剩串，银四千二十两四钱六分一厘，米一百八十八石四斗九合。

4 年份剩串，银四千五十八两五钱八分，米一百九十石九斗九升三合。

5 年份剩串，银四千一百三十四两七钱二分五厘，米一百九十四石六斗一升。

6年份剩串，银四千二百十四两七钱六分二厘，米一百九十八石八升八合。

7年份剩串，银四千一百五十四两八钱九分，米一百九十四石九斗。

8年份剩串，银四千一百二十九两一钱六分，米一百九十四石四斗三升八合。

9年份剩串，银四千二百十四两九钱八分八厘，米一百九十八石五斗七升六合。

10年份剩串，银四千三百十九两四钱二分七厘，米二百四石八升九合。

11年份剩串，银四千九百九十五两四钱七分七厘，米二百二石八斗七升。

12年份剩串，银四千三百五十五两一钱三厘，米二百六石二升七合。

13年份剩串，银四千四百四十一两五钱一分七厘，米二百九石二斗九升六合。

14年份剩串，银四千六百十六两五钱六分四厘，米二百十六石九斗一升六合。

15年份剩串，银四千八百九十六两五分五厘，米二百二十九石八斗七升三合。

元年至18年4月，县行政经费月支720元。

18年5月起，月支2000元，内拨公安局56元、教育局70元。同年7月，加拨教育局20元；10月，又加拨教育局30元，连原数为120元。

19年7月，裁撤政务警，腾出经费44元，加拨公安局，连原数为 100 元。

20 年 2 月，县长特别办公费奉令减为月支 100 元　原支 150 元。计月支行政费 1950 元。同年 4 月，奉令一等县　本县为一等　减为 1768 元，二等县 1499 元，三等县 1315 元。各局补助费，照原数八成支给　公安局 80 元、教育局 90 元。

21 年 7 月，奉令一等县减支 1750 元，二等县减支 1480 元，三等县减支 1150 元。各局补助费，照 20 年支给。

22 年 1 月，奉令一二等县减支八成，三等县减支八成、五成。县计月支 1400 元。各局补助费，照原数八成支给　公安局 64 元、教育局 76 元 8 角。

24 年 2 月，奉令照九折发放。本县月支 1260 元。同年 7 月，改局为科，县行政经费在省款开支者，月 1640.8 元；在县款开支者，月 610 元。即原有公安局经费 273 元，教育局经费 337 元。

25 年 7 月，奉令在省款开支者，减为月 1600 元；县款仍照 24 年度月 610 元开支。

第二章　税　率

民国光复，制仿欧美，花样迭出。营业有税，所得有税，关市之征，比田赋收入尤钜。迟至数年，财政当可复原。则涉于屠、沽、交际，皆宜予以注意也。

清旧志称，外赋觉罗入关，除明苛敛，故杂税无多。咸丰间，始有厘金之制，设局征收，以济军需。

学租银三十二两四钱二分。每年照数征输解司，转解学院，赈给贫生膏火之用。

当税银二十五两。当铺五名，实该前数，另款解司充饷，仍于每年春季查明增除，造册报部输税。

牙税银六两六钱。该前数，另款解司充饷。

契税。每契产银一两，征税银三分。

牛税。每两征税银三分。

碓税。征收不等。以上契、牛、碓三项，岁无定额，每年尽收尽解，造报题销，另款解司充饷。以上仍旧志。

民国肇始，黄帝四千六百零九年，全省赋税概行豁免一年。由省议会议决，改厘金为统捐，照就地与通过两税性质征收。自统捐裁而国用支绌，弥补无方，取于民者遂无法矣。24 年，省城盐理捐税委员会成立，始与议裁苛杂焉。

税率附表

款别	捐率	备考
普通营业税	按照资本额或营业额课税如下：5‰、8‰、10‰，另附表。全年约收数 10000 元。	自 20 年起，奉令征收，除以照章营业、全年营业不满 1000 元者以资本额课税之营业，其资本额不满 500 元及公有事业、农业、中央法令指定免税营业等外，均照章征税，解省支用。自 4 年起，奉令征收，江山招商认办，解省支用。
屠宰营业税	每宰猪一只征银 4 角，宰羊一只征银 3 角，宰牛一只征银 1 元。全年约收数 5000 元。	

续表

款别	捐率	备考
牙行营业税	全年买卖数 5000 元以下者，应纳 20 元。	原名牙帖捐税，相沿逊清成案征收。原分长期、年换、季换。20 年份起，改征牙行营业税，解省支用。
	5000 元以上未满 1 万元者，应纳 35 元。	
	1 万元以上未满 2 万元者，应纳 55 元。	
	2 万元以上未满 3 万元者，应纳 75 元。	
	3 万元以上未满 4 万元者，应纳 95 元。	
	4 万元以上未满 5 万元者，应纳 115 元。	
	5 万元以上未满 6 万元者，应纳 135 元。	
	6 万元以上未满 7 万元者，应纳 155 元。	
	7 万元以上未满 8 万元者，应纳 175 元。	
	8 万元以上未满 9 万元者，应纳 195 元。	
	9 万元以上未满 10 万元者，应纳 215 元。	
	10 万元以上未满 11 万元者，应纳 230 元。	
	11 万元以上未满 12 万元者，应纳 245 元。	
	12 万元以上未满 13 万元者，应纳 260 元。	

续表

款别	捐率	备考
牙行营业税	13万元以上未满14万元者，应纳275元。	原名牙帖捐税，相沿逊清成案征收。原分长期、年换、季换。20年份起，改征牙行营业税，解省支用。
	14万元以上未满15万元者，应纳290元。	
	15万元以上未满16万元者，应纳305元。	
	16万元以上未满17万元者，应纳320元。	
	17万元以上未满18万元者，应纳335元。	
	18万元以上未满19万元者，应纳350元。	
	19万元以上未满20万元者，应纳365元。	
	20万元以上未满21万元者，应纳375元。	
	21万元以上，每增加买卖数1万元，递加税额10元。	
	临时牙行，买卖数1000元以下，应纳5元。	
	1000元以上未满2000元者，应纳10元。	
	2000元以上未满3500元者，应纳15元。	
	3500元以上未满5000元者，应纳20元。	
	5000元以上照前表分别纳税。全年约收数2700元。	

续表

款别	捐率	备考
烟酒牌照税		
一	烟类营业牌照税分整卖零卖两种，全年约收数1000元。	
	凡以烟类大宗批发与零卖商人为整卖营业，计分三级：	
甲	卷烟厂商之分公司及特约经理分销处，每季纳税银100元。	
乙	万之批买卖之烟草行，每季纳税银40元。	
丙	经理各种烟类批发店，每季纳税银20元。	
	凡贩卖烟类零售消费者为零卖营业，计分五级。	
甲	开设店肆营售一切烟类者，每季纳税银12元。	元年起征。23年7月起，由县政府派员征收。
乙	他种商店大部分兼营一切烟类者，每季纳税银8元。	
丙	他种商店兼售一切烟类者，每季纳税银4元。	
丁	设摊零卖烟类者，每季纳税银2元。	
戊	零售烟类之负贩者，每季纳税银5角。	
二	酒类营业牌照分整卖零卖两种	
	凡以酒类大宗批发与零卖商人为整卖营业，计分三级：	
甲	每年批发满24万市斤以上者，每季纳税银32元。	

续表

款别	捐率	备考
乙	每年批发 12 万市斤至未满 24 万市斤者，每季纳税银 24 元。	元年起征。23 年 7 月起，由县政府派员征收。
丙	每年批发满 24000 市斤至未满 12 万市斤者，每季纳税银 16 元。	
	凡以酒类零星售与消费者为零卖营业，计分四级。	
甲	开设店肆贩卖一切酒类者，每季纳税银 8 元。	
乙	他种商店兼售一切酒类者，每季纳税银 4 元。	
丙	零售酒类之设摊者，每季纳税银 2 元。	
丁	零售酒类之负贩者，每季纳税银 5 角。	
契税	卖契照契价征收 6%，典契照契价征收 3%，赠与、遗赠照产价估征 6%，继承、分析照产价估征 2%。全年约收数 8000 元。	相沿逊清成案征收，解省支用。
永佃契税	移转永佃所有权，每亩征银 5 角。全年约收数 200 元。	自 22 年起，奉令征收。26 年 1 月，奉令停征。
验契纸价	凡旧契价在 30 元以上为大契，每张收纸价银 1 元 5 角。全年约收数 1000 元。	2 年，奉令征收，解省支用。
验契注册费	大小旧契每张均收注册费银 1 角。全年约收数 100 元。	2 年，奉令征收，解省支用。
验契教育费	大小旧契每张收银 2 角。全年约收数 300 元。	17 年 4 月。奉令征收一半，解省一半，留充教育费。

续表

款别	捐率	备考
置产捐	按照契价带收3%，除作十成支配，本款见八成。全年约收数3200元。	17年8月，呈准在推收项下征收。19年，奉令改在契税项下征收，充建设费。
契税公益捐	按照契价带收3%，除作十成支配，本款见二成。全年约收数800元。	14年6月，呈准在推收项下征收。17年8月，奉令并同置产捐征收。19年起，改在契税项下征收，原充款产会经费，现充财务会经费。
店屋捐	在店租项下征收15%。全年约收数3600元。	17年7月1日，奉省政府训令征收，拨充警察费。
住屋捐	在屋租项下征收10%。全年约收数1400元。	同前。
下塘警捐	在货物下塘时分别征收值价1‰。全年约收数3000元。	元年起征；23年奉令停征。由省款如数拨补，由商认缴拨充警察费。
贺村牛警捐	买卖时每头征银2角。全年约收数1100元。	元年创办警察时征收；23年奉令停征。由省款补助，由商认缴拨充警察费。
城区牛猪警捐	买卖牛每头征银2角，猪每头征银2分。全年约收数190元。	同前。
官溪补助警捐	由官溪地方人民每年分四季缴纳。全年约收数400元。	16年起，由该镇人民自动捐助，添设该镇派出所。经费由县通盘支配。
人力车照捐	每辆每月收银2元。全年约收数180元。	19年2月起，每辆征银1元，充警察费用。23年2月起，加征1元，充建设费用。

续表

款别	捐率	备考
屠宰三成警附捐	在屠宰营业税项下带征三成。全年约收数1600元。	21年6月，由县呈民财两厅，经省政府委员会议决征收，由商认缴，拨充警察费。
肉店育婴认捐	各肉店认缴宰猪1只捐助银1角。全年约收数60元。	民国初年，由城区商店认捐，每宰猪1只补助育婴鲜肉1斤，折洋1角。自23年12月，各乡亦仿此输纳，由肉业向养户劝捐，由育婴所经收专充育婴经费。
戏捐	每昼夜征捐银5元5角。全年约收数1800元。	民国初年，由前县议会议决，演戏每昼夜收银2元，呈奉核准，地方、班主各半负担。自20年起，奉令加教育费银2元。于24年8月起，加征警费每本银1元5角。内，2元专充教育经费，2元分拨县仓会经临各费，1元5角拨充经费。
推收手续费	田地山荡每亩收银4角。全年约收数1000元。	三年成立推收所，买卖移转田地山荡，每亩征收推收手续课银1角；分析者每亩2分，不及1亩者以1亩计算。20年10月，奉颁章程，每亩征收手续费银2角。23年6月1日起，奉令每亩征收银4角，办理推收事宜之用，列预算通盘支配。

续表

款别	捐率	备考
推收项下教育亩捐	田每亩征银5角，地每亩征银3角，山每亩征银6分，荡每亩征银5角。全年约收数1000元。	20年8月，呈奉财政、教育两厅核准征收。26年4月20日起，遵令停征，由省款拨补教育费。
屠宰税教育附捐	在屠宰税项下带征七成。全年约收数2200元。	19年5月，奉民政、教育两厅核准，照投票额带征四成。24年5月起，奉准加三成，共七成，由拨充教育费。
水碓油车捐	原系每水碓每年征银4角5分，于24年7月，为筹充保甲经费，另具整顿计划，分等征收。	水碓捐原由契税处带收，系沿逊清成案征收。于24年7月起，另具整顿计划，分等捐率，并同油车捐令各乡镇长征收，嗣因办理不善，收数寥寥，改由县政府派员征收。原充何用，无从查考。自24年前征数，呈准充作卫生及警察费。24年7月起，充作自治保甲经费。
城清筵席捐	以筵席捐1元起捐，征收10%。全年约收数270元。	22年，奉财政、建设两厅指令核准。23年起征；24年1月11日起停征。并呈报备案，拨充建设费。
殷富捐	照店屋月租带收20%。全年约收数7200元。	县保卫团经理委员会第一次议决，于21年7月起征收，呈报民政厅有案。原系拨充保卫团基干队服装费。24年7月起，呈准拨充保甲经费。

续表

款别	捐率	备考
自由车照捐	行备车每月每辆征收5角，自备车每辆每季征收6角。	24年4月1日起征收，呈报有案。拨充警察费、建设费各半。
广告捐	普通广告，以张贴者为限，约收数50元。	江邑于18年9月起，奉令接办征收。奉颁章程规定：在本省境内，商人设置营业上各种广告，除有特别规定者外，不论私人或公共组合，在自己地位以外设置使人注目之文字图画一律称为广告，缴纳广告捐。自己地位以不越出商号前面之滴水及阶石为限；如四周均临街道者，以其周围之滴水及阶石为限；有人行道者，以其人行道之滴水为限。上列捐率，照23年2月间奉颁规程摘录，遵令充作卫生经费。
甲	广告面积在1方尺以内者，每百张征银5角。	
乙	广告面积逾1方尺以外至3方尺以内者，每百张征银1元。	
丙	广告面积逾3方尺以外至5方尺以内者，每百张征银2元。	
丁	广告面积逾5方尺以外至10方尺以内者，每百张征银4元。	
戊	广告面积逾10方尺以外至20方尺以内者，每百张征银8元。	
	特别广告	
甲	墙壁图画广告，每方尺月征银3分。	
乙	悬挂或建筑广告，每方尺月征银卫生费5分。	
丙	电灯或利用光学之广告，每方尺月征银7分。	
丁	电灯广告，每幅月征银7分。	
戊	游行广告，每人每日征银1角。	
	如携带乐器者，每件照下计算。	

营业税分类税率表

营业种类	课税标准	税率	附记
制造业	营业资本额	5‰至 20‰	另表规定
印刷出版及书籍文具教育用品业	同	5‰	包括书店书局等
堆栈业	同	8‰	包括行栈、货栈、仓库业等
钱庄、金银号、信托业	同	10‰	包括信托公司等
物品贩卖业	营业总收入额	5‰至 10‰	另表规定
运送业	同	5‰	包括轮渡、轮船、公共汽车、民营铁路、转运公司、夫行业及一切民营之水陆空交通等
包作业	同	5‰	包括营造厂业及建筑公司等
介绍代理业	同	8‰	包括广告业、经纪业、报关业等
电气业	同	5‰	
洗染业	同	5‰	包括染坊洗染店等
租赁物品业	同	8‰	包括出租人力车行、马车行、汽车行及出赁其他物品各业
照相镶牙业	同	10‰	

续表

营业种类	课税标准	税率	附记
中西餐馆业	同	10‰	包括茶馆、咖啡馆、饭馆、酒馆等
娱乐场业	同	10‰	包括游戏场、影戏院、戏书场等
浴堂理发业	同	8‰	
旅馆业	同	10‰	包括西式旅馆、饭店及商栈、行栈等
证券地产业	同	10‰	包括经营公债、股票、债券业、地产公司及交易所之经纪人业等
保险业	同	10‰	营业收入额即指保险费额

物品贩卖业税率表

种类	税率	摘要
粮食业	5‰	面粉业属之
油盐店业	同	
柴炭煤业	同	
火柴业	同	
油饼业	同	各种油类均属之
茶叶业	同	
棉花业	同	
纱线业	同	

续表

种类	税率	摘要
棉草麻织物业	同	
竹木业	同	
纸业	同	
山地货业	同	
丝茧业	同	
绸缎业	同	仍遵院令暂征 2‰
南北货业	同	
国药业	同	
酱园业	同	
铜锡铁器业	同	
竹木棕藤器业	同	
砖瓦石灰业	同	
伞扇业	同	
梳篦业	同	
鞋帽袜业	同	
瓷陶料器业	同	
度量衡业	同	
烛皂碱业	同	
估衣业	同	
蛋业	同	
硝皮毛骨业	同	
腌腊鱼鲞业	同	
油漆业	同	
水果业	同	

续表

种类	税率	摘要
衣箱业	同	
糕点水作业	同	
牲畜业	同	鸡鹅鸭业属之，已征屠宰营业税者，不再另征。
包装纸匣业	同	
海味业	同	
颜料业	同	
水泥业	同	
糖业	同	
五金业	同	
西药业	同	
花边业	同	
电料业	同	
糖果茶食罐头业	同	
汽水冰食业	同	
牛乳业	同	
毡毯业	同	
洋广杂货业	10‰	
皮革业	同	
橡皮业	同	
火腿业	同	
呢绒业	同	
西装业	同	
绣货业	同	

续表

种类	税率	摘要
参燕银耳业	同	
钟表眼镜业	同	
皮货业	同	
珠宝首饰金银器业	同	电刻、电镀业属之
化妆美术品业	同	
古玩业	同	
香烛纸炮业	同	
西式家具业	同	
紫檀红木业	同	
留声机器业	同	
纸糊冥器业	同	
肥田粉业	同	
车辆业	同	
玩具乐器业	同	
说案：本表内所列各项税率均系依照部颁营业税税率等级表分别规定		

制造业税率表

种类	税率	摘要
油车业	5‰	
丝织业	同	
麻织业	同	
草织业	同	
造纸业	同	
砖瓦石灰业	同	

种类	税率	摘要
蚕种业	同	
制板业	同	
铜锡铁器业	同	
文具仪器及教育用品业	同	
轧花业	同	
榨油业	同	
烛皂业	同	
瓷陶业	同	
染织业	同	
修理物品器械及加工业	同	
粉坊业	同	
缫丝厂业	同	
纽扣牙刷厂业	同	
钢铁机器业	同	
牛乳业	同	
采矿业	同	
制糖业	同	
花边业	同	
水产业	同	
毛织业	同	
造船业	同	
车辆业	同	
翻砂业	同	

种类	税率	摘要
制茶业	同	
醋坊业	同	
玻璃料器业	同	
蛋白蛋黄业	同	
化学品业	同	
制罐业	同	
糖果罐头业	10‰	
制药业	同	
制草业	同	
橡皮业	同	
制冰业	同	
调味品业	同	
金银器业	15‰	
玩具乐器业	同	
汽水业	同	
西式及红木器具业	20‰	
化妆美术品业	同	

县之水碓油车捐征收办法　25年9月第64次县政会议修正

第一条　本办法依奉准整顿水碓油车捐计划乙项之规定订定之。

第二条　水碓以每座为单位，其等级分为五种，如下：

（一）每年春米2000石以上者为特等。

（二）每年春米1500石以上者为甲等。

（三）每年春米1000石以上者为乙等。

（四）每年舂米 600 石以上者为丙等。

（五）每年舂米 300 石以上者为丁等。

第三条　油车以每条为单位，其等级分为五种，如下：

（一）每年榨油 1000 石以上者为特等。

（二）每年榨油 800 石以上者为甲等。

（三）每年榨油 600 石以上者为乙等。

（四）每年榨油 400 石以上者为丙等。

（五）每年榨油 200 石以上者为丁等。

第四条　水碓油车捐率，按照业主全年营业收入额计算，其等级分为五种：

（一）特等每年征银 10 元。

（二）甲等每年征银 8 元。

（三）乙等每年征银 6 元。

（四）丙等每年征银 4 元。

（五）丁等每年征银 2 元。

第五条　水碓油车捐，由县政府杂税处依照调查表及前条规定捐率负责征收。

第六条　每年分春、夏、秋、冬四季征收，以三月、六月、九月、十二月为征收时期。

第七条　三联收证由县制发备用。其第一联收证填给业主执凭；第二联缴核于每季终了时，造具名册，遵同缴核捐款，一并解送县政府核收；第三联存根，留存杂税处备查。

第八条　征收公费按照实收数提支十分之一，内 5 厘作为杂税处公费，5 厘作为县政府印刷三联收证纸张等费。

第九条　杂税处征收此项捐款，应遵照本办法规定捐率妥为征收，如有浮收舞弊情事，一经查出或被告发，定即移送法院惩办。

第十条　本办法由县政府公布施行。

26 年度县地方岁入（出）概算书

岁入经常门

科目	本年度预算数	上年度预算数	比较		说明
			增	减	
第一款 县地方岁入	195430	192370	3060		
第一项 田赋附加收入	37648	39672		2024	
第一目 上期田赋特捐	20460	22484			上期田赋每元 389（编者按：389 数字底本上用码子字母写就，不知单位），计收特捐 22483 元，除 9 厘征收费 2022 元外，余作十成支配。计一成准备金，内拨总理诞辰 120 元，植树费 70 元，总预备费 1406 元，党务费 450 元；二成公益费，拨党务费 4092 元；三成警察费 6138 元；四成教育费，内拨教育费 7527 元，拨财务会经费 657 元。共如上数。
第二目 下期田赋特捐	597	597			约收下期田赋正税 4930 元，每元带征 0.121 元，充救恤费。
第三目 上期田赋自治附捐	9653	9653			约收上期田赋 57800 元，每元带征 0.167 元，充自治经费 7573 元，临时 2.8 元。共如上数。

续表

科目	本年度预算数	上年度预算数	比较		说明
			增	减	
第四目 上期田赋、教育附捐	4797	4797			约收上期田赋57800元，每元带征0.083元。充教育费。
第五目 下期田赋、教育附捐	449	449			约收下期田赋4930元，每元带征0.019元充教育经费。
第六目 上期田赋、治虫附捐	1618	1618			上期田赋项下，每元带收0.028元，充治虫费。
第七目 下期田赋、治虫附捐	74	74			下期田赋项下，每元带收0.015元，充治虫费。
第二项 各项捐税收入	112292	116687		4395	
第一目 保安及壮训户捐	60401	62580			遵照核定捐率，上期田赋每元带征保安户捐0.947元；又壮训户捐1角5分3厘，共收63580元。除0.005元公费867元外，余充壮丁干部队经费，如上数。
第二目 壮丁干部队户捐	16473	17340			遵照核定捐率，在上期田赋项下，每元带征0.3元，约收17340元。除0.005厘公费867元外，余充壮丁干部队经费，如上数。
第三目 旧欠保卫团费	3057	3057			拨充壮丁干部队经费之用。

续表

科目	本年度预算数	上年度预算数	比较		说明
			增	减	
第四目水碓油车捐	1620	1800			年约收1800元，除一成公费180元外，余充自治费，如上数。
第五目商铺户捐	5792	5910			年约收5910元，除2厘公费118元外，余充自治费，如上数。
第六目自治户捐	1867	1965			遵照核定捐率，上期田赋每元带征0.034元，约收1965元。除0.005元公费98元外，余充自治费，如上数。
第七目教育户捐	1812	1907			遵照核定捐率，上期田赋每元带征0.033元，约收1907元。除0.005元公费95元外，余充教育费，如上数。
第八目置产捐	2934	3000			年收八成置产捐2400元，除0.002元公费48元外，计2352元，充建设经费；又收二成公益费600元，除0.003元公费18元外，充财委会经费，计582元。共如上数。
第九目推收附捐	980	1000			即教育亩捐，年收1000元，除0.002元公费20元外，充教育费，如上数。
第十目店住屋捐	4828	5037			约收店屋捐3684元，住屋捐1680元，除一成公费536元外，余充警察费，如上数。
第十一目戏捐	1668	1500			年约收教育费932元，积谷仓经费294元，公安费442元。共如上数。

续表

科目	本年度预算数	上年度预算数	比较		说明
			增	减	
第十二目 屠宰附捐	5559	5121			内三成警察费1668元，七成教育费389元。共如上数。
第十三目 旅馆茶店执照费	124	62			充警察费
第十四目 人力车捐	712	864			内建设经费356元，警察经费356元。共如上数。
第十五目 自由车捐	66				内建设经费33元，警察经费33元。共如上数。
第十六目 广告捐	27	30			充卫生经费
第十七目 清道捐	960	960			充卫生经费
第十八目 公安户捐	1812	1907			遵照核定捐率，上期田赋每元带征0.033元，年纳收1907元。除0.005元公费95元外，余充警察费，如上数。
第十九目	（缺）				
第二十目 肉店育婴认捐	900	947			充救恤费
第廿一目 城区猪行下塘认捐	100	100			同上
第三项 地方财产收入	12160	11338	822		

续表

科目	本年度预算数	上年度预算数	比较		说明
			增	减	
第一目 各项租课	2037	2011			救恤费项下房屋租金及田租
第二目 教育田租	8422	8422			教育费项下
第三目 教育地租	23	103			同上
第四目 各项产息	40				救恤费项下
第五目 小学基金息	588	388			教育费项下
第六目 教育储备金利息	828	414			同上
第七目 仓款存息	222				积谷仓费项下
第四项 地方事业收入	1240	1240			
第一目 各学校杂费收入	700	700			充教育费
第二目 平民工厂盈利收入	540	540			充救恤费
第五项 地方行政收入	1080	1770		690	

续表

科目	本年度预算数	上年度预算数	比较		说明
			增	减	
第一目 契地方 教育费	80	80			充教育费
第二目 24 年田赋 县税滞纳金	1000	1400			同上
第三目 推收手续费		1290			本年度列入县税坐支各项征收公费内
第六项 各项补助 收入	14271	13993		278	
第一目 县党部补助 费	1680	1680			充县党部经费
第二目 废除苛捐杂 税补助费	4179	4179			充警察经费
第三目 中央省府拨 补义教经费	7112	5334			充教育经费
第四目 拨借领存 二十三年地 方公债票额	700	2800			同上
第五目 建设拨补费	600				充救恤费
第七项 杂项收入	16739	7670	9069		

续表

科目	本年度预算数	上年度预算数	比较		说明
			增	减	
第一目 用省款征收费	7454	7430			
第二目 县税坐支各项征收费	9045				
第三目 绅富慈善捐	240	240			

岁入临时门

科目	本年度预算数	上年度预算数	比较		备考
			增	减	
第一款 县地方岁入	1540	1424	116		
第一项 地方行政收入	1140	1424		284	
第一目 违警罚金	1140	1424		284	充警察经费
第二项 杂项收入	400			400	
第一目 建设费节余	400				充建设费
岁入经临合计	196970	193794	3176		

岁出经常门

科目	本年度预算数	上年度预算数	比较		说明
			增	减	
第一款 县地方岁出	193750	190574	3176		
第一项 党务费	6222	5922	300		
第一目 县党部经费	6072	5772			
第二目 全县代表大会经费	150	150			
第二项 自治费	16852	16852			
第一目 乡镇公所经费	9216	9216			
第二目 镇长训练经费	200	200			
第三目 甲办公处经费	7008	7008			
第四目 人事登记册表印刷费	108	108			
第五目 户口表帖添补费	17	17			
第六目 自治预备费	303	303			
第三项 公安费	20180	19841	339		
第一目 拨补县政府行政经费	3276	3276			

续表

科目	本年度预算数	上年度预算数	比较		说明
			增	减	
第二目 直属警务费	600				
第三目 派出所经费	3456	3456			
第四目 峡口公安局经费	2256	2256			
第五目 廿八都公安局经费	2256	2256			
第六目 警察队经费	8238	7235			
第七目 冬防费	30				
第八目 公安预备费	68	362			
第九目 债务费		1000			
第四项 保卫费	79931	79931			
第一目 保安大队经费	52000	52000			
第二目 壮训经费	8401	8401			
第三目 壮丁干部经费	19530	19530			
第五项 财务费	17738	17738		140	
第一目 财务委员会经费	1239	1484			

续表

科目	本年度预算数	上年度预算数	比较		说明
			增	减	
第二目 田赋征收处经费	7933	7803			
第三目 契税征收处经费	570				
第四目 杂税征收处经费	5958	6500			
第五目 其他征收经费	388	452			
第六目 预备费	1650	1639			
第六项 教育文化费	39841	38025	1816		
第一目 拨补县政府行政经费	4044	4044			
第二目 义务教育委员会经费	50	50			
第三目 体育教育委员会经费	25	25			
第四目 民众教育委员会经费	25				
第五目 文献委员会经费	25				
第六目 学校教员费	22747	20175			
第七目 社会教育费	4842	5569			
第八目 各项教育费	7406	4762			

续表

科目	本年度预算数	上年度预算数	比较		说明
			增	减	
第九目 教育预备费	677	1700			
第十目 预存23年度地方公债票	1700				
第七项 卫生费	987	1.147		160	
第一目 防疫经费	40	80			
第二目 种痘经费	60				
第三目 清道经费	726	726			
第四目 公墓经费	150	120			
第五目 卫生预备费	11	41			
第六目 公厕经费		180			
第八项 建设费	4833	4233	600		
第一目 苗圃经费	576	576			
第二目 度量衡检定所经费	480	480			
第三目 合作事业经费	756	756			

续表

科目	本年度预算数	上年度预算数	比较		说明
			增	减	
第四目 指导农民川旅费	180	180			
第五目 县立桐场经费	360	144			
第六目 平民工厂补助费	600				
第七目 治虫经费	1692	1673			
第八目 建设预备费	189	264			
第九目 公共工程费		160			
第九项 救恤费	5570	4828	742		
第一目 救济院经费	2828	2762			
第二目 平民工厂经费	1740	1740			
第三目 积谷仓经费	516				
第四目 债务费	294	294			
第五目 救恤预备费	192	32			
第十项 杂项支出	190	190			
第一目 总理诞忌辰纪念费	120	120			县税一成准备金项下支出

续表

科目	本年度预算数	上年度预算数	比较		说明
			增	减	
第二目 植树经费	70	70			同上
第十一项 总预备费	1406	1727		321	
第一目 总预备费	1406	1727			查县税一成准备金2046元，除照成案支拨总理诞忌辰纪念费及植树费、党部经费340元外，计总预备费1706元。惟本年党部又请追加党费300元。计如上数。

岁出临时门

科目	本年度预算数	上年度预算数	比较		说明
			增	减	
第一款 县地方岁出	3220	3220			
第一项 自治费	2080	2080			
第一目 保甲巡回督导员经费	1680	1680			
第二目 自治保甲职员奖恤费	400	400			
第二项 公安费	1140	1140			

续表

科目	本年度预算数	上年度预算数	比较		说明
			增	减	
第一目 违禁罚金	284	284			
第二目 拘留犯饭金	216	216			
第三目 办理违禁出差川旅费	152	152			
第四目 破获盗案赏金	120	120			
第五目 临时雇用巡船夫役费	128	128			
第六目 服务员薪金	240	240			
岁出经临 合计	196970	193794	3176		

26年度国家岁入（出）收支总预算

附岁入经常费、临时费合计

1. 关税	369267522元	
2. 盐税	228625553元	
3. 烟酒税	21046642元	
4. 印花税	11300000元	
5. 统税	175617650元	
6. 矿税	4751638元	
7. 交易所税	170000元	
8. 所得税	25000000元	

续表

9. 遗产税	2000000 元	
10. 银行税	1600000 元	
11. 国有财产收入	4143913 元	
12. 国有事业收入	24134307 元	
13. 国家行政收入	13847094 元	
14. 国家营业纯益	16073787 元	
15. 协款收入	3680040 元	
16. 其他收入	99391332 元	
合计	1000649478 元	

岁出临时费、经常费合计

1. 党务费	7311440 元	
2. 国务费	179062546 元	
3. 军务费	392499952 元	
4. 内务费	6188932 元	
5. 外交费	9435816 元	
6. 财务费	69232090 元	
7. 教育文化费	42934388 元	
8. 司法费	4315849 元	
9. 实业费	3072312 元	
10. 交通费	5056595 元	
11. 蒙藏费	2500362 元	
12. 补助费	31015076 元	
13. 抚恤费	6678497 元	
14. 债务费	324693754 元	

续表

15. 建设事业专款基金	70000000 元	
16. 救灾准备金	3000000 元	
17. 第二预备费	4751889 元	
合计	000649478 元	编者按：合计数字有误，当为 1161749498 元

按：我国岁入岁出久未符收支适合地位，26 年度预算依前数，竟达收支平衡地位，实为我国财政上新纪元。虽各节尚待审查，而大致想自不差。

第三章 盐 政

两浙煮盐，昉自汉惠时。明始有存积常股之名。法久弊生，一变为成化中林诚之折色，再变为正德中王朝用之买补，三变为嘉靖中夏浚之折色荡价。所谓存积常股之名，积日既多，竟不知为何物。

县无盐灶，地本为住卖之区。清咸丰以前，向销票盐，由票商运盐至衢分肩认买；粤变后，改为引盐，由引商分运，指派江山全县认销 5400 余引。规定商盐运到住卖县份，以领帖出司日为始，扣算到县告投引程之日为止 江山县限 54 日。如该印官查验引盐数目相同，亲笔填注运到月日，上用印盖，将引目限帖封收在官，其盐听商发卖，如杭嘉绍三所。

引盐违限，5 日以外问罪；40 日者，引盐十分追二；两个月者，十分追四；三个月者引盐全没。江山与开化、常山三县，引盐过富、桐、严三关，至兰溪汝埠，滩高水浅，皆拆包分篓联运，易于误期，盐商往往受罚。光复而后，县之商盐，动逾万引，运署乃改为官卖性质，不计引数，以销出之多寡为率。

自□扰赣东，县与毗连，销数顿减。22 年，奉令□区各县概行封锁，县为各□区之一。食盐改为公卖，别订公卖章程，由各乡镇分区零售。县属住卖之所，向有四处，城南一处，清湖三处峡口一处乃由上四处分盐与售。食盐既经封锁，盐商乃集团营业。清湖三处合并城南，食盐销数尽归城南鼎和一家担任。同年，并成立食盐销费合作社。

25 年，封锁开放，盐商照常营运。清湖因经□乱，营业不能如前，乃由城南集团分设一处，全县销数仍减至五千余引。每引纳税，正附约合 22 元左右，市钞进出一律改用法币。新盐法规定，每百公斤纳税 5 元，引户以轻重倒置，与商情不合，拟改为每百市斤纳税 5 元，但不得再有附加。

第四章 钱 法

有清入关之始，江市通用一种顺治通宝钱，钱背左右铸两满文，钱面四方对铸“顺治通宝”四字，好方肉圆，质以青铜，钱体径寸而弱。并有一种诗钱，以五言诗四句、铸诗中之一字于满文旁，合二十钱为一诗，得之匪易，但其值与寻常通宝钱一律。

康熙内禅，市面乃兼有康熙钱，其式其质均与顺治同，但不再铸诗钱。是时，市面通用之钱尚有数种，其色少红，其体稍小而轻，正面铸“天启通宝”“崇祯通宝”各字，皆明末遗制，好方肉圆与清代尽同，惟背无满文。盖清制即明制也。尚有一种宽永钱，言铸自日本；一种天顺钱，言铸自李闯，大小轻重皆与明制同，肉好亦同。雍正登极，钱制未易。乾隆钱比前三朝稍小，铜质颇佳而厚。嘉庆钱制与乾隆相似，然已有盗铸砂钱者。道光钱则青铜少红铜多，红铜之钱质小而韧，市面尚为欢迎。咸丰钱制最杂，不用红铜，盗铸者愈多。嘉道时止有砂钱。咸丰以后，更有一种秕钱，市面比砂钱尤为厌苦。

时军兴既久，钱政已紊，兼铸有“当十”两字，大如今之银圆。市面铁钱、锡钱皆有，不知来自何方，交易亦不甚通用。咸丰末，李元度守江山，偶感钱荒，竟以锅铁烙印，估价通用。事平，兑完不亏一铢，其不失民间信用如此。同治通宝一如咸丰，以砂钱、秕钱为多，铜质佳者极少，质小而薄，时人谓之“鸡眼钱”尔。时墨西哥银圆已大行，而江市尚少见，继起者有鹰圆，值与墨西哥同，一银圆可兑制钱一千文。光绪登极，初未铸钱，甲午后，以制钱不够通用，始议及此。

浙江铜元局，其质皆购自他国钱局，仅整饬其文而已，比制钱少光洁，以一出自人力，一出自机力故。好方肉圆，仍如前制，而值亦相同。旋复增铸铜元，增铸银角，并增铸银圆、铜元当制钱十。银角轻者，当制钱百，重者当制钱二百；银圆值与英美相同，当制钱千。此皆指江市而言，他市通用者，尚不止此。杭沪诸市，且有金角发现，但不甚通用。

光复之初，浙江自制军用钞票200万，来春兑完。北京所铸嘉禾银圆，尚附印有拉丁文，恐专印中文不适于用，足见外商权力之重。5年后，各省自行分铸，比清末犹滥，兑价之上落、银色之高低，大都皆省自为政，市面吃亏已难言喻。又加以掺用钱票，江市左赣右闽，益之以军用各票，厌苦更无处可诉。去年以白银政策影响，我国利用时机，突然宣布各市改用法币。江市遵令通用，其值以法币1元兑铜元300枚，角票30枚，镍角亦照各市通用。

部令，自近年世界经济恐慌，各重要国家相率改定货币政策，不许流通硬币。我国以银为币，白银价格剧烈变动以来，遂至大受影响。国内通货紧缩之现金，至为显著。因之工商凋敝，百业不振，而又资金源源外流，国际收支大蒙不利，国民经济日就萎败，种种不良状况，纷然并起。

计自上年 7 月至 10 月中旬，三个半月之间，白银流出凡达 2 亿元以上。设不采有效措施，则国内现银存底，必有外流罄尽之虞，此为国人所昭见者。本部特于上年 10 月 15 日，施行征收银出口税兼课平衡税，藉以制止资源公开外溢，保存国家经济命脉，紧缩危机得以挽救。顾成效虽已著于一时，而究非根本办法。

一年以来，迭据各界纷纷条陈，政府设法挽救，近来国内通货益加紧急，人心恐慌，市面更形萧条。长此以往，经济崩溃，必有不堪设想者。政府为努力自救，复兴经济，必须保存国家血脉所系之准备金，以谋货币金融之永久安定。兹参照近今各国之先例，规定办法，即日施行：

一、自本年 11 月 4 日起，以中央、中国、交通三银行所发行之钞票定为法币。所有完粮纳税及一切公私款项之收付，概以法币为限，不得行使现金。违者全数没收，以防白银之偷漏。如有故存、隐匿、意图偷漏者，应准照危害民国，紧急治罪。

二、中央、中国、交通三银行以外，经财政部核准发行之银行钞票，现在流通者，准其照常行使其发行数额。即以截至 11 月 3 日止流通之总额为限，不得增发，由财政部酌定限期，逐渐以中央钞票换回。并将流通总额之法定准备金，连同已印未发之新钞及已发收回之旧钞，悉数交由发行准备管理委员会保管。其核准印制中之新钞，并俟印就时，一并发交保管。

三、法币准备金之保管及其发行收换事宜，设发行准备委员会办理，以昭确实而固信用，其委员会章程另案公布。

四、凡银钱行号、商店及其他公司、机关或个人，持有银本位币或其他银币、生银等银类者，应自 11 月 4 日起，交由发行准备管理委员会或其指定之银行，先换法币。除银本位币按照面额兑换法币外，其余银类各依其实含纯银数量兑换。

五、旧有以银币单位订立之契约，应各照原定数额，于到期日，概以法币结算收付之。

六、为使法币对外汇价，按照目前价格稳定起见，应由中央、中国、交通三银行无限制买卖外币。以上办法，实为复兴经济之要图，并非以运用财政为目的。即中央银行之组织，亦将力就改善，以尽银行之职务。其一般银行制度，更须改革、健全于稳妥条件之下，设法增加其流动性，俾其资金充裕后，得以供应正当工商企业之需要。并将增设不动产抵押放款，银行修正不动产抵押法令，以谋地产之活泼。

现经本部切实筹划，不日呈准次第施行。国家财政整理之措施，亦已准备有办法，可期收支之适合。且自此发行统一法币之准备确实，监督严密，信用益臻巩固。除布告周知，如有故意阻扰、造谣生事或希图投机、高招物价，定即执法，严绳不稍宽贷。（按：24 年冬，据美国调查，世界存银数额约有 100 亿盎司，其中，美国占 13 亿，印度 45 亿，中国 25 亿。）

省令实施法币办法

一、银币持有人，应依照所在地市县政府公示兑换期间内，一律缴换中央、中国、交通之三银行钞票。

二、在设有中、中、交三行各市县，应即由市县政府与就地中央或中国、交通银行洽商，酌定犹豫兑换期间，呈报省政府财政厅备案，一面出示布告周知。其商业繁盛或辖地辽阔者，应否于镇市酌设分兑换处，或委托各镇市商号代理兑换法币事宜，亦由市县政府与中央或中国、交通银行协商定之。

三、未设有中、中、交三银行而设有受委托承兑法币之浙江地方银行各县，应即由县政府与就地浙江地方银行洽商，照前项规定办法办理。

四、未设有中、中、交三行及浙江地方银行各县，应即由县政府与就近之中央或中国、交通银行洽商，往设兑换处或订定兑换办法，并酌定犹豫兑换期间，呈报省政府财政厅备案，一面出示布告周知。

五、在犹豫兑换期间内，收兑银币办法如下：

（一）在距离兑换处较远地方，持有银币人，暂准以银币完纳赋税及购买货物。

（二）收税机关收入银币，应立即送交金库抵缴法币，违者处罚。

（三）商店或交通机关收入银币，应立即缴换法币或付入金融机关，不得转付其他用途，违者处罚。

（四）金融机关收入银币，应一律缴换法币，不得再有银币用出，违者处罚。

六、中央、中国、交通三银行以外，曾经政府核准发行之民行钞票、现在流通者，仍与法币一体通用。

七、在犹豫兑换期间内，银币与钞币价格一律相等，不得有丝毫差价，违者处罚。

八、在犹豫兑换期间内，应严防不良分子对于持有银币人借端敲诈。

九、在犹豫兑换期间届满后，银币一律在市上不许使用，违者由市县政府没收之。如有不良分子私擅侵夺者，依刑律治罪。

十、如有意图阻扰、造谣生事或希图投机、抬高物价者，应随时依法严惩。其故存、隐匿、偷运银币者，依照《危害民国紧急治罪法》处治。

县令按：奉浙江省政府财政厅齐代电内开案：据中国农民银行杭州办事处函称，查本行发行钞券，前奉财政部核定与法币同样行使，并经登载沪杭各报，公布在案。兹本总行为应各行、庄请求领券起见，订有领券办法：

凡应各行、庄向本行领用钞票，应先缴存六成现金准备、四成保证准备金，方得订领。现在各行、庄前来订领，甚为踊跃，本行为便利运送现金计，特制定《运送现币证明书》式样一种，慎给领券各行、庄，以资证明。办理以来，尚称便利，惟此项手续在偏僻县区尚未周知，时有发生扣留情事，对于本行发行前途，殊多窒碍，相应，兹同《运送银币证明书》一百张，送请贵政府查照，并希转饬各县政府，饬属一体知照！

第五章　金　库

清光绪间，田赋由库房征收。经户书稿案解省，均系外征外解。每两，征制钱二千五百文；银圆作九百或八百八十计。每千两，解地丁银圆一千五百五十六元，名为库项；每千两，耗羡银五十两，作银圆一百七十元，解督粮道，名为漕项；又每千元，随征带收饷余银五两，解费银五两。

二十八年后，每两加征赔款制钱七百文。赔款规定止三百文，余四百文或作他用。光复初，改两为元；5 年后，随亩加征附捐及另立名目。各税或派员经收或由库带征，皆有指定银行汇解。

24 年，为扩充各县新会计制度，由财政厅委派会计稽核主任，于 8 月间开始办公。复委由浙江地方银行派人，于同年 9 月间成立江山县金库分置主任及办事员各一人。金库负省与县款收支、保管之责，会计稽核主任专司会计事前稽核事项。

附：收支解拨概况

一、收支

甲、征收人，将收到之款，登入缴款簿，直接缴县金库点收，用盖“收讫”图章。

乙、缴款人，将缴款簿遵同缴款日报单，送稽核主任，验讫，送第二科填缴款书，转送县金库，由县金库掣以收据。

丙、支款，由领款人填请款书，呈县政府核明，填给支付命令，经稽核主任副署，并财政会主任委员加署，原领款人备具收据，向县金库领款。

二、解拨

甲、省款直接解省。

乙、省款之坐支或划拨时，财厅填发支付命令，由县政府加发付款凭单，领款者得备据向县金库支领。但直解与抵解款项，仍须由稽核主任副署；无副署者，县金库不得转解或转账。

附：金融机关

农民借贷所　于民国21年10月成立。设有董事会，会中董事7人，由县长、第三科长、合作事业指导员及士绅4人合组。11月，县政府遵令，于田赋正税项下带征股本，首委余太禄为主任。

23年12月，财政、建设两厅，改委曹诗成继之。

24年3月，改委李征才接办。内部主任一人，下设会计、营业两股，每股股员一人。股本自22年上忙年起，截至23年上忙止，约可征39000余元。除由所实收29184.929外，余待续拨，充所中业务，以合作社为对象。

24年度下期，放款总额920元，收回总额240元。

25 年上期，放款总额 2180 元，收回总额 560 元。主任李征才为调剂农村金融，稳定农产品价格，计于 24 年冬，兼办仓库押款（库设城区小菜场），受押农民自产谷米、豆麦、柏油等类，放出总数约 3700 余元。

25 年，骤增至 23800 余元。远处农民未便来城押款者，秋收时兼举行封仓办法（即就所在地之私仓，估定内储农产物之价值，贷款收押，由本所加一封条，无须运城入库），合计放出总额 8000 余元。并为普遍农村放款，计利用保甲制度，实行青苗创办各甲联保贷款，期定 4 月，每户得借法币 5 元。

25 年夏，在郑家坞试办，受贷农民共 1025 户，放出总额 5025 元。农民皆按期归还，不差累黍。本所向无存款，经此调整，信用稍著。

25 年，约收各户存款 4000 余元。李主任并于 25 年 2 月，分别函商杭州之中国农工银行，金华之金、武、永地方农民银行及义乌之义、东、浦地方农民银行，先后分订契约，直接通汇。统计全所营业结果，前两年度除开支外，合共盈余 1935.234 元。25 年度，尚未报销。

中国农民银行分理处 在稚儒坊（雅儒坊）16 号，于民纪 25 年 5 月开幕。总行为豫鄂皖赣四省农民银行，设在汉口，24 年改今名。资本 1000 万元，以扶助农民生产、繁荣农村经济为宗旨。

分行、分处，遍于各省。浙省有办事处四，分理处一。发行 10 元、5 元、1 元兑换券，5 角、2 角、1 角辅币券。本分理处，自去年夏，马主任组织成立，对于业务，已在扩充。

鼎丰钱庄 设于县之清湖镇，营业向称发达。清光绪间，县粮之存解，有时均代为经理。民纪 19 年开始，各县存解钱粮，皆有指定银行，兼之农村经济日渐衰落，业务间接受其影响，已于去年宣告停业。

第六章　仓　储

纳秸裕充，能御旱潦之患；发棠赈济，以备荒歉之需。是故，太仓之粟，陈陈相因；大田之稼，多多益善。无非为民谋足食之本也。况义仓、社仓，仿而行之，非以先贤良法大有益于凶年，而皆宜切实整理欤？

预备仓　在分司后。明弘治四年，知县王奎建。正德十一年，知县刘节重建三十余所。四十年，知县吴仲增建。嘉靖二十一年，知县黄纶重建官厅一所、东建廒屋三间、仓三十一间，积谷备赈。今废。旧《府志》：明设广盈仓，储粟赡军民；设预备仓，储谷以备缓急。正统二年，以仓储积有余，始令卖银准折。嘉靖末年，改预备仓米为兵饷，由是仓无余积，故一遇凶年，道殣相望也。

永裕仓　在县左。清康熙初年，知县万里侯建。征储本色南米，月拨兵饷，年久倾圮。后捐谷既多，收藏无地。三十七年，知县朱彩捐建新廒二十余间，复将旧仓修葺，共二十三间。咸丰十一年，毁于兵燹。

常平四仓　东仓，在三十都东村。明万历二十二年，知县蒋光彦移储石门。西仓，在三十二都吴村。南仓，在二十九都峡口。北仓，在八都莲塘。知县蒋光彦移县北。废址皆存。旧《府志》：宋时，州县俱有常平仓，计户口多寡量留，上供钱自二三千贯至一万贯。每州县万户岁籴万石，户虽多止五万石，三年以上不粜，即留充粮廪，易以新粟。其大概如此。清康熙二十一年，令各县富民捐纳常平仓谷，其后富民捐输者少，始令每亩捐谷三合，十亩捐谷三升，其有官吏愿捐者，亦并储常平仓内。

社仓 （《宏简录》）宋淳熙九年，下朱子《社仓法》于诸路。明万历初，知县薛梦雷重建。十七年，知县张斗重修。乾隆间，所有社谷，皆于各本庄存储，取具交各社长收管。

义仓（即社仓） 旧志，有仓无储。经民国 24 年 4 月间查实，计义仓 6 所，乡分仓 162 所。原储谷八千四百四十七石九斗六升七合（公债票款 7421.458 元），已用去谷一千四百九十石六斗（票款 750 元），董亏民欠谷八百二十三石六斗二升五合（票款 266.44 元）。实存谷数六千一百二十四石七斗四升二合（公债票款 6405.018 元）。

附表 除预备仓、永裕仓、常平四仓，或毁于明，或毁于清，颗粒无存外，所有新旧义仓、镇乡地点及存谷实数列于此。公债票款，亦照镇乡分列

仓名	地址	所数	原储谷数	实存谷数	备考
文溪镇					
县前	镇公所	1	90 石	90 石	兼存款 250 元。以后各仓皆清初成立
大陈乡					
大陈	大陈	2	21 石	21 石	
旱田坂	旱田坂	1	30 石	17 石	
莲塘	莲塘	1	56 石	16 石	
荷塘	荷塘	1	30 石 6 斗	30 石 6 斗	
南丰	南丰	1	44 石 8 斗	44 石 8 斗	
新塘坞	新塘坞	1	80 石	80 石	
达岭	达岭	1	25 石 2 斗	25 石 2 斗	
郑村	郑村	1	5 石	5 石	

续表

仓名	地址	所数	原储谷数	实存谷数	备考
赵家乡					
耀扬	耀里	2	69石6斗4升	15石	兼存款洋80元以后皆清末成立
陈兆	陈村	2	5石	5石	
凰耀西	西垅	2	62石	62石	兼存款洋150元
赵路	赵家	3	70石	20石	兼存款洋250.4元
源前	源口前村	2	13石3斗4升	13石3斗4升	
桑华	桑淤	3	14石2斗7升	14石2斗7升	兼存款洋50元
达来	达来碗窑	2	28石	28石	
光武	武高社	2	30石	30石	
协溪	过溪王祠	2	16石5斗	16石5斗	兼存款洋80元
大溪滩乡					
大溪滩	大溪滩	1	120石	120石	清初成立
五都	五都	1	86石8斗3升	86石8斗3升	以后皆清同治初成立
礼彰	礼彰	2	33石5斗	33石5斗	
塘下	珠址下西坂	4	122石8斗	34石6斗	
达埂	达埂	3	97石	70石	
一都江	一都江	2	69石5斗	69石5斗	

续表

仓名	地址	所数	原储谷数	实存谷数	备考
航头	弓边航头	2	60石5斗	60石5斗	
三都	三都	9	224石	80石	
四都	四都	1	48石	48石	以后皆清初成立
上余	上余	2	85石	60石	
白渡	白渡	3	88石	88石	
长台镇					
长台	长台	6	486石1斗6升	486石1斗6升	清光绪四年成立
岭源	周家村	1	50石	50石	置有田产7亩5分 民国7年成立
秀峰	张村	1	60石	40石	置有田产6亩，兼存公债票100元，光绪二十年成立。 以后光绪初成立
金龙	龙头店	1	24石	24石	
安家	长安	1	88石	88石	
石门乡					
石门	石门	2	253石	253石	光绪八年成立
清漾	清漾	1	34石	27石	
达坞	达坞	3	无	无	存款洋630.333元 以后清光绪初成立

续表

仓名	地址	所数	原储谷数	实存谷数	备考
江郎	江郎街	3	无	无	存款洋 725.986 元
里畲	里畲	2	无	无	存款洋 401.643 元
白石乡					
仓坞	达溪坂	1	93 石 3 斗 7 升 8 合	62 石 4 斗 4 升 3 合	以后光绪四年成立
福石岭	塘源	1	99 石 5 斗	53 石	
白石	白石	2	151 石 4 斗 9 升 5 合	151 石 4 斗 9 升 5 合	以后光绪初年成立
鳌村	鳌村	2	129 石 1 斗 4 升 9 合	129 石 1 斗 4 升 9 合	
小坑	洋广	1	57 石	57 石	
峡口镇					
峡口	峡口	1	45 石	45 石	兼存款洋 700 元
旧街	旧街	1	8 石	8 石	
泉湖	泉湖	1	5 石	5 石	以后皆光绪年间成立
王村	王村		无	无	存款洋 32.5 元
桐村	桐村	1	100 石	100 石	
模溪淤	模溪淤	1	100 石	100 石	
莲花山	莲花山		1 石	1 石	
广渡乡					
广渡		2	无	无	存款洋 466.44 元

续表

仓名	地址	所数	原储谷数	实存谷数	备考
广渡	广渡义仓	1	25石	无	存款洋100元
廿八都镇					
廿八都	廿八都	5	536石	136石	
清湖镇					
清湖	清湖	3	318石	308石	兼存公债票洋510元 民国14年成立
小清湖下宅	下宅	2	86石7斗2升5合	78石7斗8升5合	清光绪年间成立
小清湖上宅	上宅	1	31石	31石	民国8年成立
石口	石口	1	62石	19石8斗	民国7年成立
十五都坂	十五都坂	未设	90石4斗零5合	90石4斗零5合	兼存公债票洋40元 清光绪年间成立
湖川	湖川	2	88石	88石	光绪四年成立
学坦	留嘉�	1	20石	20石	兼存公债洋140元 光绪四年成立
周塘山	山贺	1	无	无	存公债票洋42元 以后光绪年间成立
和东溪	和睦	1	28石3斗7升	27石3升5合	
和东溪	和睦	1	22石2斗	22石2斗	

续表

仓名	地址	所数	原储谷数	实存谷数	备考
淤头乡					
淤头	淤头	1	105石	64石5斗	
严麻车	严麻车	1	38石4斗	无	以后光绪二十五年成立
西贺东桑	达山底	1	44石4斗	无	
毛李水栖	毛家仓	1	17石	17石	置有田租3石7斗 光绪六年成立
前溪	前江	1	54石	10石	以后光绪年间成立
冈贝山	冈贝坞	未设	6石8斗6升	6石8斗6升	
同	同	未设	66石8斗	10石	
同	同	同	15石	15石	
同	同	同	10石3斗5升	10石3斗5升	
同	同	同	10石3斗5升	10石3斗5升	
同	石排山	同	3石6斗	3石6斗	
贺村乡					
贺峰	贺村	未设	11石4斗	11石4斗	
同	同	同	11石4斗	11石4斗	
同	同	同	7石8斗1升	无	
狮峰	狮峰	同	23石	23石	
谈北垅	谈北垅	未设	18石8斗	18石8斗	以后光绪年间成立
同	同	同	4石8斗3升	4石8斗3升	
坞里	坞里	同	33石5升	33石5升	

续表

仓名	地址	所数	原储谷数	实存谷数	备考
谈稼垅	谈稼垅	同	7石3斗4升	无	
龙底	龙底	同	3石6斗	3石6斗	
坟坂	坟坂	未设	2石	2石	
田里	田里	同	2石	2石	
路口	路口	同	11石	无	
夏家窑	夏家窑	同	2石1斗5升	2石1斗5升	
叶村	叶村	同	无	无	存公债票洋322元
鳌坪	鳌坪	同	44石	44石	以后光绪年间成立
莲里	莲里	同	4石5升5合	4石5升5合	
姜家	姜家	同	5石	5石	
湖边	湖边	同	37石	37石	
坂头	坂头	同	21石2斗	无	
坂头	坂头	未设	7石9斗4升5合	无	
东山头	东山头	同	6石	无	
新塘	新塘	同	2石7斗5升	2石7斗5升	
长坑	长坑	1	17石	9石4斗	
坝下	坝下	1	72石	52石	
周家	坝下	1	38石	38石	以后光绪年间成立
花园	花园	未设	3石8斗	3石8斗	
新塘边镇					
大街	新塘边致泽社	1	139石3斗	139石3斗	光绪三十四年成立

续表

仓名	地址	所数	原储谷数	实存谷数	备考
大街	新塘边姜氏中祠	1	92石8斗9升	92石8斗9升	以后光绪年间成立
大街	新塘边姜氏上祠	1	16石5升5合	16石5升5合	
新街	新塘边姜氏后祠	1	109石	109石	兼存公债票洋500元款洋43.517元
上洋	上洋	1	24石9斗2升	24石9斗2升	
凤林乡					
凤林	凤林	1	22石3斗	22石3斗	兼存款洋54.26元。以后光绪四年成立
同	同	1	75石4斗	75石4斗	
同	同	1	25石3斗4升	25石3斗4升	兼存款洋142.78元
同	同	1	120石	120石	兼存款洋142元 民国4年成立
同	同	1	8石	8石	兼存款洋44.899元民国17年成立
高坂	高坂	1	26石	26石	兼存款洋5元 光绪四年成立
茅坂乡					
游溪	游溪	1	15石	15石	民国10年成立
茅坂	茅坂	2	101石2斗3升	101石2斗3升	同

续表

仓名	地址	所数	原储谷数	实存谷数	备考
政棠	政棠	1	70石	70石	民国7年成立
官田坞	官田坞	1	73石	73石	民国10年成立
南坞	南坞	4	108石7斗8升	48石7斗8升	清光绪年间成立
卅二都	卅二都	1	140石	140石	以后民国5年成立
卅二都	卅二都	1	50石	50石	
卅二都	卅二都	1	15石	15石	
王家	王家	1	22石7斗4升	22石7斗4升	兼存款洋56元
水碓淤	水碓淤	1	12石	12石	兼存款洋30元
外仓坂	外仓坂	1	10石	10石	
官溪乡					
官溪	官溪	3	476石5斗	476石5斗	民国9年成立
桑园	桑园	1	24石	24石	民国5年成立
桃溪	桃溪	2	300石	273石5斗	以后民国9年成立
嘉墩	嘉墩	1	12石	7石	
礼贤乡					
礼贤	礼贤	1	70石6斗		以后光绪十四年成立
礼贤	礼贤	1	33石8斗	18石8斗	兼存款洋60元
安蓬	安蓬	1	10石	无	
东岸	东岸	1	10石	10石	光绪年间成立
山塘	山塘	1	50石	无	以后光绪十四年成立

续表

仓名	地址	所数	原储谷数	实存谷数	备考
达山底	达山底	1	18石	无	
八里坂	八里坂	3	33石	无	
和村	和村	1	14石1斗	14石1斗	清咸丰五年成立
吴村乡					
诗宅井洋	井头、洋坝、洋桥	未设	41石	41石	光绪年间成立
富塘泉岭	富塘、苗旺垅、高塘	未设	49石6斗	49石6斗	光绪二十七年成立
青塘	青塘尾	1	40石	20石3斗6升	光绪十二年成立
吴村	吴村门九垅	1	20石8斗	14石8斗	
读谈家柳	羡稼、青塘社寺前、上陈冈青塘、读谈山窑里	未设	60石	9石	
水耕凤竹	水晶山底	1	33石9斗	33石9斗	光绪二十七年成立
郑家坞					
东青坞	东青坞	未设	19石	19石	以后民国22年成立

续表

仓名	地址	所数	原储谷数	实存谷数	备考
坛石乡					
坛石	坛石	1	25 石 5 斗	10 石	兼存款洋 72 元 实存洋 52 元
潭源	潭边	未设	20 石	20 石	
和郭	外青源	同	无	无	存款洋 90 元 光绪年间成立
和莲	莲花山	同	16 石 5 斗	16 石 5 斗	
下塘	下铺	同	25 石	无	民国 22 年成立
墨占文	墨里垅	同	20 石	20 石	
仕阳乡					
店边	店边	同	23 石	23 石	清光绪年间成立
坳尾	坳尾	同	40 石 4 斗	40 石 4 斗	
文山里	文山里	同	21 石	21 石	以后光绪年间成立
大洋桥	岭头陈家	同	26 石	26 石	
社坞	社坞	同	11 石	11 石	
泉垅	泉垅	同	6 石	6 石	
福塘	毛家坞	同	12 石 8 斗	8 斗	
陈家	陈家	同	7 石	7 石	
石蒙塘	石蒙塘	同	7 石	7 石	
荔源村	荔源村	同	55 石	55 石	
前川	前川	同	7 石	7 石	
西青垅	西青垅	同	3 石	3 石	

续表

仓名	地址	所数	原储谷数	实存谷数	备考
芳莲坂	芳莲坂	未设	2石9斗	2石9斗	
西坂	西坂	同	5石	5石	
阳垅村	阳垅村	同	2石	2石	
阳怜村	阳怜村	同	4石8斗	4石8斗	
不敷之谷，或由民欠，或亏耗，或由经董借出，正由县政府催缴归仓。					

第七章　产　量

古者，书不榷算，山海自献鱼盐；地有余利，蚕桑亦供衣食。虽蕞尔山城，民贫地瘠，而农服先畴，庶类畅懋。广游牧以硕蕃，利贸易而货殖。凡粟米、布帛，生于地，长于时，聚于力，因民所利而利之。奚至淮枳迁而勿良，顷豆落而为萁，乏生财之术欤？

谷　大数71万石。

糯谷　大数3万石。

小麦　大数25万石。

大麦　大数7万石。

荞麦　大数6000石。

黄豆　大数10万石。

青豆　大数7000石。

膏粱　大数3000石。

黍米　大数5000石。

小米（即黄粟）大数2800石。

苞萝　大数5000石。

花生　大数3000石。

棉花　大数470担（出北乡）。

绿茶　大数2000担（出詹村、上王、张村诸处，廿七都尤盛。以江郎山产，品为第一，俗名仙茶，不可多得）。

蕨粉　大数150石。海瑞《济饥草木疏》：蕨根洗净、捣碎，用水澄粉。自九月至三月粉多，四月以后粉少。蒸食，可济饥。

葛粉　大数150石。

藕粉　大数50石。

甘蔗　大数3万把。

柏籽　大数2万石。

桐籽　大数2万石。

菜籽　大数1.5万石。

茶籽　大数1万石。

柿　大数5000担。

瓜子　大数200担　出童家淤、白渡等处，较汴梁者差小。大溪滩、航头一带最多。

莲子　大数1000斤　新塘边最佳。

栗子　大数500担　大陈最佳。

砂糖　大数1000斤　出童家、龟头等处。

香蕈　大数1000斤　出廿八、廿七两都。

番薯　大数2万斤。

蜂蜜　大数1500斤。

煤　大数400吨　出西、南二乡。

石灰　有二　大数3000余万斤。一用煤烧，农人以作肥料；出北乡新塘坞、荷塘、北周、大岭、岩下等处，质以新塘坞为第一；巴拿马万国博览会出品、浙江商品陈列所出品，均得奖。一用柴烧，泥匠用以垩墙、做淀腌纸料；出东乡礶下（今达河）、西烈，南乡廿八都，西乡大龙山，北乡航头、一都江、王陈等处，质以礶下为第一。

土硃　大数 20 斤　出十六都。

纸　大数 5 万件。

苎麻　大数 1 万余斤　春季出者佳，夏次之，秋又次之。

黑炭　大数 6 万余担　出毛村山顶、西乡。

白炭　大数 10 余万担　有乌江栗、青红栗、松炭、枧炭等名。

柏烛　出凤林者为最。

土丝　可织帛，然性质粗硬。

棕　出四十三都，四十四都为盛。

箬　出廿七都。

漆　出廿七都，较开化为胜。

靛　出廿七都、十四都。

竹　以廿七都、廿八都为最。

第八章　市　销

煤油　大数 3600 听。

药材　大数 5 万元。

南货　大数 30 万元。

京广货　大数 3 万元。

糖　大数 28 万斤。

布　连厂布　大数 4 万匹。

皮油　大数 4200 件。

桐油　大数3600砠（编者按：疑为担字之误）。

青油　大数300担。

菜油　大数800担。

茶油　大数1400担。

方高　大数1.8万件。

花尖　大数1.3万件。

毛太　大数7000件。以上三件出梅林、三卿口、廿八都诸处，兼有藤制、棉制、竹制各种。

麻线　大数5000斤。

挂面　大数5万斤。

松板　大数3万方。

松柴　大数20万担。

石灰　大数20余万斤。

窑货　大数3万元。

炭　大数20余万担。

草鞋　大数20万双。

麦秆扇　大数5万把。

按：上列产量与市销，商家皆无统计确数，尚待调查。

卷之八　氏族志

古者别子为祖，继别为宗，继祢者为小宗。县之宗祠，崇高弘厂（编者按：厂，同敞），为他处所不经见，而春秋祀事之诚，亦比他处为隆重。祠□□□□□□□□□者，尊祖敬宗之意，望之□□□□□□□□□原委，缕析条分，以表列之。

名称	乡镇别	坐落地	迁来年代	现有丁口	备考
邑前毛祠	文溪镇	县河顶	南宋	12000	
通贤毛祠	文溪镇	前圳	南宋	350	
毛福一祠	赵家乡	棠头	明正德	400	
毛祠	赵家乡	杨柳丰	明正德	40	
毛祠	白石乡	塘源	明季	458	
毛祠	白石乡	瓦窑头	宋季	140	
毛祠	新塘边镇	三十六都	清季	620	
毛祠	新塘边镇	亨嘉荡	清季	260	
毛祠	广渡乡	广渡	南宋	2310	
毛福一祠	礼贤乡	东岸	元季	178	
毛钦公祠	清湖镇	小清湖上宅	明季	500	
毛世兴祠	清湖镇	清湖	明季	200	
毛祠	清湖镇	东儒	清季	120	

续表

名称	乡镇别	坐落地	迁来年代	现有丁口	备考
毛祠	长台镇	华峰	明洪武 迁自本乡沙堤。	400	查沙堤迁自清漾。即今沙村
毛祠	石门乡	清漾	梁大同年间	660	
毛祠	石门乡	石门	宋季	3200	
毛祠	石门乡	毛家丰	清初	640	
毛祠	坛石乡	坛石	清季	500	
凝湖毛祠	淤头乡	淤头	宋开禧元年	1100	
毛兆祠	淤头乡	黄塘底	清季	410	
毛文粹祠	吴村乡	洋桥	后唐同光年间	1121	
毛贵生祠	吴村乡	水晶山底	明正统年	195	
毛克正祠	礼贤乡	市上村	唐季	120	
毛文七祠	礼贤乡	安蓬	明季	140	
毛进祠	礼贤乡	瓦灶头	清季	220	
毛双峰祠	仕阳乡	仕阳龟山	明万历 十一年	1520	
毛永昌祠	仕阳乡	店边	清顺治年间	640	
毛景峰祠	仕阳乡	苏源	明初	230	
毛林川祠	仕阳乡	毛家坞	清顺治年间	330	
毛定川祠	仕阳乡	定家坞	明季	200	
毛上下分祠	仕阳乡	上仓	明季	500	
毛秋生祠	仕阳乡	苏坞岗	清初	120	
蓝田王祠	文溪镇	蓝田坊	南宋	3400	
西塘王祠	文溪镇	西塘塍	南宋	470	

续表

名称	乡镇别	坐落地	迁来年代	现有丁口	备考
景明王祠	文溪镇	西塘巷	南宋	1600	
步鳌王祠	文溪镇	丹桂坊	南宋	2000	
王祠	文溪镇	小南门	南宋	700	
东郊王祠	文溪镇	东门外	南宋	1500	
溪东王祠	赵家乡	过溪王	清乾隆	1500	
王淋祠	清湖镇	和睦	元季	210	
王玉品祠	清湖镇	夏家窑	清季	100	
王龙公祠	清湖镇	读溪口	明季	410	
王祠	石门乡	石门	同治十一年	330	
王祠	茅坂乡	王家	明季	250	
王玉蟾祠	淤头乡	三塘	雍正年间	260	
王祠	淤头乡	水阁塘头	清初	80	
王祠	仙霞乡	三卿口	元初	1210	迁自兰溪县
王祠	廿八都镇	上街	明季	140	迁自县城
王祠	坛石乡	岭下	清季	100	
王茂一祠	峡口镇	王村	明崇祯五年	1285	
王振祖祠	仕阳乡	沙淤	明初	450	
王祠	仕阳乡	詹坞	清初	200	
王思诚祠	仕阳乡	王村	清初	150	
王日新祠	郑家坞乡	上王	宋末	1500	
王占鳌祠	郑家坞乡	鳌头	宋绍兴年间	100	
王祠	大溪滩乡	达埂	明景泰年间	800	
须上周祠	文溪镇	通化门外	南宋	1800	
周祠	文溪镇	柴家塘顶	南宋	400	

续表

名称	乡镇别	坐落地	迁来年代	现有丁口	备考
周全公祠	清湖镇	七斗	清咸丰年间	110	
周文九祠	清湖镇	路陈	明季	210	
周文仁祠	清湖镇	路陈	明季	120	
周学祠	清湖镇	基头	明季	710	
周宗宝祠	清湖镇	宅上	明季	35	
周礼坦祠	清湖镇	清湖	明季	110	
周德禄公祠	清湖镇	柳家堙	明季	310	
周祠	长台镇	秀峰		2310	系出唐衢州刺史，由本县学坦分迁
周太常祠	石门乡	石门	宋理宗年间	180	
周仁善祠	石门乡	石门	元季	210	
周祠	石门乡	灵峰	明末	530	
周祠	石门乡	泉井	清初	500	
周祠	白石乡	乾顶	宋季	1500	
周祠	白石乡	雅床	宋季	210	
周兴一祠	凤林乡	凤林	唐贞观年间	2300	
周润一祠	凤林乡	凤林	唐贞观年间	2310	
周祠	茅坂乡	官田坞	元季	3000	
周祠	茅坂乡	三十二都	明季	2000	
周祠	茅坂乡	苗青头	明季	3000	
周孟昌祠	淤头乡	达山底	清光绪年间	800	
周淳祠	淤头乡	毛村坞	明崇祯年间	110	
周文祠	淤头乡	后源	清乾隆年间	230	
周先十祠	淤头乡	湖删	清乾隆年间	110	今湖栅

续表

名称	乡镇别	坐落地	迁来年代	现有丁口	备考
周敬祠	淤头乡	前江	清初	100	
周文福祠	吴村乡	清塘尾	明洪武年间	1220	
周德益祠	吴村乡	诗坊	明嘉靖年间	258	
周当久祠	吴村乡	礼贤尾		59	
周光祖祠	礼贤乡	礼贤	宋季	1200	
周姜祠	礼贤乡	八里坂	清末	180	
周通五祠	礼贤乡	万青山底	明初	360	
周濂溪祠	官溪乡	嘉墩	明末	920	由始祖周杉迁居
周隆拾祠	峡口镇	峡口	清乾隆七年	1080	
周上基祠	峡口镇	王坛	清咸丰元年	160	
周祠	新塘边镇	樟柏树底	清季	210	
周祠	新塘边镇	樟坞	清季	160	
周祠	新塘边镇	东库	清季	130	
周祠	新塘边镇	南塘	清季	190	
周祠	新塘边镇	后江	清季	180	
周祠	新塘边镇	恩潭	明季	210	
周维藩祠	仕阳乡	坳尾	宋季	800	
周振兴祠	仕阳乡	仕阳尾	明末	110	
周富一祠	赵家乡	源口	明成化年间	460	
双溪郑祠	文溪镇	通禄门外	南宋	8900	
郑祠	赵家乡	召石	元大德年间	240	
义门郑祠	赵家乡	协里	唐顺宗年间	1800	
郑贵七祠	赵家乡	坳后	明洪武年间	110	
郑福三祠	清湖镇	马墩	清道光年间	120	

续表

名称	乡镇别	坐落地	迁来年代	现有丁口	备考
郑明善祠	礼贤乡	达山底	宋崇宁年间	254	
郑富五祠	礼贤乡	山塘	明季	810	
郑庆衫祠	淤头乡	毛家仓	明崇祯年间	510	
郑祠	石门乡	青山头	明季	280	
郑祠	大溪滩乡	弓边	明初	1000	
郑祠	大溪滩乡	山头	宋末	300	
郑祠	大溪滩乡	上埂头	明初	300	
郑祠	大溪滩乡	莲篷	明初	500	
仕徐祠	文溪镇	大北门外	南宋	2600	
南徐祠	文溪镇	小南门	南宋	2200	
徐仲祠	文溪镇	县河顶	南宋	1500	
徐文懋祠	赵家乡	上江坝	清康熙年间	70	
徐祠	赵家乡	前召	宋淳祐年间	310	
徐祠	赵家乡	陈村	清康熙年间	71	
徐祠	赵家乡	庙边	明崇祯年间	300	
徐祠	赵家乡	南垄	清康熙年间	60	
徐千一祠	清湖镇	小清湖上宅	明嘉靖九年	510	
徐福廿一祠	清湖镇	小清湖下宅	清康熙年间	810	
徐千五祠	清湖镇	湖川		1000	
徐祠	白石乡	塘源口	明季	210	
徐祠	白石乡	水口	明季	88	
徐祠	白石乡	青石	明季	110	
徐祠	白石乡	龙旗	清季	56	

续表

名称	乡镇别	坐落地	迁来年代	现有丁口	备考
徐添禄祠	吴村乡	门九龙	乾隆卅一年	228	
徐光祖祠	吴村乡	耕读	元顺帝年间	186	
徐祠	石门乡	徐村	明嘉靖年间	500	
徐祠	茅坂乡	政棠	元季	1500	
徐祠	茅坂乡	茅坂	元季	4000	
徐祠	茅坂乡	水碓淤	明季	700	
徐祠	茅坂乡	上山头	明季	180	
徐祠	坛石乡	坛石	清季	210	
徐显光祠	坛石乡	下殿坞	清季	310	
徐九公祠	仕阳乡	仕阳下宅	明初	1600	
徐三惠祠	仕阳乡	灵谷山	明季	310	
徐语诗祠	仕阳乡	仕阳尾	明季	950	
徐祠	郑家坞乡	上徐	唐末	160	
徐祠	郑家坞乡	鸭后垄	唐末	60	
徐仲荣祠	大陈乡	早田坂	元延祐元年	720	
徐人和祠	大陈乡	新塘坞	明中叶	700	
荷塘徐祠	大陈乡	荷塘	宋绍熙二年	300	
青池徐祠	大陈乡	莲塘	元至大元年	815	
徐祠	大溪滩乡	航头	元季	1000	
徐祠	大溪滩乡	五村头	宋季	600	
徐全振祠	凤林乡	凤林	元武宗年间	810	
江阳何祠	文溪镇	南门外	南宋	3000	
姜祠	茅坂乡	弄后	明季	100	
姜循二祠	凤林乡	凤林	元元顺年间	910	

续表

名称	乡镇别	坐落地	迁来年代	现有丁口	备考
姜文彪祠	淤头乡	石排山	清光绪年间	148	
姜祠	淤头乡	朱家塘丰	清初	210	
姜祠	淤头乡	达埂	清乾隆年间	510	
姜仁一祠	礼贤乡	礼贤	宋季	1320	
姜礼二祠	礼贤乡	和村	宋季	320	
姜信益祠	吴村乡	毛家墩	明崇祯年间	124	
姜敬兴祠	吴村乡	寺前	明嘉靖年间	120	
姜祠	广渡乡	柴家	清光绪年间	30	
姜侯祠	新塘边镇	新塘边	明季	4100	
姜仲祠	新塘边镇	新塘边	明季	3100	
姜上祠	新塘边镇	新塘边	明季	2100	
姜祠	新塘边镇	张坞	清初	210	
姜祠	新塘边镇	山头姜	清季	130	
姜祠	新塘边镇	墩根	清季	210	
姜氏家庙	坛石乡		清季	310	
姜祠	坛石乡	潭边	清季	1200	
姜仲贤祠	仕阳乡	射壶	宋淳熙年间	900	
姜百禄祠	仕阳乡	前川	宋初	300	
柴祠	文溪镇	柴家塘顶	南宋	350	
柴千十祠	清湖镇	东儒	元季	120	
柴祠	清湖镇	柴家	清季	110	

续表

名称	乡镇别	坐落地	迁来年代	现有丁口	备考
柴祠	长台镇	长台柴宅	梁开平三年	3000	由建康迁来，住长台者五六百人，余均散居外地
柴祠	广渡乡	柴村	清季	200	
柴祠	广渡乡	柴家	清光绪初年	90	
柴祠	石门乡	长山	清初	400	
杨祠	文溪镇	程家岭	南宋	180	
杨通志祠	清湖镇	杨家村		80	
杨祠	长台镇	长安	明万历年间	310	
杨祠	白石乡	瓦窑头	宋季	126	
杨祠	淤头乡	贺山头	清光绪年间	100	
杨祠	茅坂乡	南坞	元季	5000	
杨祠	茅坂乡	卅二都	明季	1500	
杨志德祠	官溪乡	桑园	明初	1200	
杨云祠	廿八都镇	浔里	明末	3100	由浦城荫江迁来迄今十三代
杨仲立祠	仕阳乡	文山里	明初	8000	
陈祠	文溪镇	古柴家巷	明季	240	
陈祠	赵家乡	鹿来	明万历年间	110	
陈祠	赵家乡	北山	宋嘉泰年间	210	
陈祠	赵家乡	陈村	宋乾道年间	400	
陈公祠	清湖镇	山贺	唐季	110	
陈祠	白石乡	深渡	宋季	312	

续表

名称	乡镇别	坐落地	迁来年代	现有丁口	备考
陈文星祠	淤头乡	毛村山头	清初	100	
陈明致祠	官溪乡	梅溪	清初	520	
陈清公祠	仕阳乡	大洋桥陈家	清道光年间	600	
陈占鳌祠	仕阳乡	店边陈家	明永乐二年	620	
陈祠	郑家坞乡	汪坞	唐末	150	
刘祠	文溪镇	西塘塍	南宋	5000	（编者按：主祠在市后淤）
刘祠	坛石乡	马头颈	清季	110	
刘氏家庙	坛石乡	下塘	清季	210	
刘志良祠	仕阳乡	爪垅	清雍正年间	900	
刘炳炎祠	仕阳乡	石蒙塘	清乾隆年间	1800	
刘铭三祠	仕阳乡	岭头	宋季	150	
刘国远祠	郑家坞乡	公坞	宋季	100	
刘祠	郑家坞乡	东清湖	南宋	100	
朱祠	长台镇	长台朱宅	元至正年间	2300	迁自衢州，内有小宗祠二处
朱祠	白石乡	坳头	明季	223	
朱祠	淤头乡	东山坞	清雍正年间	150	
朱祠	大溪滩乡	枫树根	明永乐年间	400	
朱祠	大溪滩乡	联珠	宋季	400	
张裕十六祠	清湖镇	清湖	清光绪年间	32	
张祠	清湖镇	清湖	清初	45	
张祠	白石乡	洪公	清季	156	

续表

名称	乡镇别	坐落地	迁来年代	现有丁口	备考
张显七祠	吴村乡	羡家	明崇祯年间	414	
张祠	长台镇	厚隆	宋季	210	迁自婺源甲洛
张祠	仙霞乡	保安	清初	310	迁自福建汀州
张祠	石门乡	张家源	元季	573	
祝祠	石门乡	江郎街	唐高宗年间	900	
祝祠	茅坂乡	官田坞	明季	300	
祝祠	茅坂乡	姜家岭	明季	100	
祝祠	新塘边镇	荷塘头	清季	190	
祝福一祠	大陈乡	五家岭	明季	240	
祝祠	大陈乡	北周	明季	330	
祝六川祠	仕阳乡	霞墟	清初	1500	
祝祠	大溪滩乡	大溪滩	宋季	18000	
戴祠	茅坂乡	株树村	明季	150	
戴祠	长台镇	檀亭	清乾隆年间	210	迁自县城
戴起甡祠	吴村乡	苗旺垄	清乾隆年间	328	
戴祠	仙霞乡	保安	清初	100	迁自龙游
戴祠	廿八都镇	徐家墩	清季	300	迁自福建汀州
曾祠	文溪镇	大西门	南宋	130	
曾祠	茅坂乡	李茹坞	明季	150	
曾有贵祠	淤头乡	后源	清乾隆年间	55	
曾祠	白石乡	洋广	明季	103	

续表

名称	乡镇别	坐落地	迁来年代	现有丁口	备考
曾文魁祠	峡口镇	桐村	光绪二十五年	48	
余祠	白石乡	白石	明季	89	
余祠	淤头乡	贺毛	明季	110	
余祠	坛石乡	茅坞	清末	110	
余其先祠	仕阳乡	爪垅	清康熙年间	120	
余祠	大溪滩乡	上余	明季	1300	
余祠	大溪滩乡	雁塘	宋季	400	
黄祠	长台镇	秀峰	明初	2500	迁自浦城县
黄德经祠	峡口镇	峡口	乾隆十六年	320	
黄正忠祠	峡口镇	峡口	康熙四十年	230	
黄祠	坛石乡	下殿坞	清末	410	
黄招德祠	仕阳乡	严塘	清道光年间	150	
金祠	文溪镇	下市街	南宋	700	
枫溪金祠	廿八都镇	湖里	清初	310	迁自县城
伍祠	文溪镇	大南门	南宋	280	
伍祠	石门乡	后岭	明季	70	
李祠	仙霞乡	鳌顶	清初	320	迁自龙游县
李祠	郑家坞乡	杨家坞里	唐末	80	
李祠	大溪滩乡	李家	明永乐年间	300	
李祠	大溪滩乡	陶村	明末	300	
林祠	文溪镇	东门外	南宋	1200	
林祠	白石乡	仓坞	清雍正年间	335	
璩祠	文溪镇	孝子门			

续表

名称	乡镇别	坐落地	迁来年代	现有丁口	备考
璩祠	淤头乡	黄家丰	清乾隆年间	210	
严寿兴祠	淤头乡	严麻车	明季	1000	
严顺老祠	淤头乡	高路	元末	1418	
严舍兴祠	淤头乡	溪滩	明初	210	
严隆兴祠	淤头乡	竹篷	明末	225	
严三化祠	淤头乡	岗背坞	清乾隆年间	365	
严祠	新塘边镇	石后	清季	310	
吴九福祠	淤头乡	栖梧	明末	315	
吴禄应祠	吴村乡	吴村	宋高宗年间	756	
吴斌六祠	吴村乡	高塘	明洪武三年	590	
吴祠	赵家乡	鹿来	清顺治年间	210	
吴祠	赵家乡	宅下	明崇祯年间	172	
吴祠	新塘边镇	佛堂	明崇祯年间	710	
吴祠	淤头乡	东山	清雍正年间	320	
吴祠	白石乡	蜈蚣垄	明季	86	
吴祠	茅坂乡	祝家坞	明季	150	
胡祠	石门乡	石门	元季	380	
胡文忠祠	官溪乡	官溪	北宋	4104	
胡鑫祠	官溪乡	桃溪	万历四二年	3200	由官溪分迁
汪祠	淤头乡	社家贺	清初	310	
汪祠	新塘边镇	坝底	清季	150	
环山汪祠	大陈乡	大陈	洪武十六年	1750	迁自常山县
汪祠	大溪滩乡	雅溪沿	明季	300	
叶端公祠	仕阳乡	进塘		300	

续表

名称	乡镇别	坐落地	迁来年代	现有丁口	备考
叶祠	白石乡	乾顶	明季	190	
叶增二祠	凤林乡	凤林	元季	92	
詹原六祠	峡口镇	泉湖	明崇祯四年	220	
詹祠	郑家坞乡	詹村	宋末	200	
詹祠	郑家坞乡	箬青坞	宋绍兴年间	300	
范祠	长台镇	雅儒	清初	310	迁自福建上杭
范祠	大溪滩乡	大夫第	明嘉靖三年	700	
江一祥祠	峡口镇	峡口	康熙五八年	70	
江占先祠	峡口镇	峡口	康熙四六年	150	
江祠	广渡乡	柴村	清季	210	
江祠	大溪滩乡	一都江	宋末	1500	
蒋祠	文溪镇	东门外	南宋	400	
邵祠	文溪镇	大东门	南宋	1100	
程祠	文溪镇	程家岭	南宋	220	
应祠	文溪镇	寺巷	南宋	230	
元三祠	文溪镇	小南门	南宋	1000	蔡杨毛三姓合祠
蔡进宝祠	吴村乡	富塘	元至正年间	516	
华祠	赵家乡	溪边	宋淳祐年间	52	
华祠	广渡乡	化龙溪	清乾隆年间	310	
夏荣禄祠	清湖镇	石口	明万历年间	510	
陆福益祠	清湖镇	和睦	元季	1000	
陆有卿祠	峡口镇	红石坂	康熙辛丑年	483	
童文仁祠	清湖镇	童家	明季	710	

续表

名称	乡镇别	坐落地	迁来年代	现有丁口	备考
俞天禄祠	清湖镇	七里桥	明季	58	
席达公祠	赵家乡	碗窑	明万历年间	210	
高泗什祠	赵家乡	上江坝	清康熙年间	63	
邱祠	长台镇	长台	明万历年间	1000	迁自江西下桥
饶祠	长台镇	秀峰	清初	210	迁自福建邵武
缪进德祠	淤头乡	永兴坞	明季	320	
邹祠	淤头乡	溪滩	元末	61	
董敬先祠	淤头乡	打猎山头	明天启七年	420	
翁祠	白石乡	福石岭	元季	308	
顾祠	白石乡	岩山	明季	121	
赖祠	白石乡	玉源	民国	103	
姚祠	吴村乡	清塘	宋理宗年间	267	
潘祠	茅坂乡	游溪	明季（编者按：当为宋季）	150	
熊祠	茅坂乡	株树村	明季	150	
赵友三祠	石门乡	石门	元世祖年间	1180	
廖祠	石门乡	岩河	乾隆十三年	326	
施祠	石门乡	西山	明季	190	
宁祠	坛石乡	祝家坞	清季	210	

卷之九　秩祀志

第一章　庙

圣人以神道设教。神道之说，似圣人在所不废。狄梁公废淫祀，伍员等四庙仍与保留，是所谓神者大都即聪明正直之谓。后世菩萨侈言化身，山根水曲，皆有神庙。无知妇女妄为邀福，旧例因有妇女烧香之禁。革新而后，对于淫祀主张废去，然亦止齐天大圣等庙。略见部议，余仍。

孔子庙旧作圣庙　即文庙，在县治东，沿河为墙。宋熙宁初，以周颢言撤之。绍兴十四年，县令丁昌期改门南向，且造飞梁，绝河以渡。淳熙二年，县尉熊可量修。

【朱熹记云】建安熊君可量，为衢之江山尉。始至，以故事见于先圣先师之庙，视其屋皆坏漏弗支，而礼殿为尤甚。因问其学校之政，则废坠弗修又已数十年矣。于是俯仰叹息，退而以告于其长汤君悦，请得任其事而一新焉。汤君以为然，予钱五万。曰：以是经其始。熊君则遍以语邑人之宦学者，久之，乃得钱五十万，遂以今年正月癸丑始事。首作大成之殿，逾月讫工。栋宇崇丽，貌象显严，位序丹青，应图合礼。熊君既以复于其长，合群吏率诸生而释菜焉。则又振其余财，以究厥事，列置门戟，匾以奎文，生徒之舍亦葺其旧。于是，熊君乃复揖诸生而进之，使程其业以相次第，官居廪食，弦诵以时。邑人有识者皆嗟叹之，以为尉本以逐捕盗贼为官苟食焉，而不旷其事则亦足矣。庙学兴废，岂其课之所急哉？而熊君乃能及是，是其志与才为何如耶？熹时适以事过邑，闻其言则以语熊君曰："吾子之为是役，则善矣。而子之所以为教，则吾所不得而闻也。抑先圣之言有之，古之学者为己，今之学者为人，二者之分，实以人材风俗盛衰之所系。而为教者，不可以不审焉者也。顾余不足以议此，子之邑，故有儒先曰徐公诚叟者，受业于程氏之门人，学奥行高，讲道于家，弟子自远而致者常以百数，其去今未远也。吾意大山长谷之中，隘巷穷檐之下，必有独得其传而深藏不市者，为我访而问焉，则必有以审于此而知其为教之方矣。"熊君谢曰："走则敬闻命矣，然此意也不可使是邑之人无传焉，愿卒请文以志兹役而并列之。"熹不得而辞也，因悉记其事且书其说。如此俾刻焉，既以励熊君，且以示其徒，又以告凡后之为师弟子而食于此者。

嘉定初，县令黄如嘉增葺。

【知州章颍记】古之教亦详矣，不特国之有学也，于遂于党于家，亲不遗于贵，疏不遗于庶，朝觐会同，无非教也。四时读法，则教寓于读法；三年大比，则教行于大比。其效至于耕者让畔，行者让路，出入有常，度斑白者不提挈，风俗之美何如哉？后世之教，及于士而不及于民，所以教者又皆记其文而遗其实。不耕而望夫获也，难矣。人见其如是也，则曰：文华之胜，而遗士习之蔽，人材之盛，不在科举之间。其说固美矣，而颖未以为然也。

今之所以为学校者，无教也，特廪之而已。一士之不饱，一宇之不葺，固州县之责，而身之不立，名不扬，亦尝有终夜不寐者乎？宗族称孝，乡党称悌，亦尝有求古人而企及者乎？见危致命，见得思义，亦尝有味古书之言而及之者乎？若犹未也，则是教之未至也。若夫因古之名，求古之实，县于民为近，宰于官为久，江山之邑壮矣，而山川之秀美实萃焉。

县之有学，其来已久。辟墙为重门者，丁昌期也；重建大殿者，鲁訔也；立外门者，商侑也；新讲堂者，邵浩也；知县汤悦、县尉熊可量常葺而记之。岁久复圮，今黄汝嘉又加葺之。在学之士，合辞以来，求记于頴。窃谓前后相继而汲汲于此，亦善矣。然，今学之教，非古之教也。故，道其所以然。使为邑者知究其实，不徒玩其文；知求其心，不徒便其身。则因学以教，不为虚文，庶乎不愧于古矣。

景定间毁于寇，旋复。元至元十九年壬午复毁于寇。二十三年丙戌，达鲁花赤马合马徙于县治之西。二十五年戊子，簿尉皇莅增建斋庑五十一间，立棂星门，开文明池，并作厨廪。

【何梦桂记云】江阳，衢壮邑也。旧有学在县治东，尤其壮焉者。昔文公朱子以事抵邑，作新学、景行堂二《记》。其后，久轩蔡先生衣绣使浙，又以文公之学，召诸生开讲席，大抵皆所以明圣贤之道，以教后学也。自是邑之文风大振，称多士矣。至元壬午，乡民不靖，合邑焦土，礼义之地转为营垒。后三年，马合马来宰是邑，慨然叹学校之废，乃相地于县治之西，得丞厅旧基，作大成殿、讲堂、庙门各三间，盖粗备而未完也。又三年，下邳皇君莅以主簿兼尉，佐理斯邑，下车首捐己资，以率邑人，建两廊、四斋，立棂星门，开文明池，下至厨廪，墙宇焕然一新，视旧有加。率邑之子弟进于学而教之。不能达于学者，又立师而教于乡。皇君为斯文计，可谓切至矣。明年，教谕吴君禄应领学事，俯仰儒宫之美，恐功久而无传，征记于予。予曰：江阳兵燹之余，黄茅白苇，极目凄然，为斯邑者爬搔痒痾之不暇，而暇学校乎哉？既而思之，天下之事，不期然而不容于不然者，惟天理也；

时无古今，地无远迩，亦天理也。大而治天下国家，小而为一郡一邑，纲常以正，民俗以定，大小有经，上下有序，皆天理之流行也。学校者，所以明此天理也。天理一日不容泯，故学校一日不容废。然非邑大夫贤贤相继，扶植者数不及此。夫子之宫，得诸大夫而益新；诸大夫之功，得吴君而益明，抑又可嘉也。然而吴君朔望谒夫子、升讲席，所以惠诸生者，要以推寻晦庵、久轩之遗，毋徒矜耀宫庙之美而已焉，则又予之所望也。

延祐初，达鲁花赤马合谋建礼殿，修斋庑；至正庚寅，县尹宣圣五十三代孙　本传作三十七代孙　孔淮建戟门、讲堂及两庑。明洪武初，知县程鹏重建；永乐元年，知县陈贞保（编者按：旧志作潘锐，查旧志《职官志》，永乐元年县令为陈贞保，潘锐已秩满升迁）辟东偏为门，天顺元年，知县李景重新；成化八年，知县戴璋建斋庑、戟门墙屋；十八年知县黄寯（编者按：底本原字为𡨴，参旧志改）增创馔堂并号舍二十间；二十年知县何泽重修；二十二年知县王进建外门及宰牲所；正德六年，知县侯祖德（编者按：正德六年误。旧志作嘉靖九年。查旧志《职官志》，侯祖德嘉靖七年起令江）建敬一亭；二十一年知县黄伦增建东西两斋并号舍二十三间；三十九年知县陈汤敬重修；万历八年，知县易倣之浚文明池，采石作栏，建屏曰“数仞之墙”。

【赵志皋记云】尝读朱文公《景行堂记》，而知江山县为古多才地矣。宋建学于须水之阳，左渐峰，右骑石，江郎、景星群嶂屏前，中有文明池为泮水，渊涵灵秀，代出节义文章，道德事功，炳著史册，山川之钟，岂可诬哉！遭元乱，邑火于兵，学宫为墟，文明池湮，纲常礼义之俗，当此一颓矣。我国初，开造草昧，文教聿兴。邑之学校，建置如制，唯文明池未开。岁庚寅（编者按：旧志作庚辰），黄冈易公以侍御史令邑，治先教化，明礼制，正风俗。定婚丧之式，竣士民之闲。表忠旌孝，访佚才，崇往哲。嗣替者续之，言湮者阐之，以风士。士之有不能娶、不能葬者赈之，置约设饩而熟校之，以振文运，植士气为心。视学宫圮陋，于是相地构工。若文庙，若讲堂，若斋舍，若庑祠，若泮宫，若棂星以及门道、墉垣，缺者作之，敝者新之，陋者拓之。仍得文明池故址，以疏筑之，广二亩许，环以石栏，池南陶土为墙，高障市舍，题曰“数仞之墙”。左右二门，曰圣域，曰贤关。庙貌轩严，规模宏郁，皆前此欲举而未能者。邑人士相庆，乃构亭池上，树石以纪其盛。学博董君炫属余文之，余曰：子谓士运在山川乎？殆非也。夫士道所寄也，道隆则运隆，是故先王设学校，明礼乐诗书以造士，而使之明天地民物、君臣父子、长幼兄弟、夫妇朋友之道。是道也，不以穷阻，不以达行；不以治有，不以乱亡；不厚于长原巨谷，不靳于隘巷穷阎。此三代之所以称济济多士而景运赖之也。世末道微，士专窃闻见攻占毕以取禄，至问以先王设教之道，则笑为迂远不切。噫！即轩第蔽阡间，而上不为社稷重，下不为苍生福，恐山川蒙耻矣，称隆运耶？今公之造士，不外国家制科，然即其表风励俗之心，多在诚心意、正学术、培气节、育真才，以为天地民物计，岂徒峻其门墙、新其池泮，以资士人饵禄弧爵之渊薮哉！服其道不斁，其道则出，以临海隅砥朝宁，方驾往哲。庶不愧先王设学之意，而邑之山川增气矣。是役也，计出学租，佐以羡帑，仅十月而成。相其成者，县丞徐君唐、主簿李君守魁、典史凤君应选、教谕董君炫及升任陈君桂芳、训导陈君大绅、符君廷柏、义士王森也，董役者，医官王宦、义官陈珏、耆民王必义也。

十六年，知县张斗构明伦堂、新宫庑、筑怀德亭于文明池上。

【翁正春记云】士才在宇中为气化符征，陶植振育以长其才畝，全其节义，使出而经国庇民，砥砺世道，良有司事也。江山昔称才薮，无论籍载诸贤哲，以正学大义昭揭百世，即嘉隆间，名弼萃兴，天下且藉藉焉。紫垣张侯令邑，先轸民隐，息徭役，蠲冗课，汰积奸，布利剔瘼，百颓俱举；悉心造士，约文课于序堂，严规优饷，熟校而精别之；窭赈以粟帑，助以婚葬，表孝旌义，激励其行。且深为气化虑，度山川之胜而巩其邑脉。重构明伦堂，新宫庑，相邑北缺捍，亟为建塔。是侯于士也，振文艺以立其基，布惠泽以养其廉隅；修山川以培其气化，于心力，不殷且周哉。适擢，召庠弟子员相谓曰：自令邑来，育才若侯，希遘也。弗志何以示不忘？乃琢石构亭于文明池上，属不佞记之。

不佞以家君常谕是庠，时趋省，稔侯殊迹，遂颀然曰：令所职，邱乘校序，以养民教士，两者相济。《春秋》称子产众人之母，以能养之，不能教也。夫士为邦国赖，方厄在莽泽中，犹嘉苗芳荃，弗灌而培之则萎矣。惟良有司匡直汲引，全其气，展其抱，使出而上干宗社，下惠群生，其资于养民者，顾不巨耶？近世吏类薄令，而邮旅其邑，则视学校人材之隆替，何啻秦人肥瘠。今侯为国育才，殷于为家人子孙谋。他日有奋文章、负节义而起，光炳天壤，翊宇宙之气化者，侯所遗也。侯之急民务与造士，类若建义学、起社仓、申乡约、正礼俗，鼎造正堂，创药王阁，疏水利，布荒政，修大义祠、正学书院，而选置其田，枚枚皆不朽图，已载于仁政录、去思碑，为士氓所讴吟而尸祝之矣。是为记。

四十六年，署教谕童维坤捐俸甃路，规文明池为半璧。天启六年，知县袁一鳌修。

【方应祥记云】 天启五年，我侯袁公来尹江山，祗拜先师庙，目击废坠，怆然，修举自任。辄属丞尉陈，择吉明年春初伊始，又明年春仲告成。若大殿、若两庑、若明伦堂，内外泮池暨乡贤名宦两祠，焕然一新。通计工费金钱二十万余，第取诸两载邑俸。又念学宫前处涂巷湫隘，堪舆家多为言之，复捐俸二十金，买民房，辟天门，迎文水，下不科费元元锱铢，上不动公帑分毫，役以告成。余惟居上而亲民者，令为最；设教而观民者，学为先。国家兴建学宫，及于下邑郡，诸髦士育之诲之，得人之盛舍，皆取诸其中。学奥行高，讲道于家，子弟自远而至，常以百数。江阳往事，奕奕乘牒，如徐公诚叟者，其人固不数数。朱考亭本程氏之学，于《学记》则表而出之。蔡久轩本考亭之学，于使浙则揭而申之。然则江山蕞尔国而远与濂洛关闽之学相终始，又匪直徐公之以云尔。江山界百粤八闽之冲，丘壑遥深，崿流回峙，幽贞固其贞淑，而绅佩发其精神。誉髦斯士，忠节事功，理学文章之彦，无论往事。入我皇明，俎豆彬彬，邦畿千里，惟民所止，莫不象上之指从。其学之所自树，以要归于教之所各致。钟鼓之灵，谁式凭之。故虽以徐公为之师，而非朱考亭、蔡久轩倡其教，安在蕞尔而远与濂洛关闽相终始！即农服先畴，士食旧德，多粟多贤，何以称于居上设象之体要乎哉！今上龙飞之初，躬诣太学，释奠先师，在泮献囚，三事有恪，万国具瞻。侯奉宣天子德意，嘉与维新，经民之纪，以为民观，公辅翼赞之器，百里新发轫耳。骋骥足于王驰奔，奏我国家圣神文武之烈光，意在斯乎？意在斯乎！

侯讳一鳌，江右宜春人；县丞陈正道，福建长乐人；典史杨廷举，福建永安人；儒学教谕谢道坤，河南商城人；训导李柱明，云南鹤庆人；生员毛文淑、蔡应廷、王德纯、郑德基、毛兆庆、郑秉谦、王执中、徐维翰、周维等，奉侯之意与有劳绩者，得备书。

崇祯十七年，训导梅友松兴修，生员郑德贤助赀。明季渐圮。清顺治九年，教谕龚瑛、训导梅梦熊重修并建学舍，生员何佐圣、徐元法、郑錞、王问臣董其事。是年颁卧碑于明伦堂；康熙六年，知县万里侯修两庑、泮宫、戟门；十八年，教谕严曾业、汪珝递建戟门；二十年，风雹（编者按：旧志作风暴），随圮，明伦堂亦圮；二十一年，教谕钟定、训导沈九如重建棂星门，生员王奇孺、徐一新董其事；次年建习安堂，生员沈维烈、姜亨肇董其事。教谕钟定独建学舍三间；二十四年，颁“万世师表”额于庙，兼谕官员军民过庙下马；三十四年，知县杨窸、教谕朱长吟、训导吕际发建两庑与戟门，易土墙为砖，并建西斋学舍六间，生员蒋际元等十九人董其事；四十年，教谕朱长吟捐俸置先贤先儒神位，建正斋学舍三间。四十二年，颁《训饬士子文》于学宫；四十八年，教谕宋俊捐俸重建礼门，浚文明池。【宋俊赞云】黉校面南，有景星山，其形类火。建学初，从堪舆家言，凿池以厌之，为泮水，副今如旧。赞曰：观乎天文，明并日月。观乎人文，明见毫末。红墙倒景耀灵星，洙泗源流分一脉。并偕训导吕光祖塑魁宿于仰圣楼；五十一年，知县汪浩覆墙檐以瓦，戟门、棂星门等修整一新；雍正二年，增祀太牢，改启圣祠为崇圣祠，追封五代，以御书“生民未有”额悬于庙；三年，上谕：古有讳名之礼，所以昭诚敬、致尊崇也。朕临御以来，恐臣民过于拘谨，屡降谕旨，凡与御讳声音相同字样，不必回避。近见各省地名，以音同而改易者颇多，朕为天下主而四海臣民竭诚尽敬如此，况孔子德高千古，道冠百王，以正彝伦，以端风化，为往圣继绝学，为万世开太平，自天子以至于庶人，皆受师资之益，而直省郡邑之名，如商丘章丘等，今古相沿未改，朕心深为不安。尔等会议，凡直省地名，有同圣讳者，或改读某音，或另易他字，至于常用之际，于此字作何回避，一并详议具奏；乾隆三年，大成殿诏易黄瓦，御书“与天地参”悬之。知县宋云会大修。

【邓钟岳记云】胶水宋君云会来为江山令，至县之明日，首谒文庙，见夫栋宇墙级规制粗具，宣圣木主尚奉明伦堂，就堂下成礼讫，心窃异之。询之学博车、洪二君，知前令雍正间陈廷训从事重建，以资罄未克完，旋去。乃太息曰：此大事也，乌可以中道废！首捐俸八十金，遍以告邑士之知义者，咸乐输助。乃仍以佐理委之车君、洪君，而以贡生毛延梓、生员郑尔溉、郑宏桓、郑元鍠、监生何如忠等董其役，鸠工庀材，克日赋功。既戒既遂，百役咸备，至越月而事竣。宣圣木主始归其故。尊经有阁，崇圣有祠，两庑、戟门以及名宦、乡贤之祀于其邑者，莫不首举，翚如翼如，应图合礼，逾于旧观。复于殿前之右，创设义馆，名须江书院，延耆硕，选士之秀者而肄业焉。须江，邑旧号也。于是遣使以书（编者按：原稿缺书字，参旧志补）来曰：为我记之。岳维学之有记，首称韩柳及南丰曾氏之文矣，然韩柳第以文雄天下，南丰文极简质，然其为宜。黄筠州学记，则又不过于先王之治具，泛为铺张，于士人成德达材之旨，未之及也。独朱子常过江山，为建安熊可量作记，反复于为己为人，为人材、风俗盛衰厚薄之所系，且告以邑故有徐公诚叟，常受业于程氏之门人，今必有独得其传而深藏不市者。呜呼！朱子教人之意，可谓切矣！

七年，改定文庙乐章，更正舞法。十年，复颁《训饬士子文》于学宫。二十八年，知县雷士佺历修大成殿、两庑、棂星门、义路、礼门、宫墙、文明池，至三十年，知县杨椿告竣。

【钱维城记云】衢州凡五县，江山界闽省，称剧邑。其应童子试者千余人，多能文者，故称文士之盛，在衢必首江山。而弟子员额独少，乃不得比龙游。前学使晋宁李公以为言，欲割龙邑之额以益之，事不复议。时抚军南昌熊公及余上言：人文多少盛衰不可定，设他日各有进退，势且纷更，不如仍旧，乃寝。及余岁试江山，诸生犹以为言。余曰：诸生知江山人文之所以独盛乎？惟其人多而额少，故难得，而人争自奋以求胜也。苟增额如他邑，则亦将循循日下，如他邑矣。昔孔子之论仁曰：我欲仁，斯仁至矣。是天下莫易于求仁也。其告樊迟曰：仁者，先难而后获，何难易之不同欤？言其易，所以诱凡民也；言其难，所以勉贤者也。学问然，即科目何独不然？语初学以难，则畏而废学矣。语成才以易，则玩而废学矣。安于易者，不可骤进以难；习为难者，不可骤更以易。难易之权，教者之所以鼓舞群材也。且江山应童子试者千余人，共得补弟子员者才十六人，是以百人而得一也。科举之数，每八十人而得举者一人，是不及百人也。诸生不争其所易，而先畏其所难，抑亦惑矣。将所谓易者未必易，而所谓难者有未尽耶？ 既以告诸生，越明年，邑将修学宫，自雍正十年修葺以来，三十余年矣。邑令及司教偕绅士协力而新之，糜白金四千余，期年而成，告于余，因书之，愿诸生勉为其难者。邑令者，雷士佺、杨椿也。司教者，周昱、王崧寿也。绅士不遍书。董其事者，进士毛大凤，举人毛鋑、周尚亲，贡生毛文鐄、徐邦琅、徐文锷、王锡琮、陆上眷、姜有功、王名键、王憘、郑淳，生员何元方、郑廷枢、林滋蕊、周天爵、周祝、王永熙、何梦峨、毛凤翙、徐锡寿、王震、毛一丰、郑文烈，监生周世元、王凤来、刘廷佐、刘永浩、毛士锽、郑锡瑕、王元和、王名铣也。

三十五年，知县宋成绥加修大成殿。三十七年，复于宫墙外增建龙门石坊。五十六年，教谕应芝晖，训导蔡英，生员毛凤翙、郑文烈，武举林天潮，职员陆振琪，贡生何肇管，监生毛锡浩等集金兴修大成殿。次年改建学署头门为文昌阁 旧名仰圣楼。五十九年，又修两庑。嘉庆二年，重筑宫墙。次年以御书圣集“大成殿”额悬于大成殿，集款修明伦堂，资由众廪生分任劝集 毛锡浩任劳独多。四年，砌围墙内甬道，自戟门外至龙门内止，并修文明池四旁石栏。五年修圜桥。道光二年悬御书“圣协时中”额于大成殿。十一年知县李增福，教谕汤春，训导金凤翥、钱瑜大修并改造明伦堂，约费银五千两有奇。东西两庑由优贡郑日曜独任，武举毛国庆捐学宫东偏地数弓。移黉门于东，董其事者举人毛时云、郑调元、王金星等二十八人。

【何凌汉记云】国家建太学于京师，外薄四海，以至荒州僻县皆立学，其有奉宣朝廷德意，以振起一方之文教者，则存乎其人。议者谓，自宋元以来，有司崇祀孔子于学，故庙与学合，而课士之法止于科举之文，非如古者庠序学校皆士所萃处。而师保诸职，朝夕教之以六德、六行、六艺也，故人材成就为难。予谓不然，盖圣人之道，未尝一日不明于天下。杨墨之害，孟子辟之；功利之说，董子绌之；佛老之祸，韩子排之。汉儒详其典章，宋儒明其义理。学者诚欲为圣人之徒，求之于载籍不难矣。士生今日，特患志不立耳。志不立，虽行三代之教，无益也。志苟立，即循近代之教，非无得也。今试与学者入宫墙，瞻遗像。俎豆莘莘，威仪抑抑，有不肃然起敬愿为圣贤者乎！故崇饰黉宫，虔恭祭祀，将有以耸动其耳目，致一其心思，而劝之以立志也，岂真（编者按：旧志作直）为观美已哉！江山有学，未知创于何时。宋淳熙三年丙申，县尉熊可量修之，朱子为记。其后屡有兴修，具载邑乘。自乾隆三十五年重葺，迄今六十余年。屋材朽蠹，邑令李君增福，儒学汤君春、金君凤翥、钱君瑜捐俸倡修，士大夫捐输惟恐后。以道光十一年三月六日兴筑，九阅月而成，用银五千两有奇。凡学宫内外罔不完美，于是邑士偕来求记。余谓：前贤之记备矣，复何言哉？无已，请举朱子之《记》申言之。夫鲁论之语，可以终身用之而不穷，而朱子《记》中，独取于古之学者为己、今之学者为人，盖将期学者以辨志也。志诚为己，非独入孝出悌，信言谨行，皆反求诸己。即民胞物与，心存利济，亦藐躬性分中事，如范希文为秀才时，以天下为任忧乐，何莫非为己也。不然，割股庐墓以为孝，敝车羸马以为廉，而其实非出于至性，只以供欺世求名之具，岂必如微生高掠美市恩而后谓之为人哉？故为学必自辨志始。予以试士至衢，未暇熟视诸生行谊也，然以文艺论之，苟其探本穷源，好学博问（编者按：旧志作闻），以求阐发圣贤之理，而得失听之于命，此为己者也。苟徒揣摩时好，剽窃陈言，务为速化之术，以希弋获科名，此为人者也。惟因朱子之言以自勉，而辨之必早，庶不负国家立学之本意，与夫良有司之所以振兴文教也哉。

咸丰二年，悬御书“德齐覆帱”额于大成殿。八年，毁于燹。同治元年，颁“圣神天纵”额。三年，知县沈起鹗、教谕戴匡、训导刘大封修大成殿，浚文明池，复移造崇圣祠于明伦堂前，费钱五千三百缗有奇。董其事者县绅何星源、姜振麟、周以恺、王开寿、王振镛、徐升鳌、郑采裘、何锡霖、王宗杰、郑鹤年、毛华年、毛以雅、王廷柱、何拭、王荣椿共十六人。七年，知县陶鸿勋拨善后捐款一千二百缗有奇，教谕许汝璜、训导陶谟会同绅士姜桂芬、王开泰、姜振麟、周以恺、毛以雅督修。

【王彬记云】邑之有学宫，旧矣。所以崇师表，肃对越而明教化也。余视江篆之明年，议修邑乘，荐绅告余曰：咸丰戊午，粤寇至，邑之庙宇焚毁殆尽，附于学宫之崇圣祠、尊经阁、学署诸处，俱遭毁焉，惟大成殿仅存。而兵燹之余，倾圮殊甚。前邑侯沈君起鹗目击其间，慨然曰：是余责也。遂与教谕戴君匡、训导刘君大封议其事，一时城乡向义者闻风集资，将礼殿以下暨文明池淤者浚之、圮者葺之，复移造崇圣祠于明伦堂前。未几，规模稍复旧时，同治甲子岁事也。厥后，岁戊辰，邑侯陶君鸿勋视工未竣，拨款移学宫，复将两庑、门楹、碑亭及尚未丹雘者，由教谕许君汝璜、训导陶君谟躬率诸绅，次第整饬，轮奂一新。以限于资，故先其所急，余工未克如旧观也。乞余为序，先志其缘起。余维谫陋，不能辞。因念江邑人文于三衢为盛，知其师承有自，率教无荒，抑亦旧矣。后之食旧德而负斯文者，能将待举工程，及时毕举，弗让美于前人，则学校之地焕然弥新，风气蒸蒸日上，不且与三雍国学，同濡圣化于无疆也哉！爰志其言如此。

光绪元年，以“斯文在兹”额于大成殿。八年知县洪承栋重新大成门，建东偏更衣所，款由灯会余息拨充，不足乐捐者自认。

【姚浚常记云】江山学宫自元移建，迄今代有修葺。兵燹后沈君起鹗移崇圣祠、浚文明池，陶君鸿勋继之。庙貌粗复旧制，惟栋梁朽蠹，以资少故未改易；配哲四龛未合仪制，且学署尽焦土，不得与诸生朝夕瞻拜，心惶然不安。窃以谓，学宫未葺，仰止曷从。于是集议兴修，先设洒扫会，仿梁山舟法也。会甫集，浚即卸任，旋掌教钱塘。江山旧好，鱼雁时通。闻洒扫职率行不倦，即欣然喜。及询学宫未修，则复戚戚然忧。本夏洒扫职诸君因大成殿梁摧，西庑亦圮，东庑及大成门更有岌岌乎不终日之势，乃联同志告邑尊洪君承栋、司教俞君凤翔、司训钱君启锟。佥曰：此急务也。首捐廉俸为士民倡，率诸绅董其成，而县尉罗君堃尤慷慨，捐廉躬襄厥事。是举也，经始于浴佛节，告成于秋祭前。先修礼殿，次西庑，其大成门则重新鼎建，复葺圣龛，移配哲如礼，建协屋五楹，一一加以丹雘。董其事王子开泰、王子时森、王子宝珊、郑子桐年、王子时发、王子道心、王子时和、王子佩球、金子德培、毛子金兰、姜子丙曾、姜子希曾、汪子信芳、姜子耀曾、王子钦丰、郑子之佐、王子钟骝、姜子彦曾、毛子锡龄、金子宝辉、王子钟骧、王子式金、姜子法曾、郑子毓庭、姜子荣曾凡二十有五人。

三十三年四月，诏升大祀神主改制金地青书，桌衣用黄云缎，增设笾豆各十二，大成门与大成殿同覆黄瓦，舞用八佾。宣统元年，县绅毛锡龄、王国治、毛翚等集金大修，以御书“中和位育”额悬于大成殿。凡大成殿、大成门、宫墙、圜桥、泮池、文明池、头门、石坊、崇圣祠概为整理，并将东西南垝垣筑高。

民国3年，祀孔典礼成，文庙改称孔子庙。

【原文云】庙之称文，始于永乐，孔子万世师表，道无不包，仅以文称，似嫌偏隘。鲁哀公立孔子庙于阙里，其名最古，援照改题。

4年3月令，孔子庙神主一律改用红地金字，拆去崇圣祠所奉周辅成、程珦、蔡元定、张迪、朱松五先儒神主。16年，浙江政务委员会以祀孔典礼不适共和国体，明令废止。奉祀官同时撤销。

【令云】查祀孔典礼不适共和国体，改元以后，此制未除，实为遗憾。尊孔之名，行愚民之事，道学其表，虚伪其实。袍笏偕行，无异提倡君制；钟鼓并作，宛同演习。朝仪专制，遗毒于兹为极。孔学虽未全非，此制却不可不废。否则洪宪之变，复辟之乱，或将重演于复来。而其影响于人群思想则足锢塞民智，阻碍进行，流弊所至，不堪设想。本省党部有鉴于斯，于第二十五次执行委员会议决定，此种祀孔典礼应即明令废止。文庙奉祀官一职同时撤销，原有学产拨为县小学经费，所有文庙房屋，祭具及一切对象，统交古物陈列所或教育局暂行保管。

17年迭奉大学院长蔡元培令，将祀孔典礼一律废止。

【令云】查我国旧制，每届春秋上丁，例有祀孔之举。孔子生于周代，布衣讲学，其人格学问自为后世所推崇。惟因尊王忠君一点，历代专制帝王资为师表，祀以大牢，用以牢笼士子，实与现代思想自由原则及本党主义大相悖谬。若不亟行废止，何足以昭示国人？着将春秋祀孔旧典，一律废止。

18 年，移孟皮、颜五繇、曾点、孔鲤四位于孔子龛内，两旁以蔡元定言行昭著，提祔孔子庙内。废去大成殿额，以大成门改立孔子庙直额，于现行历八月二十七日举行纪念。

【令云】春秋丁礼，前经明令废止。为表示崇敬先哲起见，议定孔子诞日，即现行历八月二十七日采用通行纪念日，通行全国各学校，一体遵照。并于是日举行纪念时，演述孔子言行事迹，以示不忘。

23 年始通令全国于廿七日诞辰，悬旗致敬，党政各界向孔子庙行纪念礼。广东河北仍行丁祭

24 年，以曲阜衍圣公为特任职，衢县旧西安县五经博士与颜、曾、孟等裔为简任职，派员赴阙里于诞日致祭正位，奉至圣先师孔子神主。

汉高祖十二年过鲁，以太牢祀孔子；平帝元始初，追谥曰褒城宣尼公；安帝延光三年，祀孔子于阙里。魏正始七年，始祀于辟雍。唐贞观中，升孔子为先圣，诏州县皆作孔子庙，寻尊孔子为宣父；开元中，赠孔子为文宣王。宋因之。元大德十一年，改号孔子大成至圣文宣王。明洪武三年，诏孔子封爵仍旧；正统三年，禁祀孔子于释老宫；嘉靖九年，改大成至圣文宣王曰至圣先师孔子。清光绪三十三年四月，诏升大祀。

东配

复圣颜回　汉永平十五年从祀，唐贞观二年配飨。述圣孔子伋　宋大观二年从祀，端平三年升列哲位，咸淳三年配飨。

西配

宗圣曾子参唐开元八年从祀，宋咸淳三年配飨。亚圣孟子轲宋元丰七年配飨。按：四配旧称颜子、子思子、曾子、孟子，不以名。

东序

先贤闵子损、冉子雍、端木子赐、仲子由、卜子商　俱唐开元八年从祀。有子若　开元时祀于庑，清乾隆三年升入

西序

先贤冉子耕、宰子予、冉子求、言子偃　俱唐开元八年从祀。颛孙子师　开元时祀于庑，咸淳三年升入。朱子熹　宋淳祐元年祀于庑，清康熙五十一年升入。

东庑

先贤公孙侨　清咸丰七年从祀。林放　唐开元二十七年从祀，明嘉靖九年改乡祀，清雍正二年复。原宪、南宫适、商瞿、漆雕开、司马耕、梁鳣、冉孺、伯虔、冉季、漆雕徒父、漆雕哆、公西赤、任不齐、公良孺、公肩定、邬单、罕父黑、荣旂、左人郢（编者按：郢应作郢）、郑国、原亢、廉洁、叔仲会、公西舆如、邽巽、陈亢、琴张、步叔乘、秦非、颜哙　俱唐开元二十七年从祀。颜何　唐开元二十七年从祀，明嘉靖九年罢，清雍正二年复。县亶、牧皮、乐正克、万章　俱清雍正二年从祀。周敦颐、程颢宋淳祐元年从祀。邵雍　宋淳祐三年从祀。

西庑

先贤蘧瑗唐开元二十七年从祀，明改清复与林放同。澹台灭明、宓不齐、公冶长、公晳哀、高柴、樊须、商泽、巫马施、颜辛、曹恤、公孙龙、秦商、颜高、壤驷赤、石作蜀、公夏首、后处、奚容箴、颜祖、句井疆、秦祖、县成、公祖句兹、燕伋、乐

欬、狄黑、孔忠、公西箴、颜之仆、施之常、申枨俱唐开元二十七年从祀、左丘明贞观二十一年从祀、秦冉开元二十七年从祀，明嘉靖九年罢，清雍正二年复、公明仪清咸丰三年从祀、公都之、公孙丑俱雍正二年从祀、张载、陈颐（编者按：应作程颐）俱淳祐元年从祀。

东庑

先儒公羊高、伏胜俱唐贞观二年从祀。毛亨清同治二年从祀。孔安国、毛苌、杜子春俱唐贞观二十一年从祀。郑玄、诸葛亮清雍正二年从祀。王通明嘉靖九年从祀。韩愈宋元丰七年从祀。胡瑗明嘉靖九年从祀。韩琦清咸丰二年从祀。杨时明弘治八年从祀。谢良佐清道光二十九年从祀。尹焞清雍正二年从祀。胡安国明正统二年从祀。李侗明万历四十二年从祀。吕祖谦宋景定二年从祀。袁燮清同治七年从祀。黄干清雍正二年从祀。文天祥清道光二年从祀。王柏清雍正二年从祀。刘因清宣统三年从祀。陈澔清雍正二年从祀。方孝孺清同治二年从祀。薛瑄明隆庆五年从祀。胡居仁明万历十二年从祀。罗钦顺清雍正二年从祀。吕柟清同治二年从祀。刘宗周清道光二年从祀。孙奇逢清道光八年从祀。黄宗羲清光绪三十四年从祀。张履祥清同治九年从祀。陆陇其清雍正二年从祀。张伯行清光绪四年从祀。汤斌清道光七年从祀。李珙民国八年从祀。

西庑

先儒穀梁赤、高堂生俱唐贞观二十七年从祀。董仲舒元至顺元年从祀。刘德清光绪三年从祀。后仓明嘉靖九年从祀。许慎清光绪元年从祀。赵岐清宣统三年从祀。范宁唐贞观二十一年从祀，明嘉靖九年改祀于乡，清雍正二年复祀。司马光宋咸淳三年从祀。游酢清光绪十八年从祀。吕大临清光绪二十一年从祀。罗从彦明万历四十二年从祀。李纲清咸丰元年从祀。张栻宋景定二年从祀。陆九渊明嘉靖九年从祀。陈淳清雍正二年从祀。真德秀、蔡沈俱明正统二年从祀。魏了翁、赵复、金履祥俱清雍正二年从祀。陆秀夫清咸丰九年从祀。许衡元皇庆二年从祀。吴澄明正统八年从祀，嘉靖九年罢，清乾隆二年复祀。许谦清雍正二年从祀。曹瑞清咸丰八年从祀。陈献章明万历十二年从祀。蔡清清雍正二年从祀。王守仁明万历十二年从祀。吕坤清道光六年从祀。黄道周清道光五年从祀。王夫之清光绪三十四年从祀。陆世仪清同治十三年从祀。顾炎武清光绪三十四年从祀。颜元民国八年从祀。各县遵令向孔子庙举行纪念式，演述孔子言行事迹，歌礼运《天下为公》一章。以节礼不复释奠。

按：宋大中祥符间定州县释奠礼器，绍兴中始正仪。注：元制春秋二仲释奠，岁以为常。明洪武十五年颁释奠仪。清顺治二年定每岁春秋仲月上丁释奠。民国3年改称祀孔，废上香望燎诸仪。18年改为诞日纪念。

附释奠旧仪：

民国3年改称祀孔，易九叩礼为四拜，各地方印官，凡道尹县知事，每岁夏时，春秋两丁日各于其所驻地，主孔子庙之祀，有故各以属代，分献以属官或公立学校校长、在城文武委任，以上亦咸与祭。书祝版，眡割戒具，陈设省齍，以属官为之；纠仪则道尹以县知事，县知事以椽属，祭时品物仍旧。

先师位前帛一　色白，盛帛以篚，竹丝编造，髹以漆。

牛一、羊一、豕一。载牲于俎。

登一实以大羹、铏一实以和羹。

簠簋各二簠实以黍稷，簋实以稻粱。笾豆各十笾实形盐、鱐鱼、枣、栗、榛、菱、芡、鹿脯、白饼、黑饼。豆实韭菹、醓醢、菁菹、鹿醢、芹菹、兔醢、笋菹、鱼醢、脾析、豚胉。按：光绪三十三年增笾二、豆二。尊一实酒，疏布幂勺具，豆登、铏、簠、簋、尊用铜不加金饰，笾之用木者以竹易之。爵三正位暨四配用陶，崇圣祠正位亦用陶，余俱用铜。炉一灯一　清会典（文庙祀典考）先师位南向北，为笾豆案袭以红缎销金衣。案近北设爵三，置以坫。次为灯二，中为炉，登次之，实以太羹。左右为铏，实以和羹。登之南为簠簋。簠二居左，实以黍稷。簋二居右，实以稻粱。簠之左列笾十三行。近簠为形盐、为鱐鱼；其次为枣、为栗、为榛、为菱；又次为芡、为鹿脯、为白饼、为黑饼。簋之右列豆十三行。近簋为韭菹、为酰醢；其次为菁菹、为鹿醢、为芹菹、为兔醢；又次为笋菹、为鱼醢、为脾析、为豚胉。簠簋之南为篚，实以帛，色白。笾豆案之南为俎，俎中区为三太牢，居中，解五体羊豕，全列以左右。俎之南为香烛案，袭衣如笾豆案。炉一灯二，其右（编者按：若以先左后右为序，此右字当为左字，因下句又出“其右”）为祝案，置祝版并架一，袭衣如笾豆案。炉一灯二，其右为祝案，置祝版并架一，袭以黄绫衣。香烛案之东西各置樽桌，一桌设樽三，凡六樽，袭以桌衣，左右并列焉。画幂疏布，幂二馔盘，一桌一桌衣，如之。四配各帛一、羊一、豕一、铏二、簠簋各二、笾豆各八　笾实无白饼黑饼，豆实无脾析豚胉。爵三、炉一、灯二、东西各樽一。清会典（文庙祀典考）：四配位东西向凡四案，案设爵三，前为铏二，其次簠簋各二，簠之左列笾八，近簠为形盐、为鱐鱼、为枣栗，其次为榛、为芡、为鹿脯；簋簋之右列豆八，近簋为韭菹、为酰醢、为菁菹、为鹿脯，其次为芹菹、为兔醢、为笋菹、为鱼醢；簠簋之前为篚，实以帛。案之前为俎，俎中区为二，羊左豕右。俎前为香烛案，炉一、灯一、馔盘各一，桌各一，桌衣如之。

十二哲各帛一，东西共篚铏簠簋各一，笾豆各四　笾实无鱐鱼、榛、菱、芡，豆实无韭菹、酰醢、笋菹、鱼醢。爵三、东西各羊一、豕一、樽一、炉一、灯一。清会典（文庙祀典考）十二哲位东西各六案，案设供爵三，次以香烛炉一、灯二。前为铏，铏前左为簠一，实黍；右为簋，实稷。簠之左列笾四。近簠为形盐、为枣，次为栗、为鹿脯；簋之右列豆四，近簋为青菹、为鹿醢，次为芹菹、为酰醢。东西各俎一，前设六案，案之中俎，中区为二，左羊右豕。俎之前为香帛案，亦东西各一。案设献爵三，炉一、灯二、篚一，实以帛各六端。馔盘东西各一，桌衣如之。

两庑二位共一案，每位爵一，每案簠簋各一，笾豆各四，东西各羊三、豕三、樽三，统设香案二，每案帛一、爵三、炉一、灯二。清会典（文庙祀典考）两庑二位共一案，设供爵二，次以香烛，前为簠簋各一，簠之左为笾四，簋之右为豆四，实如哲位，东西庑各设俎三，俎中区为二，实以羊豕，俎前为香帛，案东西各一桌，设樽三，酒樽盖袱三，袭以桌衣，馔盘东西各二，桌衣如之。

颁定乐章。明代乐章俱用和字。清初，觉罗平寇而有中国，凡郊庙乐皆改用平字。康熙五十年，题准各州县，错用和字者，着直省儒学，皆改用平字，以归划一。

迎神　麾生举麾唱乐，奏成平之章，遂击柷作乐，每歌一句，击鼓三声，无舞。

大太四　哉南工　至林尺　圣仲上，道太四　德仲上　尊林尺　崇仲上。维南工　持林尺　王仲上　化太四，斯林尺　民仲上　是黄合　宗太四。典黄合　祀太四　有仲上　常林尺，精南工　纯林尺　并太四　隆仲上。神黄六　其南工　来林尺　格仲上，于林尺　昭仲上　圣黄合　容太四。麾生偃麾栎敔乐止。

初献　麾生举麾，唱乐奏宁平之章，击柷作乐，舞生按节而舞。

自太四　生仲上　民林尺　来仲上，谁太四　底黄合　其仲上　盛太四。惟南工　师林尺　神仲上　明太四，度黄合　越仲上　前仲上　圣太四。粢仲上　帛太四　具仲上　成林尺，礼黄合　容太四　斯林尺　称仲上。忝太四　稷南工　非黄合　馨林尺，维南工　神林尺　之仲上　听太四。

亚献　麾生举麾，唱乐奏安平之章，击柷作乐，舞生按节而舞。

大太四　哉仲上　圣黄合　师太四，实南工　天林尺　生仲上　德太四。作仲上　乐太四　以仲上　崇林尺，时仲上　祀太四　无林尺　斁仲上。清南工　酤黄六　惟仲上　馨仲上，嘉林尺　牲仲上　孔黄合　硕太四。荐太四　羞南工　神黄六　明林尺，庶南工　几林尺　昭仲上　格太四。

终献　麾生举麾，唱乐奏景平之章，击柷作乐，舞生按节而舞。

百仲上　王南工　宗林尺　师仲上，生林尺　民仲上　物太四　轨黄合。瞻黄合　之南工　洋林尺　洋仲上，神林尺　其仲上　宁太四　止黄合。酌太四　彼黄合　金林尺　罍仲上，惟南工　清林尺　且太四　旨仲上。登仲上　献太四　惟林尺　三仲上，于黄合　嘻南工　成林尺　礼仲上。

彻馔　麾生举麾，奏咸平之章。击柷作乐，舞生直执其钥，无舞。

牺仲上　象太四　在仲上　前林尺，豆太四　笾仲上　在黄合　列太四。以太四　享南工　以林尺　荐仲上，既仲上　芬林尺　既太四　洁仲上。礼黄合　成太四　乐仲上　备太四，人南

工　和林尺　神仲上　悦太四。祭黄合　则太四　受仲上　福林尺，率黄合　遵南工　无林尺　越仲上。

送神　麾生举麾，唱乐奏咸平之章。击柷作乐，无舞。

有太四　严南工　学林尺　宫仲上，四黄合　方太四　来仲上　崇太四。恪黄六　恭南工　祀林尺　事仲上，威南工　仪林尺　雍仲上　雍太四。歆仲上　兹林尺　惟南工　馨林尺，神仲上　驭太四　还林尺　复仲上。明黄六　禋南工　斯林尺　毕仲上，咸南工　膺林尺　百仲上　福太四。

望燎　麾生举麾唱举望燎乐，击柷作乐，无舞。乐与送神同。

颁定乐章　按：望燎本无舞，自康熙五十五年改定后并不作乐，无舞，乐与送神同。

初献

自稍前向外开籥舞　生蹈向里开籥舞　民合手蹲朝上　来起辞身向外高举籥面朝，谁两两相对蹲西相向　底合手蹲朝上　其正揖　盛起平身出左手立。惟两两相对自下而东西相向　师稍前舞举籥垂翟　神中班转身，东西相向立惟两中班十二人转身俱东西相向明举翟三合籥，度稍前向外垂手舞　越蹈向里垂手舞　前向前合手谦进步双手合籥　圣回首再谦退步侧身向外高手回而向上。粢回而向上　帛稍舞躬身挽手侧身向外呈籥耳边面朝上　具正揖　成起辞身挽手复举籥正立，礼两两相对交籥两班俱东西手执籥　容正揖斯向身退挽手举籥向外面朝上　称回身正立。黍稍前舞　稷正蹲朝上非左右垂手两班上下俱双垂手东西相向　馨起合手相向立，惟左右侧身垂手向外开籥垂手舞　神右侧身向里垂手舞　之正揖朝上　听躬而受之躬身朝上拱籥而受之三鼓毕起。

亚献

大左右进步向外垂手舞　哉右向里垂手舞　圣向外落籥，面

朝上　师退向正身立，实正蹲天起身向前转身向外转　生向里舞德合手谦进步前双手合籥蹲谦。作两两相对自下而上两班相举籥东西　乐上下俱垂手，惟两中班上下十二人俱垂手转身，东西相向　以转身东西相向立　崇相向立两班上下以翟合籥，时稍前舞蹈两班上下东西相向和籥立　祀向里垂手舞　无合手谦进步，向前垂手合籥　斁回身再谦两班上下东西相向合籥立。清稍前舞向外开籥翟　酤向里舞　惟双手并执籥翟开籥翟　馨合籥翟朝上正立，嘉侧身垂左右手两班俱垂手向外舞　牲躬身正揖　孔双手舞籥翟躬身　硕躬而受之躬身朝上，拱籥受之，一鼓而起。荐一叩头举右手叩头　羞举左手叩头　神复举右手叩头　明拜一鼓毕即起，躬身三鼓平身，庶三舞蹈举籥向左躬身舞　几举籥向右躬身舞　昭举籥翟向左躬身舞　格拱籥躬身而受之。

终献

百向外开籥舞　王向里开籥舞　宗侧身向外面朝上　师朝上正立，生两班上下两两相对交籥　民合手朝上正蹲　物侧身向里落　轨合籥朝上正立。瞻向外开籥舞　之向里开籥舞　洋开籥朝上正立　洋合籥，神向外开籥舞　其向里开籥舞　宁进步向前双手合籥　止回首东西相向手谦。酌向外开籥舞　彼向里开籥舞金开籥朝上正立　罍合籥朝上正立，惟向外垂手舞　清向里垂手舞　且朝上正揖　旨躬身而受之。登躬身向左合籥舞　献躬身向右合籥舞　惟躬身复向左右籥　三合乐朝上拜，一鼓便起身，於侧身向外垂手舞　嘻侧身向里垂手舞　成朝上正揖　礼躬身朝南而受之，三鼓毕起身。

改定乐章

案，中和韶乐，康熙五十五年颁行直省文庙，春秋上丁设于殿外阶上，编钟在东，编磬在西，皆十有六悬。以笋虡设建，鼓一于钟悬之次，左麾一、柷一、搏拊一、笙三，西向；右敔二、笙二、搏拊一，东向，东西分列。琴六、瑟四、排箫二、箫六、篴六、壎二、篪四，均北向。文舞六佾于殿外，引舞旌节二，羽籥三十有六奏，春以夹钟为宫，秋以南吕为宫。

迎神奏昭平之章

大羽哉宫孔商子角，先羽觉徵先角知商。与宫天商地徵参角，万羽世徵之角师角。祥角徵徵麟宫绂商，韵宫答徵金羽丝徵。日宫月商既羽揭角，乾宫坤商清宫夷羽。

初献奏宣平之章

予羽怀宫明商德角，玉徵振宫金羽声徵。生商民宫未徵有角，展宫也商大角成商。俎角豆徵千羽古角，春商秋商上角丁商。清羽酒徵既宫载羽，其宫香商始宫升羽。

亚献奏秩平之章

式羽礼宫莫商愆角，升徵堂角再宫献羽。响徵协角薿宫镛商，诚角孚徵罍角甗羽。肃角肃角雍商雍商，誉宫髦羽斯徵彦羽。礼徵陶角乐宫淑商，相角观徵而宫善羽。

终献奏叙平之章

自羽古宫在角昔商，先徵民角有宫作商。皮角弁徵祭宫菜羽，於徵论角思商乐宫。惟角天徵牖羽民角，惟宫圣徵时宫若商。彝角伦角攸徵叙羽，至徵今角木宫铎羽。

彻馔奏懿平之章

先羽師宫有商言角，祭羽则徵受羽福角。四宫海羽黉角宫徵，畴宫敢商不宫肃羽。礼角成徵告羽彻角，毋宫疏商毋宫渎羽。乐角所徵自宫生羽，中角原商有宫淑羽。

送神奏德平之章

凫羽绎宫峨商峨角，洙徵泗羽洋宫洋商。景徵行角行角止徵，流宫泽商無角疆商。聿角昭徵祀宫事羽，祀羽事徵孔宫明商，化羽我角烝羽民徵，育宫我商胶宫庠羽。

改定乐章

清制向用八佾，每佾八人，共六十四人。乾隆八年改为六佾，每佾六人，共三十六人。光绪三十三年仍改八佾，添用武舞。

初献舞宣平之舞

第一成　予正立，羽籥植　怀身作向内，势内足勾后面，转向外籥，指内羽植如十字　明正立，两手微拱，羽籥如十字　德正立，籥植近肩，羽平衡如十字，玉向西首微侧，右足进前，籥平指西，羽斜举　振身俯向东，西转向西，两手伸出，羽籥斜交金正面身微蹲，籥斜举羽植　声向内身俯，两足并羽籥植地。生外向两足并，籥植羽倒，指内少垂　民内向，籥斜指羽植　未正立，向外两手并推，向内羽籥植　有正立，籥平举过肩，羽植，展内向两足并籥，内指羽植　也外向面仰，两手推出，羽籥斜举大身微向外，两手推向外，羽籥并植　成正面身微蹲，羽籥如十字。俎向内身俯，内足进前，籥斜指下羽植　豆外向籥下垂，右手伸出羽植　千正立，籥斜举羽植　古身微向外，羽籥偏外如十字，春正面身微蹲，羽植过肩，羽平额，交如十字　秋向内两手伸出，羽籥植　上正立，籥平衡羽植籥上　丁正立，籥植居中，羽衡籥上。清内向两足并，籥内指羽植如十字　酒身俯向外，外足进前趾向上，羽籥斜交　既正立，籥平衡羽斜指东　载正立，身俯籥平衡，羽居中植籥上，其正立，左手伸出，籥斜举，羽植近左肩　香正面左足虚立，籥衡膝上羽植　始正立，俯首羽籥如十字　升正立，两手高拱过额，羽籥如十字。

亚献舞秩平之舞

第二成　式正面身微蹲两手并羽籥植　礼内向内足虚立籥斜

倚膝羽植　莫外向身微俯面微仰籥高举指外羽植　愆内向起内足两手相并推向外羽籥植，升正立羽籥如十字　堂正面右足勾后两手高举羽籥斜交　再身微蹲面向东籥植近肩羽衡膝上　献身微蹲面向西羽植近肩籥衡膝上。响正立羽籥向下斜交　协正面身向内外足进前内趾虚立羽籥并植　蕺正面身向外内足进前外趾虚立羽籥并植　镛正立羽籥植羽倒指东，诚身俯向西面侧向东籥平指羽植如十字　孚正立首微俯羽籥植　罍正面起左足籥高举羽植　甗正面籥植过肩羽平额交如十字。肃内向微俯两足并羽籥如十字肃俯身偏外起外足羽籥如十字　雍正立两手伸出羽籥并植　雍内向籥斜指内羽植籥上，誉正立籥平举右手微伸出羽植　髦正立左手伸出籥平举羽植近左肩　斯正面起右足羽高举籥植　彦正立籥植居中羽衡籥下。礼身微向东右足进前羽倚肩籥平指东　陶正面身作向东势两手高举羽籥推向东并植　乐身微向西左足进前籥倚肩羽平指西　淑正面身作向西两手高举羽籥推向东并植，相正立羽籥斜交　观仰面向内两足并羽籥如十字　而正面身微向东籥下垂羽倚肩　善身俯面微仰向内抱内膝羽籥斜交如十字。

终献舞叙平之舞

第三成　自正立籥下垂羽植　古向外身俯两足并羽籥斜交在正面身微蹲两手推向内羽籥植　昔外向起外足羽籥植，先正面右足交于左羽籥如十字　民向西身俯左足进前籥下垂羽植地　有向东身俯右足进前籥下垂羽植地　作正立籥平衡羽植居右如十字。皮正面左足勾后籥斜举过肩羽植　弁正面屈右足左足伸出趾向上籥平等举羽植居中　祭正面屈右足羽籥偏左如十字　菜正立身俯羽籥植地，于向内两手相并羽籥斜指内　论正面身作向外势两手高举羽籥斜交偏外　思内向身俯起内足籥衡斜羽植　乐正立籥下垂衡斜羽植籥上。惟正面屈左足羽籥偏右如十字　天正面屈左足右足伸出趾向上籥下垂衡斜羽斜举过肩　牖正立羽籥向右斜倚肩民正立羽籥向左斜倚肩，惟正立籥平衡羽高举　圣仰面向内籥平指羽植如十字　明外向籥平指外羽植如十字　若正立身俯羽籥如十字。彝外向籥平指外羽植　伦正立羽籥偏内如十字　攸正立身俯籥斜植地羽植　叙正立两手相交羽籥并植，至正面屈左足羽籥如十字　今正面屈双足籥平衡羽植居右　木正面屈双足羽籥植铎俯首至地羽籥如十字。

右乐为清乾隆七年改定。民国 3 年改平字为和字，迎神改昭平为昭和，初献改宣平为雍和，舞干戚之舞。亚献改秩平为熙和，舞羽钥之舞。终献改叙平为渊和，舞如亚献。彻馔改懿平为昌和，送神改德平为德和，并改予怀明德之予字为永字，改化我烝民育我胶庠二句为以化烝民以育胶庠。

祝辞　清顺治元年颁

惟先师德隆千古，道冠百王。揭日月以常行，自生民所未有。属文教昌明之会，正礼和乐节之时。辟雍钟鼓，咸格荐于馨香；泮水胶庠，益致严于笾豆。兹当春（秋）仲，祗奉彝章。肃展微忱，聿将祀典。以复圣颜子、宗圣曾子、述圣子思子、亚圣孟子配。尚飨。

祝辞清乾隆九年改

维年月日，皇帝遣某官某某等，致祭于至圣先师孔子之神，曰，圣由天纵，缅万世师表之尊；道协时中，继三代明伦之治。学校遍乎乡国，秩祀著在彝章。仰维先师孔子，教范古今，德弥宇宙。达天尽性，渊源集群圣之成；守道尊经，文轨洽大同之盛。稽崇儒之巨典，先朝久重明禋；扩兴学之鸿规，懿训特升上祀。风声所树，承矩护于三雍；教泽无垠，广甄陶于百代。大义炳如日月，馨香永以春秋。于戏，玉振金声，亿代犹存乎忾慕；麟祥风德，八方莫外于尊亲。文治恢昭，苾芬歆格。以复圣颜子、宗圣曾子、述圣子思子、亚圣孟子配。尚飨。

祝辞　民国 3 年制

维某年月日，某官某致祀于至圣先师孔子，曰维先师，德参化育，道贯古今。集群圣之大成，炳前知以垂宪。天下为公，中国一人之量；生民未有，六经千载之心。循宫墙而瞻富美，入室升堂；隆俎豆而奉馨香，先明后法。兹当上丁，祗率彝章，肃展微忱，幸将祀典，以复圣颜子、宗圣曾子、述圣孔子（编者按：当为述圣子思子）、亚圣孟子配。呜呼，声名所届，血气莫不尊亲；光景常新，礼乐明其禋祀。尚飨。

附明伦堂　在旧学宫内，明嘉靖二十一年，黄伦建。三十九年，知县陈汤敬修。隆庆元年，知县余一龙重建。康照六年，知县万里侯复建；二十六年，知县佟国琪、教谕钟定集资建；道光十一年，知县李增福重修。民国 6 年，城自治委员何镛、朱镜湖提拨准备金修。10 年，改为县议会议场。16 年，改为县党部会议厅。

附尊经阁即旧琅环精舍　清乾隆三年，知县宋云会建，旧址无考。道光二十八年，知县李玉典改建于学宫后西偏。咸丰八年，毁圮过半。同治十一年，崇贤会董拨并助资添造楼上祀仓圣，楼下祀宋儒徐存。光绪三十二年，改为县立小学教室，移徐存神主于明伦堂。

关岳庙　在县东 50 步。民国 5 年，知事程起鹏奉文在正税开支，将武庙改修正位，左祀关壮缪侯羽。清顺治元年，封关圣大帝；雍正三年，追封三代公爵；咸丰五年，加封三代为王爵；七年，改封关圣帝君，递加封号；至光绪五年，称忠义灵佑神勇威显护国保民精诚绥靖翊赞宣德关圣帝君。合祀典礼复今称。右祀岳忠武王飞。宋孝宗淳熙六年，复官为少保武胜定国节度使，武昌郡开国公，食邑六千一百户，食实封二千六百户，赠太师，谥武穆；理宗宝庆元年乙酉二月三日，赐谥忠武；景定二年辛酉，诏改忠文。元顺帝至元九年己丑，诏加保义。明洪武九年丙辰，诏仍称武穆，从祀历代帝王庙配享。宋太祖（编者按：宋太祖三字为衍文）穆宗隆庆四年，诏仍谥忠武，神宗万历四十三年乙卯诏加王，为三界靖魔大帝保劫昌运乐武王。合祀典礼复今称。两序东祀张飞、王浚、韩擒虎、李靖、苏定方、郭子仪、曹彬、韩世忠、旭烈兀、徐达、冯胜、戚继光。西祀赵云、谢玄、贺若弼、尉迟敬德、李光弼、王彦章、狄青、刘锜、郭侃、常遇春、蓝玉、周遇吉。合祀典礼以每岁春秋分节气后第一戊日，由驻在地方各文武推官职较高者一人亲诣致祭，较低者二人东西序分献，纠仪以军官警官各一人，执事人各以其属及地方官绅、学校教员、学生之娴礼仪者选充。地方各军官警官及兼有军警职各文官一体与祭。行礼仪节与京师遣祭关岳庙同。祭品笾十豆十，牲用太牢；东西序四笾四豆，羊豕各一。

祝辞

惟某年月日，某地方某官敬祭于关壮缪侯、岳忠武王曰：维神武功彪炳伟烈昭垂，建大节于千秋，振英风于六合。忠诚正直，丽河岳而长留；智仁勇功，与日月而并耀。洁馨香而合祀，德量同符；肃俎豆而明禋，心源如接。惟祈歆享，克鉴精诚。尚飨。

乐章

迎神乐奏建和之章。辞曰：

懿铄兮神功，震华夏兮英风。义勇兮河东，惟汤阴兮与同。修祀典兮方州，伫降歆兮閟宫。

初献奏安和之章。辞曰：

神来兮格思，风马下兮灵旗。量弊兮初陈，荐芳馨兮玉卮。瞻仰兮明威，俨如在兮轩墀。舞干戚之舞。

亚献奏靖和之章。辞曰：

万舞兮洋洋，礼再举兮陈觞。灵昭昭兮既留，庶鉴诚兮降康。舞同初献。

终献乐奏康和之章。辞曰：

名世兮钟灵，炳河岳兮日星。祀事兮三成，肃骏奔兮庙廷。舞同亚献。

彻馔乐奏韬和之章。辞曰：

告彻兮礼成，神其受兮苾芬。明德兮惟馨，播声威兮八纮。

送神乐奏扬和之章。辞曰：

云驾兮鬲翔，神将归兮九阊。受福兮蒸民，我武兮惟扬。

乐舞清光绪三十四年增为八佾。

民国3年改用六佾，16年新登县长彭尚电请将丁戊二祭经费改为总理诞生及逝世纪念费用，经临时政治会决议，交政务会办理。戊祭乃与丁祭并停。

【彭尚原电】查丁戊二祭，每届春秋历年分别举行。现在浙省已在党治之下，此种封建遗制，自应铲除殆尽。从前浙省定章，每祭支银六十元，由国家税项下支销，县长现拟将是项祭费改拨党部，为总理之逝世纪念日用费，每次准支银一百二十元，如蒙俯允，即清通令各县，一体照办并指令祇遵。

关帝庙有九　一在县署东。明万历十五年，通判署县事王松建。清康熙三十三年，知县杨寚修；乾隆间重修；咸丰末圮；同治三年，毛凤翔、杨培福等捐修。民国5年，知事程起鹏奉准在正税开支，饬自治委员毛振桂大修，并祀岳忠武王，名关岳庙；

18年，改为公安局；24年9月，局废。

一在宝成寺左。明万历三十六年，县绅徐伯美舍地建，今废。

一在礼贤镇中街，同里姜继成建。

一在茅坂贞二祠右，距县五十五里。

一在棠坂乡，毛鸿禧等集金重建。

一在峡口镇下街头。

一在仙霞岭。明时建。清康熙十六年毁；十七年，总督李之芳复建；光绪间，保安戴效庞捐修；内有御书赐额兼各部所悬旧匾，别有一匾全用满文，他庙罕见。名宦汤金钊等诗皆刊在庙后浣霞池上。

一在廿八都浔里。

一在廿八都湖里。

岳王庙 在县治南通和门内第六“九连池”东。建于元，旋毁。明隆庆五年，县人王修重建。清咸丰八年复毁；同治五年，县人王桂林等集资建后殿；光绪十三年，王桂林、何荣复建前殿、舞台看楼现设庐江小学及西边吕祖庙（现借设电灯公司）。民国13年，毛存信、何梦龄等集金于大门外购刘姓地基一片。按：岳忠武为韩魏公佃户，投张所军以行伍起家。

【宋大制参县人祝允哲疏】为乞保良将以复二帝以取中原事。

臣闻国余三户可以亡秦，田有一成卒能祀夏。况有赤心保国之臣、智勇熊罴之将，谓不足以诛金贼而迎二帝复御者耶？何乃敛兵待和，缓二帝于沙漠，使贼寇渐肆，诸夏变夷也哉！夫贼，宜讨不宜和，且亦不当和而当战。臣虽至愚，然于理势筹之熟矣。

自变故以来，主和议者唇腐齿落，不见成功。至次师平江，而贼兵数十万众，即震怖不敢南下。及岳飞朱仙之战，取级数万，金贼仓皇，已思北遁。此和议之与治兵，其效可概见者。乃陛下惑于和议之谋，奸臣敢矫天子之命，致使岳飞之功弃于垂成。金寇复还，两京再失，奸臣误国之罪已不容诛矣。况复诬以叛逆，指功为罪，搜罗形影之语，置岳氏父子于非辜。闻者涕垂，功臣发指。臣愿陛下俯察岳飞之无罪，斩误国之奸臣，复兴六月之师，以恢中原于一土，复二帝于九重，诚无愧乎百六十余年列圣之贻谋，而天下万民亦必欢呼庆幸于无既矣！

夫中原恢复之功，非岳飞不可。而岳飞父子必非有叛国之心者。若陛下有疑乎飞，臣哲甘以七十口家眷投入大理狱，代飞父子出征。使飞而能立功，则赦臣无罪；若飞而败绩，则诛臣家七十口肆诸市朝，臣亦快然无憾。伏乞陛下照察愚悃，即颁恩诏以臣属代飞缧绁之禁，钦飞出师，犁庭扫穴，即二帝幸甚！社稷幸甚！臣亦不胜幸甚！冒死上奏，俯伏待命替罪之至。

文昌庙　或作文昌阁，有七　一在县署东百步，清同治十二年建，上有飞英阁。民国8年，阁被雷震坍；9年，自治委员诸葛煦修。

一在通昌门外，清嘉庆十三年县绅郑学滨集资建，咸丰八年毁于兵。

一在广慧寺左，明万历间知县易俶之建。

一在石门延龄桥，同治九年里人集金建。

一在锦川，清同治十年里人建。

一在嘉湖新街，由本里淑通祠捐建，姜锦潭督工。

一在长台，清光绪间朱镜湖集资建。

一在凤林，清光绪三十三年里人周维新集资建。凤林小学高级部设此。

一在二十八都浔里。

一在二十八都湖里枫溪。

城隍庙有二　一在县治西五十步，宋绍兴间县令鲁訔重建；咸淳间赵时韶修。元至顺三年，县尹程郇重建。明嘉靖三十三年，知县侯祖德复建；万历十年，知县易僦之造省心亭于正殿；后十九年，知县张斗重建大门；三十九年六月，知县程鹏举鼎新。

【方应祥记云】须江辅德城隍庙，踞县治西五十步而近，按所建置莫可详诂。其存于镵石差可考者，一见元至顺三年县尹程郇碑，一见国朝嘉靖三十三年信人胡宾碑。万历三十七年十二月，程侯来令兹邑，庙寝而圮，颓垣败壁，神栖其中。侯心恫焉，酬酒而誓之神曰：余与神并吏此土，不职之罪，实有与共。今而后，所不为民请命，中之以阴阳之患，神任之。所不清身附民，听神之命，中之以人道之患，余任之。神颓垣败壁而处，余为崇墉垩室以负神。神为民相，余毋中阴阳人道之患，以共奠此土。仍以颓垣败壁栖神，余独任之。

侯下车四载，早夜图民之生，"五气"不奸境内，用穆政成而奏其最，于帝神之庙亦巍然新焉。出之侯则粝脯所节溢也，藉之民则金矢所乐输也。神而供者，桐乡之尸祝在焉。经始于三十九年之六月，历明年而竣。董其事者义民郑煦、王应春、毛通、徐实、徐蔡等也。

清康熙十七年，毁；二十年，知县刘汉裔建，藻饰楼阁，范神居之；三十八年，知县朱彩建大殿及两廊；乾隆二十年，知县刘国煊修；二十九年，知县雷士佺重新，姜秉镇、陆上眷、毛一丰董其事；嘉庆十五年，知县吴观乐重建；道光三十年，知县吴春棠重修，益添置余基，拓造旁屋；咸丰后，殿屋半圮；同治七年，知县陶鸿勋择要选修。民国 10 年，县人毛锡龄等劝捐大修，共费现行银币八千有奇。

【毛常记云】清秦尚书蕙田作城隍考，引《易》之上六曰，城复于隍。《礼记》天子大蜡八水庸居七水，隍也，庸城也，以为古者祭城隍之始。又谓自两汉以后，庙祀见于乘志者，则有吴赤乌之年号《北齐书》慕容俨传，载俨守郢城，铸城隍神护佑事。唐张说、张九龄、杜牧皆以祭城隍文传于世。后唐清泰中，遂封以主爵。宋建隆后，其祀遍天下。明初京都郡县并为坛以祭，加封爵，府曰公、州曰侯、县曰伯。洪武二十年改建庙宇如公廨，设座判事如长吏状。迄于清，牧守、县令朔望展谒文庙外，则惟城隍，是为城隍祀典之由来。与其封爵庙貌之制，又引《孟子》：筑斯城也，凿斯池也，与民守之，效死而民弗去，是城隍直与地方民物相依为命。又言：圣王之制，祀功施于民，则祀之，能御灾捍患，则祀之；高城深沟，为一方之屏翰，水旱疾疫，实百姓所祷禳，功在卫民，故宜崇祀；以明城隍所以奉祀典之义。

江山城隍庙建始于何年，不可得而详，县志载宋绍兴间鲁訔重建，是前乎绍兴者也已有庙祀矣。元明及清重建者三，重修者九，凡建大门、大殿及两廊、省心亭，添造旁屋者各一。迄于同治七年，知县陶鸿勋之修葺而止，计自七年至民国十年，相距五十余载，其间风雨之播撼漏泐，禽虫之窠穿蠹蚀，与夫香火之薰炙、纸灰炉烟之灼烙，寖至髹涂鳞脱，鸳瓦翼翻，樽櫨折牙，侏儒空腹，神像两注，或首洼如臼，或体裂如甓，凛凛有栋折榱崩之势，神且不安于其居。九年冬，县人毛锡龄、王国治、何炳煌、毛连登等谋之公众，募款兴修，一时谋议佥同。咸愿服劳给事，某愿任募捐，某愿任庀材，某司督工，某司出纳。遂以十年六月初七日鸠工，越二年十月蒇事。是役大殿易新柱十一，栋与梁木换者若干，干榱桷櫨楣改揩新材以百数。其材质之大且坚，胜于前。大门扩为五楹，歌舞台降其半尺，十司厅加造中亭，东边客厅，展中间接扛亭，寂然厅添造两厢，寿康堂缩前霤而增回廊后檐，以为厨房室。自后殿以达门外照壁，一砖之窳，一材质朽，悉易以新者。于是丹硃髹饰，金碧焕辉，气象庄严，聿改旧观。盖董理营度之周慎，监工者昕夕之勤劬，庀材者奔走之劳疲，其匠心毅力，俱可见矣。民国建立，祀制未定，城隍应为祀典与否，未敢臆断。在昔隶于祀典，其修葺之事，属于官，今祀典未定，则民输其财，任其劳亦其宜也。且共和之政，首在保护人民之性命财产，此邦之人推御灾捍患之义，相率修其城隍庙，以表其安居乐业之愿，其事虽限于一隅，其心实天下之公心，苟国人尽得达其所愿，则国以永宁。区区之愿，少乎哉。县人以事竣谋泐石，嘱记其颠末，因并述其应记之由来，与其所以祀之之义，以扬榷焉。其任事诸人与捐款者之姓名，例得俱书于石，而别著其工程收支之数于《征信录》。

一在礼贤镇，距县治西南40里。肸蠁最著。——《康熙续志》

元至元丙子徙县治而城隍之庙犹存，迄今已400余年。按：明初附城隍神于岳渎之上坛，县城隍为监察斯民显佑伯，秩四品；三年诏去封号，只称江山县城隍之神，春秋从祀于山川坛；二十年改建为庙，诏刘三吾曰，朕设京都城隍，俾统省府州县之神，以司民间善恶。二十一年后，罢山川坛春祭，嘉靖九年罢山川坛，每岁仍祭于本庙。——《大清会典则例》 直省祭厉坛。

镇龙庙 俗名水口殿 在九连池第五池边。明南门徐姓建，天启丙午，徐九皋捐资倡造层楼。清光绪间圮。民国20年，徐子清集资重建，改名沧洲故庐。今赁与电报、邮政两局。

保平庙 旧志作宝瓶 在通昌门外。明县人王裕等建，天启间毁。清光绪间里人在旧址重葺一椽。

东镇庙即镇东楼 在上埠头。清顺治十一年建，咸丰间毁于兵。

嘉泽庙有三　一在大西门外，内祀龙神，原祔璩源寺。寺僧法諲尝见白衣老人，语曰，吾居此湫，翌午当雨，届时果然。相传湫旁古木奇石中有大蟒发见，必旱，雩祷立应。宋政和中，县令苗仲先请于朝立庙。明宣德间，赐今额，主事胡诚有记。清嘉庆间，移建于此；咸丰四年，知县郑廷珪修；同治元年毁；光绪间重建。民国 23 年，改掘城濠，庙移他处。

一在石鼓山中，《天启志》作龙王庙，雩祷甚众。

一在鹅笼山，名嘉泽侯庙。

周王庙　有三　一在城东通禄门外。祀宋孝子周雄。按：神字仲伟，杭州新城人（今新登县）。宋淳熙间，其母梦金盘浴鲤而生。因哭母卒于衢，僵立不扑，衢人奉其身建庙祀之，屡著灵异。元至元中封宣灵王。清嘉庆二十一年，县人周黄瑜等建，咸丰末毁于燹，光绪间本埠船户集金重建。

一在航桥头，民国十九年清湖船户捐建。

一在梧峰，元里人吴禄应建。

【清毛兆锳谒周王庙诗】孝德著英灵，庙享天地久。望之立如斋，体肤犹全受。入山采药初，携归疗其母。母病不少延，讣闻柯江口。一恸殒舟中，遗恨亲恩负。号泣痛伤情，鬻船殡殓厚。累朝翼应功，晋封拜前后。神龙浴金盘，诞降良非偶。吾侪毛里人，孺慕性生有。萍水客他乡，寝门知安否。

永和庙　在北关。万历间，署县同知陈端言建大门，知县蒋光彦建正殿。清康熙间圮；道光间重建；咸丰末毁于燹；光绪二十七年复建。附庙向有乐育馆，奉明知县堵维垣栗主。县人今将请衢州府赵惟喻栗主奉中龛，江山县知县洪承栋、张善友、王毓芳三栗主奉立左龛，县绅何锡霖、郑慕颜、周登瀛三栗主立右龛。

康王庙有二　一在嘉湖中街。清乾隆三十二年姜淑宁建，同治二年里人修。

一在清湖。

马刺史庙　在县南三十五里里坂。祀滑州刺史马咸。明时建，弘治间尚存。

大功庙即感应庙　在县境者凡十余处，五里、西山、渎口、逸溪、山头、平坦、乌木、渐山、镇安、都北、芝泽、小灵山、乾亭，祀徐偃王。惟双桥之庙附城，明天启时，存废已不可尽考。

江郎庙　原名灵石庙　在县南五十里江郎山阴。宋大观四年，赐额灵石。旧碑记云：惟神振自一门，光于千载，暨英灵之寝，显宜名号之尊崇，有司考礼弼臣以闻，虽疏侯国之封，未慰士民之望，饩牲用献，祀事惟诚。政和七年改建，进士祝珙董其事，记并云：鸠工于政和七年之冬，告成于宣和三年之秋，屋大小五十间，糜金钱五百万，董其事者进士祝珙。明代无闻。清道光三十年，里人毛华集金重建，咸丰八年毁，王梦熊等集款建，光绪间修。

《方舆胜览》：晋时有湛满者居山下，其子仕洛，永嘉之乱不得归。满日祷于三石之灵，旬日满子出浴（编者按：查《方舆胜览》，浴应作洛）水滨，见三少年，使闭眼入车中，但闻去如疾风，俄顷从空坠，良久乃觉是家中后园。

《文思博要》云：有江姓兄弟三人登其颠，化为三峰，因名。

《康熙续志》：政和四年封为侯，曰灵泽、灵顺、灵浃；建炎二年封广泽、丰润、惠浃；乾道四年封博济、周施、普洽；庆元三年封孚佑、协佑、广佑。

按：江郎化石前已略与辨正，似此庙之宜奉江淹，与梨岭庙之宜奉李频同，有铁证取缔谣词，宜先改正。

【宋陈淳诗】三石参天作柱擎，自从开辟便峥嵘。何为末俗好奇怪，尽道江郎魄化成。

【清汤可宗诗】夙闻江郎山，今来值天雨。荒途横古庙，破殿围密树。烧烛拜阶墀，阴风檐角度。神明现灵异，从众相惊惧。仰瞻三巨石，云际自回顾。矗峙摩苍穹，戍削绝依附。幽明理可通，长途冀默护。愿言平稳归，独上层梯路。天池濯双足，披襟吸朝露。

马仙姑庙　在仙人山，明梧峰里人吴英建。清同治五年吴姓续建。

【清宋晟诗】片石留灵迹，危祠俯大荒。风云扶绛节，薜荔倚明妆。暝色春旙迥，清阴午幔凉。珮环空杳杳，终古想芬芳。

大贤庙旧志作观音殿　在县南二十里湖川大贤坂，清康熙间建。原祀知府雷公，后斋徒改奉观音，莲座下有石笋一支。按：康熙间知府雷公筑坝经此，县人感其德，建庙祀之。今更置有守望会，田租专为祀公之用，而观音像仍不废。

乌龙庙有二　一在县西墨林陇山上。清乾隆间，南丰刘嘉昌创建。山下土地敷腴，有良田美泉，今已成一村落。

一在县西南二十五里贺村。

龙王庙有三　一在蚱蜢山，兼祀后稷，今圮。

一在县西35里，旁有龙洞。民纪3年大旱，雩祷立应。5年，同里捐建上殿。7年，里人伍岳年增建下殿。

一在石鼓山中，旱祷者甚众。

水星庙有三，或作阁或作楼　一在县治东北，与景星山相对。内奉真武像，曰水星楼，原名天一楼，高逾六丈。明知县余一龙建。县人郑桃修，桃子亭贤置田以给香火，旱圮。清康熙间，知县朱彩重建；宣统三年毛锡龄修。民国10年，自治委员诸葛煦重修，并砌楼下石礲。

【清何茹连诗】太乙楼高半接天，望中须女旧山川。溪流远挟千峰雨，暮霭遥连万井烟。古壁龙光腾剑气，上真法像耀星躔。一声清磬浮云外，仙梵依稀胜管弦。

一在郎峰，清嘉庆九年周姓建。

一在二十八都，清同治七年里人建。

睢阳庙有二　一在县南五里景星山，即旧忠义祠。有记

一在县西五十里凤林镇。清顺治间建。即鸣山殿。

第二章　祠

崇圣祠即启圣祠　明嘉靖九年立；二十一年知县黄伦建；天启三年教谕张大基捐俸兴修。康熙二十二年，知县佟国琪、教谕钟定、训导沈九如移建明伦堂东；四十年，知县朱彩重建；雍正二年改名崇圣祠；原奉启圣王叔梁公，至是追封五代，崇以王爵。乾隆三年，知县宋云会创修；二十八年，雷士佺重修；同治三年，知县沈起鹗、教谕戴匡、训导刘大封改建明伦堂前，中奉肇圣王木金父公、裕圣王祈父公、诒圣王防叔公、昌圣王伯夏公、启圣王叔梁公，以先贤孔孟皮及四配之考颜无繇、孔鲤、曾点、孟孙激诸贤配之；从祀者为周辅成、陈瑜、张迪、朱松、蔡元定五先儒。与文庙同日致祭。

正位，各帛一、羊一、豕一、铏二，簠簋各二、笾豆各八。笾实无白饼黑饼，豆实无脾析豚胉。爵三、尊一、炉一、灯二。清会典文庙祀典考：正位五案，案设爵三，前为铏二，次簠簋各二，左右笾豆各八，实如大成殿，配位簠簋之前为篚，实以帛，其前为俎一，俎中区二，左羊右豕，又前为香烛案，炉一灯二，

其右为祝案，置祝版并架一，袭以黄绫衣，香烛案之东西各置尊桌一，桌设尊三，凡六尊，袭以桌衣，左右列焉酒尊，盖衦六，馔盘各一，桌衣如之。按：光绪三十三年加牛一笾二豆二。

配位，各帛一、簠簋各一、笾豆各四。笾实无鱐鱼，榛菱芡，豆实无韭菹、醓醢、笱菹、鱼醢。爵三，东西各羊一、豕一、尊一、炉一、灯二。清会典文庙祀典考：配位东西向凡五案　案设爵三，前为铏一，次以簠簋各一，左右笾豆各四，篚各一，实如大成殿。哲位东西各设俎一，实以羊、豕，香烛案一、炉一、灯二，馔盘东西各一，桌各一，衣如之。两庑东二案西一案，簠簋各一，笾豆各四，每位爵一，东西各帛一、羊一、豕一、尊一、炉一、灯二，俎篚幂勺具。清会典文庙祀典考：庑东二案，西一案，设爵一，次以簠簋各一，左右笾豆各四，东西各俎一，实以羊豕，香帛案亦东西各一，案设献爵三，炉一、灯二、篚一，实以帛一，香烛案之左置尊桌一，桌设尊一，酒尊盖衦一，袭以桌衣，馔盘各一，桌各一，衣亦如之。

祝曰

维王弈业，钟祥光开。圣绪感德之后，积久弥昌。凡圣教所覃敷，率循源而溯本。宜肃明禋之典，用申守土之忱。兹届仲春（秋），聿修祀事。配以先贤颜氏、先贤曾氏、先贤孔氏、先贤孟氏，尚飨。

民国3年，奉文将从祀先儒周辅成、程珦、蔡元定、张迪、朱松五人撤去。18年移孟皮、颜无繇、曾点、孔鲤于孔子龛内安奉；提先儒蔡元定附入孔子庙内安奉。崇圣祠废。

【令云】崇圣祠附祀孟皮、颜无繇、曾点、孔鲤四位，移入孔子位龛内而两旁安奉。蔡元定，言行昭著，足资矜式，宜附列先儒移入孔子庙内安奉。余如孔子先代、周程朱张各先代暨孟孙氏等，多无事迹可纪，既无专祀必要，又未便移孔子位龛之旁，且考之各地，孔庙尚有未设崇圣祠者，似应其名位取销，以归一致。

名宦祠 在旧学宫内。明万历八年，知县易倣之立。清康熙六年，耆民郑文纲捐建；嘉庆四年，贡生郑醇修；道光十一年，优贡郑日曜重修。祀宋衢州知府陈埙、孙子秀，县令赵师旦、成无玷、吴叔沅，县丞郑极、县尉熊可量；元达鲁花赤马合谋、县尹孔淮、教谕柳贯；明总制衢州王恺、衢州知府张文达、布政司参议卢廷佐、衢州同知邓璩、指挥同知江永、管军同知武德、衢州通判谭让，知县张嵩、陈仲进、何泽、王进、刘松、潘选、赵迁、吴仲、徐万璧、侯祖德、黄伦、余一龙、邵仲禄、薛梦雷、易倣之、蒋光彦、堵维垣、程鹏举、张凤翼、方召，教谕王晏林、玭萧璋、翁桢、李宽、蔡应阳、翁兴贤、董炫、胡稳，训导何远、李春科，县丞吴通、郭维贤、贺逢尧，主簿许节；清浙江巡抚范承谟、朱昌祚，衢州府理刑李蚧、浙江总督李之芳、浙江提督塞白理福、浙总督王骘、总督浙江巡抚李卫、浙江巡抚徐元梦，知县褚士杰、杨窸、汪浩、宋云会、雷士佺，训导蔡英。

【冯宬请蔡入祀名宦文】据毛锡浩等呈称，切原任本邑儒学训导蔡英，于越隽流，暨阳名宿。蜚声桂籍，群推淹贯之才。司铎须江，大阐彝伦之教。初下车时，即以宣扬碑训，敦励人才为事。逮恭谒圣庙，见栋楹之倾圮，倡议葺修。承祀上丁，缘笾豆之缺残，按图制造，藻蘋必洁，恒越宿而致斋，瓠叶可陈；与诸生而习礼，斋规峻整，经义流昌，弗贪束修之羊，常满问字之屦。由此范为士则，学有师承，既矜习之聿新，亦科名之相继。而且，崇节孝之祠，以扶伦纪；读岁时之法，用晓颛蒙。邑旧有溺女风及不嫁婢女者，公刊文遍谕。自是淳风畅古，化雨流今。胡安定之教人，堪著为令；贾新息之革俗，宜名所生。又本邑每逢水旱，公协县诣坛，虔心默祷，旸雨应时。倡劝分之义，族相救赒；开续命之田，民无流徙。迄今江邑平粜之法，行于他县，赖全活者无算，皆公遗泽也。又尝周视城居，旁稽旧乘，浚通渠以决壅，禁凿石以禳灾。一碧流甘，井有郫侯之泽；百寻叠翠，山留羊祜之名。其尽心于江邑民事者如此。公之禔身也，食不二味，裘尝十年。卧起有常，日忘疲惫。笑频不苟，人惮威严。法诚叟之潜心，此志弗欺乎暮夜；继考亭而论学，其功自勉以圣贤。虽博士田贫，常为孤寒而分俸；纵广文氊冷，且多宗党之待炊。由是妇孺知名，士民怀德。及告归时，自庠门达水次，衣冠饯送者数百人。虽疏广之出都门，搢绅祖道；侯霸之去淮郡，耆艾攀辕，不是过焉。

民国3年，祀废。

乡贤祠　在旧学宫内。明万历八年，知县易倣之立。

【崇祀申文】查本县特祠，原有逸平、正节二公二祠。

正德十六年，知县吴仲案：详请两建特祠，逸平在步鳌之西，上巳祭山川即祭逸平；正节在通安之东，上戊祭社稷即祭正节，各申奉祀生员一名。又据江山县儒学生员周文兴、郑骝、周积等公呈，为恳酌祀资事，本县遵行捐俸一十两，置买十六都田五亩，目连上西山该税三亩、地二片，造祠供祀。

嘉靖二十年，知县黄纶据生员毛恺、毛文琳、应昂等公呈：为增定祭祀事，本县牒学细查徐逸平先生祀产，据复：祀田现在，奉祀生徐玄掌管所有；葬逸平山被土豪何杰谋卖等情，即发价二十两赎还。又捐俸资，起造坟庵，建立石碑为记，使后人不得图谋。

嘉靖三十一年，本府总捕厅周，公干至县，谒祠，捐俸八两，付廪生鲁应华、徐霈、赵镗、徐惟辑等，面同奉祀生员徐玠，置十六都田地共三亩，取依准讫。

隆庆年间，知县邵仲禄莅任，见其人才迭出、科甲屡登，询其情由，皆步鳌山徐逸平先生正学书院弘文，社会广盛，因而捐俸四十两，置买廿四都田，租一十八石五斗，供祀。

万历十三年，本县访先生之后，仅二人，已削发为僧。亟召还。出俸二十四两，聘娶孔氏与继昌为妻。又捐俸二十两，置买五都田，租九石，因前祭仪，动支备用，钱粮裁减。今议详请，存留水脚银内，每年动支二十两，春秋二祭，给付逸平、正节二公奉祀生员领办祭仪致祭，祭帖付与奉祀生员徐继昌，据帖掌管，衙役欺瞒侵骗，许执帖呈禀，以凭重治须至帖者。

清康熙三十一年，重建，生员王奇孺、徐一新董其事。乾隆元年，贡生陆逊捐修；嘉庆四年，逊孙职员振淇重修；道光十一年，逊曾孙职员荣址续修；同治三年，逊玄孙职员廷玑等集资又修。祀唐赠武烈将军祝奢，宋中丞祝常、校书郎周颢、殿中侍御史毛注、赠朝请郎毛栗、赠宣教郎徐揆、布衣徐存、太学生蒋博宝、章阁待制柴中行、礼部尚书徐复殷、赠秘阁修撰徐应镳，明职方郎胡城、平阳府知府姜德政、河间府知府姜瓒、鸿胪寺卿周文兴、王府长史周积、云南按察司副使郑骝、高邮训导赵夔、太学生朱夏、刑部尚书毛恺、广东左布政使徐霈、佥部御史赵镗、王府左长史杨魁、摄通渭县知县姜继成、淯川县知县柴荐禋，清附学生朱秀儒。

民国 3 年，祀废。

忠孝祠 原名忠义祠 在旧学宫内右偏。清雍正四年，知县汪準奉文建；嘉庆五年，教谕应芝晖、训导蔡英、县绅毛锡浩移建于涵香书院旧基内；仍在学宫右偏 道光二十八年修；咸丰八年毁。

民国 3 年，祀废。

贞节祠　原名节孝祠　在旧学宫外右偏。清雍正四年，知县汪凖奉文建；乾隆二十七年，县人重建。

【何平记云】吾邑节妇祠向附学宫旁西偏，屋宇三楹。自雍正迄今年久颓坏，春秋几难成礼。邑侯雷公下车伊始，即令各节妇后嗣谋所以更新之。平以祖母徐邀旌表，时有王丈凰来，刘君廷佐，王君金龙，毛君士鋐，周君天恩，杨君名时及平七人董其事。而凡有先人在祠者，亦各欣然乐从共醵金。仍旧基扩充，前临县河，后倚学宫，南抵城隍庙及驿署旧基，北联书院门路，内造寝堂，安奉神位，前为承祭官更衣所，周环以墙，墙外有屋以居守祠者。庶仰承圣朝之德意云。

道光二十八年，县人重修。民国 3 年，废祀。现为中山小学初级部教室。

儒学土地祠　旧在教谕署左，祀昌黎伯韩愈。清乾隆五十六年，教谕应芝晖、训导蔡英移建于明伦堂左偏；咸丰十一年毁。先儒韩愈于宋元丰七年已从祀两庑。

民国 3 年，祀废，不修。

东岳行祠有二　一在景星山下，建安田显宗有记。明嘉靖二十一年，知县黄纶改为仰山书院，祀以逸平、正节两先生。置田六亩修理。后由县人郑雍、程相、毛贵、蔡货、毛伯恭、王可立、王达、徐琼复建；天启三年，知县张凤翼修。清乾隆五十七年，知县苗肇嵒重修；嘉庆间县人集金大修，有碑；道光间县人王丙奎等劝修；光绪七年，全县（编者按：原文如此）重建。南有广惠行祠，已废。

【清郑恒年过东岳行祠诗】小憩松关淡俗氛，暮春天气暖风薰。童吹短笛闲乌犊，僧挂残衣补白云。万朵骈头排乱石，一泓沉骨吊忠坟。阿谁悟到金轮劫，剩有空龛长藓纹。

一在二十八都浔里对面山麓，明万历间建。清宣统二年，里人重建。

崇贤祠 在城西步鳌山目连洞上，祀宋儒徐存。岁以春秋仲月诹吉致祭。明正德十五（编者按：旧志作十四）年，知县吴仲拨田五亩供祀。

【方豪记】江山令吴亚夫氏遣儒士吴聪访予石硐草堂，且告余曰：吾邦有先正曰逸平先生者，徐姓存名诚叟其字。受业龟山，得程氏之学，与朱子实相友善，尝讲道于南塘书院。逸平既殁，朱子往吊焉，书院已为毛氏墓田，因赋诗寄哀，有"徐子旧书址，毛公新墓田"之句。自后令江山者，虽有"三贤堂"之设，而南塘未有专祀。吴侯乃建于骑石山之下，匾曰"逸平书院"。不曰南塘者，殊其地也；曰逸平者，显其号以示专也。书院始事为学生徐玭、徐鸣銮，董工为典史汤文质，相其成者为训导刘鉴、魏文谟。

嘉靖二十二年，黄纶复增田五亩，原以逸平书院为祠，旋圮。清乾隆六十年，训导蔡英与教谕应芝晖集县绅何堂、毛锡浩等醵金重建，始名崇贤祠。并以宋太学正周贲、大理寺正柴卫、御史中丞郑升之、翰林博士周孚、秘阁修撰徐应镳、明德王府长史周积六人祔。兼修葺逸平墓道，增置祀田一十六亩零。

【蔡英自序】崇贤祠，所以祀邑宋先贤徐逸平先生也。先生自前明建祠于西郭外鳌峰之下，名正学书院，岁春秋二祭，其墓亦以时祭。国初时，先生裔绝，祭产皆掌于甥裔王姓者。迩来祠既久圮，王姓盗鬻其产而逃，祀事遂废。癸丑夏，有控盗先生墓荫者，英即往视，荫果被盗而墓亦将芜没于荆榛中矣。英以告署县事于侯，拘盗者严惩之，追木值充公。英思祀事不修，故祠墓俱无人整理，爰与同寅应君告之邑绅士，先为举一祀会，目其会曰崇贤，得同志者三十人，得钱一百五十余贯，即于是月致祭先生之墓，并即以所追木值为墓地，按照志载弓丈勒石定界。甲寅冬，葺其墓而新之，月余墓竣。因告邑宰熊侯，共谋建祠。侯即为序付英与诸同人劝捐，庀材鸠工，越一载祠成。迁祠前，僧刹于祠下右旁傍崖积石拓基构书院一十四楹，仍名正学，不忘旧地也。二载书院亦成。祠后故有怀棠祠，以祀前邑侯易公，旋亦圮毁，今为重建于书院之左，增祀有功于先生祠墓及能振兴江邑文教者六人。落成后，乃谋置产以供祠墓永久享祀之需。兹仅得田十亩，当倍其数方足于用。所幸兹土人士，乐襄义举，故自此会伊始，历今六载，而捐资监工规画措置任事者，靡不殚心尽力，始终不怠。则由此扩充之计、善后之图，尤所望于勇义乐善诸君子。

咸丰八年毁。

【清姜启元逸平先生祠诗】尽说当时吾道南，岩栖屡驻大夫骖。传经无愧杨中立，求友频过朱晦庵。日落荒碑寒赑屃，径沉香草暗伽蓝。我来凭吊鳌峰里，露冷霜高风半酣。

【何茹连逸平先生祠诗】凭吊无端感废兴，瓣香何处问师承。龟山泽远人难溯，鳌岭祠荒客尚登。讲席雨添闲草蔓，颓垣风引野花藤。传经也许追芳躅，独阐微言愧未能。

【毛元坤逸平先生祠诗】先生生宋室，抱道无人知。一水流香处，两贤识面时。立身骑日月，遗碣卧蛟螭。凭吊西风下，荒凉剩古祠。

仓圣祠有二　一在城东通昌门外文昌庙东，祀仓颉。道光十二年，县人柴槚等集金建，同治初毁。祠址现赁造民房。

一在石门，里人捐建。

忠义祠有四　一在景星山下，祀唐中丞张巡。明侍御王道重新其宇，并改塑神像。

【方豪记云】石汀公以监察御史奉简命按部至江山县，闻有张中丞庙而谒焉。伏起之余，骇塑貌甚异，以询江山徐令万璧。令对曰：是俗所谓厉鬼象者矣。公叹曰：厉鬼之云，张公一时之愤耳，而乃附会至此，不易之，何以醒俗？况庙宇渐倾，崇奉未惬。乃以语衢守林君以永。徐令既承公命，复领郡檄，早夜经营，旬月之间变俚为雅。更故作新，庙貌俱隆，井邑改瞻。林君大书“忠义祠”，伐石为碑，特书其事。

一在县学宫内，改名忠孝。

一在县城安和坊，清同治七年奉文捐建，祀咸丰八年以后阵亡官弁绅民。俗称景星山为旧祠，安和坊为新祠，现为中心小学校舍。

一在二十八都枫岭，游击郑得标建。

大义祠 旧在县北，祀宋秘阁修撰徐忠节应镳，岁以春秋仲月诹日致祭。明正德十四年，提学副使盛端明徙通衢门内。

【舒芬记云】启嗣而有扈拒甘，武兴而伯夷叩马。夫岂昧于天命者哉？君子曰：语道者不以天，语义者不以命。非不知启之敬承为天与也，惧后世非其人，或得以据神圣之位；岂不知武德之圣而非谏之，惧后世臣子一动于利，将藉此以行弑逆而无所忌惮。呜呼，二子当三代之盛，犹将亡国杀身以为名教之计，乌知百世之下事尤异于是哉！方元伯颜入临安，尽俘三宫、百官、诸生以北，惟公呼二男一女，诀奠于岳武穆王祠，誓不与俱。以火不克死，复以水乃死。呜呼，拟公之忠，则文天祥、张世杰诸公盛矣，而公不在其位；拟公之节，则李芾、赵昴发诸公壮矣，而公不在其职。我将拟公以鲁仲连不肯帝秦之义，而行之亢烈，则十倍于鲁连也。自非踏（编者按：旧志作蹈）道之素，乌有此举，以回日月之光耶？公之风，盖不在伯夷下也。

旧有祠在县治北，正德己卯武进吴亚夫改建于通衢门内之东。亚夫之改，以节义教化为急务。如近日宸濠之乱，人多观望，惟亚夫与进贤令刘汝澄首正逆贼之名。则夫是祠之建也，岂徒然哉？十月望，书来闽，属芬记。因忆成化中厓山建祠，文、张、陆三公，陈白沙题曰："大忠祠"；是祠旧因公谥，今改曰"大义"，庶足以表公之心也夫！

知县吴仲拨田五亩供祀。嘉靖二十一年，知县黄纶增田五亩，改城后移建通安门；万历间知县张斗修。清道光间，县人重建于水星楼左；咸丰八年毁；光绪二十四年，族孙徐道沛等于通贤门内，改购王姓屋为祠。

【明李攀龙诗】桃菿何劳问楚巫，稜稜霜气寄青蒲。时危烈士乘箕尾，事去孤臣泣鼎湖。八口全忠青史永，千秋正气紫霞扶。不知故国西陵月，犹照亭台俎豆无。

方公祠有传　在市心街，祀明署县方节愍召。每岁以十月十三日诞辰致祭。清雍正二年，知县王不党移建于仪门右侧；乾隆三十年，知县杨椿改建于东廊后；三十八年，知县宋成绥增建照厅，并于头门左右捐造铺面十间，丞署基东西公地旧旻天楼在内原有官房民屋，或捐或赎，概改铺面，归祠收租。铺面息金由胥吏经理，永作岁时祭祀之用。咸丰十一年毁于兵，同治九年，重新正殿。民国16年，司法成立，原祠与总捕署皆改为法院，公像移奉旧城隍庙。

【王家望传略】公卒越月，都阃李弁暮过城北，远见一官，乌帽红袍，询之驺从，悉无所见。御者曰，方令柩在，或其灵也。李悟，具牲醴吊之。丁亥新正，县吏周某、刘某以途揖遗金，两相惆怅，谓新正失财不吉，赴公柩跪祷，见阶下有金，拾之即故物也。尔时讹言，某兵不日过境，居民惧甚，或梦公，告曰，山重岭覆，雪深三尺，兵不过此。越日果雪，兵改道他去。元日，有扶乩者，公降鸾题诗，语多悲壮，江民异之，咸称忠魂不泯，公已为神云。

【清刘侃诗】义旅从天下，孤臣独守忠。书牌铭大节，怀印凛英风。止水千秋冽，罗矶百代雄。遗民思报德，岁岁赛神宫。

余公祠 有传 在县北二里宝成寺侧，奉明知县余一龙。有正厅一所、两廊、门及铺面五间，万历间建。

【赵镗记云】江山自昔号称难治，持牒而讼者日以百，每牵连人命，以期必胜，由此破家者相属也。侯思易其弊，而先以礼义开导之，其诸涉人命，反坐之，而刁讼始息。俗多逋负，民动以粮长为苦；为官吏者，又辄以空批起解，任其典鬻不恤。侯尽革之，而粮长无苦。里甲岁输丁田钱于官，以充经费，曰均平。官操其奇赢而出纳之，有从而利之者，有用度弗节而不给者，侯沛然有余。岁具赢数，报于上官，仍以散诸里甲。初下车，闻邑册籍漫不可诘，曰：欲尽革若弊，必自丈量始。姑以税为准，飞者与受飞者皆役之，而弊稍杀矣。其审编也，旧皆委之积胥，因缘为奸。侯先期取籍藏之，届期躬自编签，一胥不与焉，自是役始均。县故多盗，侯治盗无冤者，自是盗始息。尤留意学校，初莅即新学宫及景星、百祜两塔。县故无城，侯筑之，不半载而成。至处义乌之兵，其功尤伟。先是，福建调兵于浙，假道焉，岁久分番，渐肆攘夺，至往岁而仙霞之变亟矣。侯笞其兵而弭其变，因以改道请于上官，自此江山永无忧。侯性淡泊，清苦与寒士无异。每出舍市，饔飧自给，驺从肃然。民不知其为令而争亲之，曰：我父母也。侯亦自忘其为令而抚之曰：吾赤子也。呜呼，有赤子去其父母而弗思者耶！因刻之石以比诸甘棠，以告诸我子孙。

祠有董事等经理，清乾隆四十一年修。

蒋公祠 奉明知县蒋光彦，有厅一所三间。

【清余锡遗爱记云】尝读《诗》至“蔽芾甘棠”之章，窃叹诗人爱慕之诚，追思之切，勿剪勿拜，一篇之中三致意焉。盖其时俗古民淳，戴上之泽者往往发为讴吟，传诸奕祀。后世治不如古，虽有舆诵之词，庚桑之祝不一再传，辄荡为寒烟荒草，比比而是。若我江山邑侯见田余公，九觐蒋公，遗爱在人，阅两朝如一日，而后知古今民情，不甚相远也。江山故礼贤徙也，自有宋咸淳迄元至正而迁今治，至明嘉隆之际，三百余年而未城。筚路蓝缕，庶事草创，余侯以通敏强干之才，因矿盗之警，建议筑城。得请于上，度地鸠工，不日而竣。民不知劳，间以余力浚九连池、七星井以通水脉，而生聚寖繁。建天一楼于坎位，以镇南离，而郁攸不作。盖公精于青乌白鹤家言，诸所建置，裨益宏多。而且，礼士爱民，清通简要，百废俱兴，邑人至今赖之。专祠崇祀在邑北门，负郭数十武。至万历中叶，蒋侯以循良最绩，宽仁慈惠，黎民怀之，卜祠于左，时人比之召之与杜、龚之与黄焉。祠之左右，市廛数楹，往昔士民醵资创置，为春秋牲醴费，以规久远，历数十年于兹矣。迩来，兵燹频仍，居民庐舍暨两祠尽圮，而祠前供祀数椽巍然如鲁灵光。此固两公英爽不磨，不至泯没，惜为邻寺冒占，转鬻居民。客岁同学诸友，按额清厘，虔修祀事，以寓甘棠之思。即从前首事诸公之令嗣，继志述事，莫大于此。但虑岁月绵邈，后且无征，爰立尺籍备载缘起，请给印识，以示将来。吾知蒙庥食德，服教畏神，谅有同心，必无觊觎如畴昔者，庶遗爱在人，甘棠之思，且与召伯并垂千古矣。

蒋公尚有二祠，一在九清桥侧，一在鹿溪桥侧，今皆圮。

崇报祠即邵公祠 在县北二里宝成寺后，奉明知县邵仲禄。

正厅一所，两廊门店五间，万历间县人公建。

【明黄汝良记云】郡丞李鹅湖公署邑篆，过祠下，从者指曰：此邵侯生祠也。李公诘民思侯状，父老对曰：邑地僻，多瘠田，税多浮而征赋稍艰。侯蔬食肩舆，躬亲丈之，田额奇赢，申请折减，而民之累以苏。未尽知学，侯则遍置社馆，择师以诲俊秀。而复召学宫弟子员，会文艺、勤品题、注《四书》，讲意以端士习，而文教益畅。又立乡约，朔望诲子弟以孝悌。孜孜下询民瘼，片善必奖。常自言：宁为循吏，毋为能吏。而四方日知兴行。奸吏舞文，豪民武断，侯罢斥数十辈，民始贴席。储谷济饥，除道柔远，皆其著者。非祠何以垂永久？李公曰：善！率先为捐俸置田若干亩，以充奉祀。父老大悦，请镌之石。

知县易倣之并为立不喧碑于泮池之左。

【赵镗记云】侯性廉介，鸩视势利，卓然有激浊之志。治江剔污弊，罢冗力，抑靡度。口不兼旨，体不重帛。尚德劝义，贵嘱豪赂之风熄。约老幼士庶于乡，月谕而旬劝，有服义敦行者奖，不率者警，民争向风。途揖让，户仁义。当宿税祸民，境多流散，乃举清理法，民乐更生。又收其闲田租二百石，籍于学，岁赒乏士，及给缮宫宇。月校士者三，有饩有劳，躬亲面订，肯肯发圣贤大旨。凡此蒸动骏泽，皆根于心，率于身，而沦于民之肝腑，培于民脉，垂之山川，耿耿而不磨者也。

早圮。

薛公祠　在县北二里，与旧大义祠对，奉明知县薛梦雷。

【徐霈去思碑记云】公膺简命，出宰江邑。江拥浙上游，山峭水激，民俗果悍，号称难治。迩因岛夷矿盗煽孽邻壤，群蠹乘之，编氓益梗，遂用不靖。余见田、邵养斋二公相继牧守，殚心抚循，甫克康乂。公整饬官常，剔除民垢，夙夜罔倦；法令齐一，毋苟文具。时方有垦田之役，弊端丛委，当事者欲速其成，公宽限而审核之，宿弊尽厘，卒以就绪。江俗负气而好讦，睚眦之怒，辄诬以格杀。伺公始政，相煽以眩听。公具烛隐慝，摘其一二大憝痛惩之。他邑之狱有不决者，当道屡委谳之，理幽伸抑，讼者胥服。岁比荒歉，积诚露祷，不遑起居，又请官钱平粜，储粟以赈贷之。故民不枵腹，而旱不为灾。步鳌山水，其流峻急，自通贤门入，循渠而达北，汇于溪。渠道多为豪家湮塞，每霖雨浃旬，则浸灌庐舍，往来者率褰裳以济。公复其故道而浚导之，民甚称利。公操履端方，性资耿介，包苴私谒不敢至庭，贪墨豪右之党尤所屏斥。暇尝下学，必课文会讲，判析疑义，指示为文之标的。故一时士类喁喁。向方保伍，乡约行之既久，法弛弊滋，申令举行，剽窃潜踪，强梗循轨。其所以莫丽率作吾民者，类如此。

有正厅一所，门三间。万历二十二年建。

【西安徐一槚记云】余与侯契，知侯治为甚悉。侯性度廉平，才算精敏。初莅江时，尝揭示曰：理民如理苗，欲苗之茂，必先耨其害苗者，故意在煦妪振刷先焉。江俗故刁犷，动以睚眦小忿构结大狱，执牍之吏又从利其啖，遂令怀（编者按：旧志作坏）赀者接踵。侯深烛奸欺，以片言折之，而暧昧立晰。赋税输纳，包揽侵牟而管钥干没，侯痛摘夙弊，仍立缓征调停之法。凡豁蠲贷而赔国课者，不啻数百十家，且此时务如猬起，而侯爱民造士之心殷殷不少置。立保甲，建义仓，申乡约，奖节孝，扬隐逸；时诣学宫，抉奥讲艺，立会设饩，躬亲品题，有《校士录》以行于世。它如祷雩壝，甘澍随车，民颂之曰薛公霖；行街衢，疏壅拯凖，民颂之曰薛公河。皆班班可书者。

侯之为政，大都期便民，不恤不韪，则（编者按：旧志作剔）蠹不畏强御。见人肺肝不伤于苛，悯人诖误不沦于愒，应纷挐繁剧不辞劬瘁。居官数年，行李不能易敝簏，以故中外震肃，比户可封。当时清丈有碑，恒爱有录，薛神明有谣传。至今一衣一粒之安享，一子一女之畜衍，一俊一髦之奋兴，与夫一作息、一出入之熙熙愉快者，咸归侯之盛德培养有以也。今圮。

怀棠祠 即易公祠 在步鳌山正学书院后。奉明知县易倣之，有正厅一所，又左右厅各一所，万历十六年建。

【黄汝良记云】公故常守御史台，风裁峻整，号为贤使者，会以他事左迁江山令。始江人慑之，公至，独循循为理。其言曰：御史务在激扬，宜一切以柱后惠文从事，乃令奉法循职耳。且吾终不薄令而弃民，故其治要在坦易而廉平，诹咨民瘼，起便除害，使人人得所欲。邑无问士庶，窭有赒，茕有恤，鳏有娶，以至吁神澍，驯妖鸷，清丈田税，以汰宿弊，积年驵儈（编者按：儈，旧志作侩），无敢窥牟者。致庭无宿谳，野无捐瘠，岁稔物阜，乃开文明池，创文昌阁。诸士奋兴，藉以起家，高第者，接踵于公车，斯不亦悦安强教、恺悌父母者哉！

世之迁客傲吏，往往厌薄卑琐，视令若不屑。大率秦越其民，民亦秦越报之。乃公之秉宪，严重若彼，而其为令优优若此，此殆中心憯怛而百世之仁已！盖畏垒大穰，庚楚祠焉。凡以报有功，志不忘也，固有血气之所同也。以公之为德于江，固宜永永食报弗绝。后之观是祠者，感江人报德之厚，而思所以及人之深，其亦足以风矣。

郡丞鹅湖李公与知县张斗并为增置祀田。

【郑一鹏祀田记云】沛上紫垣张君斗令兹邑，登步鳌祭逸平事毕，谒怀棠祠。敝者新之，缺者完之，左右构廊榭墉垣，视始创尤伟丽。士民乐输置田，务为弗坠计。田在步鳌山门即骑石岭下紫微观后，计租六石，给僧可谕、盛慧耕之瞻守，奉备修葺。余在十二等都，土名桑淤诸处，计租存储。首事者主之，岁充俎豆之需。今圮。

张公祠 在县治后，奉明知县张斗。和易近民，民甚德之万历四十七年毁于火。

堵公祠 在县北二里北关上，厅一所，门三间，初名乐育馆，今圮。公讳维垣。有传。

程公祠有二 一在城隍庙右，奉明知县程鹏举。今改为平民工厂。

一在步鳌山正学书院旧基，民国18年集金建，奉知事程起鹏。24年仍改称书院。

二贤祠 在景星山，明知县黄纶以东岳行宫改建，并置田六亩。

【明夏尚朴诗】平生只见朱元晦，秦桧何由得面看。却恐论心风旨别，恐非明道悟龟山。（右徐逸平先生）

宋室兴亡世道关，等闲一死重邱山。千古正气堂堂在，一体分来铁作肝。（右徐正节先生）今废。

忠烈祠 在西山，奉历朝忠烈神主。民国25年，县长周心万以原有目连庵改建，前埭印月楼改为望霞，移观音佛座于楼下。

第三章 坛

坛为祭天祷雨之处，所谓能御旱患则祀之。旧志虽与庙祠并列，祀坛之礼视若弁髦，已废久矣。民纪5年 即洪宪元年，饬祭一次后遂无闻焉。然祈泽非虚，山川其可舍诸，爰备载以存古制！

社稷坛 在县北五里——《正德志》。清制，坛广二丈五尺，高三尺四，出陛各三级，缭以周垣，四门红油。北门入，石主长二尺五寸，方一尺，埋于坛南正中，去坛二尺五寸，上露圆尖，称县社稷之神。复以木为神牌二，朱漆青字。临祭，供以矮桌，岁以上戊日致祭。雍正五年，颁定品祭，每案用羊一、豕一、帛一、铏一、笾四枣、栗、盐、藁鱼，豆四韭菹、醓醢、青菹、鹿脯，簠二黍、稷簋二稻、粱。久废。光复后，坛址由官产清理处标卖。

神祇坛 在县南三里——《正德志》。旧为风云雷雨山川坛。清嘉庆十六年，奉文改正。临祭，列风云雷雨之神于中，左山川，右城隍，岁以春秋仲月上戊日致祭。祭品同社稷坛。久废。光复后坛址由官产处标卖。

先农坛 在过溪王家地方。清雍正五年，知县汪準奉文立，并置籍田四亩九分，每岁仲春部颁致祭日期，祭品依社稷坛例。各官朝服行礼毕，易蟒服诣耤行九推礼。后改在通昌门外仁寿社，于立春前一日出土牛鞭春。乾隆二十二年，诏行常雩礼，即先农坛内设社稷山川先农总牌，岁以孟春致祭。光复后，废坛，址与籍田均为官产清理处标卖。

邑厉坛 在青霄桥右——《乾隆志》。岁以清明、中元、十月朔致祭。先期迎城隍神于坛榜，无祀鬼神享之，用羊三、豕三、饭米三石、香烛酒楮随用。光复后废。

里社坛 前志失载。案旧制，各村每里立坛一所，祀五土五谷之神。遇春秋社日，集众祭之。用羊一、豕一、酒果香烛具备，祭毕会饮，令一人读誓词后，长幼以次坐，尽欢而退。

乡厉坛 前志失载。案旧制，各乡每里立坛一所，附郭坊隅共四所，祭无祀鬼神，每岁如邑厉坛三祭，祭物牲酒随俗，会饮读誓等仪与里社同，祭文及告城隍文皆如邑厉。

第四章　社

里社之设，所以祈年谷，祓灾祲也。然眄饗告禋，斯威仪克备，于是社赛举焉。湘楚九歌，礼尊太乙，渭雍五时，日重上辛，五戊奉牲宴社，三秋赛会迎神，而今则为废祀矣。盍亦思，实沉骀台为博雅君子所不废欤，因补列各社之可知者。

山泉祖社　在通兴门外西山。清咸丰八年毁，同治初合社重建。

山泉官社　在南门外社山背。清咸丰八年被毁。同治元年由本社租谷余息拨建，民国 5 年增建演台及看楼。

檀树社　在通安门外。清咸丰八年毁。同治初由下市底合里公民重建。

仁寿社　在通昌门外。清光绪初建，每年立春前一日，鞭春牛于世。

归仁社归俗作皈　在通禄门内，明正德十年，郑蒙等捐建，嘉靖间合社重建，周文兴有记。见《金石》。

龙潭社　在通宁门外妙莲洲。清初建，昔徐伊若课子弟于此，后有桂树二，今失其一。

【清刘佳诗】古社东郊外，重来隔九年。平檐余断甓，卧砌半颓椽。龙去空潭水，人烧败灶烟。婆娑青桂树，及见读书毡。

卷之十　自治志

治人者食人，治于人者食于人，古之通义也。清末倡言自治，筹备宪法，限十三年告成。不久逊位。光复而后自治，规模始臻完善。迩以县为自治单位，佐以乡镇诸长，欲使人人知政治，以免去一切高压，则兹事体大矣。

第一章　乡　镇

民国 18 年，村里制成立，编为 23 里、123 村。20 年，改里为镇村为乡。

清末划全县为 23 自治乡。每乡设乡董乡佐各一人，法定自治员若干人。民初相沿未改。3 年，每乡改设自治委员或办事员一人专理其事。15 年，改划为区，每区设区长一人，职员数人；17 年，将第三区所辖之二十八都增设为第六区；18 年秋，办理土地陈报，编为 146 村里，里下以 10 户为邻，5 邻为闾；20 年冬，改村里为乡镇，分设 123 乡又 23 镇，设乡镇长、副各一人，监察员数人；23 年，将 146 乡镇改划 6 镇 18 乡，于 24 年 1 月 1 日成立，废去邻、里、闾。

第一区　编为 1 区 5 镇 3 乡（编者按：看下文，当为 28 乡）。

城区编 5 镇：孝子镇、平棋镇、达道镇、市心镇、县前镇。

大溪滩编为 11 乡：大溪滩乡、上余乡、五都乡、三都乡、四都乡、白渡乡、一都江乡、航头乡、达埂乡、礼彰乡、塘下乡。

赵家乡编为 9 乡：桑华山乡、陈兆乡、协溪乡、耀扬乡、源前乡、达来乡、赵路乡、凤耀西乡、光武乡。

大陈乡编为 8 乡：大陈乡、郑村乡、达岭乡、旱田坂乡、荷塘乡、新塘坞乡、南丰乡、莲塘乡。

第二区　编为 3 镇 23 乡

清湖编为 1 镇 6 乡：清湖镇、学坦乡、湖前新乡、和东溪乡、周塘山仓乡、清石灵乡、十五都坂乡。

长台编为 1 镇 13 乡：长台镇、华儒乡、厚檀乡、岭源乡、秀峰乡、安家乡、玉许乡、苔檀乡、金龙乡、白石乡　鳌村乡、小坑乡、仓坞乡、福石岭乡。

石门编为 1 镇 4 乡：石门镇、清漾乡、达坞乡、张长理乡、江郎乡。

第三区　编为 4 镇 14 乡

峡口编为 1 镇 11 乡：峡口镇、凤岭乡、乌石乡、窑花乡、王桐乡、东坑乡、岭丈乡、溪东乡、定村乡、周村乡、黄倚乡、双溪口乡。

广渡编为 1 镇 2 乡：广渡镇、梧峰乡、龙溪乡。

保安编为 2 镇 1 乡：保安镇、三卿口镇、黄龙裴大乡。

第四区　编为 6 镇 6 乡（编者按：应为 7 镇 30 乡）。

淤头编为 1 镇 11 乡：淤头镇、冈背山乡、高路乡、前溪乡、达埂乡、棠坂乡、永兴坞乡、西贺东桑乡、毛李水栖乡、黄山乡、严麻车乡、厚山璩猎乡。

新塘边编为2镇5乡：大街镇、新街镇、上洋乡、钟墩乡、东石乡、佛堂乡、新都乡。

礼贤编为1镇5乡：礼贤镇、英市和庵乡、华塔乡、万鹰乡、东山庄乡、八里坂乡。

茅坂编为3乡：仪凤乡、三十二都乡、南坞乡。

凤林编为1镇3乡：凤林镇、地山冈乡、大西乡、高坂乡。

官溪编为2镇2乡：官溪镇、桃溪镇、嘉墩乡、桑园乡。

第五区 编为3镇24乡

郑家坞编为4乡：郑家坞乡、徐横乡、上王乡、东清湖乡。

坛石编为1镇5乡：坛石镇、和郭乡、下塘乡、何莲乡、墨占文乡、潭源乡。

仕阳编为1镇4乡：仕阳乡、大桥镇、大洋桥乡、福塘乡、店边乡。

贺村编为6乡：大贤乡、环峰乡、周戴乡、鳌路乡、海门乡、贺峰乡。

吴村编为1镇5乡：吴村镇、水耕凤竹乡、读谈稼柳乡、清龙寺阆乡、诗宅井洋乡（编者按：缺富塘泉岭乡）。

第六区 编为1镇5乡

二十八都编为1镇5乡：二十八都镇、上街乡、徽华乡、徐家墩乡、溪竹乡、浮竹洋乡。

乡镇对照表 23年将146乡镇改划6镇18乡，如下表

乡镇名称	内含村落名称	现行乡镇名称	户口数	方里数	四至
文溪镇	树声坊、孝子门、上平棋、下平棋、应家垄、达道门、三　桥、来桂坊、县前、市后淤	孝子镇 平棋镇 达道镇 市心镇 县前镇	2165 户 10420 口	30	东至赵家，西至郑家坞，南至清湖，北至大溪滩。
大溪滩乡	黄家埠、路头、傅筑街、上余、后庄、雁塘、平坦、李家、大夫第、天井堂、五都、大溪滩、莲蓬、四都、达埂、朱邱、礼彰、方家、山头、一都江、航头、弓边、余家	大溪滩乡 上余乡 五都乡 塘下乡 三都乡 白渡乡 四都乡 礼彰乡 达埂乡 一都江乡 航头乡	4347 户 21667 口	400	东至衢县，西至大陈，南至赵家，北至衢县。
赵家乡	石山底、耀里、前兆、陈村、坂埂、耀家、毛塘、后垄、路头、召石、赵家、三光碓、墩头山、鸭后、协里、过溪王、山塘垄、桑淤、宅下、石顶、源口、箬坞、西垄、达河、淤头基、上江坝、柴坑口、鹿来、麻地	桑华山乡 陈兆乡 协溪乡 耀扬乡 源前乡 达来乡 赵路乡 凰耀西乡 （编者按：缺光武乡）	3551 户 17902 口	330	东至衢县，西至城区，北至大溪滩，南至白石。

续表

乡镇名称	内含村落名称	现行乡镇名称	户口数	方里数	四至
大陈乡	大陈、外夏家、外达岭、莲塘、碓边、际上、新塘坞、早田坂 毛家、下坂、麦墩、荷塘、郑村、天井头、方家、南周、丰足	旱田坂乡 荷塘乡 新塘坞乡 南丰乡 莲塘乡 （编者按：缺大陈乡 郑村乡 达岭乡）	2149户 11142口	250	东至大溪滩，西至郑家坞，南至城区，北至常山。
清湖镇	清湖、蔡家、后周、山贺、下仓、路陈、童家、蔡家山、七斗、和睦、东儒、读溪口、湖川、学坦、小清湖、灵山后	清湖镇 学坦乡 湖前新乡 和东溪乡 周塘山仓乡 清石灵乡 十五都坂乡	3090户 17621口		东至白石，西至贺村，南至长台，北至城区。
长台镇	长台、下陈、华峰、雅儒、厚隆、檀亭、大冈岭底、尖岩源、长安、郭家、秀峰、大校椅、破溪、小苔尾、黄坛、东方门、玉坑口、箬坑、瓦蓬、龙头殿、大金华、大梅、王家	长台镇 华儒乡 厚檀乡 岭源乡 秀峰乡 安家乡 玉许乡 苔檀乡 金龙乡	2680户 15730口	510	东至白石，西至石门，南至廿七都，北至清湖。
石门乡	石门、塔底、清漾、安基、达坞、徐村、长山、理余、张家源、王家、江郎街、泉井、达殿	石门镇 清漾乡 达坞乡 张长里乡 江郎乡	2392户 13650口	230	东至长台，西至礼贤，南至峡口，北至清湖。

续表

乡镇名称	内含村落名称	现行乡镇名称	户口数	方里数	四至
白石乡（编者按：据前文，白石乡应列入长台镇）	白石、毛家田、前墩、鳌村、下城淤、大辉、小坑、深渡、青坂、吴家、仓坞、乾顶、水口、福石岭、青石、寺下、白礁、塘源	白石乡 鳌村乡 小坑乡 仓坞乡 福石岭乡	2446 户 14290 口	750	东至衢县，西至长台，南至遂昌县，北至赵家乡。
二十七都乡	凤岭底、岭丈坑、东坑、定村、双溪口、周村、黄倚	凤岭乡 岭丈乡 东坑乡 定村乡 双溪口乡 周村乡 黄倚乡	1904 户 10724 口	700	东至遂昌县，西至峡口镇，南至浦城县，北至长台乡。
峡口镇	峡口、旧街、乌石坂、窑村、莲花山、溪上、东山淤、王村、桐村	峡口镇 乌石乡 窑花乡 溪东乡 王桐乡	1964 户 9978 口	250	东至二十七都，西至广丰县，南至广渡，北至凤林乡。
广渡乡	广渡、柴家、柴村、宅前、西山、大坑、化龙溪、猪头山	广渡镇 梧峰乡 龙溪乡	1016 户 4824 口	150	东至仙霞，西至广丰县，南至廿八都，北至峡口。
仙霞乡	保安、西洋、三卿口、圆通庵、龙井、龙溪、裴家地、大坞	保安镇 三卿口镇 黄龙裴大乡	1244 户 5410 口	350	东至廿七都，西至广渡，南至廿八都，北至峡口。

续表

乡镇名称	内含村落名称	现行乡镇名称	户口数	方里数	四至
淤头乡	淤头、冈背坞、石牌山、高路、姜家、前江、溪滩、达埂、刘家、郭丰地、棠坂、前坞、王塘底、永兴坞、前山、贺山头、西念、桑丰、毛家仓、李家坞、栖梧、水山竹、姜坞山、黄坞、严麻车、厚源、山塘、璩家坂、打猎山头	淤头镇 岗背山乡 高路乡 前溪乡 达埂乡 棠坂乡 永兴坞乡 西贺东桑乡 毛李水栖乡 黄山乡 严麻车乡 厚山璩猎乡	2296 户 13332 口	100	东至礼贤，西至新塘边，南至茅坂，北至吴村。
新塘边镇	新塘边、雉岭、新街、五家山、上洋、樟坞、塘边、钟底、墩村、东山、石后、佛堂、温塘边、坳底、坝底、坞里、桓塘坂、长山、池头墩	大街镇 新街镇 上洋乡 钟墩乡 东石乡 佛堂乡 新都乡	2991 户 17553 口	160	东至淤头，西至玉山县，南至茅坂，北至吴村。
茅坂乡	茅坂庄、三十二都、南坞庄	仪凤乡 三十二都乡 南坞乡	2257 户 11742 口	150	东至凤林，西至官溪，南至峡口，北至新塘边。
礼贤乡	礼贤、安蓬、英岸、市上村、和村、五里庵、华塔、乌鹰垄、万青山底、东岸、新庄、八里坂	礼贤镇 英市和庵乡 华塔乡 万鹰乡 东山庄乡 八里坂乡	1792 户 10287 口	缺	东至清湖，西至淤头，南至凤林，北至贺村。

续表

乡镇名称	内含村落名称	现行乡镇名称	户口数	方里数	四至
凤林乡	凤林、地山岗、大悲山、西溪淤、高坂	凤林镇 地山岗乡 大西乡 高坂乡	1618 户 7098 口	110	东至石门，西至茅坂，南至峡口，北至礼贤。
官溪乡	官溪、灰山、桃溪、塔山、周家墩、大桑园	官溪镇 桃溪镇 嘉墩乡 桑园乡	1261 户 6738 口	90	东至茅坂，西至玉山县，南至广丰县，北至玉山县。
郑家坞乡	郑家坞、上徐、横渡、上王、坳头、东清湖	郑家坞乡 徐横乡 上王乡 东清湖乡	1747 户 8967 口	290	东至大陈，西至仕阳，南至坛石，北至常山县。
坛石乡	坛石头、和殿坞、郭丰、下铺、下塘、何家山、莲花山、墨林垄、占塘、文山垄、潭源	坛石镇 和郭乡 下塘乡 何莲乡 墨占文乡 潭源乡	1855 户 10223 口	200	东至城区，西至仕阳，南至吴村，北至郑家坞。
仕阳乡	仕阳、菊坞、洪家坞、大桥、文山里、坳里、大洋桥、岭头、福塘、占坞、苏源、桥头、西坂、店边	仕阳乡 大桥镇 大洋桥乡 福塘乡 店边乡	2524 户 13277 口	210	东至坛石，西至玉山县，南至吴村，北至常山县。

续表

乡镇名称	内含村落名称	现行乡镇名称	户口数	方里数	四至
贺村乡	姜家、湖边、环山、东峰、周家、坝贺、鳌塘、路口、谈家垄、龙底、贺村、狮峰、山前坂、塘下垄、坞里村	大贤乡 环峰乡 周戴乡 鳌路乡 海门乡 贺峰乡	1989户 10946口	150	东至清湖，西至吴村，南至礼贤，北至坛石。
吴村乡	水晶山底、耕读、凤凰山、柳坂、竹青坞、读谈山、吴村、清塘尾、寺后、诗坊、宅前、富塘泉塘边、红旗岭	吴村镇 清龙寺间乡 诗宅井洋乡 富塘泉岭乡 水耕凤竹乡 读谈家柳乡	1810户 10122口	150	东至贺村，西至玉山县，南至淤头，北至坛石。
二十八都镇	浔里、湖里、上街、小竿岭、麻地湾、上灰山、华坞、徐家墩、岭下、溪口、巾竹、浮竹洋、大坑源	二十八都镇 上街乡 徽华乡 徐家墩乡 溪竹乡 浮竹洋乡	1239户 6365口	600	东至廿七都，西至广丰县，南至浦城县，北至仙霞。

附：

【县长周心万拟以清湖镇为自治实验区计划书】

是镇据文溪镇上游，土地肥沃，风景清幽，青山当其前，大湖贯其中，水碧如油，住户954户，人口：男2946人，女1897人，总计4843人。划分为39闾、195邻，人民除业农外，多属商。出产以米、豆、材木为大宗，鸡、鸭、蛋、纸、油次之。市集以一、六周旬为期。地当浙闽交会，水陆通行，商业甚盛，距县治15里，所颁《自治进行方案》，择交通便利、市面繁盛之乡镇先行试办。本县拟以清湖为自治实验区，事确未成，而计划则周详焉。

甲：总纲

一、依政教合一原则，训练民众政治、智识，促进民权发展；

二、以教养兼施方法，发展地方经济，充实人民生计；

三、秉生聚教训精神，严密社会组织，培养民族意识。

乙：组织

四、本镇市肆繁盛，人烟稠密，形势适中，环境相宜，并且人材经济为各乡镇冠，兹为自治，进行推动较易起见，设立办公处于多福寺内。

五、本镇设镇长 1 人，管镇内一切自治进行事宜，由县政府委任区长兼充之。副镇长 2 人，襄助镇长办理自治进行事宜。由区长呈请县政府核委事务员 1 人，由镇长聘任之。

六、本镇办公处暂设下列各股，其职掌如下：

1. 总务股：掌管文书、庶务、会计及不隶属于其他各项之事项；

2. 教育股：掌理自治职员训练、国民训练、儿童或成人教育，以及国民体育、民俗改良与夫其他文化事宜；

3. 交通股：掌理境内道路、桥梁，以济行旅事宜；

4. 积仓股：掌理境内积谷事宜；

5. 救济股：掌理救济各项事宜；

6. 保卫股：掌理保卫事宜；

7. 户籍股：掌理户口调查、人事登记事宜；

8. 卫生股：掌理公共家庭个人卫生之指导取缔事项；

9. 生产股：掌理改良造林、养鱼牲畜、养蚕养蜂及其他生产与合作社之组织事宜；

10. 经济股：掌理公营事业之管理及事业经费之筹划等事宜。

办公处设主任 1 人，各股设股长 1 人，干事无定额，均为义务职。

七、前项股长干事人选，由本镇呈报请县政府核聘，各股办事细则另订之。

八、镇务会议以镇长为主席。镇长因公告假时，由副镇长依次代理之。

九、镇务会议方式，遵照民权初步实行。

丙：工作

十、指定清湖中山小学附设民众夜校，督令未识字之闾邻长，一律修毕校内所订功课。

十一、讲演训导自治职员办法如下：

1. 每月举行自治职员讲演会及讨论会，所有闾邻长必须全体出席。

2. 讲演人员请县党部、县政府、县教育局、区公所、县民众教育馆、小学教师轮流担任。

3. 讨论会由镇长事前拟定问题，提会讨论，并请县长莅场指导之。

十二、本镇设置国民训练讲堂，以训导一般人民，其办法如下：

1. 设立地点及场所：清湖镇多福寺。

2. 堂长及讲员：除镇长兼充堂长外，讲员则请民众教育馆职员、小学教师、自治职员轮流担任。

3. 科学：党义、自治法规、世界及本国大势、本县乡土志。

4. 训练时间：每星期四小时。

5. 经费：请县拨补。

十三、利用国民训练讲堂，每月集合公民作四权使用之假实习，事前并呈请县府派员莅场指导。

十四、疏浚清湖大河，以利交通运输灌溉及供给民众之清洁饮料，其办法如下：

1. 勘测工程及编订预算，由交通股拟，呈准县政府办理之。

2. 掘土工程依征工方法办理之，由灌溉所及之业主供给食粮，佃农供给劳力。

3. 所需材料费，以募捐或派募方法筹集之。

4. 详细计划由交通股拟议之。

十五、本镇举办各种合作社，其办法如下：

1. 依本镇之需要情形，暂行设立信用、储藏、生产、消费四种合作社。

2. 信用合作社得兼营储藏、生产，合作社得兼营消费。

3. 合作社之章则另订之。

十六、本镇实行种树，其办法如下：

1. 利用镇内沿河沙淤，广植树苗，其生产收入归诸公有。

2. 劝导镇内各地义冢以及私有庭园空地业主，种植树苗，其生产仍归私有。

3. 义冢、荒地以及庭园空地所需树苗，由地主自备；沿河所需树苗，由沿河住户捐助或向苗圃领植。

十七、举办各种救济事业，其办法如下：

1. 镇内发现婴孩孤儿，即行收留、分送育婴保姆乳养。

2. 育婴保姆雇用，每人每年贴国币银 30 元。

3. 育婴经费，除育婴会开支外，不足向殷户募捐。

4. 呈请县府借款，成立农民借贷分所。

5. 提倡农民合作及储蓄组织。

十八、设立临时施医所，其办法如下：

1. 本所以治疗贫民疾病并辅助卫生防疫为宗旨。

2. 设立主任1人，主持所内事务。医士若干人，分别担任治疗、防疫、卫生事宜。

3. 医士设挂号、待诊各室。

4. 施医、施药概不收费。

5. 经费临时募捐不足，呈县补助。

6. 本所详细章程另定之。

十九、厉行清洁运动，其办法如下：

1. 本镇公所会同公安局，专设清道夫一名，专管街道清洁事宜。

2. 街巷设立之私厕，绝对禁止沿河露天茅坑，限期迁移。

3. 指定堆积垃圾场所，严禁（取缔）人民随地抛弃垃圾。

4. 每月举行清查检查，责成闾、邻长挨户施行。

5. 会同公安局，派员指导个人、家庭、公共卫生办法。

6. 会同清湖中山小学及公安分局按期举行清洁运动。

二十、本村举办农村经济调查，其办法如下：

1. 呈请县政府拟定农村经济调查表。

2. 由镇公所负责调查制成统计表。

二十一、仿照复查户口结果，由镇长负责制成应受教育儿童及成人分布图册，会商清湖中山小学及民众夜校，计划分期教育切实办理。

二十二、依照试办人事登记办法，会同公安分局切实办理。

二十三、办理保卫团，其办法如下：

1. 调查壮丁民册，报由区公所按期抽调，予以严格训练。

2. 已退役之壮丁，督率担任守望报警、清查户口各种工作。

二十四、订定自治公约其办法如下：

由本镇拟订《自治公约草案》，交由镇民大会通过，报由区公所转呈县政府核准后，公布施行。

丁：人才之选择

二十五、本镇办事处所需人才，就镇内选择之，除镇长、副镇长、监察委员及闾邻长外，所有镇内小学校长、教员、导师曾受相当教育者，或具有某项特殊技能与经济者（如医生），或素为地方人士信仰者，一律聘请担任公职。

二十六、人才之选择由镇长、副镇长互相决定。

戊：经费

二十七、本镇自治经费，由清湖地方公安局原有经费尽数拨充外，并整顿庙产之收入提成拨充，其施行细则另定之。

二十八、筹辟自治经费之来源，拟具办法如下：

1. 管理公有土地之收益。

2. 公营造林之收益。

3. 公营水利之收益。

4. 公营养鱼之收益。

5. 公营牧育之收益。

6. 公营养蚕之收益。

7. 公营养蜂之收益。

8. 其他公营之收益。

9. 募捐之收入其办法如下：

募捐，非万不得已时不实行，方式采取劝导，使人民乐于输将。

第二章 户 口

明洪武间：24846户，113678口。

弘治间：20356户，123388口。

正德间：17486户，92300口。

嘉靖间：17486户，92399口。

隆庆间：17400户，92300口。（编者按：本条参旧志加）

万历间：17400户，92300口。

天启二年：17400户，92300口（实征29754丁口）。——以上《天启志》

崇祯十五年：市乡成丁6552口，不成丁23202口。知县李茂奉巡按勘定立石。

清顺治三年：实征丁口依明额。

康熙十年：户口29700有奇。

十一年：户口39700有奇。

二十年：经国要务案内编审得逃亡，故绝成丁1939口，逃亡故细钞丁6548口。

二十五年：清补成丁150口，清补钞丁1163丁。

三十年：清补成丁1789口，清补钞丁5385丁，实征21267丁口。

四十六年：实征29754丁口。

五十二年：户部奏诏，将直省五十年编审丁数定为常额，续生人丁，永不加赋，遇编审之期，将生增人丁实数缮为《盛世滋生册》，如额征，人丁数内有开除者，即将新增人丁补足。——《康熙续志》

乾隆四十年：27323 户，共男妇大小 99771 丁口。——《乾隆志》

咸丰九年：25546 户，254895 丁口。

同治三年：20190 户，179973 丁口。

十年：20327 户，183835 丁口。

十一年：巡抚杨昌浚奏请编查，实计 38725 户，193836 丁口。——旧志

民国 20 年：户 52321，丁 150832，口 120144，总计 278176 丁口。

21 年：户 52398，丁 156176，口 119851，总计 275973 丁口。

按：户数与丁口总数，21 年度与 20 年度相较，户数增加 77，人数反减 2203，殊与户口繁衍有所背驰，考其原因，实由 21 年两度遭□，携眷避地者多。

23 年：户 53373，丁 165296，口 123211。丁口 288507，识字者 49589 人，有职业者 148766 人。

24 年：户 55847，丁口 293049，男丁 164732，内老 34604，小 64268，壮 65860；女口 128317，内老 29485，小 44487，中 54345。

户口表

乡镇别	户数	男老	壮丁	小	总口	女老	中年	小	总口	合计
文溪镇	2559	1600	2378	2972	6950	1220	2140	1830	5190	12140
赵家乡	3705	2205	4138	4096	10439	1722	3725	2558	8005	18444
大溪滩乡	4634	2674	4606	4967	12247	2166	4146	3250	9562	21809
大陈乡	2229	1199	2938	2226	6363	940	2644	1346	4930	11293
长台镇	3016	1937	3804	3631	9372	1745	2851	2617	7213	16585

续表

乡镇别	户数	男老	壮丁	小	总口	女老	中年	小	总口	合计
石门镇	2312	1877	2774	3602	8253	1859	1829	2790	6478	14731
白石乡	2748	1835	3371	3443	8649	1286	2961	1930	6177	14826
廿七都乡	1897	1278	2384	2391	6053	1010	2709	1515	4634	10678
峡口镇	2118	1357	2479	2692	6528	1224	1871	1837	4932	11460
廿八都镇	1416	797	1498	1545	3840	685	1213	1029	2927	6767
仙霞乡	1268	615	1383	1220	3218	433	1082	981	2496	5714
广渡乡	1055	553	1361	1091	3005	562	1090	844	2496	5501
贺村乡	2105	1418	2524	2346	6288	1108	2271	1665	5044	11332
淤头乡	2413	1656	2941	2968	7565	1438	2563	2158	6159	13724
新塘边镇	3240	2197	3812	4132	10141	1939	3267	2910	8116	18257
清湖镇	3479	2003	4210	3564	9777	1766	3133	2650	7579	17326
礼贤乡	1866	1314	2440	2056	5810	1236	1746	1855	4837	10647
凤林乡	1719	937	1913	1740	4590	729	1631	1093	3453	8043
茅坂乡	2522	1044	3605	2766	7415	1254	2705	1881	5840	13255
官溪乡	1207	712	2195	799	3706	736	1170	1104	3010	6716
坛石乡	1750	1270	2099	2359	5728	1048	1890	1573	4511	10239
仕阳乡	2853	1706	2885	3168	7759	1418	2597	2128	6143	13902
吴村乡	1887	1233	2048	2290	5571	1041	1844	1563	4448	10019
郑家坞乡	1849	1187	2074	2204	5465	920	1867	1380	4167	9632
总计	55847	34604	65860	64268	164732	29485	54345	44487	128317	293049

附：25 年全国人口统计（以人为单位）

浙江省人口　21230749
江苏省人口　36469321
安徽省人口　23265368
江西省人口　15820403
湖北省人口　25541636
湖南省人口　28293735
四川省人口　52963269
西康省人口　968187
河北省人口　28644437
山东省人口　38029294
山西省人口　11601026
河南省人口　234289848（编者按：本数字似有误，按全国总人口 466785856 减去除河南外各省市人口，得出河南省人口应为 33339448）
陕西省人口　9717881
甘肃省人口　6705446
青海省人口　1196054
福建省人口　11755625
广东省人口　32389805
广西省人口　13385215
云南省人口　11994549
贵州省人口　9034207
察哈尔人口　2035957
绥远省人口　2083693
宁夏省人口　1023143

新疆省人口　4360020
辽宁省人口　16465303
吉林省人口　7666648
黑龙江人口　3822344
热河省人口　3054305
蒙古人口　2017669
西藏人口　3732011
南京市人口　1019148
上海市人口　3485998
北平市人口　1556364
天津市人口　1292025
青岛市人口　414169
西京市人口　188291
威海卫人口　214113
总计全国人口　466785856 人

【韧案】我国人口或称四百兆，或称四百七十兆，然皆为概数。据有清宣统间民政部户口调查结果，全国共 70430432 户、372563555 口。陈君长蘅，以美前使乐克里耳，谓我国人口仅三万万，将该项调查报告整理分析，所得结果为 71268651 户、368146520 口，二者相去不远。乐克里耳乃少算 7000 万人。最近人口，据内政部统计司 25 年 5 月所编制之统计概如上数，即严其格以九五折算，当有 440895000 人是。我国现在人口，约一倍半于印度、二倍半于苏俄、三倍半于美里坚、六倍于英吉利之白种人口、六倍半于日本大和民族或德意志民族、十倍于法兰西或意大利，何以我之国力比人口远少于我之东西列强，莫不相形见绌，仅仅与落后之印度相似？以中印两国拥有全世界五分之二有奇之人口，而所据有之领土则仅占全世界陆地面积约八分之一，且皆岌岌不能自保。白种诸国与日本大和民族，相并不过我之人口，而所据有及所征服之领土，能占全世界陆地面积约十分之八以上。就日本而论，先后向我国夺去或武力占领之土地，已等于日本本部面积之四倍，其所控制之被迫压人口已等于大和民族之总数，言之可为寒心。前据德国人口统计专家库辛斯吉云，白种人口自1800年至1930年之间曾由二万万增加至七万万，每年平均增加率约为百分之一。此项增加率如果继续不变，则自汉元帝五年起至民纪23年止（民纪前1955年至1933年），彼只以夫妇二人之子孙统计，可繁衍至七万万之巨数。况发源欧洲之白种人口，自1801年以来，除去1915年至1918年而外，似皆出生多于死亡。而细究近年白种诸族人口之增加，又不尽由于生育率之加高，实由于死亡率之减低。然除图富强、舍研究卫生，无他法也。

第三章　保　甲

昔王安石治宋，鉴于乡治之度，创立保甲。其法以十家为一保，五十家为一大保，十大保为一都保。先行之畿甸，以次推及诸路。元制，村疃五十家为一社，社设社长。十户为长余，百户为十甲，甲设甲首、里长。甲首供督办贡赋，与宋时里正、户长相仿。明沿元制，初无大异。万历间知县薛梦雷曾力行之。清初，革明之里正，设立保甲，令州县十家立一甲长，百家立一保正，一乡立一保长，以供差役、赋税。康熙十一年，知县郭卫民创办保甲，群盗以息，惜其法不传。咸丰以后，仅存其名。光绪二十六年，大加整饬，县设保甲、总局，聘县绅殷实者二人为总、副董，定五家为一比，十家举一排，有事则鸣锣相应，久之又废。光复后四年，改授城镇乡保卫团，每 10 户为 1 牌，置牌长 1 人。10 牌为 1 甲，置甲长 1 人。5 甲为 1 保，置保董 1 人。每团置 1 团总，以县官为总监督。如因格于情势，其户数不能及 1 保或 1 甲者，则二牌以上亦得成团，但不设保董与甲长。 18 年，筹办村里制，10 户为邻，5 邻为闾，合 3 闾、4 闾、5 闾，举村长、副各 1。城市划东西与南北为里，里各有长、副，皆寓有保甲遗意。20 年改村里制为乡镇，全县分作 6 区，改划为 24 乡镇，举行保甲。其编组以户为单位，户设户长，10 户为甲，甲设甲长，10 甲为保，保设保长。编余之户不满 1 甲者，6 户以上得别立 1 甲，5 户（编者按：户字应作甲）以上得别立 1 保，5 甲以下并入邻近之保。其未编入闾邻之公共处所，归入所在地之甲，编为公共户保甲长。如需共同工作，并得将保甲内 18 岁以上、45 岁以下之男子，编成壮丁队。僧道及船夫，均须入队协助。

县之丁口为 293049，住户 55847，甲 5531，保 550。僧道、无籍船户在江者甚少，虽有江山船之称，多在衢县以下，只有 43 艘不能成保，照编组船户，保甲注意事项第九条，编入陆上保甲之内，共得壮丁 65860 人。

保甲对照表

乡镇别	户数	保数	甲数	壮丁	备考
文溪镇	2559	23	234	2378	
赵家乡	3705	38	364	4138	
大溪滩乡	4634	44	458	4606	
大陈乡	2229	21	209	2938	

续表

乡镇别	户数	保数	甲数	壮丁	备考
长台镇	3016	28	288	3804	
石门镇	2312	22	236	2794	
白石乡	2748	26	270	3371	
廿七都乡	1897	19	187	2384	
峡口镇	2118	21	214	2479	
廿八都镇	1416	13	136	1498	
仙霞乡	1268	13	126	1383	
广渡乡	1055	10	106	1361	
贺村乡	2105	20	210	2524	
淤头乡	2413	25	252	2941	
新塘边镇	3240	32	315	3812	
清湖镇	3479	34	351	4210	
礼贤乡	1866	21	195	2440	
凤林乡	1719	18	173	1913	
茅坂乡	2522	27	254	3605	
官溪乡	1207	12	128	2195	
坛石乡	1750	18	178	2099	
仕阳乡	2853	29	280	2885	
吴村乡	1887	19	189	2048	
郑家坞乡	1849	17	178	2074	
总计	55847	550	5531	65860	

县属各保办公处及所隶村市规划表（26 年 4 月）

主辖乡镇	保别	办公处	保内各村市名称
文溪镇	1	书院	书院、市后淤、毛塘、坂头、下三桥通禄、通昌门外
	2	下市街	北关、须水泉、火车站、通安、通化门下
	3	雅儒坊	下市底街、稚儒坊街东边、通安、通宁门内东边
	4	下市底	下市底街、稚儒坊街西边、保善亭、毛祠巷、雅儒坊、横街北边
	5	注诗巷	市心街东边、来桂坊、注诗巷、古井头巷、布政司巷、金家巷北边
	6	市心街	市心街西边、安和坊、达道门街东边、小菜场、仓巷、沙埂巷、金家巷北
	7	经堂巷	东塘塍、通宁门、通禄门内东边、经堂巷北边、市心街东边
	8	大东门	通禄、通昌门内东边、化鹏巷、腊行巷、大东门路、通禄门街、盐仓弄
	9	市心街	市心街东边、经堂巷、荷花塘、大夫巷东北、育婴巷南边
	10	海会寺	海会寺街、西塘巷街东边、大夫巷北边、市心街西边、金家巷、南明街巷
	11	大东门	当店巷南边、金街巷南东、小南门路、大东门路
	12	下平棋	柴家塘、丰乐亭、当店巷北、下平棋、王祠巷、水口塘顶
	13	慈桥亭	柴家塘顶、大夫巷南边、道古寺巷、太平坊
	14	南门街	大夫巷口、慈桥亭街深原亭、丹桂坊街、孝子街、树声坊东边
	15	海会寺	县前街、学宫街、文昌阁街北边、水星楼、麻车巷、徐祠巷、总爷衙门埂

续表

主辖乡镇	保别	办公处	保内各村市名称
文溪镇	16	文明坊	文明坊、十八曲巷、西塘塍、四眼井、大西门、火烧埂
	17	县前街	学宫街南边、安和、达道西边、文明坊巷、公园前巷、达道巷
	18	西塘巷	达道街、古柴家巷、西塘巷街、慈桥亭街、慈巷北边
	19	何家巷	西塘正巷南西、西塘左巷、状元巷
	20	慈巷	蓝田坊、前圳、后圳、慈巷南边、和尚巷北边
	21	小西门	后圳、前圳上段、慈桥亭街、马坑巷北边、小西门路
	22	深原亭	深原亭街、丹桂坊街、孝子街、洪山殿、孝子巷、树声坊街西边
	23	应家垄	应家垄、王埠山、目连洞底、大南门外、曹家坞、山川潭
赵家乡	1	下耀	硕下底、下耀
	2	上耀	上耀
	3	龙耳	吴家、山前、仓孔、乌木山、龙耳
	4	埂里	何家、百念秤、山后、埂里
	5	前召	前召坂、埂曲、路塘、旱田坂
	6	陈村	陈村、子母埂、塘坞垄
	7	姚家	杉树坞、里徐、姚家
	8	黄泥坂	黄岗、黄泥坂、茅塘、水口井、官田垄
	9	义钟山	西垄、义钟山
	10	后垄	后垄、钟里、鼓楼、上路头
	11	路头	路头、中央山、南垄
	12	召石	召石、班胡

续表

主辖乡镇	保别	办公处	保内各村市名称
赵家乡	13	庙边	溪边、庙边、攀府社
	14	社坛坂	社坛坂、赵家、祝家山、杏温
	15	山垢	押后、钟家坞、山垢
	16	长塘顶	金家、长塘顶、社后、降后
	17	三光碓	乌木山、三光碓、菜蓬、大塘顶、郑先坞垄
	18	翁家	翁家、杨家山、墩头山、杨家坞降
	19	杨柳丰	皂温、黄泥边、杨柳丰、张源尾、达山垄、降后、杨家坞
	20	协里	协里、外坂、泉塘坞
	21	过溪王	过溪王、达分、上王下埠头
	22	陈家庵	陈家庵、乌龟塘、余家
	23	外山塘垄	外山塘垄、瓦窑里、鹭鹚蓬
	24	里山塘垄	里山塘垄、五百两
	25	桑淤	桑淤
	26	宅下	宅下、华溪边
	27	北山	北山
	28	关溪垄	关溪垄、井源、尖坞
	29	东村	东村
	30	席顶	席顶、龙潭背、白府坞
	31	达河	达下、畚顶
	32	上江坝	上江坝、淤头基
	33	碗窑	碗窑
	34	鹿来	鹿来

续表

主辖乡镇	保别	办公处	保内各村市名称
赵家乡	35	前村	前村
	36	箬坞	箬坞、麻地、西立、丹青垄、西垄
	37	下源口	下源口、田蓬、童家山底
	38	上源口	上源口、塘头
大溪滩乡	1	大溪滩	大溪滩
	2	同	大溪滩、浮桥头
	3	桥上	桥上、西山底、水碓后、朱家山坳
	4	石灰潭	石灰潭、刘家山
	5	礼彰	礼彰、岗头、方家
	6	白鸡地	白鸡地、郑家坞、达珠、达坞、苦桑
	7	磜头	磜头、下平山、后垄
	8	珠邱	塘下、珠邱、青口
	9	下西垈	笠阳、刘高殿、佛豆、青寺平、里田、黄阳、下西垈
	10	瑞连	岭阳、前连
	11	墨溪	达埂、上下村、墨溪
	12	江村	华边、上碓、梅岭、石下、洋平江村
	13	毛村	下地墩、石后、毛村
	14	一都江	一都江、前门
	15	同	一都江、后底溪、牛栏坞、外宅办清
	16	山头	山头、河家、前头、山坳头
	17	航头	航头、达宅
	18	渡船头	弓边、渡船头、荷莲
	19	榔树淤	榔树淤、余家株、石坝底、苍顶、龙石、灰山
	20	傅竹街	傅竹街、后底山

续表

主辖乡镇	保别	办公处	保内各村市名称
大溪滩乡	21	郭山头	郭山头、塘连、平埂
	22	雅溪沿	溪头山、雅溪沿
	23	黄家埠	黄家埠、溪头、水碓淤头
	24	路头	儒林底、路头、白塔桥、祠坞
	25	山坑	山坑、达山垄
	26	赤山	赤山
	27	四都	四都、桐村、山背
	28	上埂头	上、下埂头，徐村，上坛石凳
	29	莲蓬	莲蓬、小皂、湖山底、猪下
	30	殿前	殿前、青山、呈家塘、北山垄、下平坞、茹坛前
	31	联珠	联珠、如埂头、达登底、松蓬
	32	杉树丰	杉树丰、五都、大溪底、淤里
	33	五都	五都、下平坦
	34	郑家山	郑家山、后东山、唐李
	35	枫树根	枫树根、翰堂、田后
	36	上余	上余、乌房山
	37	同	上余
	38	后庄	后庄、笥坞
	39	雁塘	江家、吉坞口、毛塘山、雁塘、坳头、赵坞口
	40	前湖	前湖
	41	李家	平坦、湖沿、洪家、李家、周家
	42	五村头	五村头、陶村、黄陈岗
	43	大夫第	大夫第、双塔底、新溪沿
	44	王陈	王陈、郑家坞、过山头、天井塘、吕家坂

续表

主辖乡镇	保别	办公处	保内各村市名称
大陈乡	1	大陈	大陈
	2	同	同
	3	同	同
	4	夏家	同
	5	旱田坂	旱田坂
	6	同	同
	7	荷塘	荷塘
	8	五家岭	同
	9	新塘坞	新塘坞
	10	北蕉	同
	11	际上	同
	12	莲塘	莲塘
	13	同	同
	14	同	同
	15	菊公底	郑村
	16	长塘弄	同
	17	班青坳	南丰
	18	陈村垄	同
	19	岩下	达岭
	20	里达岭	同
	21	金凤湾	同
清湖镇	1	路陈	路陈、灰山
	2	七里桥	七里桥、蔡家山、杨家村、宅上、十六底
	3	童家	童家村内

续表

主辖乡镇	保别	办公处	保内各村市名称
清湖镇	4	同	童家后表
	5	毛墩	毛墩、新塘底、白头山、翁家、上山桥
	6	七斗	七斗、猛虎竹、施水坊、五墩
	7	蔡家	蔡家、夏家窑
	8	清湖	浮桥头、旱桥头至蔡家桥头
	9	泉家垄	泉家垄、瓦窑
	10	清湖	社屋底起至常店井，西至小江郎
	11	同	泉井坑起至小江郎止
	12	同	泉井坑起至横街止
	13	同	花殿埂至樟树底
	14	同	盐埠头、中街
	15	同	泗洲堂至清湖岭顶
	16	同	寒山根至十八曲街
	17	塘边	塘边、后周、外安干坞
	18	山贺	山贺、杨村、西山边、毛家山
	19	下仓	下仓上坞山底
	20	下宅	小清湖下宅
	21	上宅	小清湖上宅
	22	石口	石口
	23	灵山后	灵山后、观音堂、路口垄、乌石山底
	24	留家塛	留家塛、苗山、张坝头、柴家
	25	基头	学坦、基头
	26	湖前	湖前、上陈
	27	同	湖前祠堂沿

续表

主辖乡镇	保别	办公处	保内各村市名称
清湖镇	28	新江淤	新江、淤前、山头、湖前、塘家坂
	29	和睦	和睦后村
	30	同	和睦山根
	31	同	和睦花园岗、坟山垄
	32	读溪口	读溪口、宅洋内、步竹
	33	东序	东序
	34	同	东序、田蓬、郭步、山底
长台镇	1	长台	柴宅
	2	同	同
	3	同	朱宅中街
	4	同	朱宅
	5	同	下坂
	6	毛坞头	毛坞头
	7	下陈	下陈
	8	西溪	西溪、上村坂、塘石尾、陈村、瓦窑
	9	长安	长安、郭家
	10	秀峰	秀峰北山、破溪
	11	同	秀峰周祠底、常新屋、□埂
	12	同	秀峰、源里周
	13	安顶礤	安顶、礤会、太阳山脚、璩岭
	14	牛路	牛路、西青石屏坊、徐家塘、石卡、石家塘
	15	孔蓬	瓦蓬、箬坑口、童家坞、山底、黄坂、杆坑、样花、红坑
	16	下许	下许、下源、头箬、坑岭、毛上铺、达炭坞、源头岭

续表

主辖乡镇	保别	办公处	保内各村市名称
长台镇	17	龙头殿	小梅、龙头殿、达梅、靛青坂、折坑口
	18	王家	达金华、脱头、王家、陈家淤、九折坑
	19	小苔尾	小苔尾、王家坑、徐家、苗降、东方门
	20	岭底	岭底、周仓坞、塘北
	21	周村	周家村、陈家坳尾
	22	达溪滩	水碓后、陈家坞尾、达溪滩、后垄安
	23	黄泥田	黄泥田、长山丰、北坑、杭坑、桐家坑
	24	沙村	沙村、桐墩、华峰、高蓬
	25	华儒	雅儒、新山、路家西
	26	小牢	小牢、墨林垄、大罗口、大罗际、危山
	27	厚隆	厚隆、虹山、青山、蛤蟆喹水
	28	檀亭	檀亭、昭明桥、长台亭
石门乡	1	石门	石门
	2	同	同
	3	同	同
	4	同	同
	5	同	同
	6	同	石门、昭明垄、塘山
	7	同	后岗山、福寺下、山龙头、下安仑溪
	8	达蓬	达蓬、龟山、平山坂
	9	清漾	清漾、后岭、灵岗
	10	达塘沿	中山头、安基、高降、界牌
	11	长山	墓边亭、家（编者按：家或为衍文）里畲、长山
	12	张家源	麻车坳、达社、张家源、余家东
	13	岩河	塘源、茶坑、岩下、狮口

续表

主辖乡镇	保别	办公处	保内各村市名称
石门乡	14	余家	灵峰、长山头、顾村
	15	溪淤	溪淤、陈村、王金垄
	16	西山	西山、徐家
	17	达坞	达坞、苍坞、西垄、徐村
	18	和仁	徐村、璩家降、和仁
	19	毛雅风	王家、毛雅风、田里
	20	青山头	下柴、南塘、青山头
	21	江郎街	江郎街、枫树岗、直垄
	22	泉井	泉井、达店、山头铺
白石乡	1	玉源	玉源、黄村、茹田
	2	塘源口	塘源口、竹村
	3	仓坞	仓坞、墩顶
	4	柴谷岭	柴谷岭、寺弄坞、王家边、南坂、达交椅
	5	达溪坂	达溪坂、水口、乾顶、叶家
	6	深渡	深渡、达皮石
	7	洋广	洋广、小坂、桃树坞、洋桥头、后门坞、祝口垄
	8	青坂	青坂、塔山底、吴家
	9	青石	青石、后连坞、王坑、后坑口
	10	瓦窑头	瓦窑头、璩源寺、后西坑、降金竹山、毛顺坑
	11	寺下	寺下、白礁、杨梅、洋毛、陈山、石门寺
	12	塘岭	塘岭
	13	塘源	塘源
	14	福岭	福石岭、达坞尾、田坑尾垄、下坑
	15	龙旗	龙旗、冲心坑、柴垦、洪公

续表

主辖乡镇	保别	办公处	保内各村市名称
白石乡	16	白石	白石、东山、天堂鼓架、龙潭顶
	17	坳头	坳头、后洋、大干、塘曲、白岭背
	18	冷酱塘	冷酱塘、江善坂、蜈蚣垄、中路亭
	19	岩山	岩山、义桐、高平、达洋
	20	下床	下庄、毛家殿、下仓坞、坑尾
	21	下城淤	下城淤、下坞、达坞、大灰、龙潭背
	22	柴坑	柴坑、柴坑口、王潭（底本作标）、猪头山
	23	溪头	溪头
	24	鳌村	鳌村、岩下、官坝头、油车、寺下
	25	龙井顶	龙井顶、金村、下村坂、麻竹蓬
	26	天井	天井、达毛坞、周家山、祝公坞
峡口镇	1	峡口	峡口
	2	同	同
	3	同	同
	4	同	同
	5	同	同
	6	外峡里	外峡里、内峡里
	7	王坛	内、外王坛
	8	旧街	旧街
	9	泉湖	泉湖
	10	金田坂	金田坂
	11	红石坂	红石坂
	12	碗厂	碗厂、莲花山
	13	乌石坂	乌石坂

续表

主辖乡镇	保别	办公处	保内各村市名称
峡口镇	14	模溪淤	模溪淤、姜村
	15	祝家	祝家、上埂
	16	荷宅边	荷宅边
	17	后徐	后徐
	18	王村	王村
	19	同	同
	20	桐村	桐村
	21	溪上	溪上、王家桥头
广渡乡	1	广渡	广渡
	2	同	同
	3	同	同
	4	柴家	柴埠
	5	化龙溪	抚竹湾
	6	同	楚坑口
	7	柴村	仓板垄
	8	同	柴村外宅
	9	同	同
	10	同	柴村里宅
仙霞乡	1	竹山底	圆通庵
	2	三卿口	三卿口
	3	同	同
	4	同	同
	5	窑垄	窑垄
	6	小坑源	庙礤庵

续表

主辖乡镇	保别	办公处	保内各村市名称
仙霞乡	7	保安	保安
	8	同	同
	9	西洋竹山底	石鼓
	10	保安	保安
	11	西洋	西洋
	12	大坞	大坞
	13	裴家地	裴家地
廿七都乡	1	枫岭底	大柴坑、泉潭、枫岭底
	2	小峦口	小峦坑、廿四蓬后段
	3	落鸦栈	落鸦栈、蜈蚣坑、水碓底
	4	大峦口	大峦口、十四秤、凹坞、达坞
	5	东坑	东坑、上柴坑、大仙岭
	6	茶丰	华山底、茶丰、后垄坑
	7	岭丈坑	岭丈坑、桃花坞、木杓平、柱潭
	8	叶家洋	深渡、叶家洋、白水洋、东坑、岭头、雪花淤
	9	定村	定村、梅溪口、日西山、石碣
	10	同	梅树垄（编者按：垄应为峦）、青山坞、乾勾
	11	白沙	白沙、桂坑、马淤、羊槽
	12	东积	东积尾、吴佛寺
	13	双溪口	双溪口、引坂、平阳
	14	高滩	高滩、龙井坑、荒田头、上塔心、红雁顶
	15	周村	周村、黄坑、洋梅、平达、达坑
	16	东坑口	东坑口、野猪樟、达库、高溪口

续表

主辖乡镇	保别	办公处	保内各村市名称
廿七都乡	17	排墙头	茶地、排墙头、安门关、徐罗坑
	18	黄倚	黄倚、达淤、猪栏坞、百水洋、火烧
	19	大苎	刘家淤、思顶、银坑口
廿八都镇	1	浔里	浔里
	2	同	中街
	3	同	湖里
	4	前山坂	前山坂
	5	乌石坂	乌石坂
	6	浮竹洋	浮竹洋
	7	溪口	溪口
	8	巾竹	巾竹（编者按：一为金竹，一为筋竹）
	9	徐家墩	徐家墩
	10	岭头	岭头
	11	灰山	上灰山
	12	崇山	崇山
	13	上街	上街
凤林乡	1	凤林	下宅
	2	同	上宅
	3	同	下宅及前山丰
	4	同	中街
	5	同	上街头
	6	同	凤林、前堂柴及前堂叶
	7	同	茅蓬尼（编者按：尼应为埂）、上墟头
	8	同	凤林前堂柴

续表

主辖乡镇	保别	办公处	保内各村市名称
凤林乡	9	同	下街头
	10	中岗	中岗、鹤嘴、平埂、坳头
	11	高坂	枧头、管家
	12	同	高坂
	13	后周	后周、道成坂、老佛山
	14	姜村弄	姜村弄、枫树岗
	15	地山岗	地山岗
	16	同	地山底、八石坂
	17	西溪淤	上、下溪淤
	18	大悲山	大悲山
官溪乡	1	桃溪	桃溪
	2	同	同
	3	曹加坞	灰山、曹加坞、荒塘
	4	大弄口	大弄口、祝家山底
	5	后山	后山、梧桐坳、羊里
	6	官溪	官溪街
	7	同	同
	8	同	同
	9	平埂	羊高岩、狮坞、塔山、平埂
	10	大桑园	大桑园
	11	同	同
	12	周加墩	周加墩
茅坂乡	1	茅坂	茅坂
	2	同	同

续表

主辖乡镇	保别	办公处	保内各村市名称
茅坂乡	3	同	同
	4	株树村	达淤、油降、达降底
	5	同	株树村
	6	下墅	下墅
	7	南坞	南坞
	8	同	长坂头、草纸蓬
	9	姜宅坞	
	10	英村坳	英村坳、麦坞、黄坳、自前坞
	11	毛村垄	毛村垄、驸马基
	12	游溪	游溪、背头
	13	政棠	政棠、祝家坞
	14	同	政棠前坞
	15	李如坞	李如坞、垄后、姜家岭
	16	官田坞	官田坞、上羊坞
	17	同	官田坞
	18	下青	下青山后
	19	荷家墩	荷家墩
	20	王家	王家、柿树道院
	21	水碓淤	水碓淤、赵家坂
	22	华仓坂	华仓坂、上牌楼
	23	下淤	下淤、宝坞、麻车坞、山丰、新屋底
	24	卅二都	卅二都、大垣、长岗山
	25	象山头	象山头、钟坞
	26	苗青头	苗青头
	27	花溪坳	花溪坳、塘坞、宋家、杨家

续表

主辖乡镇	保别	办公处	保内各村市名称
新塘边镇	1	鼓塘山	鼓塘山、五家山、长家山、白马垄、家坞
	2	芳塘	方塘、花坟顶、后街
	3	方塘尾	里塘尾、三和塘、上塘顶
	4	达路边	达路边、八丈亭、寺岗
	5	上后庄	上后庄、进士厅、上三架
	6	三个井头	贝义头、三个井头、观音阁
	7	燕窠	燕窠大街
	8	龙泉桥块	上桥头、龙泉桥块
	9	东阵	东阵、中塘角、后里坞垄
	10	长山岗	长山岗、上天平、乌鹰窠底
	11	周坞	周坞、达圳底、葛山
	12	妙里圳	妙里圳、诗家坂、祖官篷
	13	雉岭	雉岭、獐坞、中山头、尼坟头
	14	东山	东山、达圳、祝家坞、荷陵
	15	恩潭	恩潭、六聪坞
	16	石后	石后、乌石岩、乌龟山
	17	徐坞	徐坞、祝家、占坞、王坞、蔡坞垄
	18	钟底	钟底、荷塘头
	19	墩根	墩根、上下坝头
	20	班塘	门前坞、班塘、三头姜、龟山、曲塘、上幕
	21	卅六都	卅六都、炉里、石灰山底
	22	上洋	上洋、溪尾、霄岩
	23	樟柏树底	彭村、樟柏树底、里家垄

续表

主辖乡镇	保别	办公处	保内各村市名称
新塘边镇	24	严家	严家、上徐垄、贺宅
	25	南塘	南塘、西坂、社樟坞、道塘
	26	里坞	坞里、后诗垄、西塘底、达路底、外坞
	27	坳底	坳底、长山、木杓圳、长亭
	28	亨加塘	亨加塘、后姜、后徐、余家坞
	29	池头墩	池头墩、东库、毛家庄、金华佛殿
	30	佛堂	佛堂
	31	长垄尾	上麻车、长垄、长埂、长垄尾
	32	皮石垄	蒋宅、东丰、背山、龙洞背、达桐坞
礼贤乡	1	礼贤	上街头、平岗山、野猪坞
	2	同	刘底垄、下街头、柴宅地
	3	同	中街
	4	安蓬	下安地、安蓬
	5	塔桥	瓦灶头、塔桥
	6	百里坂	百里坂、大溪淤
	7	同	社屋前、下姜地
	8	陈塘边	陈塘坞、金家椅、内安山、山塘
	9	山塘	山塘、后定
	10	达山底	达山底
	11	东岸	东岸、泉塘后、定家
	12	鹿峰山	柴家垄、新庄、鹿峰山
	13	乌鹰垄	乌鹰垄、横垄、曹家
	14	万青山	周村、万青山底
	15	溪东淤	东家坞、溪东淤

续表

主辖乡镇	保别	办公处	保内各村市名称
礼贤乡	16	和村	和村溪淤
	17	同	大溪沿溪淤
	18	市上村	市上村、官前、双塘坞
	19	同	市上村大溪淤
	20	英岸	英岸、桐家坞
	21	乌头山	乌头山、塘墩、五里安（庵）、前仓坞
淤头乡	1	淤头	安固、淤头
	2	同	同
	3	同	同
	4	同	在凤
	5	达埂	达埂、刘家
	6	高路	上高路、西坂
	7	同	下高路
	8	同	溪滩、前江、竹蓬
	9	楼底	楼底、银碓、廒里
	10	岗背坞	岗背坞、麻车坞
	11	石排山	石排山
	12	王家丰	王家丰、山底
	13	达山底	达山底
	14	贺山头	贺山头、东山、西研
	15	厚源	厚源、竹猎山头
	16	三塘	三塘、安边垄
	17	严麻车	严麻车、古塘渊
	18	同	严麻车瓦窑坝、桥头

续表

主辖乡镇	保别	办公处	保内各村市名称
淤头乡	19	毛家仓	毛家仓
	20	水山竹	水山竹、千坞
	21	棠坂	棠坂、水角塘、洎坞
	22	社家贺	社家贺、上年
	23	王塘底	王塘底、前坞郭
	24	永兴坞	永兴坞
	25	水阁塘头	上毛山、四家蓬、水阁塘头
贺村乡	1	贺村	贺村蒋洛碓
	2	狮峰	狮峰、乌头石根
	3	坞里	坞里、谈福垄
	4	溪淤	溪淤、山前坂
	5	檀树	檀树、山根田、茹菇塘
	6	淡稼垄	淡稼垄、龙底坟坂
	7	长坑	长坑
	8	碑贺	碑贺、上茅村
	9	周家	周家
	10	松毛岗	松毛岗、上周墩、花园
	11	东山头	东山头、新塘、胡家
	12	达徐	达徐、横山
	13	贺厥	贺厥、毛家坞、葛山
	14	鳌坪	鳌坪、坂头
	15	连里	连里、湖边
	16	姜家	姜家、老虎滩
	17	叶村	叶村、渡船头

续表

主辖乡镇	保别	办公处	保内各村市名称
贺村乡	18	洪家	洪家、祝家坂
	19	敖堂	敖塘、上徐、下徐、双寿亭
	20	路口	路口、安山底、山层垄
坛石乡	1	坛石	坛石
	2	同	同
	3	叶村	叶村、岭下、大龙山
	4	西源	西源、乌屋基
	5	潭边	潭边
	6	同	同
	7	占塘	占塘、达蓬泉尾
	8	墨林垄	墨林垄、坟（文）山垄、双义树底
	9	陈家	陈家、吊藤渊、马落塘
	10	和殿坞	和殿坞、郭丰、毛坞、公坞
	11	竹青坞	内、外青源，竹青坞，上陈垄
	12	郭丰坞	郭丰坞、新屋底、金青坞
	13	下塘	下塘、东塘垄、周村
	14	仓垄	仓垄、泉塘垄、下铺
	15	三桥	三桥、何家山
	16	桐岭	桐岭、南塘
	17	蚱蜢山	蚱蜢山底、乾目坞、乌龟山、长埂岗后
	18	里坞	里坞、东垄、吕刚鱼、上山垄尾
吴村乡	1	吴村	吴村
	2	桥头	桥头
	3	门九龙	门九龙

续表

主辖乡镇	保别	办公处	保内各村市名称
吴村乡	4	草坞岗底	高塘、草坞岗底
	5	苗旺垄	红旗岭、苗旺垄
	6	毛家墩	毛家墩、泉塘边
	7	富塘	前坞、上塘岗、富塘
	8	同	富塘
	9	大泽	井头、羊背、达泽
	10	洋桥	洋桥、边垄、宅前
	11	诗坊	诗坊
	12	水晶山底	水晶山底、贺村王家坞
	13	塘沿麻车	周家坞、荷塘塘沿、下墩
	14	耕读	耕读
	15	凤凰山	青塘沿、竹青坞、凤凰山
	16	羡家	泉塘坞、羡家、窑里、南塘社、青塘
	17	坞泥垄	达塘头、柳坂、上马街、过路塘、杨道塘
	18	青塘尾	青塘尾
	19	阆苑口	阆苑口、寺前坞、井边
仕阳乡	1	大桥	大桥、泉垄
	2	文山里	文山里、射坞
	3	大山垄	大山垄、大爿地
	4	仕阳	仕阳
	5	下宅	下宅东、长塘坞垄
	6	下新屋	下新屋、仕阳尾

续表

主辖乡镇	保别	办公处	保内各村市名称
仕阳乡	7	毛村	毛村、窑里
	8	店边	店边、下陈坞
	9	方连坂	方连坂、西青垄
	10	苏源	苏源、石蒙塘
	11	底垄	底垄、后垄口、松树坞
	12	西坂	西坂、陈家、竹列坞
	13	前川	前川桥头、王村
	14	毛家坞	毛家坞、定家坞、徐家坞
	15	占坞	占坞坳尾、毛家、周家坞
	16	沙淤	沙淤、溪边、蓬菱、塘坞
	17	下墟	下墟、塘坞里、接目坞
	18	石后里	石后里、上边垄、占坞
	19	文聚里	文聚里、福塘、阳垄
	20	青沿垄	青沿垄、楼梯底、七古垄、东瓜垄
	21	严塘	严塘、三马垄、湖游、岭后
	22	大洋桥	大洋桥、烟蓬、下分
	23	上仓	上仓、曾家蓬
	24	灵谷山	灵谷山
	25	陈家	陈家
	26	岭头	罗汉坞、岭头
	27	冷水	冷水、小泉塘
	28	中蓬	中蓬、聚宝山
郑家坞乡	1	鳌头	李木垄、东塘坞、鳌头
	2	上王	上王、吴村、坞外、九井

续表

主辖乡镇	保别	办公处	保内各村市名称
郑家坞乡	3	箬青坞	箬青坞、李宅垄、方岭垄
	4	高宅	高宅、廿里垄、占村、马坞、下占坞、汪坞坑
	5	东青湖	东青湖、茶地、壕坞坑、新开田、株树底、凉亭边
	6	上溪	上溪、下垄石、下垄、达蓬
	7	早坂	早坂、杨家坞、里九井、桐子坞、后仓坞尾
	8	五圳	五圳、后仓坞、彭家坂、下树坞、桃树坞
	9	王渡安	王渡安、玉峦、九龙坞、上塘边、高邱
	10	中王渡	上下王渡、上市坂、茅山岭脚、西垄
	11	际上	际上、赤山、古塘垄、际下、鸭后垄、茅山山岭
	12	公坞	公坞、桥亭、博古塘垄、汪坞、杉岭头
	13	上徐	上徐、缸坞、陈家垄、方村、西家坞、前井
	14	五家垄	五家垄、长丰、店坝头、郑家坞、达桥头
	15	汪坞	汪家、彭里、溪边、毛宅冈、王宅冈、石马山底
	16	方家山	方家山、塘头、江山底、卢家山、碓家山
	17	藕塘底	藕塘底、长塘、江家垄、下横塘

第四章　救　济

县治旧有育婴堂一所，经济原属不敷。自民国17年奉令筹办救济院，县长陈鼎新经聘县绅何镛、朱镜湖为正副院长，就原有育婴堂遵章改所，如养老、孤儿、残废、施医、贷款各部，均未成立。陈县长去后，继者为全椒米公星如、武进吴公轶民、德清张公大钧，皆因任事未久，无所变更。21年冬，诸暨周公心万来长县政，一再捐俸，拟具办法，聘县绅杨德中等为筹备员，推原任第一区行政督察专员汪汉滔等46人为名誉委员，并改推县长周心万为院长，而以县绅杨德中副之，极力筹备，于22年6月，酌设临时施医所。原有育婴堂经费岁入仅2300余元，增设一施医所，虽皆义务，不无开销，院中经费益绌，乃议决实行募捐。至24年9月止，计募到境内外捐款，共得现行银币三千数百元。

【凤皇熊希龄启云】孔曰少怀，孟曰幼幼，《礼》曰幼有所长，是之谓仁，是之谓大同之道。故孙中山于旧道德主张仁爱，而以育幼规定于建国大纲第一条之内，诚视王道之重大事业也。江山县自周县长莅任后，爱民剿□，除暴安良，德泽洋溢，民心悦服，尤努力于救济事业。邑中绅商，均属仁人君子，实事求是以襄助贤令尹，会政绩斐然，不独保婴已也。余今日参观施粥厂，亲见周县长与赈委会诸绅商手持粥豆，为灾民服务，其真诚热心，洵为世所罕有。其于中山先生所谓仁爱之道身体力行，尤可钦佩矣。推此心以办保婴事业，则儿童前途之幸福必可预庆也，尚望各慈善团体向人竭力以助之。

因将育婴所先行整理，令育婴主任诸葛煦回复寄养、贴养两办法，且将留养部分酌添乳母，逐一实施，以资改进。至借贷所旋议旋罢，得丰而止。赖县治设有农民借贷所、乡镇皆有农民合作社，对于低利资金流通尚便。此外贫民工厂，本原有贫民习艺所，改组习艺所，始自民国3年，中经停办。19年1月，县长陈鼎新奉令恢复，经费除将停办期内积存、浙江省偿还旧欠公债票面银730元、现行银币3612.35，并岁收经常900余元，不至十分拮据。乃（编者按：似应为奈）三年之间，存款全部亏去。22年6月，周县长心万睹此状况，思与整顿，于原设缝纫、棕藤两科外，增设漂染、草织、木工、园艺四科，别委何景榜为所长，添请艺师，力谋改善。24 年，又增设烟民习艺部，凡吸食鸦片、红丸、其他烈性毒物，由法院及县政府送戒者，时有所闻，出所烟民大都皆能自立。

23 年之旱，居民 5 万余户，囱不生烟者几及其半。10 月，县长周心万奉令将救灾会改为赈务分会，即以县长为主席兼党务，由省拨冬赈款银 12700 元（内 700 元专赈仕阳乡），春赈款银 22000 元，孝义社捐赈银 3000 元，各属特捐赈银 4079.515 元，除孝义社 3000 元自行散放外，冬赈之 12000 元提出 4000 元，移充施粥；春赈之 22000 元，提出 1000 元，津贴各乡办理施粥；并提出 11000 元，作为工赈。又于募到特捐之 4079 元之中提出 2298 元，补助 24 乡施粥之不敷者。积存之款，经移用为临时特赈外，尚余银 827.994 元，由县政府依法保管。春赈款中划出 11000 元，藉以举办工赈者分会，议决移充建修道路及水利工程。用于道路者，有城陈县道，有清长县道，有贺坛县道，有峡江县道　此道照原路略修，并有由苍松亭经石门至江郎山之支线。用于水利者，有鹿溪官堰，有清湖夏家坝，有石门达社坝，有仕阳上溪坝，有大桥石头坂坝，有莲塘前溪，有双溪坝干支渊道，有仕阳公坞堤，有礼贤旧东山庄干、支圳道，有北门外五里坝、周家青坝及文溪镇前后圳水窨外河等水道。全部工程共用银 37808.271 元，除去 11000 元，不敷之数，由地方自筹。

县属万山之中，地广人稀，民皆力穑。凡地丁、钱粮以及民生衣食，皆取资谷米，故岁丰有钱荒之病。

【节县人姜亨肇书云】本年钱粮，荷蒙蠲免，其四十三年以前积逋，尚累万盈千，公庭敲扑，何术点金，此禁米之病民一也。江邑产米之乡，一秋之熟，可支数年。若必江民始得食江米，不惟正赋无由得供，将历年陈陈相因，终归红朽，布帛、鱼盐，从何取给？此禁米之病民二也。况田间小民，当今农隙之时，南运浦城，西运永玉，负戴相望，佣力升合以糊其口、以养其孥，今皆禁止，为客者逐，贩米者罪，南者不得之北，西者不得之东，远近相通，农商不得相易，彼有余财不能得米，此有余粟不能得财。产户不能完粮，小民不得食力，贫富交困，公私两穷，通邑张皇，手足无措，此禁米之病民三也。四十二年奇旱，旧春艰食，皆远贩苏杭，若苏杭遏粜，则江民早馁沟中，安有今日？今始熟一秋，即行禁遏，倘再遇凶年，告籴何郡？此禁米之病民四也。

岁凶即不免有米荒之忧。清康熙四十六年，丁口实征不过二万九千七百五十四，相去三年未经兵劫，相差有限。四十二年之旱，即已远贩苏杭；去年之旱，比康熙间更甚，以二十九万丁口相较，则甚而又甚。县政府乃令各祠将旱余仅存之谷一律储仓，并令春秋两季分胙给饼之需暂与禁止，留备平粜。不足，由赈会向浦城、沪、杭等处分购，共得米八千四百十一硕二斗八升。以此，地方不知有旱，而乡民相庆更生。

【熊希龄江山灾状报告】本会前接江山县赈委会请赈函电，交龄查阅，当即复函“俟省亲至江山，顺便调查后，回沪报告”等语。龄于二月二十一日赴江山县城，勾留四日，迭向该县城乡绅民探询灾况，并遇北平孝惠学社徐君，由衢县放赈转至江山查赈。据云，江山灾况较衢为重，乡间灾民掘食厥根已尽，行将断炊，恐未能苟延残喘以待麦秋也。兹将所得闻见，另列于后：

一、江山县上年旱灾最重，收获仅及二成。本来江山平时产粮不敷本县人口食用，尚须向外县购入二成粮石。今值邻县均荒，粮价日涨，所需八成粮石，不知如何着手筹运，此为该县第一重大问题也。

二、江山地处边境，消息不甚灵通，沪上又无该县巨商，与宁波海宁情形迥异。故虽罹此巨灾，而宣传无人，都市商埠鲜有知其实况者。此次浙省颁发赈款一万二千元，除提四千元办理粥厂外，所余八千元分散于二万户之灾民，每户仅得四角，无济于事。各省旱灾义赈会刻虽派员查放，尚未悉能否分润若干。其他慈善团体，仅孝惠学社由衢县转道来此，但闻其赈款亦不过数千元，是江山急于赈济，迫不可缓也。

三、江山船户约有三万余人，以此为业，自铁道通后，船户因之失业者甚众，加以上年□□窜入，直贯南北县境，第一第三第四区均被蹂躏；江山民风号称强悍，平时盗劫之案络绎不绝，现监狱中拘系五百余人。两灾并集，民无所食，必流为匪，实为治安一大问题。何况各县均灾，苟有煽动，星火燎原，更不止浙江省治安之关系也。

四、江山工赈，浙省建设厅已指定以八万元办理须江筑堰建闸之用，本地官绅，则拟请分办疏河凿井等事。但若采西式堰闸，用于购料者约十之七，用于灾民工赈者约十之三；若以土法筑堰、疏河、凿井，用于购料者约十之四，用于灾民工赈者约十之六。为目前救济灾民生命起见，自以暂用土法为宜，可以多活民命。将来地方发达，仍可改用西式也。此节龄昨至杭州，已面达黄主席，甚以为然也。

五、江山因灾民吃食甚众，不得已于全县城乡二十四处，各设粥厂一所，每所每日约有食粥者千余人，合共二万四五千人。将来逐渐增加，当不止此名数。惟地方区域甚广，食粥灾民有距离一二十里远道而来者。日前闻有乡村老妪，趋城食粥，经过铁道，致被火车压毙，甚可悯也。但是，此各粥厂除省赈款四千元，及各乡绅商所筹八千元外，仅敷目前一月之用。照每厂每月需米六十石，以二十四厂及二三四五　四个月计算，共需米五千七百六十石，每石价十一元，共需洋六万三千三百六十元。本年麦若有秋，自可接济民食，五月后粥厂可以裁撤矣。故为江山赈灾设法，必须筹募此不足之粥厂经费五万余元，方可使此数万嗷嗷待哺之灾民，延其生命也。

以上五项，均属江山灾状实在情形，仅摘要报告大概，似应由本会发起，劝请沪上各慈善家竭力相助，以救此一方之灾民。是否有当，敬请裁决。

再江山县县长周心万，爱民除暴，政绩斐然。该县所有绅商，均属公正朴诚之士。龄此次亲赴城中粥厂参观，目睹各绅商为灾民服务，手持粥头，授给灾民，实所罕有。若各慈善团体、个人募款，前往散放赈款，必能一切便利，得其实济也。合并陈明。

民国24年3月14日

第五章 服 役

清之役法，县署胥差之缺额者，与其服务是也。雍正七年，田赋改行顺庄，各庄设有地保，亦为服务之一。乾隆六十年，乃禁殷户作地保。

【按察使司秦通饬勒石文云】案：查浙省各州县，每以生监勒充庄长，殷户勒充地保，以致需役需索无厌，良民受累无穷。经前署藩司谢会同本署司详明严禁，蒙抚宪批开，如详饬遵、缴遵，即通檄各府州县通行示禁，并入治浙成规遵行在案。乃近据各属士民纷纷具控，足见该地方官并未实力奉行。查庄长一役，系于地保外私设名目，历经禁革有案。至地保，向系图内无业贫民投充，藉以领催钱粮、协拘案犯，本与富户无涉。无如地方听信蠹书、恶役之怂恿，必择有田之生监及殷实之良民，以便其鱼肉善良之计。而束修自好之士，畏入公门；丰衣足食之民，惧遭责比，无不竭其囊橐以应诛求。是以官吏无不称便，而殷实士民身受剥肤之痛，控诉无门，甚至代受追呼而横遭敲扑，以致倾家荡产、鬻女卖儿。民间传有今年殷户、明年白户之谣，闻之大堪悯恻。查富户乃民间之元气，而生监尤为四民之首，必须栽培作养。若不急为严切申禁，恐积弊渐滋，势必善良之脂膏尽饱胥差之溪壑，所关实非浅鲜。除通饬各州县勒石署前、永远革除外，合再严切示禁。为此，示仰合属士民人等知悉，嗣后将私设之庄长概行革除。其地保一役，仍点里中诚实贫民投充，不许勒令殷户充当，以除锢蔽。至征收银米，耑责图差，带正身顽户、应比地保，止许领催，毋庸代垫，亦不许经手代纳，以绝侵欺。倘有不肖胥役怂恿本官，勒令生监充当庄长、殷户充当地保，或另换名色，名去实存，计图影射者，许被累之人，立赴本司衙门具告，以便严行参办，并将玩法胥役，照衙蠹例发遣，断不姑容。各宜凛遵。

其余各业匠，遇有官差兵差之过境，仍有临时之役，民间殊受骚扰。二百余年，累经禁革，而皆视为具文。光绪二十七年，又奉谕：从前府州县衙门胥吏往往勾通省吏，舞文弄法，朋比为奸，至差役索扰，尤为地方之害。其上司承差，则藉公需索州县，州县差役更百般扰害闾阎，种种弊端，即应一律革除。三十三年，民政部奏查州县原有民壮捕役等项，额设不过百名，工食至微，而白役之数多且逾千。平日于缉捕盗贼、递送公文，全无实际，惟日以生事扰民为业。确有循良，亦为蒙蔽，间有招募团练、勇丁，其饷项或借资公款，或摊之商捐，而控驭亦多失宜。拟请一律裁汰，原有经费，改设巡警，自可化无用为有用，而裨治本等语，奉旨依议。光复之始，例役一律革除。凡无给之泥木石漆各匠及脚班、轿班、船差等，尽行裁废。24年9月，奉令实行国民劳动服务总动员，规定《征工服务办法大纲》9条，特饬切实执行。县之乡镇，对于塘堰道路各种施工办法，乃次第遵行。举前代之服役于官差兵差者，概与服役于有关民政诸事。

附:【省颁24年冬国民劳动服务征工规则】

一、本规则依照《浙江省24年冬令国民劳动服务办法大纲》订定之。

二、征工办法分省工事与县市工事两种，市工事又分县市与乡镇两种。

三、省工事征工，依下列办法行之。

（一）由主持工事机关就工事之范围，核定应需工人总数，再就该项工事所及区域县市之壮丁人数，平均核定其县市应征工数，报由省政府，令知县市政府征集。

（二）各县市奉到前项应征工数后，立即查明该项工事区域，周围十五里范围内各乡镇所有壮丁人数，按照省定应征工数，平均分配核定各该乡镇应征工数，呈报省政府核定每一壮丁服役日数及服役日期，饬由县市转饬各乡镇保甲长，通知各壮丁依期应征。

（三）壮丁如因事故不能应征，经乡镇长查明确实，应照大纲缴纳代役金，代役金由乡镇代收转缴县政府，其收据由县印发之。

（四）各乡镇应征壮丁姓名及服役日数确定后，应分别乡镇造具壮丁姓名册，送由县市政府备查。

以上四款，县市政府应于奉到省政府令知应征工数后20日内办竣。

（五）施工前，由县市政府会同主持工事机关，定期指定壮丁集合地点，由乡镇保甲长依期率领壮丁集合，听受施工训练，嗣后即按日到工，受监工技术人员与乡镇保甲长之指挥监督。

（六）乡镇保甲长应按日到工事地点，负稽察所属壮丁按时点名及考查勤惰之责，并受监工及技术人员之指挥监察。乡镇保甲长如属壮丁，应概任督工。

四、各县市计划工事应先决定由县市主办之工事，然后及于乡镇工事。

五、本年度省工事征工区域得缓办县市以下之工事，县市主办工事征工区域得缓办乡镇工事。

六、县市主办之工事征工，依下列办法行之。

（一）依工事计划及工作程序，核定本季应征工数，并就工事区域周围十里以内各乡镇壮丁人数平均分配，核定各该乡镇应征工数及每一壮丁应服工役日数。

（二）每一壮丁服役日数配定后，应视工作程序，配定每一乡镇每日应征工数，排定征召日期，列表令饬乡镇长遵照。

（三）乡镇长奉到征工表后，立即召集保甲长通知各壮丁装备应征。

（四）应征壮丁除适用第三条第三款外，应由乡镇长造具名册送县查核。

以上四款应自工事计划及工作程序确定后 15 日内办竣。

（五）县市政府于接到应征名册后，应即指定地点及日期，令饬乡镇长依期召集壮丁，由监工技术人员施以该项工事之训练。

（六）第三条第六款适用之。

七、乡镇工事之征工依下列办法行之。

（一）工事之属于全乡镇者，依工事计划核定工数，分配于全乡镇壮丁，仍依工作程序并以保为单位分配工作地段，分别核定每一壮丁服役日数及排定服役日期。

（二）工事之属于某一区域者，依工事计划核定工数，分配于某一区域保内壮丁，并规定每一壮丁服役日数及日期。

（三）前两款之工事较巨，复不能分年办理，而每一壮丁配役太多者，得呈县核准，并征就近乡镇或保协办之。

（四）工事分配确定后，除适用第三条第三款外，应由乡镇长将壮丁姓名、服役日数、服役日期，造具清册呈县备案并通知保甲长及壮丁。

以上各款应于工事计划工作程序确定后15日内办竣。

（六）施工前，应由乡镇长派定监工及指导人员并定期召集壮丁施以工作上之训练。

（六）第三条第六款适用之。

八、应征壮丁应由乡镇制发臂章，如已制有壮丁队臂章者，各佩壮丁队臂章。

九、工事所需用具种类，由主持机关指定通知，除特种用具外，均由壮丁自带。

十、壮丁每日到工及散工时间，由各主持机关规定，一体遵行，到工时须自带饭食。

十一、征工名册一经确定后，不得托故规避。

十二、壮丁服役勤奋成绩优良者，由主持机关报由县市政府，比照修正保甲章程第25条第9款核奖。

十三、壮丁服役，疲玩不服监工督导或不遵约束者，送由县市政府依法办理。

十四、怂恿壮丁违抗命令、阻挠工务者，报送县政府依法办理。

十五、县市政府对于省工事应派定专员协助监工人员约束所属壮丁，县市长亦应随时前赴工事地点巡视照料，如有征工不赴情事，县市乡镇保甲长共负贻误工事之责。

十六、县市政府对于本县市以下主办之工事，应审度情形，派定监工指导人员巡视指导监察督促。

十七、县市政府于工事时期得利用机会，为临时之公民训练。

十八、本规则由浙江省政府公布施行。

第六章　社　训

壮丁特训于25年9月15日成立。队部抽调壮丁分期训练，分为4期，每期1个月，合计训练考验合格者225名。26年，照普训方式，以保为训练单位，不复采去年抽调办法由社训总队实施国民兵教育。各县之保长须兼任壮丁训练队队长暨义勇壮丁队保队长，同负训练及管理壮丁之责。公推保长，导领民众襄办地方公益固自相宜，担任军训管理壮丁或为事实所限制。省政府乃议决设一副保长，分担任务，并规定副保长须以本保年壮而具有军事学识之公正人士，由保长荐请，县政府委任。如更换保长，概应依《保甲章程》，由甲长公推报委，皆不得由县政府直接派充。县属奉令同时筹备，依度十分之四保之原则，指定应训各保切实奉行。此次肃清残□，二十七都一带其劳尤著。

壮丁训练大队部编制表（25年）

职别	官阶级	佐员额	士等级	兵名额
大队长	少校	1		
大队副	上尉	1		
副官	中尉	1		
军需	中尉	1		
军医	中尉	1		
书记	少尉	1		
司书			上士	1
司号			上等兵	1
传达兵			一二等兵	各1
看护兵			一等兵	2
炊事兵			二等兵	2
合计	官佐	6	士兵	8

壮丁训练中队部编制表（25年）

中队长	上尉	1		
分队长	少尉	3		
特务长	准尉	1		
文书军士			上士	1
班长			正副	各9
壮丁				
司号			上等兵	2
传达兵			二等兵	3
合计	官佐	5	士兵	

县壮丁干部队经临费支出预算书（25 年 6 月 1 日至 26 年 5 月 31 日止）

科目	全年度预算数	每个月预算数	备考
第一款 壮丁干部队经费	19530000	1627500	
第一项 第一分队经费	3306000	275500	
第一目 薪饷	3246000	270500	
第一节 分队长薪俸	240000	20000	分队长 1 员，月支薪 20 元，年计如上数
第二节 班长饷项	360000	30000	班长 3 名，月各支洋 10 元，年计如上数
第三节 一等队丁饷项	306000	25000	一等队丁 3 名，月各支饷 8.5 元，年计如上数
第四节 二等队丁饷项	576000	48000	二等队丁 6 名，月各支饷 8 元，年计如上数
第五节 三等队丁饷项	1620000	135000	三等队丁 18 名，月各支饷 7.5 元，年计如上数
第六节 夫役饷项	144000	12000	夫役 2 名，月各支工食 6 元，年计如上数
第二目 办公费	60000	5000	
第一节 办公费	60000	5000	办公费用计 5 元，年计如上数
第二项 第二分队经费	3306000	275500	照第一分队编列
第三项 第三分队经费	3306000	275500	同

续表

科目	全年度预算数	每个月预算数	备考
第四项 第四分队经费	3306000	275500	同
第五项 第五分队经费	3306000	275500	同
第六项 临时费	3000000	250000	
第一目 事务员	660000	55000	
第一节 旅杂费	300000	25000	每分队月支5元，年计如上数
第二节 草鞋费	180000	15000	每8月支0.1元，计每分队月支3元，年计如上数
第三节 医药费	180000	15000	每分队月支3元，年计如上数
第二目 恤赏费	300000	25000	
第一节 恤赏费	300000	25000	每分队月支5元，年计如上数
第三目 装备费	2040000	170000	
第一节 服装费	1440000	120000	每人每月以0.8元计算，5分队队丁共158人，年计如上数
第二节 弹药费	600000	50000	每分队月支10元，年计如上数

卷十一　党务志

天下为公，孔子遗教也。斐然狂简，孔子思其党而虑未知所裁。是则党之精神，贵在中行，不宜狂，复不宜简。自汉唐宋明诸党各有所偏，互相倾仄，以自争胜。于是党同伐异之见存，国是遂不可问。现既合全国为一党，且以党为领导，自治机关则党与政自必浑合一体也。

第一章　党　务

初组　我浙革命始于陶成章等，其时称为同盟会。县之保安人戴志南亦为会员之一，设三和堂药店于峡口，秘密进行。自秋瑾案与徐锡麟案同年发生，革命诸君遂暗中分散。广东黄花岗一役，浙中如魏兰辈皆躬与其事。经此一折，清廷视革命如大敌，激烈分子动遭侦缉。黄帝四千六百零九年（1911）秋，方维、张振武在湖北发难，从事革命者始稍稍露头角，麇集沪上，伺隙冀得一逞。吾浙陈英士遂被举为沪军都督，时主浙政者为增韫，浙人之在沪者，日谋光复，誓必覆去清廷。今行政院蒋院长与嵊人张伯岐等遂先后来杭，逼增韫离浙，举铁路总理汤寿潜为都督，进行机关称为共和促进会，谨守秘密。浙既光复，秘密公开，集同时各秘密机关，合组一国民部，举张恭为部长。是时吾浙尚无党之名也，自李怀霜挟自由党入浙，而党之名以起。凡组织民意机关者间或以党自称，自此，浙中始有昌言之革命党。志南由杭来江，乃组分部于蔡宅，原在同盟会会员相与加入者，有华衮荣等数十人，举志南为分部长，而以朱存仁为文牍。5年，袁世凯称帝，革命党皆无形取销，县中党人自此无固定机关。15年夏，北伐之声甚嚣尘上，党人乃有赴广以集事者，江山当仙霞关正冲福州，周荫人既败，现军政部长何应钦督兵入浙，江山始有中华民国国民党县党部。

改组 县之党部初由朱子爽、朱震生、祝雅存等创办。自16年举行清党，6月省会派周子奇等为筹备改组委员。未及一月，又委周文豪等为改组委员。11月，又委姜宝书等为临时执行委员。17年五六两月，党务停止活动。7月，省会乃派朱渭川、徐莲溪等为江山县党务指导委员，来办党员总登记，筹备改组区分党部。至18年2月，始与告竣，成立区党部4，区分部21，直属分部2，并召开第一次全县代表大会，选举县执监委员，成立正式县党部。自始立至今（民25年）8年，共开全县代表大会12次，执监委员改选7次，区党部成数无增减，区分部因地势及党员分布关系，则略有变更。一区党部设城内，辖4区分部。二区党部设清湖镇，辖5区分部。三区党部设峡口镇，辖3区分部。四区党部设凤林镇，辖5区分部。第一直属区分部设五区之坛石镇，第二直属区分部设五区之富塘乡，第三直属分部设六区之二十八都。全县党员271人，预备党员112人。

第一届执委徐莲溪、朱渭川、周丕新、王亦民、朱光宇，监委朱曜西、祝雅存、柴渭水。

第二届执委朱渭川、徐莲溪、朱光宇、王亦民、周丕新，监委祝雅存、朱曜西、郑玉中。

第三届执委朱渭川、朱光宇、王亦民，监委郑玉中。

第四届执委朱渭川、朱光宇、朱曜西，监委宋日隆。

第五届执委朱渭川、朱剑蓉、周巨恩，监委郑玉中。

第六届执委朱渭川、周巨恩、徐景清，监委郑玉中。

第七届执委徐景清、宋日隆、毛钟騄，监委周巨恩。

26年五月，奉令重组执监委，仍旧区党部皆无变更，惟将施贺村及官溪两处各添设一分部。

六月奉令以纪念默念三分钟之规定，其用意为追念总理过去言行及党员一周内工作之自省。近年以来，无论公私集会，均有默念，人民误解为政府功令，勉强举行，草率了事，与原意相背。兹经常会决议，嗣后除总理纪念周及纪念总理暨先烈先哲之集会外，一概无庸默念，以昭整肃。

【附清黄遵宪社会论】天之生人也，飞不如禽，走不如兽，而世界以人为贵，则以人能合人之力以为力，而禽兽不能，故也。举世间力之最巨者，莫如联合力。何谓联合力，如炽炭然，散之数处或数十处，一童子得蹴灭之。若萃于一炉，则其势炎炎不可向迩矣；如束箸然，物小而材弱，然束数十百箸而为一束，虽壮夫拔剑而斫之，亦不能遽断。故物力皆有尽，独联合力无尽。观泰西人之行事，类以联合力为之。自国家行政逮于商贾营业，举凡排山倒海之险，以及汽船电线之奇，无不藉众人之力以集事。其所以能联合之故，因有礼以区别之，有法以整齐之，有情以维系之，故能坚持众人之力而不使涣散，其横行世界莫或能抗者，恃有此术也。尝考其国俗，无一事不立会，无一人不结党，众人习知其利，故众人各私其党。虽然，此亦一党彼亦一党，则又各树其联合之力，相激而相争。若英之守旧党，改进党；美之合众党，民主党，力之最大争之最甚者也，分全国之人而为二党，平时党中议论，付之新闻，必互相排抵或互相偏袒。一旦争执政权，各遣其党人以图争胜，有游说以动人心者，有行贿以买人心者，甚有悬拟对党之后祸，抉发他党之隐恶以激人心者，此党如是，彼党亦如是，一党获胜则鸣鼓声炮，以示得意，党魁一为首领或国相，悉举前党之官吏废而易置之，僚属为之一空，举旧党之体制改而更张之，政令为之一变，譬之汉唐宋明之党祸，不管十倍千倍，斯亦流弊之不可不知者也。——《日本国志》

第二章　社会团体

江声报社　在县党部。是报由周刊而日刊，由日刊而三日刊。周刊始于18年4月1日，出版124期；日刊始于21年2月20日，仅一年而止；三日刊即今之所发行者。初名《江山日报》，后改《江声》。销数在千份以上，现正积极推广。

别有《朝霞》文艺社，每月发刊两次，共出10期，以无款停刊。

县农会　在县党部内。设干事长正副各一，干事三人。民国20年3月成立，区农会4所，乡农会31所，会员2956人。自《农会法》修改后，区农会次第取销，会员入会金议定一角，常年金议定五角，并定上级职员之候选人不限于下级农会出席之代表。

县商会　在旧城隍庙。于民国20年3月依《新商会法》组织成立。规定主席1，常委4，执委10，监委4。商店以县城、清湖、峡口三处为盛；长台、官溪、新塘边次之；石门、凤林、礼贤、坛石又次之。营业向赖放账，三节催收，年底结清，概用农历。年来百业萧条，放账减少，皆由农村购买力减低之故。业务以榨油、造纸为多。清湖镇商会，26年3月成立，峡口、长台两镇均于去今两年次第成立。

至市上准衡工具，自 19 年 4 月起，本省度量衡检定所积极开始检定，截至 21 年止，计检定度器 99909 支，量器 63418 件，衡器 153329 件。县为山市，交易皆系农村。对于习惯，颇多龃龉，然经检定员屡次检定后，现已归于划一。

其同业之组有公会者，有国药业同业公会，成立于民国 20 年 7 月。肉业同业公会，成立于 22 年 10 月。米业同业公会，成立于 24 年 5 月。京广布业同业公会，成立于 24 年 5 月。南货业同业公会，成立于 24 年 5 月。烟业同业公会，成立于 24 年 5 月。转运业同业公会，成立于 25 年 3 月。菜馆业同业公会，成立于 25 年 3 月。瓷铁业同业公会，成立于 25 年 3 月。理发业同业公会，成立于 25 年 3 月。油漆业同业公会，成立于 25 年 3 月。腐酒业同业公会，成立于 25 年 3 月。水果业同业公会，成立于 25 年 4 月。

县教育会 在旧学署。清宣统元年十二月成立，民国 20 年依法改组，23 年奉令停止，25 年 8 月重兴改组。举朱肇文为常务干事，会址移设旧文昌阁。

学生自治会 在志澄中学内。民国 18 年成立，时各校皆有学生会，会员共约 1500 人。19 年学生自治会法规公布，各校皆受法规限制，仅志澄中学照章改为学生自治会。

中医公会 在城内。民国 20 年 9 月成立，会员 77 人，内设主任 1，常委 2，执委 4，监委 3。

县新生活运动促进会 在党部内。民国 25 年成立，以周巨恩为常务，对于各种运动皆按期举行，而于夏令卫生尤为努力。实施方针则在严以律己，恕以待人；俭以养廉，勤以补拙；奉公守法，知礼达义；淡泊明志，宁静致远；勤政爱民，困知勉行。

县律师公会 在岳王庙。自民国 17 年县法院成立，即有律师办事处之组织，推定汪律师以藩为代表。25 年 10 月，高等法院以县城执行律师职务者已满20人以上，应照章设立律师公会。各律师乃公推汪以藩等为筹备员拟订会章，于同年11月正式成立，即选汪以藩为会长，主持会务，保障人权。

青年励志会县分会 在党部。民国25年12月成立，会员33人，当选出理事4人，以柴路为常务，主持进行。

地方自治协会县分会 在党部。民国26年5月成立，以宋日隆为总干事，周巨恩为总务组长，毛钟騄为研究组长，徐景清为调查组长，王渭水为宣传组长。经常费每会员年纳1元，以半数交县分会，半数留存各小组。

妇女会 在中山小学。民国22年3月由妇女救济会改组而成，会员31人，25年整理后当选出理事5人，以王式昭为常务，会员如前数。

附《社会团体改组手续》令：社会团体种类甚多，已往向无法令，为之规范而与党部亦大率不生任何关系。自中央先后颁布妇女团体组织大纲、文化团体组织大纲、监督慈善团体法及教育会规程等，以后本省已有之社会团体，其组织多与法规不合，自应遵照人民团体组织方案第八项之规定加以改组，兹为实行改组及统一工作步骤，促进社会团体与党部间之关系起见，特订定《浙省社会团体改组手续》如下：

一、本手续根据中央颁发之《人民团体组织方案》及《指导人民团体改组办法》订定之。

二、本手续所称之社会团体为学生团体、妇女团体、文化团体、宗教团体、各种慈善团体等。

三、凡本省社会团体依照新颁法规改组，除学生团体、妇女团体另定改组办法外，均应遵照手续之规定办理之。

四、凡本省社会团体须先确定团体性质，如文化团体、宗教团体、慈善团体等。

五、补行申请许可时，应备具之各项书册如左：申请书、章程二份、会员名册二份、职员履历单二份。

六、补行申请许可之社会团体申请书须载明下列各项：团体名称及地址、团体宗旨、过去会务概况、经费来源、其他。

七、补行申请许可之社会团体会员名册须载明下列各项：姓名、性别、年龄、籍贯、职业、住址或通讯处。

八、补行申请许可之社会团体职员履历单，除载明前条各项外，须增载下列各项：党员或非党员并须注明党证字号、经历及工作经验、现任职务。

九、补行申请许可之社会团体当地高级党部接受其申请后，应即派员前往视察，其视察要点如下：所呈申请书是否确实，会员分子是否忠实及有无规定之资格，该会从前或现在有否相同之组织，该会性质若何，该会过去工作成绩若何，与各界关系若何。

十、当地高级党部视察后，如认为合法时，即批复准予补发许可证书，兼函当地主管官署查照，同时得酌量派员指导。

十一、凡补行申请许可之社会团体，接奉原申请党部准予补登许可证书之批复后，即推举代表，备具公文至原申请党部领取许可证书，如因交通不便或有其他困难情事，得申述理由请求寄递颁发。

十二、凡社会团体经当地高级党部视察后，认为不合不准设立者，即由当地高级党部会同当地主管官署取缔之，但须先行呈请上级党部核准。

十三、社会团体领到党部许可证书后，应依照民法第四十七条及其他有关法令之所定，拟定该团体章程草案，呈由当地高级党部核准并呈报当地主管官署后，始得进行改组。

十四、前项章程草案，除包括名称、目的、区域及会址、会员之资格限制及其权利义务、会员入会退会及除名之规定、组织及职员之人数职权、会议之规定、会费及其他会计之规定、各种事业之规定、章程之决定及变更之规定等十项外，并应依照各团体单行法令及民法第四十八条所规定之事项详细记载。

十五、前项章程草案经呈奉当地高级党部核准后，应即筹备一切应行事宜，并呈准当地高级党部定期召集会员大会（或代表大会），照章选举新职员。

十六、凡省属社会团体、杭州市区范围以内之社会团体或不属于一县市行政区域联合组织之社会团体，均应直接向省党部补行申请许可。

十七、各县直接区党部指导各该县社会团体改组事宜应照《浙江省各县直属区党部指导各该县人民团体暂行办法》之规定办理。

十八、凡社会团体经改组竣事正式成立时，须遵照《浙江省人民团体组织手续》第三章各项之所定，具备各项书册呈由当地高级党部查核，转呈上级党部复核备案。

十九、社会团体奉到上级党部准予备案之指令后，即为正式合法之组织，应向主管官署请求立案。

二十、凡本省社会团体之改组期间除有特别规定者外，概以两月为限，如有特殊原因，得呈请当地高级党部核准延长之，但须呈报省党部备案。

二十一、凡社会团体关于章程、会址、职员等之变更，会员之出入及撤销备案、自动解散、停顿等情事，均须遵《浙江人民团体组织手续》第三章第三十项、第三十一项之规定办理之。

二十二、本手续经中国国民党浙江省执行委员会议决，呈请中央执行委员会训练部核准施行。

江山青年团 奉令建立于民29年4月12日，其时由曾经受训及格之戴睦仓、周师宣、王元经等返江组织三民主义青年团浙江支团江山分团筹备处。为易于推行团务使速进展计，以县长丁琮为主任，并加聘县党部书记长徐景清为干事。成立之日仅有男女团员 73 人　大都为机关公务员及中小学教职员，量虽少而质颇厚。目下江山团务之蒸蒸日上，实足征彼辈之努力，并设江山分团筹备处。以鉴于服务工作之重要，且迭奉省令建立服务社，经该团之多方擘划，于 30 年元旦，成江山青年服务社一处，内分青年宿舍、食堂、图书供应社、青年补习学校、青年林场等部门，委由职员何霜葵（编者按：一为何双奎）为总干事。虽责重事繁，然工作颇有进展。是年敌扰金兰，该社工作努力，服务勤奋，曾得各方好评。31 年夏，敌逼江山，分团遂移驻县南石门乡，展开敌后工作，先后策动团员与敌搏斗凡十余次，于贺村松茅岗之役，毙敌 3 人，只以众寡悬殊，后撤山间。团员徐松根不愿撤退，从容应战，血肉横飞，竟以身殉，曾受中央惠颁恤金，以示优异。32 年 1 月，江山分团奉令召开第一次团员代表大会，共商策进团务工作，并选戴睦仓、王元经、周师宣、何霜葵、徐之荣为干事，于 33 年 1 月，奉中央委由戴睦仓为干事长，旋以戴君奉召晋省为监察会书记，干事长一职荐派周师宣接充，何霜葵荐任书记。三民主义青年团浙江支团分团部始正式成立，时为民国 33 年 3 月 1 日也。团址借用江山救济院，分为总务、组训、宣服 3 股，办公团员人数截至此止，为 2478 人，内女团员 221 人。除以组训青年服务社会为经常工作外，着重生产事业。青年林场已自一场增至三处，苗木已葱蔚成林，不特足以防止旱潦，将来收入未可限量。

卷十二　教育志

清代，前有礼部，后有学部。庠序之制，不离乎古。光复之初，改为教育。教育含义甚广，涵濡鼓舞。授者不徒在章句而在精神，整齐清洁，壁垒一新，实为庠序别开生面，而科目繁多，全才要难其选。政府近以礼义廉耻为各学校之新生活，则所思过半矣。志教育。

第一章　学　政

有清光绪丙午，科举既停，高等、初等各学堂同时并兴。提督、学政改称提学，司属于巡抚。各县学训导尽行裁撤，单留教谕，以备师范生之用。设劝学所，兴教育会分任教务。光复后，裁劝学所原有职务，由县设教育科办理。并设县视学，由科员兼任三年，定为专职。划分学区，增设学务委员。旋改称教育委员。后又改区教育员。5 年，复设劝学所，置所长所员等职，并设讲演所、通俗图书馆等。4 月间，金华道尹奉部发劝学所及党务委员会规程，饬县着手组织。尝由县呈荐毛翚为所长。是年，洪宪称帝，省政改组。8 月，由民政厅准委毛翚为所长。7 年，浙江设教育厅。9 月，复由教育厅照原职加委。13 年，改劝学所为教育局。适孙军入浙，毛翚委为江山县知事，所有局务由江懋泉代理。14 年 5 月，毛翚就局长职。9 月，辞去。厅委杨益时为局长。16 年

1月，杨益时辞，县委戴学南暂代。4月，戴又辞，县委徐志澄继代。是年，北伐底定，政务委员会即委徐志澄继任。徐以原局不敷办公，呈准将前参事会拨作局用。11月，徐志澄请假赴省，局务由县委黄耀庭暂代。17年1月，销假视事。10月间，呈请辞职，由浙江大学校长蒋委朱曜西为教育局长。18年12月，设立民众教育馆。19年4月，朱曜西辞职，奉浙江教育厅长令，委王蒲臣为江山县政府教育局局长。乃将教育局依法组织，内设总务、学教、社教三课，课长2人，课员3人，督学2人，事务员1人，书记2人，区教育员5人。次年，王蒲臣辞。4月，以徐莲溪继任。21年，徐莲溪又辞。9月，厅委陈益继任。22年，陈益辞。9月，改任雷震甲。24年，雷震甲他去，以王同兴代。局内附有教育委员会、教育款产会、教育经济稽委会，历办巡回文库并教育行政周刊。同年8月，奉文改局为科，同府办公，县长周心万乃以黄嘉馨为科长。

县自清光绪三十二年，知县李钟岳捐廉500元，将文溪书院改为江山中学堂。分正科、预备科两班，并附设师范科一班，而以预备科为小学。聘县绅毛云鹏为堂长，任教职者如马叙伦，如余绍宋，皆一时知名之士。三十四年，知县蒯思曾改中学为高等小学堂，以学生年长者编入师范科，少者编入小学。于12月两班各行毕业一次。宣统元年，停办师范。光复后，始改官立为县立。开办至今，毕业去者将近2000人。私立初中在施水寺巷。民国11年，由县绅徐志澄私资创办，故名志澄初中。开办至今，毕业去者约近千人，由两校考升初中高中及其程度相当各校者几500以上。留学国外约40左右。农科职业学校一所，本在何家山，为何炯创办。后移至西山目连庵，由刘特云相继承办，支持五载，以无款中止。国术馆一所，在城东徐祠，亦因无款中止。县治向有女校二所，一为尚德女学，已于 16 年停办，学生并入中山小学；西河女学一所亦已停办，校址改为先河初小。县境自杭江铁路通后，文化浸入较前倍捷，惟二十七都一带重冈覆岭，居民专事种山，文化未易浸入。两年前，县政府在定村设一民众学校，在周村设一义务教育短期小学。两处为是都适中地点，民智之开或可期之异日也。

留学国外者，以大桑园杨文洵、在城王櫄始。我浙留学始于蚕学馆，次即求是书院，皆由巡抚咨送。清光绪末，浙派百名师范遣往日本留学。县之杨文洵、王櫄，乃以考试被选。全官费留学欧美各国，县属亦往往有之，或由官费，或由自费，或由自费选补官费，重洋远涉，竟有 10 年、20 年而仅一归者。若纽约大学讲师朱君毅，考察英、法、德、意、荷、比、瑞士诸国教育，归就国立大学教授，在教育界已占有优越地位，著书不少。而女生之留学国外者，则以留美之毛彦文为最远留学。国内若教育学士陈柏青，以考察青年训育及童子军教育之故，由浙省府派赴英、德、法、意、奥、匈、捷克、波兰、丹麦、瑞士、瑞典、斯拉夫、比利时、俄罗斯及日本诸国，环视一周，能本所心得，著书成册，以贶来学，皆为知所先务者。

童子军，创始于浙江体育学校。在光复后 4 年，其时校长为王荦，组织训练皆仿上海。11 年，杭州惠兴女学始创女童子军。18 年大学视察刘澡发明笔画旗语。次年，赴京参加总检阅第五团及第一四八团表演。笔画旗语各界皆视为创见，自将检阅名义改称大会。浙中遂决定每年于儿童节举行童子军大会一次。自是而后，学校之有童子军组织者，渐增至 60 余县。已登记之团部积有 94 团，军额共 12680 人。县立中山小学，军额 160 人，分 4 中队 16 小队。区立文溪中心小学，军额 80 人，分 2 中队 8 小队。私立志澄初中，军额为 120 人，分 3 中队 12 小队。尚有若瑟小学，为基督教徒私办所组童子军，额与文溪中心小学同，登记为中国童子军二六五一团，番号现皆未定。

幼稚园自兴学以来，无人发起。民国25年，城区始与试办，园址在文溪镇旧忠义祠，保傅2人，幼生约30左右。以29万人口之县，幼稚最少当居4万以上，园之发达自可预期。母亲会与儿童健康比赛，皆由民众教育馆分期举行。儿童教育社则尚未成立。

第二章　学　教

县立中山小学即旧文溪书院。清光绪三十二年，知县李钟岳奉令创立，将书院两廊号板卸去，改为学生自习室及寝室，以友仕堂与尊经阁改为教室，就中埭设置礼堂，开办费由李钟岳捐廉500元。不足由城乡殷户襄助，提书院、宾兴两处租谷及契税串票，捐为经常费。分师范科、正科、预备科3班，名曰江山中学堂。以预备科为小学，聘县绅毛云鹏为堂长。毛云鹏去，以姚夔尧继。姚辞，由教员潘骏声暂摄。三十四年，知县蒯思曾聘毛翚为堂长，改中学为官立高等小学堂，以学生年长者编入师范科，少者编入小学。12月，师范、高小各办毕业一班。宣统元年，停办师范。拓造教室二。二年，将东亭改为教室。7月，毛翚辞，杨文洵继，筑操场、垣墙，修仰止亭。三年，造膳厅，改二门为事务室，未竣工而吾浙光复，改官立为县立。5月，杨文洵就八中校长，周邦英继。8月，改堂为校，10月由自治委员何龙章督修沿河北墙。2年，购置仪器。3年，周邦英辞，汪作霖继，修礼堂、立校训、建浴室、修事务所，辟东边校园。9月，改县立高等小学校为文溪高等小学校，第一校林成立，自治委员朱镜湖督修沿河西墙。6年，建礼堂前教室二，浚涵香井。7年，辟县署后隙地为校园。8年，将旧膳厅拆去，改造教室。12年8月，学制变更，将模范国民学校归并文溪高等小学校，改为县立文溪小学。13年，砌校园北面河塴。8月，孙传芳驻兵校内，书籍器具及学生成绩糟蹋殆尽。15年，改任戴鸿泽为校长，修绩室及东西回廊。16年，祝雅存任校长，改县立文溪小学为县立中山小学。二月，赖世璜到江驻扎，小学桌凳床铺被坏一半。第四独立师来江，又驻兵小学，器具概行假用，半年移去，所假物被毁一空。18年，修初级部教室。19年，修礼堂。20年，祝雅存就视学，罗时汉继之。罗辞，周斌代。周就学，朱曜西继之。朱因事赴省，教育局长陈益兼代。陈去，王渭水继。23年6月，王渭水辞，戴睦仓继。

别有私立初中一所，校址在施水寺巷。民国11年，县绅徐志澄创立，因即署以志澄初中。经常费约3000元左右。

第一节　县立小学一览表

（县立中山小学暨私立志澄初中已著于前兹不复列）

校别	校址	创办年月	经费（元）	备考
礼彰乡村小学	礼彰	民国17年2月	299.80	
仓坞乡村小学	仓坞	民国19年7月	299.80	
东坑乡村小学	东坑	民国18年2月	300.00	
游溪乡村小学	游溪	民国18年8月	299.80	
坛石乡村小学	坛石	民国17年2月	300.00	

第二节　区立小学一览表

校别	校址	创办年月	经费（元）
文溪中心小学	城文昌阁	民国元年 8 月	1700.00
清湖中山小学	清湖	民国 16 年 1 月	880.00
石门中山小学	石门	清光绪三十二年二月	520.00， 租谷 8 石
长台嵩高小学	长台	清光绪三十二年二月	780.00
峡口中山小学	峡口	民国 12 年 7 月	800.00
新塘边第一小学	新塘边文昌阁	民国元年 4 月	410.00
淤头中山小学	淤头安库殿	民国 15 年 7 月	410.00
礼贤第一小学	太平寺	民国 18 年改完全小学	捐款 360.00， 租谷 60 石 5 斗
茅坂中山小学	茅坂徐祠	民国元年 5 月	488.00， 干谷 102 石
官溪中山小学	胡祠	清宣统三年三月	548.00
凤林中山小学	凤林文昌阁	民国 16 年 2 月	捐款 396.00， 谷 23 石
桂香小学	潭边	民国 15 年 8 月	700.00， 谷 100 石
贺村中山小学	贺村	民国 18 年 8 月	628.00
仕阳中山小学	仕阳	民国 18 年 8 月	135.00
廿八都中山小学	廿八都	清宣统二年九月	1000.00

第三节　区立初级小学一览表

校别	校址	创办年月	经费（元）
赵家初级小学	赵家	民国3年1月	110.00
过溪王初级小学	过溪王	民国4年8月	100.00
耀里初级小学	耀里	清宣统三年八月	租谷24石，租金2.4元
箬坞初级小学	箬坞	民国5年2月	租谷13石6斗，灰山捐14元
桑淤初级小学	桑淤	民国5年1月	租谷22石
源口初级小学	源口	民国5年2月	194.00
前村初级小学	前村	民国3年5月	租谷22石
西弄初级小学	西弄	民国16年7月	100.00
姚家初级小学	姚家	民国5年1月	54元，租谷1石5斗
达河初级小学	达河	民国5年1月	租谷25石，灰山捐9元
路头初级小学	路头	民国5年5月	租谷16石，息金12.00
前召初级小学	前召	民国5年2月	80.00
山塘陇初级小学	山塘社	民国6年2月	租谷16石5斗，20.00
华溪边初级小学	华溪边	民国6年2月	租谷9石，45.00
百廿秤初级小学	百廿秤	民国6年6月	租谷16石
武高社初级小学	武高社	民国8年5月	124.00
北山级小学	北山	民国6年7月	80.00
召石初级小学	召石	民国16年3月	租谷16石，息金12.00
陈村初级小学	陈村	民国17年9月	127.00
鹿来初级小学	鹿来	民国18年2月	租谷26石9斗

续表

校别	校址	创办年月	经费（元）
碗窑初级小学	碗窑	民国 18 年 1 月	租谷 28 石 5 斗
东村初级小学	东村	民国 17 年 12 月	租谷 26 石
协里初级小学	协里	民国 18 年 1 月	144.00
棠头初级小学	棠头	民国 18 年 2 月	租谷 45.00
大溪滩初级小学	大溪滩	清宣统二年三月	150.00，寺租 12 石
弓边初级小学	弓边	民国 14 年 6 月	80.00
四都初级小学	四都	民国 5 年 5 月	130.00
联珠初级小学	联珠	民国 5 年 2 月	120.00
上余初级小学	上余	民国 5 年 2 月	租谷 8 石，洋 9 元
前湖初级小学	前湖	民国 5 年 2 月	租谷 9 石
一都江初级小学	一都江	民国元年 3 月	110.00
大夫第初级小学	大夫第	民国 6 年 7 月	租谷 33 石
大溪滩初级小学	大溪滩	民国 8 年 8 月	100.00
达埂初级小学	达埂	民国 15 年 2 月	140.00
雁塘初级小学	雁塘	民国 16 年 1 月	120.00
雅溪沿初级小学	雅溪沿	民国 16 年 8 月	80.00
塘下初级小学	塘下	民国 18 年 2 月	180.00
山头初级小学	山头	民国 17 年 8 月	130.00
岭阳初级小学	岭阳	民国 18 年 1 月	谷四十石
珠坵初级小学	珠坵	民国 18 年 2 月	租谷 40 石
湖村头初级小学	湖村头	民国 18 年 7 月	租谷 22 石
厚庄初级小学	厚庄	民国 17 年 8 月	140.00
毛村初级小学	毛村	民国 18 年 8 月	租谷 28 石
新塘坞初级小学	新塘坞	民国 2 年 2 月	210.00

续表

校别	校址	创办年月	经费（元）
旱田坂初级小学	旱田坂	民国5年2月	110.00
莲塘初级小学	莲塘	民国5年1月	租谷23石
荷塘初级小学	荷塘	民国5年8月	100.00
郑村初级小学	郑村	民国7年1月	租谷20石
达岭初级小学	达岭	民国12年2月	80.00
小清湖初级小学	小清湖	民国2年2月	335.00
石门第二初级小学	石门	民国3年2月	120.00
石门第三初级小学	石门	民国5年1月	190.00
青山头初级小学	青山头	民国9年8月	160.00
毛家丰初级小学	毛家丰	民国9年7月	200.00
泉井初级小学	泉井	民国5年2月	200.00
和仁初级小学	和仁	民国10年2月	80.00
江郎街初级小学	江郎街	民国16年3月	106.00
理余初级小学	里余	民国16年3月	74.00
西山初级小学	西山	民国16年5月	110.00
长山初级小学	长山	民国16年6月	103.00
岩河初级小学	岩河	民国16年8月	120.00
界牌初级小学	界牌	民国16年8月	138.00
灵峰初级小学	灵峰	民国16年8月	200.00
秀峰初级小学	张村	宣统二年二月	270.00
岭底初级小学	岭底	民国5年2月	90.00
墨林陇初级小学	墨林陇	民国8年1月	60.00
华峰初级小学	华峰	民国16年4月	160.00
檀亭初级小学	檀亭	民国16年6月	100.00

续表

校别	校址	创办年月	经费（元）
长安初级小学	长安	民国 16 年 8 月	70.00
玉坑初级小学	玉坑口	民国 19 年 8 月	200.00
鳌村初级小学	鳌村	民国 2 年 2 月	干谷 40 石
塘源口初级小学	塘源口	民国 4 年 2 月	110.00
青石初级小学	青石	民国 5 年 2 月	租谷 3 石，64.00
溪头初级小学	溪头	民国 5 年 2 月	租谷 25 石，80.00
塘源初级小学	塘源	民国 6 年 8 月	140.00
璩源寺初级小学	璩源寺	民国 7 年 2 月	170.00
深渡初级小学	深渡	民国 18 年 2 月	100.00
坳头初级小学	坳头	民国 18 年 1 月	120.00
干亭初级小学	干亭	民国 18 年 2 月	220.00
雅床初级小学	雅床	民国 18 年 2 月	200.00
福石岭初级小学	福石岭	民国 18 年 2 月	谷 40 石
下城淤初级小学	下城淤	民国 18 年 8 月	120.00
王村初级小学	王村	民国元年 9 月	280.00
乌石坂初级小学	乌石板	民国 5 年 3 月	120.00
周家初级小学	祝周家	民国 6 年 2 月	80.00
长埂初级小学	长埂	民国 11 年 2 月	110.00
桐村初级小学	桐村	民国 13 年 3 月	90.00
下宅边初级小学	下宅边	民国 16 年 3 月	84.00
峡口初级小学	峡口旧街	民国 16 年 3 月	110.00
模溪淤初级小学	模溪淤	民国 16 年 5 月	82.00
湖川初级小学	湖川	民国 2 年 1 月	300.00
东儒初级小学	东儒	民国 4 年 1 月	212.00

续表

校别	校址	创办年月	经费（元）
路陈初级小学	路陈	民国5年3月	130.00
童家初级小学	童家	民国4年11月	140.00
小清湖第二初级小学	小清湖	民国5年1月	110.00
泉家初级小学	泉家塀	民国6年4月	120.00
石口初级小学	石口	民国12年2月	租谷25石，洋20.00
和睦初级小学	和睦	民国11年1月	140.00
蔡家山初级小学	蔡家山	民国16年7月	租谷40石
读溪口初级小学	读溪口	民国12年7月	200.00
学坦初级小学	学坦	民国18年1月	180.00
马墩初级小学	马墩	民国18年8月	205.00
下仓初级小学	下仓	民国18年2月	110.00
上坞初级小学	上坞	民国18年9月	140.00
柴家初级小学	柴家	民国18年1月	90.00
蔡家初级小学	蔡家	民国19年7月	租谷40石
石门第一初级小学	石门	光绪三十四年一月	90.00
麻车坳初级小学	麻车坳	民国15年2月	120.00
清漾初级小学	清漾	民国3年1月	90.00
徐村初级小学	徐村	民国2年2月	租谷7石，90.00
泉湖初级小学	泉湖	民国16年5月	88.00
莲花山初级小学	莲花山	民国18年3月	207.00
广渡初级小学	广渡	民国元年3月	110.00
柴村初级小学	柴村	民国4年7月	90.00
柴家初级小学	柴家	民国16年1月	135.00
三卿口初级小学	三卿口	民国2年1月	232.00

续表

校别	校址	创办年月	经费（元）
元通庵初级小学	元通庵	民国 18 年 4 月	140.00
西洋初级小学	西洋	民国 18 年 8 月	83.00
保安初级小学	保安	民国 2 年 9 月	105.00
巾竹初级小学	巾竹	民国 20 年 7 月	130.00
浮竹洋初级小学	浮竹洋	民国 5 年 1 月	140.00
上街初级小学	上街	民国 18 年 3 月	150.0
新塘边第三初级小学	姜祠	民国 4 年 3 月	租谷 3 石 7 斗 5 升，94.00
东山初级小学	东山社屋	民国 5 年 1 月	祀产 205.00
佛堂初级小学	佛堂	民国 5 年 2 月	265.00
钟底初级小学	钟底	民国 6 年 5 月	88.00
西坂社初级小学	西坂社	民国 7 年 1 月	租谷 20 石，70.00
白马陇初级小学	白马陇	民国 9 年 9 月	44.00
雉岭初级小学	雉岭	民国 7 年 2 月	60.00
池头墩初级小学	池头墩	民国 10 年 2 月	60.00
新塘边第二初级小学	众厅	民国 5 年 8 月	80.00
长塀尾初级小学	长塀尾	民国 11 年 1 月	50.00
周坞初级小学	周坞	民国 10 年 1 月	65.00
东陈初级小学	东陈	民国 11 年 1 月	104.00
荒塘尾初级小学	荒塘尾	民国 12 年 1 月	76.00
墩根初级小学	墩根	民国 12 年 4 月	50.00
坳底初级小学	坳底	民国 13 年 2 月	50.00
三十六都初级小学	三十六都	民国 13 年 2 月	110.00
诗家坂初级小学	诗家坂	民国 12 年 1 月	72.00

续表

校别	校址	创办年月	经费（元）
木杓圳初级小学	木杓圳	民国15年1月	80.00
石候初级小学	石候社屋	民国16年3月	60.00
上洋初级小学	上洋	民国16年7月	160.00
殿前坞初级小学	殿前坞	民国16年7月	租谷11石5斗，46.00
严家初级小学	严家	民国16年2月	95.00
大路边初级小学	大路边	民国17年8月	60.00
太平桥初级小学	太平桥	民国18年4月	120.00
妙里圳初级小学	妙里圳私宅	民国18年1月	80.00
棠坂初级小学	众厅	民国元年1月	234.00
永兴坞初级小学	缪祠	民国13年2月	120.00
冈背坞初级小学	冈背坞	民国2年2月	60.00
厚源初级小学	厚源	民国4年2月	60.00
达山底初级小学	达山底	民国5年1月	90.00
高路初级小学	高路	民国5年2月	100.00
严麻车初级小学	严祠	民国5年2月	租谷18石7斗，80.00
毛家仓初级小学	毛家仓	民国5年3月	80.00
达埂初级小学	达埂祠	民国8年8月	90.00
上淤初级小学	上淤	民国15年7月	100.00
黄塘底初级小学	黄塘底	民国16年3月	94.00
东山初级小学	东山	民国16年3月	88.00
三塘初级小学	众厅	民国16年2月	干谷1石5斗57.00
前江初级小学	周祠	民国15年1月	150.00
贺山头初级小学	贺山头祠	民国16年8月	100.00

续表

校别	校址	创办年月	经费（元）
黄家丰初级小学	黄家丰	民国 16 年 5 月	110.00
石排山初级小学	石排山	民国 8 年 1 月	60.00
栖梧初级小学	栖梧	民国 16 年 1 月	60.00
廒里初级小学	廒里	民国 16 年 8 月	120.00
前坞初级小学	前坞	民国 16 年 7 月	100.00
西岩初级小学	西岩	民国 18 年 2 月	150.00
吕家坞初级小学	吕家坞	民国 18 年 1 月	60.00
和村初级小学	和村社屋	民国 9 年 1 月	150.00
市上村初级小学	市上村	民国 3 年 3 月	260.00
山塘初级小学	郑祠	民国 5 年 3 月	260.00
百里坂初级小学	百里坂	民国 16 年 4 月	170.00
东岸初级小学	东岸	民国 9 年 2 月	100.00
礼贤初级小学	礼贤	民国 10 年 2 月	140.00
万青山初级小学	万青山	民国 12 年 2 月	水利谷 8 石，捐款 40.00
荒墩初级小学	荒墩	民国 12 年 4 月	40.00
英岸初级小学	英岸	民国 16 年 2 月	100.00
瓦灶头初级小学	瓦灶头	民国 16 年 8 月	160 余元
政棠初级小学	政棠	民国 4 年 3 月	325.00
南坞初级小学	杨祠	民国元年 5 月	160.00
苗青头初级小学	众厅	民国 5 年 3 月	70.00
荷家墩初级小学	社屋	民国 5 年 3 月	70.00
卅二都初级小学	周祠	民国 10 年 3 月	200.00
官田坞初级小学	周祠	民国 8 年 2 月	260.00

续表

校别	校址	创办年月	经费（元）
王家初级小学	王家社屋	民国16年2月	120.00
株树根初级小学	社屋	民国18年1月	120.00
黄坳初级小学	黄坳社屋	民国18年7月	140.00
凤林第一初级小学	凤林	民国18年2月	245.00
凤林第二初级小学	周祠	民国18年1月	250.00
高坂初级小学	犁田社	民国5年5月	160.00
地山冈初级小学	社屋	民国8年3月	120.00
后周初级小学	众厅	民国16年3月	75.00
大桑园初级小学	杨祠	民国元年4月	基金360.00，常款88.00，田租9石
桃溪初级小学	胡祠	清宣统二年二月	118.00
周家墩初级小学	周家墩	民国4年4月	租谷28石8斗，干谷67元
富塘初级小学	富塘	民国5年3月	160.00
水晶山底初级小学	水晶山底	民国元年8月	84.00
大泽初级小学	大泽	民国4年2月	140.00
吴村初级小学	吴村	民国5年1月	140.00
青良尾初级小学	青塘尾	民国5年2月	租谷85石
诗坊初级小学	诗坊	民国3年5月	180.00
青塘初级小学	青塘	民国5年2月	130.00
耕读初级小学	耕读	民国5年2月	91.00
草坞冈底初级小学	草坞冈底	民国10年2月	90.00
寺前初级小学	寺前	民国16年5月	80.00
羡家初级小学	羡家	民国5年2月	56.00
高塘初级小学	高塘	民国16年6月	110.00

续表

校别	校址	创办年月	经费（元）
门九龙初级小学	门九龙	民国 17 年 7 月	100.00
周家初级小学	周家	民国元年 1 月	208.00
达徐初级小学	达徐	民国元年 4 月	
谈家龙初级小学	谈家龙	民国 2 年 3 月	112.00
下茅初级小学	下茅	民国 5 年 2 月	120.00
敖坪初级小学	敖坪	民国 4 年 2 月	414.00
坝贺初级小学	坝贺	民国 10 年 2 月	170.00
湖边初级小学	湖边	民国 13 年 7 月	150.00
叶村初级小学	叶村	民国 16 年 8 月	140.00
老虎滩初级小学	老虎滩	民国 16 年 1 月	捐款 121.00 谷 15 石
环山初级小学	环山	民国 16 年 4 月	100.00
长兴初级小学	长兴	民国 16 年 6 月	195.00
路口初级小学	路口	民国 16 年 9 月	150.00
坂头初级小学	坂头	民国 16 年 8 月	221.00
祝家坂初级小学	祝家坂	民国 18 年 1 月	91.00
鳌塘初级小学	鳌塘	民国 18 年 2 月	90.00
占塘初级小学	占塘	民国 13 年 3 月	谷 26 石　20.00
西源初级小学	西源	民国 14 年 4 月	40.00
何家山初级小学	何家山	民国 15 年 3 月	200.00
下塘初级小学	下塘	民国 16 年 7 月	干谷 34 石 2 斗 5 升
文山陇初级小学	文山陇	民国 16 年 3 月	126.00
木林陇初级小学	木林陇	民国 16 年 6 月	租谷 30 石
岭下初级小学	岭下	民国 16 年 7 月	153.00
郭丰初级小学	郭阊	民国 16 年 1 月	160.00

续表

校别	校址	创办年月	经费（元）
三桥初级小学	三桥	民国16年6月	谷16石2斗
莲花山初级小学	莲花山	民国15年12月	捐款50.00谷30石
里坞初级小学	里坞	民国18年2月	租谷48石
店边初级小学	店边	民国2年1月	30.00
文山里初级小学	文山里	民国4年2月	120.00
岭头初级小学	岭头	民国5年2月	120.00
大洋桥初级小学	大洋桥	民国5年2月	120.00
仕阳尾初级小学	仕阳尾	民国6年3月	135.00
大桥初级小学	大桥	民国9年7月	60.00
下宅初级小学	下宅	民国16年6月	200.00
灵谷山初级小学	灵谷山	民国17年1月	230.00
陈家初级小学	陈家	民国18年7月	250.00
上仓初级小学	上仓	民国18年8月	谷43石
王村初级小学	王村	民国18年1月	200.00
苏源初级小学	苏源	民国16年2月	96.00
冷水初级小学	冷水	民国18年7月	132.00
上王初级小学	上王	民国5年3月	租谷46石
黄渡初级小学	黄渡	民国5年8月	120.00
汪坞初级小学	汪坞	民国9年8月	租谷29石
公坞初级小学	公坞	民国12年3月	125.00
五圳初级小学	五圳	民国6年3月	133.00
下黄渡初级小学	下黄渡	民国16年4月	干谷40石
际上初级小学	际上	民国16年8月	租谷31石
冯村初级小学	冯村	民国17年8月	租谷40石

第四节 私立小学一览表

校别	校址	创办年月	经费
若瑟小学	天主堂	民国 12 年 8 月	1000.00
萃文小学	大陈	清光绪三十四年一月	租谷 260 石
宗巨小学	水碓头	民国 18 年 2 月	租谷 20 石
东海小学	坛石	民国 5 年 2 月	150.00

第五节 私立初级小学一览表

校别	校址	创办年月	经费
先河初级小学	城文昌阁	清宣统元年正月	300.00
荥阳初级小学	城内经堂	民国 6 年 1 月	400.00
汝南初级小学	城内刘祠	民国 17 年 8 月	240.00
庐江初级小学	城岳王庙	民国 17 年 6 月	租谷 60 石
菊所初级小学	城榴花厅	民国 17 年 8 月	450.00
文二初级小学	蓝田王祠	民国 18 年 1 月	500.00
德泗初级小学	仕徐祠	民国 18 年 3 月	300.00
留嘉初级小学	留嘉墯	民国 16 年 2 月	210.00
豫章初级小学	灰山	民国 16 年 3 月	180.00

第三章 社 教

学校教育既如上表。社会教育，民国 16 年 8 月，叶家洋办有同善中心民众学校一所，经费每年 432 元。自 18 年浙江复设教育厅，以社会教育划归第三科专办。19 年，施行地方教育辅导机关照旧府属制，分全省为 11 学区，即以学区内之县立民众教育馆为代用，省学区社会教育辅导机关负辅导各该县内社会教育之责。本县民众教育馆在江山公园，面积约 7 亩强，与省教育厅同年设立，由通俗图画馆及通俗讲演所、公共体育场合组而成，以周详为馆长，分组总务、图书、体育、讲演为四部，办理民教事务。19 年，由毛文鹤继任，办理各乡辅导。下学期由毛春华递任接办，以上皆县委也。20 年 9 月，乃由教育厅改委柴会川（编者按：一为柴渭川）为馆长，四部之外加一推广部。次年，将江山公园并入是馆。22 年改组，将体育、推广两部改为教导康乐，其余仍旧。23 年 4 月，以国术馆并由民教馆兼收，将康乐部主任奉令改为体育指导员。24 年，将四部重加改组并为二部，专任总务、教导诸事。同年 8 月，增办一年制之短期小学。9 月，成立贺村民教推行区，设主任一人，办理乡村民教事务。25 年 5 月，并于各小学，附设强迫简易识字学校。7 月，由厅改委何清高为馆长。26 年 2 月，体育独立别设，县立体育场内置场长 1 人，分任办事。同年 3 月，何清高去，厅以王渭水为馆长，总务部设干事 1 人，教导部设主任 1 人、指导员 4 人，并于赵家施教区设主任 1 人，办理民教。事务馆长王渭水，更以县境咫尺闽海，为阐扬民族意识，实施国防教育起见，呈请设立国防讲座，聘就近对于经济军事及教育有研究或有经验者，每月开讲两次，备置无线电、留音机一具，以便播音，兼督率两部举办民众救护队、民众学校及妇女班各种比赛、国术团展览会、时事坐谈会、农民服务新生活运动及读书讲演诸任务。馆内图书，除旧有经、史、子、集订有目录备人借阅外，兼备有参考书 659 册、通俗图书 1610 册、儿童图书 329 册、杂志 4049 册，杭沪报纸各种皆备，三九装订成册，以便查阅。

民众学校概况

县立同善中心民众学校　二十七都叶家洋。是校由私立同善初级小学改设，原址在小西门刘祠。

县立定村民众学校　二十七都定村。

县立打猎山头乡村小学　淤头乡打猎山。

县立鳌头乡村小学　郑家坞乡鳌头。前两校皆系成人、儿童合校制。

按：各机关学校皆附有民众学校，以无永久之性，每学期开办与否未能确定，故不备载。

第四章　义　教

义务教育具有年限，各国不同。我国原为四年制，24 年 5 月，经行政院规定大纲，年限乃分三种。（一）自 24 年 8 月至 29 年 7 月，应办理一年制之短期小学。（二）自 29 年 8 月至 33 年 7 月，应办理二年制之短期小学。（三）自 33 年 8 月起，义务教育年限始定为四年。县之义务教育已有短期小学数十所，分设于各乡镇，由县立义务教育委员会计划分期筹办，日兴月盛，岁有增加。教育部现已特别注重义教，以期达到实施如期办法，以大纲所规定标准，将全国各省市分为 15 区，每区派视导员 1 人，巡回区内所属地方，视导各区义教之实施，以及各社教与其他教育。

第一节　短期小学一览表

校名	经费数	学生数	备考
县立傅筑街短期小学	160元	43	
县立南丰短期小学	同	41	
县立山贺短期小学	同	48	
县立厚隆短期小学	同	51	
县立龙头殿短期小学	同	38	
县立张家源短期小学	160元	46	
县立周村短期小学	180元	39	
县立化龙溪短期小学	160元	45	
县立双溪口短期小学	同	47	
县立白沙短期小学	同	48	
县立溪上短期小学	同	51	
县立乌鹰塀短期小学	同	52	
县立水碓淤短期小学	同	51	
县立苏家岭短期小学	同	52	
县立后山短期小学	同	61	
县立大悲山短期小学	160元	54	
县立福塘短期小学	同	46	
县立沙淤短期小学	同	55	
县立徐家墩短期小学	同	49	

第二节　短期小学班概况

校名	经费数	学生数	备考
县立中山小学附设短期班	80 元	45	
区立清湖代用中心小学附设短期班	同	51	
区立嵩高代用中心小学附设短期班	同	48	
区立石门代用中心小学附设短期班	同	46	
区立淤头代用中心小学附设短期班	80 元	42	
区立茅坂代用中心小学附设短期班	同	41	
区立凤林代用中心小学附设短期班	同	52	
区立官溪代用中心小学附设短期班	同	47	
区立嘉湖代用中心小学附设短期班	同	51	
区立桂香代用中心小学附设短期班	同	53	
区立仕阳代用中心小学附设短期班	同	44	
区立诗坊初小附设短期班	同	42	

按：上表据 24 年调查。

第五章　各学校毕业生

杨文洵　日本早稻田大学师范科毕业，金衢严省视学教育厅科长。

王　櫆　日本早稻田大学法科毕业，法学士（见仕进）。

王访渔　日本东京大学法科毕业（见仕进）。

徐之圭　日本帝国大学毕业（见仕进）。

戴志南　日本弘文学院毕业（见仕进）。

戴夏民 日本福岗帝国大学毕业。

戴本中 日本东京帝国大学毕业。

徐之佳 日本士官学校毕业（见仕进）。

毛松辉 日本东京大学毕业，福建厦门特种公安局财政科主任。

毛良煊 日本东京大学毕业，法学士。

徐之荣 日本帝国大学毕业。

周念行 日本明治大学研治（编者按：应为政治）经济学毕业（见仕进）。

郑观松 日本明治大学研究院毕业，得法学士学位。

姜则张 日本明治大学高等专工科毕业。

毛应熊 日本政友会东京政治专门学校毕业，厦门公安局科员。

郑国士 日本东京法政大学毕业（见仕进）。

汪国庆 日本早稻田大学政治经济科毕业（见仕进）。

姜麟书 日本民治大学毕业，法科学士。

胡 碓 （编者按：应为胡雄）日本炮兵专门学校毕业（见仕进）。

徐缙琠 日本名古屋飞行学校毕业（见仕进）。

胡麟阁 日本大森帝国体育学校高等本科毕业（见仕进）。

毛晓烟 东亚大学士（见仕进）。

胡泳高 日本民治大学毕业，法学士（见仕进）。

汪 澄 日本早稻田大学法科毕业。

刘邦宁 法国都鲁士大学法学硕士。

毛以亨 法国巴黎大学毕业，文学博士（见仕进）。

毛树深 法国巴黎大学毕业。

徐 陟 法国巴黎国立农学院农艺研究科毕业，浙江大学农学院教授并广西大学教授。

周启才　巴黎大学博士班毕业（见仕进）。

朱君毅　美国霍布金大学毕业，得学士位。历任纽约大学讲师及国立各大学教授兼主任，曾调充第一届高等考试襄试，现任立法院编译处处长。

毛彦文　美国安城大学毕业，硕士，浙江省政府民政所考试知事监察委员。

朱德珍　英国皇家空军学校毕业。

周宠范　中法大学毕业，中央卫生署制药科上尉试验员。

毛　凖　北京大学数学系毕业，现任北京大学文学院教授兼北京大学图书馆长。

胡振淳　北京国立法政专门学校毕业，现在巴黎大学法学院研究学律。

姜绍谟　国立北京大学毕业，得法学士位（见仕进）。

毛松钦　北平朝阳大学毕业，得法学士位。

徐达锵　北平朝阳学院毕业。

周　斌　北平朝阳学院毕业。

姜绍诚　北平朝阳大学毕业，得法学士位（见仕进）。

朱德宪　国立北平法政大学毕业。

胡振岳　北京民国大学毕业。

朱云光　北京大学毕业，中央政治会议秘书。

毛皋坤　北京大学毕业（见仕进）。

朱曜西　北京大学毕业，江山县教育局长。

张　寔　北京大学毕业。

张兆瑾　北京清华大学毕业。

毛云鹄　北京大学毕业（见仕进）。

胡文续 北平朝阳大学毕业系（编者按：毕业系三字或为衍文）毕业。

胡日恭 北京民国大学毕业。

胡维鹏 国立北京大学毕业（见仕进）。

胡　定 国立北京大学毕业（见仕进）。

胡咏业 北京朝阳大学法律科毕业，北平地方法院推事。

胡之德 国立北京大学毕业，省立第八中学校长。

姜宗铭 国立北京大学毕业，浙江之江大学教授。

姜宗禹 国立北京大学工学院毕业，全国度量衡检定所科员。

姜纲常 国立北京大学工学院毕业，服务金华电汽厂。

徐缙珽 国立中央大学工学院土木工程系毕业，工学士。

何芝熏 国立中央大学毕业，考试院考取审计员籍。

徐缙璥 国立中央大学农学院蚕桑系毕业，农学士，浙江第二改良蚕桑模范区指导主任。

王祖训 北京大学化学系毕业，理学士，厦门大学教员。

吴　健 国立北京大学毕业，国民革命军机要科少校科员。

毛　咸 国立北京医科大学毕业，浙江民政所技工，广西梧州医院院长。

徐良董 国立北京医科大学毕业。

毛应鸾 国立北京医科大学毕业。

毛复和 国立北京医科大学毕业。

毛应麟 国立北京农科大学毕业，浙江建设所特务员。

张庭芳 北京大学毕业（见仕籍）。

毛继根 北平兽医大学毕业。

王祖瀛 燕京大学政治系毕业，江苏嘉定县公安局科长。

姜启周 北平大学毕业，龙游地方农民银行行长。

姜　达　北平大学毕业，中学教员。

毛多松　天津北洋大学工学院毕业。

朱斌甲　天津北洋大学毕业。

何增谱　国立北京大学毕业。

王铭曾　北京国民公学大学部政治经济别科毕业（见仕籍）。

王祖达　北京大学法律科毕业，得法学士位，浙江省党部科长。

姜宗青　国立中央大学毕业。

姜时俊　中央大学毕业。

毛延禩　中央大学工科毕业。

周日朝　南京国立中央大学土木科毕业，浙江省公路局工程师。

周继宗　南京国立中央大学政治科毕业。

周仁良　南京国立中央大学体育科毕业。

蔡耀栋　南京中央大学毕业。

何继存　南京中央大学毕业，中央党部宣传部总干事。

许　节　《衢州府志》：江阴人，洪武十三年由监生为江山主席。居官清苦，吏民畏服，擢礼部主事。（编者按：非某校毕业生，底本如此）

姜达绪　杭州法政专门学校毕业，航政局长。

鲁士法　浙江省立法政学校毕业（见仕进）。

毛炳辉　国立暨南大学毕业，江山县立师范讲习所。

周家范　东南大学商科毕业（见仕进）。

何芝园　国立东南大学毕业，铁道部统计处一等科员。

徐芳田　东南大学毕业，温州乡村师范教员。

王祖昌　南京金陵大学化学系毕业，理学士。

王学素 东南大学毕业，文学士，温州省立乡村师范校长。

王　道 上海大夏大学毕业。

毛鹏翔 上海大夏大学毕业。

何芝岗 上海大夏大学毕业。

徐　兢 上海大夏大学毕业。

姜英时 上海大夏大学毕业。

姜祖根 上海大夏大学毕业。

黄嘉馨 上海大学毕业，江山县立师范讲习所所长，现教育科科长。

姜纪伦 上海法科大学毕业。

毛炳南 江苏医科大学毕业。

何霜梅 上海美术大学毕业，中央政治会议处总干事。

毛仿梅 沪中国公学大学毕业。

毛应鹤 国立女子师范大学音乐体育部毕业。

徐　桓 南通大学医科毕业。

姜瑞渭 武昌大学毕业，八中教员。

周廷洛 厦门大学毕业。

周仁贵 广州国立中山大学毕业，理学士。

徐允武 浙江大学高级农科毕业，江山县伯安医院院长。

毛善兴 浙江大学高级蚕桑科毕业，杭嘉湖蚕桑科督促员。

周日和 浙江大学工学院高级工科毕业。

徐培德 浙江之江大学毕业。

姜安文 北平大学区河北省立法商学院毕业（见仕进）。

朱毓麟 北平国立法政专门学校政治经济科毕业。

周文豪 南京法学院毕业。

毛宗兴 上海法学院专门部政治经济系毕业，江山志澄初级中学训育主任教员。

姜志纯 上海大夏大学高等师范科毕业，第二届高等考试甄录及格。

王作寿 上海大夏大学毕业。

戴世清 上海法学院毕业。

王文吉 上海法学院毕业。

徐贤昌 上海法学院毕业。

汪汉滔 上海神州法政专门学校毕业（见仕籍）。

廖宗理 上海神州法政专门学校毕业。

戴聚美 上海神州法政专门学校毕业。

胡维恭 上海法学院法律系毕业。

胡维俭 上海法学院法律系毕业。

赵贤科 上海法学院毕业。

徐钟奇 上海法学院毕业。

姜献瑞 上海法政学院毕业。

徐巨鹿 上海法学院预科毕业。

邵大尧 上海法学院毕业。

邵东图 上海法学院毕业。

徐松坚 上海法学院毕业。

刘歌棠 江苏法政毕业。

胡慕萱 上海持（编者按：参见下条，“持”字后面漏一“志”字）学院法学士。

胡吉标 上海持志学院法学士。

毛耀德 浙江公立法政专门学校法律专科毕业（见仕进）。

戴文周 浙江公立法政专门学校政治经济科毕业（见仕进）。

吴　瑞 浙江省立法政专校毕业（见仕籍）。

胡祺清 浙江省立法政专校毕业。

周廷玉 浙江省立法政专校毕业。

叶德魁 浙江省立法政专校毕业。

叶　芬 浙江省立法政专校毕业（见仕籍）。

郑桐孙 浙江省立法政专校毕业（见仕籍）。

郑　梁 浙江省立法政专校讲习科毕业。

姜朝福 上海法政学院法律科毕业。

姜之桂 浙江法政专门别科毕业。

王祥康 浙江省立法政专门学校毕业。

郑　锟 浙江私立法政专门学校毕业（见仕籍）。

郑英倬 浙江私立法政专门学校毕业。

毛继和 浙江省立高等专门法政商科毕业。

陈宗徽 浙江省立法政专门法律科毕业（见仕籍）。

毛春翔 浙江省立法政专门学校毕业，省立图书馆孤山分馆主任。

周文滨 浙江专门法政学校毕业（见仕籍）。

吴德成 浙江公立法政专门学校毕业。

周璧联 浙江省立法政专门学校毕业。

周建章 浙江省立法政专门学校毕业。

周作桢 杭州法政学校毕业。

周登瀛 浙江省立法政法律科毕业（见仕籍）。

姜肇张 浙江私立高等专门学校法律科毕业（见仕籍）。

姜渭贵 浙江省立法政专门学校毕业（见仕进）。

周锡九 杭州法政专门学校毕业（见仕籍）。

姜天福 浙江法政专门学校毕业，金华地方法院录事。

祝甘栌 浙江省立法政别科毕业。

汪以藩　浙江私立法政专门学校毕业。

汪泽融　浙江公立法政专门学校法律科毕业（见仕进）。

何达奎　浙江法政专门学校毕业。

徐之光　浙江省立法政专门学校法科毕业，江山贫民习艺所所长。

刘一鉴　浙江省立法政专门学校法科毕业（见仕进）。

毛鹤琴　浙江省立法政专门学校法科毕业。

何敏章　浙江省立法政专门学校法科毕业。

陈国桢　浙江法政专门学校毕业（见仕进）。

刘一崐　浙江法政专门学校毕业。

邵化南　浙江法政讲习所毕业（见仕进）。

刘宝森　江苏法政学校毕业。

姜　勃　吴淞中国公学大学部法科毕业。

郑宗柏　上海法学院毕业。

朱崇理　北京优级师范毕业。

毛兆和　南京高等师范学校国语讲习科毕业。

戴鸿泽　省立两级师范毕业，江山县县视学。

周正鉴　省立两级师范毕业。

汪作霖　省立两级师范毕业，劝学所所长，三色宪法审查员，自治会议代表，陆军第一师师部谘议官。

周石甫　大夏大学师范科毕业，省立温州乡村师范教授。

毛举鹏　省立两级师范毕业。

毛云鹗　省立两级师范毕业（见仕进）。

周邦英　省立两级师范毕业。

华衮荣　省立两级师范毕业。

姜润仁　省立高级师范毕业。

周　泱　省立高级师范毕业。

朱斌全　省立高级师范毕业。

毛皋虔　省立高级师范毕业。

凌独见　省立第一师范毕业，著有《新道德》《国语文学史》《两汉学术史》等书。

余梦龄　省立第一师范二部毕业，县立文溪高小教员，第四区立中山小学校长。

毛同文　省立第一师范二部毕业。

金德周　省立第一师范二部毕业，县立文溪高小教员，省立八师小学部教员。

毛仁美　省立第一师范二部毕业，县立文溪高小教员。

毛辅文　省立第一师范二部毕业，浙江司法所委员。

华自兴　杭州女子师范学校毕业。

姜瞻洛　省立第八师范毕业，浙江建设所航政局驻海门办事处主任，江山县视学。

金云友　省立第八师范本科毕业，江山县立中山小学教员，第二中心小学校长。

华　封　省立第八师范本科毕业，江山县立师范讲习所教员。

周　洲　省立第八师范本科毕业，庆元县教育局科员。

毛春华　省立第八师范本科毕业，江山县视学。

姜超岳　浙江省立第八师范毕业（见仕进）。

郑克昌　省立第八师范本科毕业。

金朝根　省立第八师范本科毕业。

汪经镕　省立第八师范本科毕业。

汪经始　省立第八师范本科毕业。

姜安泰　省立第八师范本科毕业。

周鲁琛　省立第八师范本科毕业，江山县视学。

周　详　省立第八师范本科毕业。

毛兆选　省立第八师范本科毕业。

毛兆鲁　省立第八师范本科毕业。

徐鹤林　省立第八师范本科毕业（见仕进）。

毛兆吉　省立第八师范本科毕业。

郑国瑞　浙江省立高中师范部毕业。

祝雅存　浙江省立第九师范本科毕业，县立中山高小校长，江山县县视学。

王育英　浙江省立女子师范毕业。

王政敏　浙江省立女子师范毕业。

王渭水　省立乡村高级师范毕业，县立中山高小校长，民众教育馆长。

毛文鹤　省立第八师范本科毕业，武义、玉环、昌化教育局长。

徐鸿机　旧制师范毕业，江山县建设科科员。

朱肇文　旧制师范毕业。

毛仿德　旧制师范毕业。

姜瑞拱　旧制师范毕业，玉山县教育局长。

姜苍林　旧制师范毕业，嘉湖小学校长。

姜承宗　旧制师范毕业，常山县□□委员。

姜廷扬　旧制师范毕业。

姜振源　杭州师范毕业。

刘特云　湘湖乡村高级师范毕业，江山县城区第一小学校长。

姜方才　武昌师范大学毕业，历任省立第五校长及武昌第二中山大学讲师，国立暨南大学教授，上海公学大学部教授兼大学预科主任，南京《京报》总经理兼任总编辑等职。

徐瞻淇 浙江高等正科毕业，第八中校教员。

徐志澄 浙江高等学堂毕业，创立志澄中学，教育部给以一等奖状。历任江山县视学、教育局长。

郑纪文 浙江高等学堂毕业（见仕进）。

吴国溶 浙江高等学堂毕业。

毛凤藻 浙江高等学堂毕业。

毛仿驹 旧制八中毕业。

祝欣康 旧制八中毕业。

何霖章 旧制八中毕业。

周丕新 旧制八中毕业。

周子杼 旧制八中毕业。

胡念忠 旧制八中毕业。

周文郁 旧制八中毕业。

何芝函 旧制省立中学毕业。

毛家驹 旧制八中毕业。

汪锡宝 旧制八中毕业。

汪聚奎 旧制八中毕业。

郑允中 旧制八中毕业。

吴恒庆 旧制八中毕业。

杨学坦 旧制八中毕业。

吴文庆 旧制八中毕业。

杨学樵 旧制八中毕业。

郑春城 旧制八中毕业。

毛才天 旧制八中毕业。

金梦琚 旧制八中毕业。

汪以屏　旧制八中毕业。
陈宗虞　旧制八中毕业。
祝叙松　旧制八中毕业。
徐彬林　旧制八中毕业。
祝轶群　旧制八中毕业。
祝毓亮　旧制八中毕业。
周日耀　旧制八中毕业。
毛毓琳　旧制八中毕业。
徐诵熙　旧制八中毕业。
杨学耕　旧制八中毕业。
徐鸿盘　旧制八中毕业。
余长庚　旧制八中毕业。
周文都　旧制八中毕业。
戴睦富　旧制八中毕业。
徐鸿烈　旧制八中毕业，江山县度量衡主任。
李祖卫　旧制八中毕业。
周一灵　旧制八中毕业。
徐子翚　旧制八中毕业。
王蒲臣　旧制九中毕业，江山、庆元、武义教育局长。
姜中赓　省立七中毕业，江山县县督学。
朱开仁　五洲中学高级部毕业。
朱云容　五洲中学高级部毕业。
毛延武　五洲中学高级部毕业。
徐达淮　五洲中学高级部毕业。
姜绪发　五洲中学高级部毕业。
叶德臻　五洲中学高级部毕业。

姜香芳 五洲中学高级部毕业。

姜宗羲 五洲中学高级部毕业。

郑润昌 南京私立五三高中学校毕业。

姜汝钦 南京钟英中学高中部毕业。

姜翔翱 南京钟南中学高中部毕业。

杨序宾 南京私立五三高中学校毕业。

胡念旺 南京钟南中学高中部毕业。

姜绍諴 江苏省立南京中学高中部毕业（见仕进）。

周　桢 山东省立高级中学毕业。

王绍福 上海复旦习验高级中学毕业。

周景先 上海民立女子中学校毕业。

何茂操 上海大夏大学高中部毕业。

汪伯年 上海大夏大学高中部毕业。

蔡济川 上海大夏大学高中部毕业。

汪鹿年 上海大夏大学高中部毕业。

余锡成 上海江南学院毕业。

徐培仁 上海惠兰中学毕业。

姜广德 上海私立大厦高中部毕业。

王寿昌 山西省立育材中学毕业。

徐彬祚 厦门大学高中毕业。

汪　寿 厦门大学法律系毕业。

姜子范 江西六中高中部毕业。

姜纲绍 江西六中高中部毕业。

姜希辉 江西南昌心远高中毕业，玉山县党部常务委员。

王兆泰 江西省立第六中学高级毕业。

姜宝书 江西省立第六中学高级毕业，黄陂县政府科长。

毛增兴　江西省立第六中学高级毕业。

朱慧民　浙江省立一中毕业。

李　直　浙江省立一中毕业，浙江临时省议会议员。

姜允升　浙江省立一中毕业。

姜康德　浙江省立一中毕业。

徐之海　浙江省立第一高中毕业。

毛慈根　浙江省立第一高中毕业。

戴睦仓　省立七中高中部毕业，浙江省农业专科学校毕业，江山县立中山小学校长。

何双奎　省立七中高中部毕业，县立中山小学教员。

王元经　省立七中高中部毕业。

徐立哲　省立第七高中毕业。

何嘉圭　省立第七高中毕业。

华恩荣　省立第七高中毕业。

姜金纯　省立第七高中毕业，江山县志澄中校教员。

姜增耀　省立第七高中毕业。

姜瑞鸿　省立第七高中毕业。

姜瑞盈　省立第七高中毕业，军事委员会北平通讯社通讯员。

徐元珏　省立第七高中毕业，江山县志澄中校教员。

祝裕松　省立第七高中毕业。

姜时鋆　省立第七高中毕业。

汪经芳　省立第七高中毕业。

徐　闇　省立第七高中毕业。

郑宗森　省立第七高中毕业。

毛应骥　省立杭州中学高中部毕业。

姜水淡　省立八中毕业，江山县城区第一初小校长。

姜瑞禄　省立八中高级毕业。

曹遇卿　金华高级中学普通科毕业。

胡振茂　金华中学高中部毕业。

蔡秉钧　金华中学高中部毕业。

郑廷华　金华中学高中部毕业。

吴永康　金华高级中学毕业。

刘允禄　省立第八中学毕业。

郑英侠　绍兴稽山中学高中部毕业。

毛锡荣　省立第九中学毕业。

姜钟表　省立杭州高级中学毕业。

姜达奎　省立杭州高级中学毕业。

姜瑞森　省立杭州高级中学毕业。

周吉士　省立杭州高级中校毕业，南京军官学校教练官。

段月皜　宁波中西中学毕业，无线电队队长。

林　煦　山东省立工业专门土木工程科毕业，兖州实习县建设工程师，霑化县建设工程师、工务员，北平市文物整理委员会技佐。

胡维敏　国立总务专门学校上海第二分校毕业，澳门拱北海关稽查。

徐　锴　上海理科专修学校毕业，江山县自治研究所所长，第四区立茅坂中山小学校长。

徐缙璜　上海美术专科学校毕业。

毛　翚　上海理科专修学校毕业（见仕进）。

姜宗文　上海美术专门学校毕业。

郑仁山　上海私立美术专门学校毕业，杭州初级中学教员，精金石篆刻，尤工指画山水梅石，有《指画山水册》出版。

毛　简　上海职业学校毕业。

何双璧　上海专艺学校毕业（见仕进）。

张岸及　上海艺术专门学校毕业。

周凤梧　天津法商学院毕业。

黄鼎諆　上海国医学院毕业。

汪　泰　上海南阳医学院毕业（见仕进）。

毛鹏仙　上海南阳医学院毕业。

徐培芳　上海新华艺术专门学校毕业。

黄龙骧　南通纺织专门学校毕业，民国 24 年赴日本考察纺织工艺。

黄鼎铭　南通纺织专门学校毕业。

姜芙麟　苏州体育专门学校毕业。

宋尧年　浙江体育专门学校毕业（见仕进）。

毛步达　浙江市林体育专修学校毕业。

杨庆棠　浙江体育专门学校毕业，丽水中学体育主任。

汪志中　浙江体育专门学校毕业。

汪宅中　浙江高等专门学堂毕业。

祝枚光　浙江省立甲种工业学校毕业。

祝增辉　浙江省立甲种工业学校毕业。

毛荫棠　浙江省立甲种商业学校毕业。

何长庚　浙江省立甲种商业学校毕业。

郑培元　浙江大学工学院电机科毕业（见仕进）。

王一德　浙江省立甲种工业学校毕业。

祝鉴光　浙江省蚕桑学校毕业，江山县立蚕桑传习所所长，平民习艺所所长。

汪香册　浙江公立甲种蚕业学校毕业，大陈乡学务委员保卫团总。

姜承志 浙江省立甲种森林学校毕业。

柴渭川 浙江省立民众实验学校毕业，民众教育馆长。

徐昌嗣 浙江省立医学毕业。

朱开业 省立医学专科学校毕业。

胡景和 浙江医学专门毕业。

汪春瑞 浙江公立医学专门学校毕业，江山病院院长。

毛云花 国立杭州艺术专科毕业。

段月照 中央军政部无线电队毕业，任监习官。

汪国龙 浙江监狱学校毕业。

巫文龙 浙江监狱学校毕业。

毛延祀 省立地方自治专修学校毕业。

周独毅 省立地方自治专修学校毕业。

姜文渭 省立地方自治专修学校毕业（见仕进）。

毛延礽 省立地方自治专修学校毕业（见仕进）。

徐长组 省立地方自治专修学校毕业（见仕进）。

郑建阳 省立地方自治专修学校毕业（见仕进）。

王庆树 省立地方自治专修学校毕业（见仕进）。

周学俊 省立地方自治专修学校毕业（见仕进）。

祝嘉贵 省立地方自治专修学校毕业（见仕进）。

王普林 省立地方自治专修学校毕业（见仕进）。

郑柏龄 省立地方自治专修学校毕业（见仕进）。

周　洛 省立地方自治专修学校毕业（见仕进）。

徐　鉽 省立地方自治专修学校毕业。

柴易志 省立地方自治专修学校毕业（见仕进）。

徐容礼 省立地方自治专修学校毕业（见仕进）。

王世望 省立地方自治专修学校毕业（见仕进）。
徐冠英 省立地方自治专修学校毕业（见仕进）。
毛兆橹 省立地方自治专修学校毕业（见仕进）。
徐肖卿 省立地方自治专修学校毕业（见仕进）。
祝昌龄 省立地方自治专修学校毕业（见仕进）。
祝叙楠 省立地方自治专修学校毕业（见仕进）。
姜丙炎 省立地方自治专修学校毕业（见仕进）。
徐松焘 省立地方自治专修学校毕业（见仕进）。
毛鹤皋 浙江讲武学堂毕业（见仕进）。
毛存义 浙江讲武学堂毕业（见仕进）。
祝魏勋 浙江讲武学堂毕业（见仕进）。
朱震生 黄埔军官学校第六期毕业。
姜景标 黄埔军官学校毕业。
邵承志 黄埔军官学校毕业（见仕进）。
毛应韡 黄埔军官学校毕业（见仕进）。
毛　乾 保定军官学校毕业（见仕进）。
姜水纹 保定军官学校毕业（见仕进）。
徐汉仪 广东陆军讲武堂步科毕业（见仕进）。
朱中夫 南京中央军官学校第八期毕业（见仕进）。
周文新 中央陆军军官学校毕业。
毛裕礼 中央军官学校毕业（见仕进）。
叶开伍 中央军事政治学校毕业。
郑　校 中央陆军军官学校毕业（见仕进）。
徐承谦 中央陆军军官学校毕业（见仕进）。
何增诚 中央陆军军官学校毕业。
徐振宏 中央陆军军官学校毕业。

祝树柏 中央陆军军官学校毕业。

王庚白 中央陆军军官学校步科毕业。

祝甘棠 中央陆军军官学校步科毕业。

汪　讨 中央陆军军官学校步科毕业，浙江保安处科员。

王校正 中央陆军军官学校毕业。

杨学上 国立中央军校毕业，后肄业国立中央大学。

徐　达 国民政府军事委员会军官训练团毕业（见仕进）。

毛　熊 中央陆军军官学校毕业，浙江省江山县壮丁训练第二中队队长。

姜儒风 浙江省立警官学校毕业，嘉兴王家泾水上警察。

毛鹏程 浙江省立警官学校毕业，江山凤峡分所长。

陈　章 浙江省立警官学校毕业，省公安局第一分局局员。

姜岳根 浙江省立警官学校毕业。

何瑞海 浙江省立警官学校毕业。

林殿章 浙江省立警官学校毕业，温岭松门镇分所长。

陈崇惠 浙江省立警官学校毕业。

徐尚宽 浙江省立警官学校毕业。

毛渭扬 浙江省立警官学校毕业，衢县公安局督察员。

毛绍喜 浙江省立警官学校毕业（见仕进）。

毛鸿猷 浙江省立警官学校毕业。

周建槐 浙江省立警官学校毕业。

姜邦桢 浙江省立警官学校毕业（见仕进）。

姜天钧 浙江高等巡警学堂毕业（见仕进）。

徐　珏 浙江省立农业学校毕业。

周凤楼 北京农业学堂毕业。

周师宣 浙江省立高级农科职业学校毕业。

徐思穉　浙江省立农业师范学堂毕业。

徐建初　江苏省立高级农科毕业，江山县治虫委员会委员。

祝理一　国立南京高等师范农业专修科毕业。

何炳煌　浙江省立高级农科职业学校毕业，江山县县视学。

陈家杰　浙江陆军测绘学堂毕业，任参谋本部中央陆地测量总局三角科股长。

陈柏青　国立南京高等师范毕业，中央大学教育学士，历任浙江省防军第六团政治训练主任，省体育场场长，国立中央大学教员，浙江大学训育委员。

陈秉堃　杭州三才中学高中部毕业，上海丰田纱厂管理员，奉派赴日本名古屋纺纱株式会社考察现业商。

陈丙言　上海南方中学高中部毕业，任浙江省立医药专科学校训育员，省党部干事，省立体育场总事务主任。

陈炳泉　杭州惠兰中学高中部毕业，任中央航空学校飞行职务。

陈凌如　杭州普成中学高中部毕业，任浙江省立体育场干事图书馆助理员。

卷十三　宗教志

第一章　戒　地

道教盛于唐代，创教之张道陵，桐庐人，其母以正月十五赴天目烧香产于天目。父名大顺，墓在今之分水道陵，晚年归隐龙虎山，其教至今犹盛。佛教，吴王孙权极为崇拜。降至齐梁，此风益竞，县境如峡口之国泰寺，城西之海会寺，皆先县而成立。回教与基督教唐代已入中国，浙疆濒海流传较易，温州在元代已设有掌教衙门，可知当日基督教徒之盛。释道在明代亦有主管官，驻府称都纲司，驻县仅称为纲司。县之道纲司署设在西山紫薇观，僧纲司署即设在城西之海会寺，而回教独无，基督教徒清光绪……（下缺）

海会寺　古龙华寺　在县西南二百步。初禅师辩良卓锡于此。梁天监十八年，徐殷舍宅为寺。庐山僧义隆寓之，有白蛇衔花听经之异，赐名龙华。宋祥符元年，改今额。绍兴七年，重建佛殿。明洪武十九年，立僧会司居此。成化二十年甲辰，僧昙晔修。弘治乙丑毁，僧弘溥创建。正德丁卯复建。清乾隆五十三年，药业于寺左增建神农殿。咸丰八年被兵后，仅存寺门及正殿。光绪二十六年，寺门被毁。民纪14年，自治员徐邦光将门基改建铺面三间。31年，倭寇窜扰，被毁左右寺宇，仅存一栋，今添建二栋。

附设佛教会。

【宋程俱海会寺诗】万杉堆青没山骨，云埋七峰时出没。飞泉拂石泻哀湍，下有万古蛟龙窟。藏头睡熟呼不起，地坼三年蝗蝻出。千山脉理渍清甘，一罅涓涓流石液。同游况与惠询辈，纳屐振衣何勃窣。大门当前新筑道，跨水曲栏欹突兀。舂鸣辘轳趁朝炊，水甽悬流机械发。揞筇对此自三叹，抱瓮老人长搰搰。却坐幽堂忽浩歌，回首已失西山日。

施水寺　在县南二百余步，大街之西，海会寺上。梁天监十八年建，明成化间重建。县人戴均泽捐租，立永思堂，以祀其先。清道光间，戴姓增建前殿。民纪 18 年，戴氏改为宗祠。23 年，县款产会与讼经年，仍判为县有公寺。此寺在 17 年淫祀案内毁去偶像。18 年，檀亭戴氏改为宗祠。县款产会与之涉讼，三审终结判为县有。内有铜质韦驮一尊，约长三尺，已毁去一足。现移供海会寺正殿。

宝成寺　在县东北一里。旧为尼院，名紫竹林。吴越时建。宋祥符元年，赐今额。大观二年，县人请易为僧刹。明成化二十年，僧月亭修。弘治五年，僧普嵩重修。正德丙寅，增建大殿。万历戊寅，僧员星增建两廊及钟楼。清嘉庆九年，县人捐修。咸丰八年，被兵后仅存大殿。今已全圮。

【清毛羽丰春霁游宝成寺诗】香刹何年启？招寻不惮遥。万峰青映郭，一水绿平桥。花气帘前度，莺声雨后娇。老僧谈妙诣，尘虑自能消。

水心寺　在城东妙莲洲，面对鹿潭，四围皆水，为县之古刹。明万历间，印宗上人住持此寺。刑部尚书毛端简公孙允让，曾召集方道华、王淡中、王东明等夜饮于此，并泛舟鹿潭。今圮。

【毛允让诗】洲水环清梵，尘嚣断弱流。筵当今地僻，世讵此中浮。夕照含疏雨，溪凉成素秋。灵山看不尽，心赏共迟留。

溪光夺暝色，侧帽绕萝藤。归鸟看无岸，呼船载有僧。云开双灏月，潭锁小桥灯。何处钟声急，山城暮霭层。

福慧寺 在县东北一里宝成寺东。明万历间，县人徐伯美建。住持智宁开戒坛，饭四方行脚。天启间修。旱圮。

仙居寺 在县东南四十里。旧名灵冈。有水帘洞诸胜。宋至和二年，僧云隐重建。王安石尝读书寺中。后奉饬赐以今额。明弘治五年，僧惠普修，内有介亭，为清漾毛尚书恺读书处。嘉靖戊辰（编者按：嘉靖中并无戊辰年），僧戒远重修，并复寺田。

【赵镗记云】石门十里之南，有寺曰“仙居”。四山环翠，万木蓊郁。水帘洞当其前，泉声松籁，隐隐云间，仰观俯听，恍若揖安期、偓佺而与之逍遥也，故名之曰“仙居”云。寺有怀舒阁，相传王荆公旧所游学，有水帘洞诸诗可考。毛氏故居在清漾，去寺而近。其先君子如谏议诸公，率考槃焉。今故大司寇介川毛公未第时，尝读书其中，及登嘉靖壬辰进士，复请告而归，留连者二载。论者谓公诗句清峭，诸作遒丽，实山川有助焉。丁卯秋，公由南太宰请告于家，将拉余至寺为诗坛，僧戒远者，以倾圮告。公亟询其故，则曰：粮重吾不能赔，田属诸他人，久非寺有矣。公心知其为同族也，亟请而语之，众未喻，则示之以法，众始唯唯。自是田尽复，僧始有固志。诸倾圮亦骎骎修葺，始焕然矣。余悲公之不可作也，为述其巅末，使刻诸石。旧田若干亩，今归复若干亩。先任邑侯见田余公给与执照，而公复亲书于其后：“永为兹寺左券”。因备记之。仍列其数于碑阴，且以戒诸寺僧曰：今而后敢有不守戒行，再鬻兹田者，众共逐之，仍请治以重法。是亦公之意也。

万历间，僧印星建大殿石台。清咸丰间，毁于燹。同治以后，里人重建。民国24年，募修。

【宋毛滂仙居寺诗】潇洒仙居院，楼台烟霭中。夜泉清浸月，午铎冷摇风。转目已成昨，累名俱是空。一樽林下醉，此兴谁与同?

【王沂仙居寺诗】肉山六月火云蒸，渴想滹沱一片冰。回首家山林下寺，水帘深处定中僧。

【明毛集过仙居寺诗】幽径斜通紫翠房，小楼深树带岚光。山才入眼青相对，话自逢僧淡亦长。水涧晴分秋月白，天风晚度石云凉。浮生已觉幽栖稳，何事尘游未息缰。

【毛育鲁宿仙居寺诗】尘埃杳杳笑浮踪，独宿深山万虑空。夜久细吟僧定后，一溪流水月明中。

【清杨世倚仙居寺诗】偶访仙居兴不悭，杖藜徐步叩禅关。门迎瀑布千寻水，地接江郎一簇山。鸟道仅容游屐度，虬松长许老僧删。数声清磬云间出，暮色苍茫客倦还。

【郑镛晚过仙居寺诗】暮宿横林杪，禅房客到迟。泉鸣僧定后，花落雁归时。破瓦青莲界，残碑白纻辞。此间堪入静，怀古重凄其。

【王樑仙居寺诗】入寺秋山静，登临夕照阴。暗泉流断壁，乔木下惊禽。谢客游能到，支公隐未深。徒将后来意，遥向白云吟。

【成廷楫仙居寺诗】山寺盘纡入，僧迎古道边。台高环翠嶂，壁峭挂寒泉。怪石疑蹲虎，虬松欲攫天。舒王曾寄迹，断碣绣苔钱。

【毛鹤翀仙居寺诗】曲曲清溪面面山，山溪尽处辟禅关。探奇共说仙源近，涉趣偏知觉路闲。竹里声幽闻鸟语，崖前翠簇识萝攀。绕门流水何须问，自有孤云与往还。

【杨奏瑟仙居寺诗】合沓奇峰峭，轮囷老木蟠。绿云生僧席，飞翠绕栏干。谷暗晴疑雨，山深暑亦寒。避喧兼避俗，聊得硕人宽。

【朱培镂仙居寺诗】大地河山一泡浮，慈云法雨问来由。衣残旧衲松为貌，读罢黄庭石点头。归客间从闲界驻，俗心尽向佛门收。世间多少痴顽汉，也听晨钟唤汝不。

【郑恒年仙居寺诗】上仙今不遇，即此是仙区。竹木千丛次，云峦四壁图。空山咽流水，白饭饷僧厨。试觅舒王迹，残碑半草芜。

【毛恺夏日寓仙居寺·风入松词】葛巾野服叩禅关，烟霞僻性耽。红尘隔断三千里，长日内，倚遍栏干。 看瀑布半空飞雪，听松六月俄寒。瑶琴何处寄幽弹，宝鼎麝香残。北窗一枕曹腾睡，荣枯事，梦破邯郸。病骨真同鹤瘦，疏踪不让僧闲。

【毛大鹏春日过仙居寺·踏莎行词】绿树莺娇，翠堤沙软。山行不厌芒鞋远。浮踪暂驻叩禅关，一庭春色榆钱满。篆冷红猊，茗香碧碗，闲情顿觉寻芳缓。蒲团静坐悟无生，流泉声里斜阳晚。

月岩寺一作曜岩　在月岩山亦作银台山，去仙居五里而弱，有瀑与石门对。

【唐韩翃诗】驱车过闽越，路出饶阳西。仙山翠如画，簇簇生虹蜺。群峰若侍从，众阜如婴提。岩峦互吞吐，岭岫相追携。中有月轮满，皎洁如圆珪。玉皇恣游览，到此神应迷。嫦娥曳霞帔，引我同攀跻。腾腾上天半，玉镜悬飞梯。瑶池何悄悄，鸾鹤烟中栖。回头望尘世，露下寒凄凄。

【明毛育鲁诗】禅房起天半，寥廓俯崆峒。树色连高枕，钟声没晓空。人行飞鸟外，僧定乱云中。听法归来晚，寒泉落万峰。

【清杨奏瑟诗】独坐愁春雨，空庭鏁绿苔。不知新霁后，忽有故人来。花气熏吟榻，松风落酒杯。爱山还自我，飞步蹑银台。

证道寺 在水毕山。宋建。今圮。

【宋毛滂诗】水毕山前蹭蹬身，三年鱼鸟许为邻。何当解组槐阴下，更有酴醾一夜春。

保福寺 在县南三十五里镇安。宋秘阁司典徐程舍基建。初名经堂法院。元丰六年，裔孙琬等改造正殿，易以今名。又造清风亭于侧。明弘治五年，僧法净修。万历二十年重建。清康熙间修。咸丰八年，正殿被毁。民纪 17 年徐廷璋等复建。殿前两树罗汉松，苍郁如虬龙然，云宋时物也。内有正节先生墓并遗像。

案：正节原墓在西湖方家峪。刘汝钧记云：徐应镳，字巨翁，衢之江山人，世为衢望族。咸淳末，试补太学生。宋恭帝德祐二年，元将伯颜帅师次于皋亭山，阿剌罕、董文炳之师皆会游骑至临安府北关。宋臣文天祥、张世杰请移"三宫"入海，自乃帅众背城一战。宰相陈宜中不许，而太皇太后遣监察御史杨应奎奉表上传国玺以降。伯颜受之，遣人奉玺表赴上都。张世杰以不战而降，遂与苏刘义、刘师勇各帅所部兵去临安，入于海。宋以文天祥为右丞相，赴敌军，见伯颜，辨论不屈。伯颜大怒，遂被拘留。伯颜自湖州市入杭城，馆于万松岭卢原宅，大宴诸将。谢太后及宋帝欲与相见。伯颜固辞，曰："但见天子可也。"伯颜命阿答海、张惠、阿剌罕、董文炳等迁宋"三宫"，期会于瓜步。阿答海等入宫宣诏，免牵羊系颈之礼。宋帝拜谢。礼毕，与皇太后全氏、福王及度宗母隆国夫人黄氏出宫。时宫室暨驸马都尉杨镇、知枢密谢堂、签院高应松、庶僚、三学诸生、内侍等皆北行。惟应镳不从，乃与其子乡贡士琦、崧，女元娘誓共焚。子女皆喜从之。太学，故岳飞第，有飞祠。应镳具酒肉祀飞曰：天不佑宋，社稷为墟。应镳死以报国，誓不与诸生俱北。死已将魂魄累王，作配神主，与王英灵永永无斁。作诗云：二男并一女，随我上梯云。琦亦赋诗以自誓。祭毕，以酒肉饷诸仆。诸仆醉卧。应鏕乃与其子女入经德斋梯云楼，积诸房书籍箱笥四周，纵火自焚。一小仆未寐，闻火声起，至楼下穴牖视之。应鏕父子俨然坐立，如庙塑像。走报诸仆，坏壁入，扑灭火。应鏕不能死，与其子女怏怏出户去，仓卒莫知所之。翌日，得其尸祠前井中，皆僵立瞠目，面如生。诸仆乃为殓，殡之西湖金牛僧舍。益王立福州，褒其节，赠朝奉郎、秘阁修撰。后十年，其同舍生刘汝钧率儒者五十余人，收而葬之方家峪，私谥曰“正节先生”。

白云寺 在县南二十里祝礼镇小灵山。宋嘉定十一年，徐士宁建。清同治间圮。

麓山寺 在县北二十里平坦。宋熙宁二年建。旋废。明弘治五年，僧善琼等建。万历间重建。崇祯末毁。清雍正间复建。乾隆二十八年，增建山门。二十九年，减寺田入文溪书院。僧季苍复续补如旧额。咸丰八年，后殿及中堂被毁。光绪初，重建后殿。彭昌年有记。

西兴寺 在县北二十五里大陈童家地。明嘉靖六年，里人汪、徐二姓建。同治十二年重修。

【清汪日丙西兴寺诗】古刹西兴傍碧山，盘纡曲径步行艰。烟霏宝鼎香初爇，月照柴扉夜未关。杨柳千条围似幄，云峰四面绕如环。更看空翠摇庭际，时有幽禽自往还。

东兴寺 在县北二十五里大陈东村地。明天启间，里人汪、徐二姓建。今圮。

【清汪日丙东兴寺诗】旧日楼台渺似烟，闲寻古寺感流连。即看梵宇多兴替，始悟沧桑有变迁。庙貌惟余荒草地，钟声罢听夕阳天。朱甍碧瓦今安在，古迹犹将片石传。

西禅寺 在县南二十五里。吴越时建。明弘治五年，僧宗性修。天启间废。

潭头寺　在县西二十五里贺村庄潭头山。里人公建。寺前有石桥。

福禄寺　在县西四十里通济桥。宋嘉定三年赐额。元泰定间重建。明正德间修。清乾隆间，僧梅峰募修。

【清杨奏瑟诗】通济桥南寺，山高缭作垣。涧流三尺水，篱隔数家村。树杪晴翻雀，萝荫晚啸猿。乍闻烧柏子，悟得瓣香存。（寺前有古柏）

石颐寺　在紫岭东。宋建。今圮。

【宋毛滂游石颐寺诗】碧瓦朱甍紫岭东，昂霄松桂响寒风。灵泉清映银床在，无复当年大小空。

【又毛滂昼寝石颐寺诗】何人支枕古邯郸，孤卧孤窗四面山。故遣白云遮谷口，不教幽梦落人间。

宝陀寺　即左坑寺　在县北二十五里左坑。元至正八年建。寻毁。明万历间重建。清康熙间修。知县汪浩改左坑为左窝。乾隆初，僧德宁等募捐复修。七年，里人王子厚创捐重造正殿。光绪间重修。

【知县邱肇勋记】余承乏须江时，与邑人士相周旋，饫闻王君子厚之为人言规行矩，合乎古人之道，性慷慨、好施予。贫友冷戚有求于君，指囷助舟，了无难色。君名禾，年八十有一，力行善事数十年。嗣君愭恪承家学。凡父所欲为者，悉皆先意承志，以要于成。世云古今人不相及，观子厚而知其言未尽然也。邑有左坑寺，迩来日就倾圮，好义诸君子谋所以更新之。余前既好文以记其事。顾廊庑寮舍，虽皆渐次告竣，而居中正殿资用殷繁，鸠工庀材，势将难继。寺僧德宁、丙嵩辈点金乏术，日夜彷徨，计无所出。适子厚偕嗣君过之，慨然以为己任，捐金一百六十，使未竟之绪，不日落成。嗟乎！天下事始之固难，成之尤难。此寺也，非诸君子何以创厥始，非子厚何以观厥成。癸亥，寺僧来瓯向余述其事，并请一言，以寿诸石。余曰：子厚之好善如是，吾固将志之。独是其生平可记者殊多，捐金修寺，其小者也，宁足为子厚重？虽然即此一事观之，而前乎此者可知；由此一事推之，而后乎此者，又可知矣。

【明施幼学宝陀寺诗】野路通深谷，禅关几度游。薜萝岩石古，风雨佛堂幽。说偈惊龙钵，逢僧幻鹤洲。相看回首处，翠竹野花秋。

【清金绍昌左坑诗】宝陀何代寺，凿翠倚岩壁。回峰相蹙抱，灵閟此藏啬。修篁不见天，危阁坐相逼。何来兜罗云，一坠化为石。山风吹不起，景状如荡激。其旁豁谽谺，其上挂萝薜。玲珑窥乳窦，空响时滴沥。微闻素女弦，清泛出虚寂。洞壑杳然深，仙灵邈难觌。

【姜亨肇宿左坑诗】桃花烂漫柳花飞，着屐寻芳傍夕晖。谷口云封僧独坐，松梢月上鹤方归。三春芒屩凭谁误，一梦旧窗知昨非。此际栖迟殊不厌，青山薜荔笑征衣。

【王锦霆左窝诗】山重水复野心怡，曲径通幽客到迟。数仞翠屏和月卧，一泓香钵带云移。法华雨遍三千界，粥鼓敲残十二时。幻态岩边看不尽，留题深愧色丝辞。

【刘佳左窝诗】行行见招提，幡竿山际出。夹道花丰茸，翳竹门蒙密。穹梁白蝠飞，古甃苍苔蚀。千丝佛面虫，万足僧衣虱。瓣香溯法王，我亦九天谪。过去未来因，何处共省识。恬水愁波涛，坦衢畏荆棘。岂无香火情，乞与慈悲力。佛也不能言，如闻长太息。再拜掷灵筊，吉语赐第一。禅雏解留客，瓦盘荐山栗。侑以绿雪汤，烦襟觉尽涤。我恐惊山灵，有诗勿题壁。

复古寺　在县东十五里，俗称东安殿。明万历间，徐海洋创建。

真岩寺　在县西北十五里，俗称登真岩。前有大石一方。粤乱时，县人在此筑垣避兵。以女冠詹妙容修炼上升得名。唐末，乃为僧刹。宋元祐中，州守沈祖德命僧以珪迁于半山。大观二年，赐额。明万历间重建。清咸丰八年，毁于燹。光绪间复建。

【宋赵忭真岩寺诗】一炷清香一解颜，几生修得在林间。朝无事也夕无事，坐看山兮行看山。梅玉破香供宴寝，松风奏曲度禅关。静思四海五湖客，虽有黄金无此闲。

【明林聪真岩寺诗】秋风旌节下江阳，驻马夷犹谒上方。驯鸟不随人影散，昙花偏落客衣香。真岩宿霭浮山殿，古涧飞泉近石床。早晚朝簪如可释，旧游何处不徜徉。

宝觉寺　在县北十五里五村头。明末建。民纪3年，范姓重创修。

多福寺　旧志作小江郎祠　在县南十五里清湖。清同治元年毁。五年，同里毛丰等捐建。

【榕城诗话】江山县近岭处，地名清湖，土田肥沃，风俗茂美，人家环山带水，豆畦姜棱，幽径演迤。石梁东西两庙，庙各有金炉十数，春秋割豕赛神，合乐征舞，土人以为祈谷禳疾之地。临江有小江郎祠，在石崖上，林木亏蔽，下罩江水，中有石床、石几，清洁无尘埃，过客多染翰墨壁间。

【清刘佳多福寺诗】一峰忽飞来，截江作峭壁。波涛漱其根，下有蛟龙窟。布金始何年，满眼炫丹碧。偶来休篴舆，散发情弥适。涤耳就风蝉，结趺选苔石。霏霏水气凉，浩浩江天白。侧聆渔者讴，近引凫群拍。门虽车马喧，境自尘嚣隔。嗟尔触暑人，劳劳事行役。

普明寺 在县南十五里清湖。宋淳祐二年建。明成化二十年甲辰，僧琭石修。弘治间重建。万历间，徐东溪讲学于此。乾隆间修。同治间圮。原按：寺有罗汉松一株，明时物也。

【宋杨万里普明寺见梅诗】城中忙失探梅期，初见僧窗一两枝。犹喜相看那恨晚，故应更好半开时。今冬不雪何关事，作伴孤芳却欠伊。月落山空正幽独，慰存无酒且新诗。

【明杜庠普明寺诗】软红尘里倦闲行，寻向禅房适宦情。诗句偶从眠处得，离愁不记客中生。池边鹤影随僧影，墙外滩声杂磬声。怪底隔花蝉噪午，惊回清梦不曾成。

【成肇璋普明寺诗】寒山多秀色，湿翠满禅关。霜竹疏犹坠，林鸟暝渐还。风多黄叶聚，僧老白云闲。向晓复行迈，此情流水间。

【清刘佳普明寺诗】古松盘苍虬，荫此山门翠。入门惨积阴，慄然警人意。颓梁蝙蝠栖，败壁莓苔渍。残僧拥破衲，貌与秋山悴。缅昔东溪翁，聚讲实兹地。司寇亦归来，林下抗高议。宗派衍姚江，良知阐其秘。当时高第生，裙屐此间萃。曩哲既湮沦，名蓝亦凋替。嗣响今何人，仰止发深慨。

接待寺旧作广慧寺 在县北十里百祐。元至正十年建。杰峰祖师主此。明弘治五年，僧洪玺修。万历初，僧惠亮重建。

【徐霈记云】接待北距平坦，南抵县铺。上司按临吾邑，必暂憩焉。更行衣，肃僚属左右，帕首袴靴罗列，郊迎于兹；其竣事还，亦如之，故寺名“接待”。寺产皆民间喜舍。近僧尽租典富家，殿宇化为荒榛。大府周公以事抵邑，憩息于此。刘尹因启告之，遂命侯为之区处。侯乃召僧惠亮者住持此寺。按诸簿籍，令诸佃户沿垳履亩，眼同收租，而旧为富室有者，渐归之寺。兹寺之不绝，皆侯力也。余昔与吕司训廷献者馆兹十载，禅床风雨，陇月梵宫，研磨标窃，发韧于兹，踊跃称忭，其能已乎？是宜解骖以惠旧馆，镌石以颂侯功也。

瑞昙寺 旧作天灵寺 在县南五里东岳冈 地僻多盗。明万历七年（编者按：易做之万历八年始令江山），知县易做之召僧性德并建。知县蒋光彦改今名。已圮。

阳乌寺 即良坞寺，旧志作积庆庵 在县东八里协里乡良坞。元大德六年间建。明天启间修。

【清郑恒年阳坞寺诗】南风得气有余温，吹散杨花漫远村。雨后采桑忙妇女，春深有草长王孙。鹂歌劝我提杯盏，蝶翅随人到寺门。几辈当年同下榻，鸿飞犹认雪泥痕。

国泰寺 在县南六十里峡口。梁天监五年建。唐显庆元年赐额。明成化末，王克纲、克常重建。弘治八年，三山谢琚有记。清乾隆间修。

法藏寺 即插山寺 在县东南五十里。唐贞观三年建。明弘治五年正闰修。嘉靖二十三年重建。

【宋柴元彪诗】我来叩角二峰前，此寺应知五百年。草木尚涵唐雨露，钟鱼犹镇宋山川。世情苍狗浮云外，客思孤鸿落日边。闲拂旧题追往事，我颠僧鬓两皤然。

能仁寺 在县南五十里江郎山。清同治二年，僧良缘新建，并置寺租十石。

开明禅寺 旧志作江郎寺 在县南五十里北石柱左。宋天禧二年创建。明成化二十年甲辰，住持兼华严堂玄则修。嘉靖五年移建古寺下。万历十年，僧空云募修。孝子璩伯綵尝住持此寺。清同治三年，毁于燹。凤林周兴一、润一两祠重建。

金华寺 在县西五十里佛堂村。明成化二年建。清道光二年，里人修。

资福寺 在县南五十里。宋天禧二年建。明天启间修。（编者按：资福寺应为天福寺，寺在县南五十里茅坂）

霄岩寺 一作潇岩 在县南五十里彭村。明县人周重荣建。清嘉庆元年，周允达重建。咸丰八年毁。光绪三十三年，周姓复建。

【清刘侃霄岩寺诗】双峰拔空起，石壁危且峭。半腰划然开，烟净停斜照。上岩为吟舍，下岩缀古庙。禅扉悬苍翠，佛龛寄深窔。岩际但板檐，僧楼尤奇妙。仰首石屋间，平旷无突窾。山色三面来，危亭扼其要。风雨拥远碧，据枕足瞻眺。是处可栖身，安用狎渔钓。欲订同心人，来此发清啸。

别有霄岩庵，在江郎山。庠生徐廷言重建。

太平寺 在县南四十里礼贤镇。宋乾德元年，僧德浩建。太平兴国二年赐额，故曰太平。天圣四年，增建佛殿。元大德五年，增建观音殿。至元十九年，寺毁于兵。观音堂独存 明洪武壬戌，有智禅师重建，敕为“丛林景泰”。癸酉冬，僧昙舻（编者按：《须江雅儒徐氏宗谱》作舲，下同）增建钟楼。

【徐福记云】释者、老氏之寺观，不出人君之好尚，即出其徒之劝善。故凡一木一石，必希众舍，必藉诸施。斯克有成，苟出一己所为，独立而成者，非素知节俭勤谨、克聚克散者，岂能得哉？盖亦鲜矣。三衢江山礼贤镇之太平寺，窃尝考其典故，则创始于宋之乾德元年，而赐额于太平兴国二年。其大雄殿之重建，则成于天圣四年。观音堂之首创，则始于大德之五年。及至元十九年，遭土豪之作乱，而与两庑皆毁于兵燹。惟观音堂岿然独存。幸际大明洪武壬戌季冬甲申，有智禅师者，复募众缘，以建正殿。国朝立成丛林。迨十有九年，有康长老者，遂装诸佛泊雍壁之像。至景泰癸酉冬，而沙门昙舲目睹大士之堂历岁既久，朽坏垂圮，彻其旧而新之。复睹世尊诸相，卑陋寡威，弗称瞻仰，亦各易其故而改之。俱赖夫善信之攸助也。既又以方丈湫隘不足以容其徒众，遂量材度功，罄所蓄积而经营之。其壮固清雅为寺之观，是乃独建而成者也。乃见大钟亦破，欲谋造而难其人，亟俾厥徒宏琄持白金一镒，诣金台求巨冶而铸之，得重四十余钧而归，是仗诸善良之所赞也。又以成化十三年冬，募众信建厥楼以警晨昏，整桥路以便往来，造渡舟以利济涉。而好善者，盖其本公存诚，乐善笃行，虽出于其教道之所当为，其甘守淡泊，务积克用，则出于其本心之所自然，视彼规规于鄙吝、屑屑如守钱虏者，胥壤弗侔矣。昙舲讳久敬（编者按:《须江雅儒徐氏宗谱》作文敬），姓徐氏，江阳之望族，自幼受业于无边广和尚。既长，复受戒于乌石山杰峰祖师流派，掌教宗主浚上人，而昙舲乃其号也。

清顺治四年，僧等纯建官所方丈。康熙十六年，僧隐修复建前殿山门。

【里人姜汉宗序云】余之栖迟此寺三十余年，世事变迁，盛衰反复，不可胜数，而寺亦与消长。主寺之僧亦代更不一。忆余之童年，自会城返里，有先人之敝庐，足蔽风雨，苦其嚣尘而不居也，必于寺是止。寺之西廊书室，数椽荆扉苇户，修竹千竿，蕉阴蔽窗，余依而乐之，每有终焉之志。斯时，殿庑寥落，僧侣孤寂，住僧隐如，朴拙木讷，与余之疏拙相宜，两安而无忤。若裘马翩翩赫奕自命者，不特僧难晤语，其人亦不乐此也。新朝鼎革，地运变迁，隐如殂逝。后起嗣兴，殿宇山门，焕然改观。住僧等纯、克乘等聚众二十余人，晨昏钟鼓，梵音铿锵，气象规模顿更昔日。成败相仍，忽逾十载，等纯还俗，余众星散，寺亦倾颓。复遭闽变，阖境播迁，寺罗荆棘。迨王师归，清人复遭闽变阖境。一十六年，隐修上人自永邑至此，重开山门，增修佛像、书房、僧室，一切完葺，寺之废而重兴者，此其时也。寺有田业，夙苦徭役不支，以致僧难久住。隐修力图蠲除，照江右例，僧户零立。畸零只供正赋，寺累永杜。此又隐修之功，不可泯也。二十五年丙寅仲夏，洪水泛溢，漂没田庐。邑侯佟公奉命勘灾，信宿此寺。公有所善上人悦涵，命其住持，隐修遂以不合而去。居甫三载，佟公外艰解任，悦涵亦舍此他往。捷如虽在冲龄，实为此寺硕果，因其延致以为住持，捷如承此百废俱兴之日，可以优游岁月，一意梵修。独是寺之后殿向属姜氏宗祠，撤舍今已百年，渐将倾圮。捷如意欲重修，以成全盛。将余久居是寺，阅历废兴，命余一言以志。余自童年来此，今已古稀，见而知者已不一。其僧弟不汇其闻，而知者以兼该其颠末，则犹未足以尽此寺之废兴也。今考本寺沿革，创自宋之乾德元年，赐额于兴国二年，起造观音堂于大德五年，此寺之一兴也。至十九年寇乱，而正殿、两庑俱毁，惟观音堂岿然独存，此寺之一废也。重造正殿于洪武壬戌季冬，重建观音堂于景泰之四年，复建钟楼于成化之二十年，此寺之一兴也。余自杭归里，始自崇祯之十四年，目击其颓败萧条，僧孤室敝，则又寺之一废也。余再返里在顺治之四年，等纯重建官所、方丈、东廊、僧室，独所云观音堂则不可考矣，此又寺之一兴也。康熙元年二年间，僧众散亡。至于十四年之变，几成灌葵，则寺之极废也。康熙十六年，隐修恢建山门、遍佛像而金辉之，增筑垣墙，新构两庑，至今日而寺之兴已极矣。合观前后，废兴相仍，虽曰气数亦由人力，捷如乘此极盛之际，乃能不怀晏安，思图整顿，以成全盛之观瞻，永赖今而后，庶几保其兴而不至于废乎！是在捷如勉之而已。

五十年辛卯，僧元笑建正殿及外山门。雍正五年己未，僧玄音重建后殿。乾隆九年，僧道开募塑罗汉一堂。三十一年，奉文革除檀越。

【节钱维城学政疏云】查浙省各寺庙，均有生监住持，名为檀越。一切田地山场，视同世业。考其所自，皆云先祖创建，或加旧插新，或捐田在寺，其源流大都远在魏晋唐宋；或据志书，或据家谱，皆渺茫而不足凭。一寺或一姓或三四姓不等，税以寺产之多寡为多寡，其中此争彼夺，无岁无之。尤可笑者，捐田数十亩，即合寺之田，皆归掌握，而其事又甚荒远难稽。嗜利纷争，最为恶习，应请旨饬部通行示禁，无论有凭无凭，年远年近，所有檀越名色，一概革除，勒石寺门，永远遵守。

同治末，僧秀灯、华日叠次募修，兼塑诸天尊像。光绪辛卯，僧华云大修。

龙泉寺　在县西南四十里雪村。宋元祐二年重建。殿前有井泉涌出，故名。明成化二十年甲辰，华月亭修，天启间重修。别有龙泉庵，在峡口，明徐伯美建。

道堂寺　在县南四十里礼贤。里人姜淑彬建。

石云寺　在县南四十里长台奇气楼左。清康熙六十年，里人柴弘道裔孙建。

白岩寺　在县南四十里长台。晋天福中建。宋庆历三年赐额。元至正间重建。明弘治五年，僧觉情修。崇祯末毁。清光绪间，僧法云募造楼房。

资庆寺　在县北三十五里三都中心。

清弘寺　在县西三十五里潭源。宋时建。

延龄寺　在县南三十五里镇安。旧名资寿。宋祥符二年赐额。明天启间重建。

南安寺　在县南三十五里张村秀峰下。宋宣和三年赐额。元至元甲申重建。明弘治五年，僧觉悟修。万历丁未毁。己酉复建。

石壁寺 在县东三十五里白石乡鳌村。

吉祥寺 在县东三十五里。宋祥符三年建。明天启间修。

觉林寺 在县南三十五里嘉禾。宋绍兴元年建。明天启间修。

梅林寺 在县西三十里梅林（俗作煤陵）。元至治二十年（编者按：元至治仅三年）重建。明天启间修。今圮。

罗汉寺（即石门寺） 在县南六十里。吴越时赐额。宋太平兴国间重建。明弘治间，僧惠璋修。以门对罗汉洞，改今名。天启间重修。

【宋朱松石门寺诗】

橘刺藤梢罥客衣，直缘微禄得奔驰。悬知投老归田味，只似登山困睡时。

行穿苍麓瞰平冈，踏破青鞋到上方。城市纷纷足机穽，却从山路得康庄。

林栖相唤出幽谷，我亦欲起天未明。枕中泱泱响山溜，一似荒城长短更。

真功那复叹蒸沙，静笑饥肠日夜哗。老褐不须供茗粥，朝餐吾已辨丹霞。

【葛长庚午饭罗汉寺诗】林间一径似惊蛇，中有禅关隐紫霞。烟锁苍松遮寺额，风摇翠竹撼檐牙。客来寂寞盘香穗，饭罢从容沦茗花。到此徘徊归去晚，夕阳挂树一声鸦。

天福寺 在县南六十里。宋祥符二年建。明天启间修。（编者按：天福寺应为资福寺，寺在县南六十里凤林）

古弘寺 在县南六十里峡口，又名古弘院 古弘亦作古虹。宋淳熙中建。明洪武初，僧一沤复建；宣德间重新（编者按：当为修字）；正德十二年，县人曹琞重建古弘禅院，有碑记。清乾隆间修。

【清刘侃古虹寺卧佛诗】不竖天龙指，不面菩提壁。不拈世尊花，不飞志公锡。四大作禅床，偃卧万缘寂。是岂嫌烦恼，游心向空阒。不然开觉路，了义自可析。岂佛亦懵懂，长睡不知吃。惜少摩登女，横陈验所历。我来惜无人，庭松翠欲滴。悟得定生慧，归向枕头觅。

善庆寺　在县南五十里茅坂贞二祠左边。

常乐寺　在县西五十里仕阳后坂。清乾隆间立。光绪元年，增建前殿。

天心寺　在县南六十里。唐末建。宋政和五年赐额。元重建。明天启间修。清乾隆间重修。

【清毛元坤天心寺诗】为爱祇园好，方春得得寻。山门开树杪，客路入天心。烟点千峰小，花藏万竹深。脱然空世虑，静坐听钟音。

峰多红日障，径小白云停。一叶莲开院，四围竹锁亭。山童欣问字，野衲爱谈经。茶罢倚门望，前村数点青。

石龙寺　在县南六十里峡口。宋南渡初立。元大德九年建。明天启间修。清乾隆间重修。

【宋朱松宿石龙寺诗】触处为家底事归，浮生南北未忘机。道人身似南枝鹊，更尽秋宵一再飞。

【清杨奏瑟石龙寺诗】想到高吟处，新凉入小楼。风声江峡夜，雨气石龙秋。野寺非辽阔，山城苦滞留。心随南去雁，飞出鹿溪头。

感恩寺　在县南六十里。宋建隆二年建。明万历壬子重建。天启间改名“敕福”。

保安禅寺　旧作璩源　在县东南六十里。晋天福七年，通济大师法譩建寺。有龙湫石。宋吕求中令县，藏玺书于此。

【宋吕求中藏玺记云】庆历中，臣高祖秦国公谥文靖臣夷简病不能朝。仁宗皇帝剪髭，封以玺书赐之。文靖力疾，手表西北机事及荐范仲淹、富弼、韩琦等人，以次召用。玺书旧刻石在郑州管城县先茔怀忠荐福禅院。南渡以来，沉没盗区，止存墨本。追念先世遭遇昭陵，尽瘁图报，感叹泣下，谨以模刻，瑑以坚珉，藏之江山县璩源善政禅院，庶图不朽。

建炎四年九月甲子　从事郎特差衢州江山县令主管劝农公事臣吕求中谨记。

明永乐间，寺毁。宣德间，耆士徐仲朔重建。

【胡诚记云】璩源，江山之胜地也。石晋时，雩川有僧法諲师，道行超卓，来游斯地，爱其山水回环，风气凝聚，遂结庵入定。久之，军民信向尤众，乃崇构殿堂，象教大兴。值岁旱，众叩于师，师为之祷。相传寺下龙湫，有龙蛰于盘石上，雨遂大作。厥后，岁时旱涝，有祷辄应。天福间，召师至钱塘，赐号“通济大师”，寺额曰“璩源善政保安禅寺”，复敕龙为“嘉泽通惠王”，以卫佛教。国朝永乐初，野烧延于麓，殿宇灰烬，寺田皆为他人有。宣德三年，僧会南宗绍，念寺废久，得天宁寺僧文净俾兴复之。文净号天镜，执行峻特，遂捐衣钵之赢，经营谋画，复其田。又得耆士徐君仲朔为护，乃伐木辇土，用拓其址，重建殿宇。视昔规制，盖倍焉。工始于宣德己酉，讫正统戊辰。虑后来者或昧始末，是用著之石，以示悠久。

成化二十年甲辰，惠渊修。清咸丰八年，毁于燹。光绪初，僧经纬募建。

【宋柴元彪游璩源寺诗】游人剔藓认坚珉，谁是开山第一人？知有法諲留虎锡，原来璩叟是龙神。云屏翠列悬崖树，雪瀑声飞断壑津。又见生公重说法，祖师岩下草长春。

【清祝芝馨璩源寺诗】山中清净域，世外觉王家。甘露侵衣冷，危檐出树斜。香微薰贝叶，色妙写莲花。冥坐闻钟磬，庭昏集暮鸦。

庆善寺　在县西五十里冷水。元初建。清乾隆五年修。民纪23年毁于风。乡绅毛存义、段骏光等捐资重建。

大桥寺　在县西六十里仕阳乡大桥边。清嘉庆间创建。

濯锦寺　在县南七十里荷泽边。宋建隆二年赐额。元泰定七年（编者按：元泰定仅5年）重建。明天启间修。清康熙十二年复建。同治三年重新。

三山寺　在县南七十里三十二都三山之巅，祈嗣甚众。清乾隆四十三年，里人重建。咸丰八年，毁于燹。同治五年复建。

凌云寺　在县南八十里官溪。

松山寺　在县南八十里。

吴佛寺　旧志作惠泽庵　在县东南一百一十里二十七都。元至正元年建。

覆螺寺　在县东南一百一十里二十一都梅溪。宋乾道七年建。明天启间修。雩祷立应。别有一覆螺庵在尖岩。明朱邦伟建。清咸丰壬戌（编者按：清咸丰无壬戌年）毁。同治五年重建。朱鋆有记。

圣仙寺　在县南一百二十里。宋庆历六年建。明天启间修。

相亭寺　在二十八都珠坡岭脚。唐祝氏建。宋嘉熙三年修。

【董槐寺田记云】唐祭酒月朗祝公墓，在奉先山下，地名乡亭。祝氏立寺于其旁，额曰“相亭寺”。建寺者何？所以守其墓也。初，祭酒公以父东山公潜处江郎山建造书院，以适亲志，奉君命迁饶州刺史，率长子尚忠随任，命次子尚质侍祖。公卒署，葬饶州，尚忠就籍守焉。迨公元配蔡氏卒，尚质招公魂，合葬相亭，因庐墓肇家。此亦念先人于无既者矣。然墓道非可家，则虽家相亭，而去家尚远，难保牛羊风雨不侵于抔土也。就侧立寺，招巫守之，置田若干，以赡巫食。此相亭寺田所由来也。越数传，而后汉安世驸马伯讳延年公者，侍同安贞公主并元配虞夫人，敕葬相亭，在祭酒公墓下，置甘坞庄田，增益其旧。迨宋，巫不善守，田被侵夺，墓圮寺颓。少师宣国文忠公、太子少保鲁国文正公，奏请荣修祭酒、驸马二公墓。因重修寺，核所施田，侵赎荒垦，复其旧焉。延及都察院惟珍公又修寺宇，敬立文忠、文正二公木主，配享祭酒、驸马二公神灵。其追远报本真情，悉流露于整修创建间矣。顾自惟珍公修复之后，迄今又五十余年。后裔德与良同郎峰裔进文，计垂永久，嘱余为记，详其施田守墓之由，以勒之石。其田只许寺管，无许寺卖；子孙只许阻卖，无得取管云。

《康熙续志》：明王克常重建。

里山寺 即里山庵 在二十八都白花岩左棋盘石下。向为尼庵。明崇祯间建。民纪 16 年，里人集资重建。距里山七里，有大寺一，地属浦城，群峰环列，其境独佳。

【徐弘祖游记】白花岩环转而左，则为里山庵，由庵越高冈两重，转下山之阳，则大寺也。按:《乾隆志》兼载大寺，以地属浦城，削去。

叠石寺 即叠石庵 在二十八都溪口。距镇十五里。原为尼庵。明崇祯间建。清改为寺。

法云寺 在二十八都睦乡桥沿。清光绪间，里人集金建。

梓山寺 在二十八都西边坂。昔日住持僧栽花颇盛，故诗人题咏有梓山花锦之目。清咸丰末毁。民国 13 年重建。

天竺寺 在县南小竿岭。清同治十年建。

净土寺　在二十八都筋竹。距镇十余里。

宝华寺　在二十八都大竿岭头。距镇十五里。

清宏寺　在县西潭源。宋时建。

紫微观　在县西三里。原名紫微道院。元皇庆二年，县尉璩可道建。可道流寓江山隐此。明洪武十八年，设道会司，以徐安道请立为观。成化间重建。

【明阎铎紫微观赠璩道士诗】地偏无物不堪怜，奇石山前小洞天。万树松风生夏簟，一犁芝雨到春田。城中车马谁曾息，方外烟霞我暂便。闻道长生真有诀，未知何处访期佺。

紫微深处有仙台，不为寻幽特地来。半月朱旗重按部，千年元鹤正飞回。山头阁雨居常润，柳眼窥春取次开。却被岩栖璩道士，殷勤留我一衔杯。

【清毛大鹏紫微观诗】小筑存征尚，萧然背碧岑。云流金阙迥，花覆玉堂深。白发空尘想，丹砂养道心。斯人睎发处，谁复见遗簪。

景明观　旧志作鸡鸣　在西山岭后。元县尹徐仲建。案，此观系仲殁后仲弟可久代建。)

紫极宫　在县南五十里井岩下。

【清宋晟紫极宫诗】石磴幽苔客到希，元宫秋霁敞朱扉。龙蛇有影悬青壁，虎豹无声守翠微。玉笥尘埋金笈冷，碧坛松老白云飞。步虚杳杳归何处，坐看诸峰敛夕霏。

崇真宫　县北二十里。宋宣和初建。

泰山行宫　在二十一都泰阳山，奉碧霞元君。同里祝、黄、周三姓公建。清嘉庆十七年，秀峰黄氏修。此山向有铜佛四尊，遗失已久。是年，有樵子于丛棘中得其一，移奉寺中。当夜，环寺红光，守者梦三佛仍在故处。往觅遗归。县人黄文楷有记。同治元年，毁于燹。三年，秀峰信士重建。按：山巅有池，深不可测。大旱不涸，有黑云起，即雨。俗传有龙潜焉。凡一天门、百丈崖、十八盘、远眺台诸景，皆仿泰山名之，香市甚闹。

洪山殿 在县西半里。元泰定间蔡元道建。明蔡惠文重建山门三间。清康熙五十八年，蔡国桢等修正殿一座。今已待葺。

九龙殿 在通宁门外九龙滩。清咸丰八年毁。同治间重建。

大岭殿 在县东二十五里江背源口。初建年月无考。民纪 13 年，塘下王连德、后垄祝聚高捐修。

渐山殿 在县东三十里，俗称大灵山，祀徐偃王。清咸丰八年被毁。光绪间，居民重建。山尖有塔基。

中灵山殿 在县东二十里前村，俗呼灯盏碟形。清光绪五年，里人王长新、柴位松等捐建。

坎龙山殿 在县西三十里潭源。

三官殿 有二。一在县西五里长丰。清道光间，何瑞梓建。一在县东五十里秀峰。明周公元等建。清康熙间（编者按：是处似落一“毁”字）。乾隆癸巳，县绅黄大谋捐建。咸丰间复毁。同治九年，里人重建。

临水祖殿 在西南三十五里三十八都石牌山。元至大间建。山下有甘泉涌出，四时不竭。

钟灵山殿 在县北三十里航头乡钟灵山巅。清咸丰八年，毁于燹。光绪初重建。

独龙殿 在周村。明程相建。清康熙间修。

溪西殿 在秀峰西溪之滨。清康熙间，里人雩祷于此。

长安殿 在县南四十里长台。县人柴隆三建。附近有大仙殿。清康熙间建。今废。

夫人殿 在县东六十里白石乡前山。清嘉庆间、咸丰八年被兵后，正殿半圮，佛像犹存。光绪四年，里人集资修。民纪 20 年重修，香火极盛。

龙津殿　在县东一百三十里二十七都平阳。清同治间，郑国权等捐造大殿并演台。内奉五岳神，旁有大佛殿。每岁十月，远近焚香者陆续于途。光绪十六年，王瑞图与郑国权等集金复建关帝庙于左，焚香者比前更形热烈。

黄岩仙殿　在县南五里景星山右，俗称小九华。光绪三年，大陈汪氏捐建。殿宇清幽，洞石奇秀。

【清王钰黄岩殿诗】知己约三四，春游玩物华。为寻山水趣，欣到佛仙家。藓径须防滑，梅枝最爱斜。天台疑有路，一片古烟霞。

元坛殿　在上王。清康熙间，九村公建。

五谷神殿　在嘉湖。明万历四十二年，里人姜三复建。清同治间，里人捐修。

高岭殿　在二十五都。里人公建。

毛大师殿　俗作毛大仙殿　在县南六十五里峡口竹猎山。奉毛佛大志。清光绪十三年，徐梦占等捐建。

观音殿　或称阁　有六。一在县西南二十里大贤坂，即大贤庙，清康熙间建。一在小清湖。一在嘉湖市中。一在小江郎。

【清孙治小江郎观音阁诗】凌空大士阁，江上小江郎。溪水虚涵碧，山村野烧黄。跋涉风尘内，吾衰意楚狂。

一在二十七都浮竹洋乡。一在二十八都浔里，民纪 6 年，信女牖慧创建。

瑞云庵　在县城塘头巷，为柴贞女瑞云旧宅。清康熙间，里人用其名改建为庵，并刻像奉之。咸丰八年，毁于燹。同治九年，节妇王林氏募金重建。

木连庵 旧作目连 在城西步鳌山。宋嘉熙二年建。明正德三年，县人王蒙重建。清乾隆六十年，移建正学书院之右。咸丰八年，毁于燹。光绪初，毛信女詹氏、周信女毛氏捐金复建，并增建前厢佛阁。里人郑莲炬有跋。今圮。

【明蔡天祐同人游目连庵诗】天外奇峰画不成，登临何意属鸡鸣。十年樽酒常相忆，一见情亲况此行。近市平林烟乍暝，远村落日水微明。星河徙倚空惆怅，万里云山接凤城。

【田赋目连庵诗】石古洞亦邃，雪消云欲蒸。山门不须闭，遮莫夜归僧。

【清金滕目连庵诗】骑石涵云细竹生，南塘春晚雨初晴。一瓯香乳谭心绪，犹见梅花风味清。

【周光煦目连庵诗】危楼半壁挂烟霞，春意茫茫望眼赊。九月波光飞槛角，万重山势落檐牙。公侯抱负谁投笔，文字因缘偶饮茶。今日登临好风景，聊将韵事付梅花。

【左宜之目连庵诗】一角山城万户春，春风风我见天真。梅花终古云无恙，不羡桃源洞里人。

满岭松花满院香，洞天春老日初长。云飞百感因风起，敢忍闲吟对夕阳。

慈云庵 在西山后。孝孙周伯祥庐墓处。宋时立。元至正九年建。明天启间尚存。

万竹庵 在航埠山。明万历间建。清康熙间修。今圮。

【清王奇孺万竹庵观梅诗】南枝含蕊已知春，万竹山前把酒频。留得江村消息好，来朝尚有探梅人。

【王嘉奇和诗】朝来抱得瓮头春，醉倚南枝索句频。萼绿未花先弄色，无香亦自傲诗人。

【何善久万竹庵诗】攒峰峭壁枕江流，竟日狂歌醉里游。忽忆去年梅似雪，冲寒共渡鹿溪头。

【王锡琼万竹庵诗】古刹临波何代传，沿山一带接平川。万竿修竹疑无路，几曲清泉别有天。老树邀云埋古屋，征帆入暮截寒烟。归途已值斜阳影，又向林间待月圆。

碧霞庵 在航埠山。明万历五年，县人毛文兴建，并捐租二十石，永奉香火。天启间修。今圮。

青莲庵 在县城。明县人周复阳建。康熙间圮。

普济庵 在通和门外。明县人王士成募建。天启间修。

镇福庵 即西关 在通化门外。明县人毛氏建。清乾隆三十九年修。嘉庆十一年重修。咸丰八年，毁于燹。

江郎庵 在江郎山下。元皇庆元年建。清咸丰八年毁。同治三年，里人王应麟捐建，僧良缘督工。

孝思庵 在棠峰。元皇庆元年建。天启间修。

永福庵 在长台琉璃山。宋端平间建。明万历间重建。祈祷俱应。

白莲庵 在长台。明县人周复阳建。清康熙间修。

松溪庵 在长台。清康熙间重新。

觉海庵 在长台。明万历间建。清乾隆间，朱潮等重建。咸丰八年毁于燹。光绪丁丑，朱遇祥复建。

【朱元焘记云】嵩高北山之半有觉海庵，不知自何代始，近迹其就圮。而复建则为明万历十二年，里人朱学诗、学尹、学皋、朝聘、学稷诸公及同时之好义者，捐资具举记诸于梁。梁崩，拭之，始见庵之制。前朝阳楼，次大殿，次后堂，俱楼神像，两庑则禅室、僧厨列焉。迄于今，又百八十余年矣。万物之理，久而必坏。然未始非后之人不能嗣而葺之，或且攘而逼之，以致折栋颓垣若斯之甚也。向之僧徒游集者，兹且旅食他乡矣；向之佛像壮严者，兹且侨居家庙矣。岁己丑长至日，朱氏族人赴祠奠，见佛座在西庑，心怦怦然动。于是佥谋重建之举，舆情欢趋，云蒸雷动。不数日，捐金三百两。有不惮经营者，力任其事。克日，鸠工庀材，若堂、若殿、若舍，木者、石者、陶者、圬者，埏埴而雕刻者，百度咸集。又于墙后凿石为沟，以通水道。逾年，工告成。虽未可语于肇造之宏规，而灵宇旧观，赖以不废。由是迎佛入庵，募僧主持，而又各出饭米以斋僧，轮点琉璃以照佛，可谓虑远计长者。然昔之人建造修葺，讵不欲垂之不朽？又乌知后世成毁，靡常不能永保其无患？今欲为善后之策，亦惟于侵攘，住僧者共起而攻之，庶不为兹庵之蠹。俾后之览者，想前事之维艰，重初地之勿坏，随时兴葺，俱维绝纽，金资宝相，永藉闲安，不更宏远于此日规模乎。始终其事者，太学生朱潮，字次渤，里之信义人也，捐助诸人，姓名悉列碑阴。

【清柴大经觉海庵诗】春来古刹又闲游，拄杖踏梯更上楼。墙后青山三面峙，门前绿水一湾流。晨钟欲觉应深省，苦海无边合掉头。久已学为稼圃客，好随野老事西畴。

广福庵 有二。一在县治南门。明县人徐显荣、显昂建。天启间尚存。一在高坂乡苏岭。原为精舍，后改为庵。清乾隆三十四年，浙闽总督崔应阶捐金大修，僧道义督工。知县宋成绥倡助重新。咸丰八年，毁于兵燹。同治七年，住持僧募建后殿及旁屋。

【知县宋成绥苏岭广福庵记】须江南去百里为仙霞，近东南曰苏岭。地饶茶笋，林谷幽邃。有精舍曰广福，旧为佛徒梵修之所，岁久圮废。制府崔公捐金是新，余复倡众庶为之助，益拓其制，遂焕殊观。輶轩络属，行李织途。兹焉游憩，极眺听之娱焉。夫须江路值冲孔，仙霞地据雄隘。慨想百年以前，荷戟乘障，屹然巨防，连峰叠岭，合形辅势。凡夫岩石之崔嵬、云木之森耸，凛乎不可迫视，虽有精蓝名刹，亦复化为烟莽榛墟矣。国家海宇清奠，游氛宁息，履天险如康衢。向之怵于登陟者，今且于于得得，过而流连，心赏而不能去，亦足以见太平盛世之乐。今昔之不同，非无自也。因砻石记之，以告后者。是役也，自己丑迄辛卯，三载乃竣。终始经营者，僧道义。

四十四年，福建学政朱珪留题并撰"云石江将疑浙字，风篁岭若误髯苏"一联，书于壁间。萧山王绍兰有感旧图跋。咸丰八年被兵后，仅存协屋数间。同治初，里人周志和履坤补建后寝。七年，续建中堂，一切如旧。

【清庄培因广福庵诗】山寺足松竹，茅斋清且幽。众峰遥过雨，一院乍疑秋。鸟语林间静，泉声云外流。重来成话旧，结夏小淹留。

【商文超广福庵诗】云薄开青峤，花宫未寂寥。僧居深院静，梵向远林飘。几得依莲社，方期种药苗。丛筠吾屡过，已爱影萧萧。

【朱珪广福庵诗】江郎一面赭，苏岭万竿青。云路初缘磴，淙声已建瓴。山僧语旧雨，使者阅流星。壁上吹埙句，登临记此经。

螺髻绕烟黑，松钗插嶂青。石濡防滑砌，珠细未琤瓴。旧约怀听雨，新恩暂聚星。重来试岭路，桑下早三经。

雪积千竿玉，烟开一抹青。小坡名附岭，新睍溜穿瓴。字迹惊分雁，参商竟隔星。无生谁解结，三复首楞经。

【王绍兰和朱珪诗】古屋如窨黑，禅镫似豆青。旧题尘满纸，老泪雨倾瓴。石悟三生电，人怀二使星。从残数行字，恍读壁中经。

弟子头新白，吾师眼旧青。短材椽取笛，险韵水翻瓴。阙补初三月，匡沉第六星。山僧勤保护，莫作换鹅经。

【郑祖琛和韵诗】大有髯苏韵，风篁不断青。遗诗僧补壁，老泪雨翻瓴。弟子双蓬鬓，名山两使星。百年乔木感，岂独为传经。

心航庵 即紫薇庵 在县南十五里清湖。明县人毛应思建。清康熙间修。古为文石书院，因山曲折，幽径逶迤。上有箕坛，驾阁临池，旁开一径可达陆舫。最上构一团瓢，署名“听松”，林木掩映，远眺数里，归帆落照，俨如图画。道光间，团瓢诸景渐圮。

【明许友团瓢诗】秋尽千山思不群，穿林黄叶一溪分。睡余散策寻迂步，满径松声共白云。

【清林杭学题心航诗】人道风波险，何如坐此航。古今收岁月，天地奠沧桑。秋老平湖白，春深众壑苍。桃源休更问，到处有渔郎。

【张德纯过心航庵诗】市喧初息处，野色乍开时。岂意见邱壑，真堪托杖藜。就坳营阁稳，据脊造航奇。只虑随荒落，邦君尚未知。

【杨绍霆心航庵诗】普济生灵愿莫偿，如何山亦号心航。大书有榜神仙在，空阁无名土木荒。近麓江帆冲雨雪，连阡村落下牛羊。苍松化尽成龙去，何处团瓢挂夕阳。

【刘佳紫薇庵诗】绀宇辟岩腰，林霏黯将夕。贪乘阴壑凉，锐造真仙宅。白云流涓涓，双沚湛一碧。映兹冰雪胸，空明相与射。往者控鹤人，于焉漱灵液。偶留文字踪，终灭去来迹。逝矣珠川老，题句纷留壁。三复真诰篇，尘鞅何时释。

潮音庵 在县南十五里清湖。

【明汪汝谦潮音庵诗】乍听清湖风树林，恍如天半到潮音。飞霞片片清如许，激石泠泠可濯襟。

云结为龛树结庵，巉岩曲突坐成三。凭虚浮槛飕飕冷，一片浓阴滴翠岚。

松居庵 在县南十五里清湖。元大德六年建。明天启间圮。

【清蒋志澄松居庵诗】地僻香台静，松声日夜闻。林深初遇雨，岫曲半藏云。趺坐闲花落，经行细草分。寂寥无客至，鼯鼠自为群。

【方煌过松居庵诗】僧茅云胁里，曲院讲堂开。径僻樵歌出，天空鹤唳来。谈经挥麈尾，问字傍莲台。坐久松涛满，清诗为尔催。

【刘佳松居庵诗】逶迤遵平冈，香界露轩爽。悄悄岩扉扃，泠泠疏磬响。流水周阶除，毛发散清朗。经房嘉树阴，斋灶炊烟上。古佛淡无言，冲襟获新赏。

福庆庵 旧作寺 在县西南二十里。宋淳祐二年建。天启间修。

【宋毛滂福庆寺诗】栏干倚尽赤旃檀，卢橘花开绣巘寒。会取西安留客意，纱窗疏日上蒲团。

宝华庵 在县南三十里。宋熙宁元年建。元至正初重建。明天启间修。

三品庵 在石门。里人赵海建。天启间修。

白水庵 一在峡口。宋咸淳间建。

一在凤林道院山，姜瓒晚年讲学处，门外有井水白如乳，故名。

【明方太古白水庵诗】闭门听松竹，恍然如雨来。起视夜何其（编者按：其字应误），斗转山之隈。清灯照佛宇，共子歌徘徊。歌罢笑相庆，今夜藏崔嵬。

驿源庵 （编者按：旧志作驿潭庵）在二十七都茶丰。明万历间建。

迎福庵 在保安桥。明万历间，县人璩一桂与璩安合建。守道薛梦雷捐置田租四十余石，令道人守之。天启间修。

秀峰庵 在县东南五十里。明正德十五年，里人周瑀、王梓三等建。左有文昌祠，右有观音堂。清康熙间修。

昭坑庵 在二十七都。程谦重修。天启间尚存。

圆通庵 在三卿口。明弘治间王克常建。天启间修。

兆麟庵 在秀峰北山之谷。林木阴翳，泉石颇佳。清康熙间改修。

白云庵 在白水岭。宋时古刹。明嘉靖间修。天启间，僧性大募金重建。

【宋赵抃白云庵诗】红尘无迹到山家，留待诗人大笔夸。坐石与僧谈翠竹，开樽邀客醉榴花。鸥随钓叟孤舟远，牛载村童一笛斜。占尽人间潇洒地，清风明月有谁遮。

【柴随亨白云庵诗】散策入禅扉，愁城酒解围。泥黄肥客屐，云淡护僧衣。心事溪相照，吟情雨带归。未盟泉石隐，林鹤背人飞。

如是庵 在南青。清康熙间葺。

如在庵 在县南四十里。

祝圣庵 在峡口。明天启间修。

护福庵 在县南二十五里下睦。清雍正八年，里人陆应茂建。

清福庵 在梧峰。里人吴翼亨建。

镇湖庵 在县南四十里凝湖即淤头。明万历间建。内有毛铁砚先生祠。

静福庵 在锦川。里人王茂一建。咸丰间毁。同治九年（编者按：旧志作十一年），里人重建。

回龙庵　在锦川水口。里人王茂一建。咸丰间毁。同治九年重建。

虹桥庵　县南七十里。明洪武元年建。天启间修。

妙济庵　县南八十里。宋绍兴三年建，端平元年重建。清康熙间葺。

祝庆庵　在县南八十里。清康熙二十三年，郑光仪建，后圮。咸丰七年，光仪裔孙重建。

天雨庵　在仙霞岭上。建自宋代。清康熙十六年毁，总督李之芳重建。前殿增塑关羽，俗呼关帝庙。

【李之芳天雨庵碑记云】仙霞，闽浙之冲，连峰叠嶂，不可纪极。岭之巅有关，关下则天雨庵在焉。前数年，寇氛滋蔓，设伏捣巢，歼厥巨魁。严斥堠，置戍守。俯瞰天雨庵，表里若唇齿。迄今门庭晏如，四方至者必停车庵下礼佛而去。岁丁巳，不戒于火，僧正龙亟以兴复为请。越明年，余捐资为倡，于是藩司、守令各输金以济其役，而浙闽士庶佽助恐后。鸠工庀材，葺而新之，规模宏敞。落成，请记于余。余惟神皋奥区，必藉神灵作镇，以肃民之视听。庵之肇造始于宋，长翥宏骞、俯压山川之气已五百余岁，而能听其毁诸已乎！今者榱题轮奂，有严有翼，其君子凭轼而临，如入候馆；其小人担簦以从，如依庐舍。庙貌告虔，神人胥悦。凡道出兹岭，瞻依灵爽者，当思徒御不惊。从此为良民善士，沐浴教化，以歌咏太平，其亦可矣。是为记。

通志作林璐撰。

【明查慎行题天雨庵壁诗】虎啸猿啼万壑哀，北风吹雨过山来。人从井底盘旋上，天向关门豁达开。地险昔曾资剧贼，时平谁敢说雄才。一茶好领闲僧意，知是芒鞋到几回。

【清柴圻宿天雨庵诗】仙人鼎火与霞齐，霞散仙飞鸟乱啼。半岭云收方见寺，一亭日出未鸣鸡。窗中俯瞰越山尽，天际遥观闽树低。为慕东林寻胜地，携筇直到夕阳西。

晚宿仙霞禅定时，层峦积翠欲侵肌。星河泻影池心落，楼殿凌空云脚垂。亭竹有诗和月玩，山花无主任僧移。晓来策蹇关前过，回首灵源回不迷。

【刘侃宿天雨庵诗】偶携吟策赴招提，崱屴关头落照低。闽海未穷千里目，禅窝暂借一床栖。虎饥第候深宵出，虫苦能从高处啼。拟向西方参大意，松龛夜半已闻鸡。

景胜庵 在二十八都小竿岭脚上街。清光绪十九年，里人捐建。

衍庆庵 在枫树冈。

鹿溪院 在东门外鹿溪桥岸。元皇庆癸丑建。明万历间，改建航埠山。天启间尚存。今圮。

【明徐愷鹿溪桥院诗】两岸青山曲趁溪，倚山僧屋傍高低。一双乌鬼（编者按:《康熙江山县志》作乌兔）浮沉食，无数黄公来去啼。花径暗香风透远，稻田新绿雨催齐。老僧正说天台事，水自东流日自西。

烟萝道院 在经堂坂普济经堂之侧。内有来鹤亭（编者按：旧志：来鹤亭在灵宝经堂）。明天启间废。清初修复。今圮。

【清郑一昌烟萝道院赠陈道士诗】知君非为买山夸，求道心坚揽物华。夜半无人同步斗，朝来何地独餐霞。雨过细草沾衣湿，舟入长溪傍岸斜。寂寂自开金灶火，不须相见语桑麻。

宝觉院 在妙莲洲。明万历二十年，县人郑朝登建。天启间修。今圮。

昭明桥院 在石门下。明程泽、王志等建。清康熙间修。

大敦道院 在县西二十里。县人蒋钟建。

田詹道院　俗作田占　在县西詹村。内有巨钟，一村人雩祷，叩之立应。宋绍定四年，里人詹实翁创建。清乾隆十八年詹懋荣、嘉庆十一年詹圣辉递修。今废。

【王仪记云】禄川之西北，有峰矗然，卓立如锥。凭眺其上，则众山若培塿。远望江郎，宛然几案。东南万象，历历在目，真可涤尘氛、空世界，飘然作凌云想。世传昔有携箧过禄川者，雪阻不能行，因假寓其下，每晨于箧前顶礼，而人莫讯其故。居数日，雪愈深。一日晨起，视携箧封识尽裂，所奉神像无存，但见雪中有巨人迹，因步其迹，直至峰巅，而像在焉。土人奇其事，议为立院。第山高水乏，众恐难成，祷于神曰：冶筑绘塑，全资于水，艰不能置，奈何？未几而筐可承水，巾可为杠，不数日而工竣。遂以上巳为神祝寿，以占一年之田事，因名曰田占道院。地方有蠲田以为供者，道流奉祀不绝。或谓明嘉靖初嘉湖姜梁为禄川詹婿，揽其胜徘徊不忍去，遂襆被读书其上，数年登第，因号田山。

按：占为詹之减笔字，即楚词詹尹之詹。詹村既皆姓詹，则所谓田詹者，犹瑯琊之言大道王也。自乡人以俗写沿讹是记，遂以附会之词形诸文献，减笔字之误人，乃至如是。

灵宝经堂　在县东城内。元延祐七年郑氏重建。明万历四十七年，有鹤飞入城中，栖柏树上，三日乃去。此柏瘦小而曲，饶有古意，至今尚存。

普济经堂　在南门外。明县人周三宗建。清康熙间修。

华山堂　在华山头。宋咸淳二年建。明天启间修。

会善堂　在县东南三十里。宋淳熙元年建。女冠毛妙通焚修于此。清康熙间重建。《康熙续志》作善会。

圆明堂　在县东南三十里。元泰定二年建。明天启间修。

天主堂　在县南城内上平棋。清光绪三十四年创建。各乡有分堂。信教者约一千二百余人。斜对仁慈堂。宣统二年建。内开若瑟小学。

耶稣堂　在城北文明坊。民纪 8 年，租民房改置为长老会，信徒有女教士二人，皆英籍；长老一人，本籍毛姓。

第二章　信　徒

释：男教徒 366 人，女 116 人，共 482 人。

道：男教徒 84 人，女 13 人，共 97 人。

回：男教徒 5 人，女 3 人，共 8 人。

耶稣：男教徒 242 人，女 36 人，共 278 人。

天主：男教徒 2238 人，女 486 人，共 2324 人。

唐

詹妙容《名胜志》：番阳女子。唐贞元初，修真于须江之筋竹山。楮衣木食，腾空而逝。

大义《两浙名贤录》：衢州须江人，姓徐氏。得法于怀让禅师，卓锡鹅湖，随机说法。宪宗尝诏入内。有法师问：如何是四谛？义云：法师只知欲界无禅，不知禅界无欲。法师曰：如何是禅？义以手点空。法师无对。义又举顺宗问尸利禅师：大地众生如何得见性成佛？尸利云：佛性犹如水中月，如何攫取？帝乃问：何者是佛性？义对曰：不离陛下所问。帝默契。宪宗益加钦重。元和十三年，卒，敕谥慧觉禅师。见性之塔。

吴越

仪晏《十国春秋》：湖州许氏子。生唐乾符三年。诞育时，异香满室，红光如昼。开运中，游江郎岩石龛，谓弟子慧兴曰：余入定此中，汝垒石塞门，勿以为念。慧兴如所戒。明年，启视，素发披肩，胸尚暖。徐起定，了无异容。已复回信安乌巨山。忠懿王赐号“开明禅师”。《康熙续志》：开明禅师仪晏者，南唐人也。云游至江郎山，趺坐祠旁丛棘间。鹊巢其顶，叶没其膝。有郡守谒祠见之，年已五十三矣。始为祝发卓庵，有虎跑泉以供其饮。

宋

周文霸《康熙志》：修行于龙泉院，能开晴致雨。嘉祐四年大旱，师积薪自焚，天果大雨。里人立像祀之。按：龙泉院，即雪村龙泉寺。

毛妙通《康熙志》：民家女，自幼修真，了悟大道，白日凌空而去。

南台和尚《康熙志》：持戒悟道，尝作偈曰：南台静坐一炉香，境界萧然万虑忘。不是有心除妄想，却缘无事可思量。后端坐而化。

吴溥《乾隆志》：秀峰人，宋僧也。修真于白岩洞。一日，往廿七都采山蔬，卒于路。有商人见之，弃其尸于河，逆流而上。是夜，商人梦溥托钵端坐，语以故。明日，往视，果在原所，容貌如生，异香缥缈。因募工塑为像。工私怀其拇骨，天忽大雷雨，出所怀续之，始息。至正元年，众构惠泽庵，以栖其像。里人复筑庵于秀峰西溪之滨，迎归祀之。旱祷辄应。康熙十七年，邑大旱。当事迎至城，设坛祷之，大雨如沛。

明

杰峰禅师《两浙名贤录》：卓锡县之接待寺。天资超悟，闻法便了。日据禅床而坐，兀如枯株。当其研味，寝食不觉。偶闻证道歌，豁然大悟。遂嗣止岩息影大悲山者十六年，轮下常满，赐号弘辨大师。有《二会语》录其行实，载于宋景濂慈云塔碑铭。

柴公达《两浙名贤录》：江山人。自号无为道人。有道术。洪武中，寓龙虎山，与张真人游。一夕，真人欲警夜，公达曰：毋徒劳人，吾已役神兵矣。是夜，铃柝之声达曙。真人尝遇公达夜归，见其假电烛途，其明如昼，真人大异之。旧志作无无道人。

柴用先《两浙名贤录》：江山人。号惟一子。有神术，能呼召风雨。永乐间，自京师还至武林。值大旱，自言能致雷雨，藩臬以礼迎之，大书一联于坛上，云：三日登坛三日雨，一声号令一声雷。及期不雨，众且诃之。用先乃散发咒符，叱官吏跪坛下。须臾，雷电交作，大雨如注，滂浸百里。

柴壮《两浙名贤录》：柴用先族子。少孤，不事生产，其家逐之。居浦城三年，得五雷秘法，袪邪治病，祈晴祷雨，大著灵异。

非幻《正德志》：宝陀庵住僧。谙儒书，精地理。尝应召相地天寿山。太宗奇之，赐以金紫。永乐十八年，遣使者祭其墓，赠五官灵台郎、僧箓司右阐教。

寿青童子《乾隆志》：兴贤马坞口禄川地方多姓叶，俗呼叶村。正统间，有童子寿青，以五月十九日生襁褓中，多灵异。稍长，就学村塾。事无大小，必先告。一日，诸童戏令攫邻园果，即假寐探袖出。邻人侦知，白于师，以方隐几，弗信。尝冒雨归家，勿假盖，讯之曰：吾从雨罅中行。值溪涨，众方望洋，童子以所挟荚投水济。其幻化类如此。未几，痘殇，母设灵衣座隅，饮食呼名则应。会母鸠工治庐，斧坠伤母臂，几殒，闻空中语，束以发，立愈。工因诣瘗所谢，见桐树已拱。请斲以肖其像，寘生时所遗发于颠。母闻往视，将以神拜之，像仆炉上，面炙如紫金。景泰四年，村氓闻其事于官，为立案，跻主城隍庙。

本松长老《康熙志》：江右人。万历间，来往鹞岩，荷锄自给，不识字而默解经义。有赠以糈者，付常住作供，必令其食尽乃去。不谈祸福，间亦微露先知。寿九十余，坐化。

烟萝子《康熙续志》：不知何代人。修炼于景星山之烟萝洞三年，白日飞升。

大志　旧志：本姓毛，卓锡峡溪白水庵。火化成佛，里人立庙祀之。旱祷辄应。峡口同知陈述经勒石于庙，以记其事。

苍道士　旧志：道士姓毛，名苍，邑之清湖人。以能书名。

【县人刘佳歌云】一丁字与两石弓，少年白马真英雄。鸢肩猿臂霹雳手，射虎归来夜被酒。十指拂拂芒角生，乘兴一挥手如斗。自此书家擅重名，早将金币动公卿。横刀气健千夫慑，草檄书成一座惊。男儿意气厌长揖，掉头归卧湖边宅。黄冠羽服道人装，走向街头人不识。清湖之水何深深，道人家在青山岑。黑林老魅每相过，白日哀猿时一吟。道人大笑驴鞭墮，我学神仙且游戏。青天为绢湖为池，大书咄咄真怪事。非儒非侠非空门，寸管乃傲王侯尊。至今零落百年后，犹有残缣当子孙。

柴瑞云姑　旧志：塘头巷人。事亲孝，长斋奉佛，终身不嫁，以寿终于家。后人因其家建庵，刻像奉之，称为道姑。寺亦曰瑞云庵。

卷十四　艺文志

《大学》十传，理彻精微。《孟子》七篇，语多辨论。而诸子百家，犹能出其绪余，开欧美技巧之祖。文学如游、夏转无传书，讵真无书也？以藻丽琐碎之辞，无关大道而不欲传也。县人著述虽少，而对于身心性命之学，颇有研稽，大言炎炎，小言詹詹，既已订有成书，当有可传之作也。志艺文

第一章　文　辑

第一节　宋

中庸解

论语解

孟子解《康熙续志》并作《中庸论孟解》

六经讲义《康熙续志》作《六经正义》，旧府志作《五经讲义》

书籍义　《正德志》：以上俱徐存著

系易集传《康熙续志》作《易系》，《弘简录》作《系易》。旧府志云柴中行著

论语童蒙说《康熙续志》作语论，讹。

书集传

诗讲义

六经正义 旧府志：俱柴中行著。《乾隆志》《弘简录》不载，疑即《六经讲义》之误。

春秋解《明统志》：柴中行叔元振著有《春秋解》

太极图说一卷 旧府志：徐霖著

禹贡指南一卷 《焦氏经集志》：毛晃著。

韵略注释 毛晃父子著。旧志作《礼部韵略》。按：《礼部韵略》即沈约《韵谱》，详见《洪武正韵·宋濂序》

诗集十卷《康熙续志》作《诗文》《奏表》

毛氏世谱一部 《康熙续志》作《世谱》

地理五龙秘法一部 《宋史·艺文志》：俱毛渐撰。按：前志此书不载。《康熙续志》有《三坟书》，系毛渐著。《乾隆志》考：宋史艺文《三坟书》三卷，毛渐所得，非渐著也。

蓬山类苑

元诰正谟论

清高集 旧府志：俱祝常著

齐峰集 弘治府志：周彦质著

奏议《康熙续志》：毛注著

东堂集六卷 诗四卷 书简二卷 乐府二卷 东堂词一卷《书录解题》：毛滂泽民撰。《乾隆志》考：《宋史·艺文志》作集十五卷，连词。

伯坚文集 《康熙续志》：周颉著

非《非国语》一卷

刺《刺孟》一卷

补过斋拙稿 旧府志：俱刘章著

宪度权衡

须江集《弘治府志》：江山柴绂著。《康熙续志》作《须川文集》。杨廷望《府志》:《须江集》刘敏士著,《须川文集》柴绂著。宋成绥案：敏士与绂同保吉州者，岂亦江山人耶？疑有误。

退翁集

文选类要《正德志》：俱柴瑾著。

丙丁龟鉴十卷 《戒庵漫笔》：淳祐中，中书省奏名柴望上。

【进丙丁龟鉴表】臣望伏以正次王，王次春，颁万民之治象；史载事，事载道，有前代之玄龟。匪明气数之兴亡，曷示始终之劝戒？言非所当，罪不容诛。伏念臣赋性至愚，读书甚少，自怜孤苦，获际休明。念先世之孝廉，本故家之崇义。嫠不恤纬，忧在宗周。值灾见行夏之朔，正运当分晋之年。是殆水阴几胜火德，信知有数，决非偶然。苟曰无之，胡为至此？痛思今日，莫返颓波，尚论古人，具垂成鉴。秦汉之君以下千有余年，方册之政可寻十常九验。栖灯勘义，滴露研硃。姑援实以断时宜，非饰说以欺天听。矧君子虽进，而小人之根未痛绝；天理虽明，而人欲之蠹未尽消。中国或厄于外疆，大纲未联于小纪。四方戚戚以靡骋，万民嗸嗸而不安。辅成有赖于大臣，所重尤关于太子。

伏望皇帝陛下，体纯乾之一，法主震之宜，阐《大学》之明，谨《中庸》之独，必安国本以安社稷，必正君心以正朝廷。当自九重，首图厉精之治；毋使亿兆，玩闻更化之言。臣忍死吁天，措身无地。今来古往，治日少而乱日多；主圣臣贤，前车覆而后车戒。谨具表，上进以闻。

【丙丁龟鉴自序】臣望闻，以铜为鉴，可知妍丑；以人为鉴，可知得失；以古为鉴，可知治乱。人主任社稷之重寄，系亿兆之休戚，其于历代之盛衰，尤当究心者，故人主不可不观史。观史则警省之功深，而是非之鉴明。其裨益于治道，可胜言哉！

昔唐仇士良，教其党以固权宠之术，曰：“天子不可不令闲（编者按：应作天子不可令闲），常宜以奢靡娱其耳目，无暇他事，则吾辈可以得志；勿使读书亲近儒生，彼见前代兴亡，心知忧惧，则吾辈斥矣。”士良为计，不欲人主读书，正欲愚人主之耳目，蔽人主之聪明也，巧矣哉！

臣区区忠赤，无以自见，每有嫠不恤纬、忧宗周之心。况当丙午丁未之厄岁，而又日蚀元旦，昭示谴告，殆如杞人忧天，不遑宁处。臣不佞，遂遍搜诸史，窃惟是岁为厄，从古而然。帝王之世，史籍略而不书。今自秦汉以下数之至于五代，为丙午丁未者，凡二十有一，上下通一千二百六十载，灾异变故不可枚举。独汉延禧丙午朔，日有食之；晋太康丙午丁未朔，日皆食。信乎，阴阳之有数也！然数生于理，理有是非得失，则数有吉凶祸福，自昔变异之来，未有不兆于人为者。帝王盛时，格心有道，则变异疏；帝王以后，格心无术，则变异密。丙丁之厄，皆厄也。其厄于延禧者，以延禧之时，小人之厄君子也；其厄于太康者，以太康之朝，边徼之厄中国也。

臣故采摭其实，目曰《丙丁龟鉴》，厘为十卷，卷各有事，事各有断。凡所以致变之因与消变之由者，了然在目。则求天于天者，果不若求天于我；求数于数者，果不若求数于理，是为得之。亦知有天下者，知天根于我，数根于理，必以是书而尽见。且知人主不可一日不观史也。臣故总其说，而为之序。

秋堂集 《弘治府志》：柴望著。一作《道州苔衣集》《咏史集》《凉州鼓吹》。《康熙续志》：《秋堂集》与《道州苔衣集》并见。《乾隆志》：考至正杨仲弘序，公诗有《道州苔衣集》《咏史诗》《凉州鼓吹》《凉州鼓吹诗余》也。

烂柯集《乾隆志》：毛友著

公明文集《乾隆志》：郑升之著

长台诗集《乾隆志》：柴蒙亨著

瞻岵居士集《乾隆志》：柴随亨著

袜线稿 《乾隆志》：柴元彪著

柴氏四隐集 秋堂十一世孙复贞编，重刻于明万历戊子，知县张斗序，钱唐吴志上抄本跋。名虽四隐，实止秋堂、瞻岵、泽癯三人。制参吉甫公无一字，岂刻本原完，辗转抄录，遂失之欤？原按：是集刻板，久已无存，族裔柴文晃抄本，以元柴登孙所著《芳所吟稿》，足成四隐。道光二十五年，柴氏修谱，同里学博朱家麒履升，促其付梓，并为序而跋之。

金陵杂录

山居疏草 旧府志：俱何郁著

卓斋集 旧志：郑魏珽著

芹说

奏议集 旧志：俱柴卫著

溪上翁草 旧志：严瑀著

校学正书 旧志：蒋文祉著

韩昌黎集注 旧志：祝充著

忠节录 徐旭旦、旭升重订

【清林云铭忠节录序】纲常为世道之柱，维吾儒读圣贤书，知大义在天壤间，本无可逃。宋末临安徐巨翁先生，厕身太学，以圣贤为师，乃真儒也。元伯颜兵至，先生誓死报国，夫人方氏以殒身莲沼为倡，子琦、崧二君暨女元娘，相从溺井。忠孝大节，虽僮竖亦知之。但所云朝廷养士三百年，似专指太学而言。前此关闽濂洛之盛，悉本崇儒治化，无论已仕未仕，大义总无所逃。

且是年元制，人为十等，儒列娼丐之间，世道之变已极，人道之灭几尽。道存与存，道亡与亡，故不惜以一身一家为千古纲常之寄。非有迫于势，非有慕于名，非有激于气，成仁取义，其心安焉。越数年，孔圣贬为中贤，而太学鞠为茂草，尤甚于暴秦之焚坑，始知先生于此，兼为斯文抱痛，以不及见为幸，未可徒执鲁连蹈海之言例。论其迹也，余尝按文信国死于至元十九年，其《答王积翁》，有黄冠归故乡之说，人或疑之，不知焚毁道藏作妖书，以诋昊天上帝，乃十八年之事。信国欲择其所弃者自处，以明此身必不容于元世之意，而衣带则书孔孟之言，亦取其所弃者为绝命词，以谢先圣而示后学。与先生之死，俱于忠节内寓卫道之深心。古人措意其不易明，类如此。先生裔孙浴咸、上扶二子有文行，卜地移祀，曲尽崇先之劳，可谓克知所务。诸巨公序之甚详，故余独推言其所未及云。

【王掞颛庵忠节录序】《忠节录》者，宋忠节先生徐公阖门殉节之始末也。自南渡以还，天道则板荡疾威，疆宇则日蹙百里。降而至德祐改元之际，亡锥失鹿，虽有智勇，亦不能撑大厦于将倾。当其送款皋亭，内禁则自太后妃主以逮宫人，外朝则自省院台司以及散职，莫不偷延视息，系累而从迁焉。先生乃率二子琦公、崧公暨女元娘，酹酒于忠武岳公之祠，各赋自悼短章，矢志不辱，乘夜登楼纵火，会家人惊救，扑燎破壁出之烈焰。不得已，则又转而共趋于井，卒死之。至先生之配忠懿夫人，居常每谓：宋运将终，愿椎髻练裳，与先生偕隐。见先生抗志不回，则先赋哀词，自沉莲沼。

呜呼，精燐碧血，争照千古。一部十七史，为求忠孝节义萃于一门，孰有能比烈先生者哉！间尝论之，先生之死，后于岳少保，前于文信国。顾少保身为大帅，志复神州，唾手燕云，业有成算，长驱逐北，首与和议牴牾，取忌权臣，势必不免，壮男弱女咸杀身以成仁，虽贞烈钟自先天，亦覆巢本无完卵。信国科名既盛，物望毕归，收余烬以图存，则昊天不吊，仗孤忠而尽命，或分宜然。若先生止一太学儒生，进退绰有余裕。琦、崧二公，虽云少年登第，然服官则未绾半通之绶，诏禄则未叨升斗之糈。使父子抱瓮深山，投簪空谷，冥鸿藏豹，亦可称归洁其身矣。至元娘以幽闲之德，髫稚之年，追随父兄，愿同焦烂，宁为玉碎，甘之如饴；忠懿夫人则又识炳几先，事倡义始，此皆烈丈夫所变色而道者，而顾从容两见于闺阁乎？今读五人之遗诗，想见当日无复返顾之情状，气足以配河岳，而言足以泣鬼神。天地无终穷，则此同一不可磨灭矣。

康熙乙丑，余视学两浙，西陵采厥贞风，亟拜先生之墓。祠宫有侐，栝桧阴森，瞻仰屏营，如睹英灵陟降。殆若史迁所云：登仲尼庙堂，见其车服礼器，徘徊不忍去也。遂檄郡县，厘正祀典，申禁樵苏焉。盖余受知于先生裔孙散庵夫子，即出先生之门，亟与先生裔孙旭旦、旭升重订是录，题之简端，以识高山仰止、渊源向往之意云。

第二节　元

三峰集　《正德志》：祝君翔著

同声录　《正德志》：龚宗傅著

第三节　明

洪武正韵　注释一依毛晃父子。

【宋濂洪武正韵序】人之生也，则有声，声出而七音具焉。所谓七音者，牙舌唇齿喉及舌齿各半是也。智者察知之，分其清浊之伦，定为角徵宫商羽，以至于半商半徵，而天下之音尽在是矣。然则，音者其韵书之权舆乎？夫单出为声，成文为音，音则自然协和，不假勉强而后成，虞廷之赓歌，康衢之民谣，姑未暇论。至如国风、雅、颂四诗，以位言之，则上自王公，下逮小夫贱隶，莫不有作。以人言之，其所居有南北东西之殊，故所发有剽疾重迟之异。四方之音，万有不同。孔子删诗，皆堪被之弦歌者，取其音之协也。音之协，其自然之谓乎？不特此也。楚汉以来，离骚之辞，郊祀安世之歌，以及于魏晋诸作，曷尝拘于一律。亦不过协比其音而已。自梁之沈约，拘以四声八病，始分为平上去入，号曰《类韵》，大抵多吴音也。及唐以诗赋设科，益严声律之禁，因礼部之掌贡举，易名曰《礼部韵略》，遂至毫发弗敢违背。虽中经二三大儒，且谓承袭之久，不欲变更，纵有患其不通者，似不出于朝廷学者，亦未能尽信。唯武夷吴棫，患之尤深，乃稽易、诗、书而下逮于近世，凡五十家，以为《补韵》。新安朱熹据其说，以协三百篇之音，识者虽或信之，而韵之行世者犹自若也。呜呼，音韵之备，莫逾于四诗。诗乃孔子所删，舍孔子弗之从，而唯区区沈约之是信，不几于大惑欤？恭惟皇上，稽古右文，万几之暇，亲阅韵书，见其比类失伦，声音乖舛，召词臣谕之，曰：韵学起于江左，殊失正音。有独用当并为通用者，如东冬、清青之属；亦有一韵当析为二韵者，如虞模、麻遮之属。若斯之类，不可枚举。卿等当广询通音韵者，重刊定之。于是翰林侍讲学士臣乐韶凤、臣宋濂、待制臣王僎、修撰臣李叔允、编修臣朱右、臣赵壎、臣朱廉、典簿臣瞿庄、臣邹孟达、典籍臣孙蕡、臣答禄与权，钦遵明诏，研精覃思，壹以中原雅音为定，复恐拘于方言，无以达于上下，质正于左御史大夫臣汪广洋、右御史大夫臣陈宁、御史中丞臣刘基、湖广行省参知政事臣陶凯，凡六誊稿，始克成编。其音谐韵协者并入之否，则析之义同。字同而两见者合之旧，避宋讳而不收者补之，注释则一依毛晃父子之旧。勒成一十六卷，计七十六韵，共若干万言。书奏赐名曰:《洪武正韵》。敕臣濂为之序，臣濂窃惟司马光有云，备万物之体用者，莫过于字；包众字之形声者，莫过于韵。所谓三才之道，性命道德之奥，礼乐形政之原，皆有系于此，诚不可不慎也。古者之音，唯取谐协，故无不相通。江左制韵之初，但知纵有四声而不知衡有七音，故经纬不交而失立韵之原，往往拘碍不相为用。宋之有司，虽尝通并，仅稍异于《类谱》，君子患之。当今圣人在上，车同轨而书同文，凡礼乐文物咸遵往圣，赫然上继唐虞之治，至于《韵书》，亦入宸虑，下诏词臣随音刊正，以洗千古之陋习，猗欤盛哉。虽然，璇宫以七年为均，均言韵也，有能推十二律，以合八十四调，旋转相交而大乐之和亦在是矣。所可愧者，臣濂等才识闇劣，无以上承德意，受命震惕，罔知攸措，谨拜手稽首序于篇端，于以见圣朝文治大兴，而音韵之学悉复于古云。

（编者按：本文按《四库全书》宋濂《洪武正韵序》校核）

白下集 《正德志》：伍盛著

西山吟稿

政家遗范 《康熙续志》：俱毛鼎元著

小窗论草

十史断 《康熙续志》：俱毛瑚著

明孝宗实录 旧府志：正德中周任登进士预修

元峰文集 《崇祯府志》：周任著

读易管见

启沃录

图说

山中日录

二峰摘稿 《崇祯府志》作一峰。《康熙续志》：以上俱周积著

一斋集十二卷 《正德志》：赵桧著

嘉靖衢州府志

留斋漫稿七卷 《康熙续志》：俱赵镗著

【徐霈留斋漫稿序】留斋者，方泉子晚年所更号也。漫稿者，方泉子自名其所作也。春元杨君节庵汇集之，间以序请于余。余与方泉知且二十余年，则知方泉者莫余若也，而可靳乎一言哉？乃作而言曰：文者，圣贤不得已而有言，笔之于书，以化天下，以垂后世者也。然随时有作，不能尽同，故孟氏之文不尽同于孔氏，孔氏之文不尽同于周公。虽其并世而生，会聚于一堂之上，其声音气象亦自不同，况笔之于书，以垂后世者乎？故论文当随时，可也。

国初，宋濂氏以昌大之文润色鸿业，观其庙制诸作，足以备一代之典章，为百王之大法矣。弘治以来，有崆峒李子崛起于其间，灵珠独握，兼总诸家，自为文之大成矣。然其机轴出于左氏《国语》，虽肆力斫削，而镕陶未尽，何仲默讥"其高者不过古人影子，其下者已落近代之口"，信矣！甘泉湛氏猎取左氏之音响，饬以理窟，著述甚多，其大者在《中庸训测》，自谓羽翼孔氏矣。然，用古句为训释，而《中庸》之义益晦。所谓庄周注郭象，非郭象注庄周也，奚以"训测"为哉！

公自释褐，登廷即选翰林庶吉士、读中秘书，凡我朝典章、古今因革、人物事宜，靡不得其要领。故其一出而巡历盐海，条陈七事，宿弊厘革，国课赖焉。再出而典学南畿，端其刑范，彰之训典，士风正焉。盖其以精深之学，渊涵之度，陶以玉堂、煦

以天藻久矣。及入内台协掌院事，独持风裁，不骞不茹，百僚肃焉。故其文思涌出，如长江大河，数千言立就。其率尔成章，莫不抒指道情，旁通物理，宛然自成一家，非蹈袭前人以为尺度也。

或曰：文则似矣，律之于古，则未也。余应曰："不然。恶衣菲食，土阶不剪，其后世乃有九延之台；五清之衣，清庙之瑟，朱弦疏越，一唱三叹，其后世乃有大成之乐，备极声容之美。山罍与牺尊并陈，宏璧奇珍，非兑戈和弓伦也，而中国皆世宝焉。则所谓古，岂必尽同哉？若崆峒、甘泉殆有心于古，而反失之者也。以是论文，思过半矣。乃屑屑然较方泉之非古，不亦左乎？"问者唯唯而退。遂书之，以为《留斋稿》序。

赵氏家谱六卷 《分省人物考》：赵镗著

读书录抄释

【余一龙读书录抄释序】 国朝理学名臣，自薛敬轩先生而下，可数也，而敬轩先生实为之倡。一龙自为童子时读《言行录》，窃有愿学步趋之志，而材质庸下，其欲进而踣者，屡矣。乙丑登第后，观天曹尚书政时，则毛介川先生为少宰，朋侪中有知先生者，辄相谓曰，先生为方今理学名臣，行务实践，靡事浮言。当严氏用事时，先生独不通一刺。以故优游藩臬者若干年。先年，邹东郭先生、補南先生时为侍御，力疏乞留，以故迁谪郡佐者，又若干年。今而公道昭明，位先生以天曹之重，吾侪可以弹冠相庆矣。无何，一龙叨补先生桑梓之邑。晋谒请教，先生一语不及家事，惟以里中均平之法为言。至则代巡庞惺庵公，已行之矣。今而浙人实受其福，嗟乃先生之意也。先生之居无楼台、蓄无金帛，江邑有筑城之役，例当照米征银；揭册视之，先生之米仅数石，犹不逮江民下户之产。今人口谈仁义而行或背驰，亦有粉饰于立朝而惰行于幽独者，如先生之彻表彻里浑然一致，天下宁几人哉？

先生自南吏部转大司寇，以病就医于家者凡半载余，一龙秉公事之便，时得一见。就之，如太和元气，而听其议论，则凛凛然壁立万仞。是非利害，不少毫发假借。盖昔年山斗之仰，至此得以亲而炙之，岂不为至幸欤？然居于官守，才日暮便行矣。鄙吝之心，求其不萌于既见之后，不可得也。近得读先生所释《读书录》，《读书录》著于敬轩先生，大抵祖述古圣贤之成训，而其言随得随笔，不暇序次。先生择其要而犹纯然者，分为三篇：首论道，次论学，次论政；复各为之注释；其下，而间有发敬轩先生之所不及者。然后知先生之学，乃内圣外王之道也。因读之不释手，亦欲以窃比于古之书绅者。暇复自念，先生之勋业，在朝廷则有史氏，在郡国则有口碑，独此一书乃先生理学正脉，尤其立勋业之根本，不可以不传。传之者，有司责也。江阳多志道之士，典型在近，何事远求。今天下之谈道辨惑而慕古人者，得是书而沉潜玩味之，其真可以为理学之标的、入圣阶梯矣。岂直不肖如一龙者，将藉是而曰汲汲然以求，无枉过此一生也夫。

奏议八卷

介川文集 《康熙续志》：俱毛恺著。《黄氏书目》：毛恺文集四卷。

【赵镗介川文集序】介川先生诗文，世少概见。晚年，独注意于《读书录抄释》，自为序，以授见田余公，业已刻之县斋，复梓其散见诗文三卷，以并行于世。未久，而先生捐馆。予子河与其孙允让，乃裒集其《奏议》及《诗文》遗稿数十卷，藏于家。适余公再莅浙藩，闻之，将梓行以成全书，未及也。无何，而公有滇臬之转，取道三衢，谓允让曰：此吾素志也。成之者，不在子乎！允让惶恐，谢不敏。亟谋诸河，曰：《奏议》河不敢辞，《诗文》全稿敢以累之君。于是，河手自编录，以授之梓人，凡一十卷。阅数月而告成。允让请序于予，予曰：今世所称作家，畴不以文自名，而争雄长于艺圃哉。然求其可信而传焉者，何寥寥也。盖世之信而传焉者有三：以道性情也，期于正；以阐学术也，期于纯；以昭功业也，期于伟。三者备，而后其文始取重于天下。不然，则疑而弗信、骇而弗传，天下其孰与之？予观先生，幼负奇质，以古人自期。弱冠，连登科第，不即仕，移疾归卧山中，以大遂所学。视世味纷华，淡然不入于心。及出，而拜大行，官侍御。揭揭谔谔，凛然铁面之风。虽经左迁，而其操愈励、学愈笃。晚，由藩臬而中丞、而八座洊历两都，始终一节。天下至今称正人君子，无异词焉。今取斯集读之，其诗清以婉，其文雅以畅，其书、启、杂著，咸本于理而泽于气，沛如也。再观前后奏议，又皆关系国家大体、民生大计，凿凿经济实事，匪空谈者。学者观斯集也，而先生性情之正，学术之纯，功业之伟，概可见矣。先是隆庆丁卯秋，先生自南太宰改北司寇，以疾乞身，优诏不允，趋赴任。将行，余公求其诗文以授诸梓。先生手持《读书录抄释》语之曰："恺平生精力颇在此书，愿公梓之以与吾党共，他非所敢闻也！"噫！先生师淑文清之学，意盖有在如此。然则，以诗文名世，岂先生意哉！而奚计其信今传后也欤哉。虽然，先生之可信而传焉者，固不专在斯集，而天下后世之欲知先生者，舍是集其何以焉？兹固余公先刻《抄释》、后刻《全集》之意也。学者合二书而并读之，其于知先生也，庶其深乎。因书此，以弁其端。

世德乘

道器真妄诸说

东溪文集六卷《康熙续志》：俱徐霈著

【赵镗东溪文集序】文之难言久矣。是故，先秦、两汉号称近古。自秦汉而下，若唐之韩、柳，宋之欧、苏诸子，号称大家作者，藐不多见，岂不诚难哉？愚以非文之难也。文本诸学，学深于养之难也。韩昌黎曰："根之茂者，其实遂；仁义之人，其言蔼如也。"斯不足信矣乎？

国初，文运与时并隆，宋、刘、王、方诸公后先迭起，相与鸣一代之盛。以明润简洁为体，以通达政务为尚，以纪事辅经为贤，盖一洗前人风沙浮靡之习，直追古作者而并之矣。世宗初，阳明先生以振古之豪，发明良知之学，开示群蒙。其所为文，不事钩深奇棘，而从容宏衍，如长江大河浑浩流转，而人望见渊然之光、苍然之色，亦自退避，不敢仰视。一时从游之士，登堂入室者，亦罕俪焉。

吾邑东溪先生，自弱冠即抠衣其门，盖亲承"良知"之学，而得其上乘者。故自荐登高魁，回翔谏垣，以至宗文河洛，藩臬湖湘、贵阳、岭表及今悬车以来，讲舍会聚，启口扬声，皆所以扩大阳明先生之学。而涵养之深、造诣之邃，真有非夷所及者，宜其文之足以名世而无疑也。间出兹集以示余，余受而卒业焉。如《神理道器》诸书、真妄无思诸说，则宋大儒之未发也；赈济修堤诸议，则贾太傅之通达也；奏疏明庭条陈诸篇，则陆宣公之流亚也。其序记碑铭杂作，又皆醇雅典则，如铏金璞玉，不见搥琢刻画之工，而光彩袭人。睹者倾动，可与古之作者相颉颃，信无愧于阳明先生之文之学也已。是集也，汇成于讲舍同志施、梅、石诸公；校伪正讹，则成于从游赵宜之、王维新诸生。梓成，乞余一言以弁其端。余愧谫劣，不足以知先生之奥，其敢评先生之文哉！顾承教有年，谊不容辞。窃谓先生之文，本之于学与养，似足以窥先生之大者。世之君子，苟未知先生之学之养，观于兹集，亦可以得其大端矣。是为序。

【盱江罗汝芳东溪文集序】予尝观《元经》之缈漠，《洞极》

之孟浪，《中说》之支离诐蔽，其《灵枢》虽联编积帙，穷物尽变，证道者勿取也。是故，文亦难言矣哉。士君子欲立言以垂不朽，非寸管自嗤，要在祓除其神舍，慨唾津余用为垂世法程耳。东溪先生证心静悟，故当得良知衣钵于阳明之门。而魁掇南宫，文雄海内，予仰之非一日矣。兹欲辨其学之三昧，乃不远千里而至文水讲舍考证焉。先生以君子之学诚意为主，格物致知者，诚意之功也。朱子以穷理之极而后诚意，恕非本体之良知，然不穷理而遽加诚意之功，恐诚非所诚，适足为伪而已矣。此诚为学者印诀，但不知诚身之功又何如？予与先生体认之余，其门人出先生文集示予。披之，乃知弃去蹊径，独抒真愫，其所为诏主似客，微显阐幽，虽其所言不同，然种种皆寸腔独照中呕之，故触处露全真耳。夫泛海者，汪洋浩漭，四望俱迷，夜视北斗，则厥有指归。先生文集不亦醯鸡覆发而益信阳明衣钵有在哉。赵方泉公序之详矣，予何容一喙。但忆先儒月落万川之语，乃知道立于磅礴毋垓之宇，而窍于莹明有觉之关。葆其莹明者，以合其磅礴者，即日用吐谭皆为道真，借曰剿摛炫世，遂为不朽，则《六经》《语》《孟》欺我矣。被根结灵枢奚云哉。先生直声动朝廷，勋业烂寰宇，此皆良知为之根柢，而文章笔楮乃其绪余耳，奚足为先生多哉。是为序。

【晋江蒋德璟东溪先生文集序】东溪先生文集，前有罗近溪、赵方泉二公叙之详矣，又何以序也？盖重经订梓，故复为置赘。忆余先君子昔宰须江，先生去世未远，余甫垂髫，每闻先君子道邑中先达，多理学名臣。而先生之道业文章为最显。遂举而进于乡贤之列，俎豆春秋焉。则于先生之文，已尝一一寓目矣，仅涉窥其一斑，未深领其全旨。厥后三十余年出入江郎，晋接多通家契，如先生裔孙元法字思如者，以积世厚雅拜余门下，年少才华慷慨节侠，海内多结交伫望蜚声，先生似续有光。戊寅冬，余便道入都，思如迎之于柘浦，同抵须川拜先君子祠下，爰手捧先生集，祈余增序。余时应召旁午，故迄今未遑也。乃思如求序之心更笃，不惮千里而遥，走币致书，请之甚殷，缘而卒业焉。阅首篇奏议，令人神气百倍，九原可作执鞭，欣慕而叙事详明，记录简要；赞、文、铭、讲、启、牍诸卷皆凿凿性理，言言硕画。所谓博极群书，独探理窟，诚哉。天地橐其胸盘，日月旋其指掌；诗不多叶总饶风韵。先生真后学之遗模，贤圣之鼓吹欤！其信深得阳明之衣钵，续传考亭之心印者乎。夫道学有功于世，则有起而承其志，辑其书，垂先生于不朽。嗟乎！世实绵邈，心精不磨孔壁，金声越百年而一振，古人载道之书，藏之名山，先生之集其类是欤？余滥侧揆席兼总实录，至于前徽往哲，遗编逸简，理宜蒐辑，用光钜典。况复重以通家之情谊，何容辞？故题数语附诸罗赵二公之间，因致邮筒，以复思如之请。

发筦集《康熙续志》：郑忭著

紫崖联珠集　徐惟辑著。《康熙续志》作《紫崖遗稿》

【赵镗　徐紫崖先生诗叙】中舍紫崖徐公，卒之十有六年，而遗稿始传于世。夫紫崖诗文亦既庶且多矣，而奚传于斯稿者若是之鲜也。盖自登第之后，授官未久，旋即淹逝。其嗣子少崖伯仲，咸居家代养而孑焉属纩，诗文散佚什不存一。顷年以来，蒐罗积累，始克成编。白岩山人既为之序矣。少崖伯仲复请于予曰，先公添附骥尾，又辱莫逆交，钟期之知，惟先生是托，请一言以弁其端。余三复叹息而言曰，昔魏文帝悲陈、徐、应、刘之长逝；廌书吴质曰，文章经国之大业，不朽之盛事，年寿有时而尽，荣乐止于其身，二者必至之常期，未若文章之无穷也。今紫崖年寿荣乐虽啬于天，而文章之存诸遗稿者，炳然如丹。所谓传之无穷者非耶。夫诗之难言久矣，自三百篇后，一变而楚骚，再变而汉魏晋之五言。非不烂焉名家，然概诸风雅，似有不数数然者。及至盛唐，李、杜诸家并起，而诸体大备。和平清丽，有风雅之遗意，彬彬不可尚。已，历晚唐五季以及宋代，非无作者，往往词不胜理，而唐之音节，于此焉变矣。元人虽变宋习而又过于工巧。至我朝何、李诸公，力追古始号称大家。今国宝国雅诸编，可考而知也。江阳僻在姑蔑，虽非大方之比，然其间以诗名者亦代不乏人。其在双溪，山水清奇，操觚之士多长于学。若紫崖与云坞白云诸君，更唱迭和杰然称雄，而紫崖尤天资高迈，胸怀洒落，有振衣千仞冈之趣。忆昔与余同笔砚时，终日吟咏不辍，尝举《古歌今律》示余，余素拙于诗，未及尝鼎中一截。及丙午同计偕北上，舟中出其《金陵怀古》诸作示余，曰：近作云何？余率然曰，兄诗虽一蹴未登唐人之堂，然于近世诗坛亦可以分半席而坐。时盖未睹全集，故漫云尔也。乃今得达观其遗稿而卒业焉，大都兴寄冲玄，思调清逸，不烦绳削吻合。作者虽与国宝、国雅方轨并驱，可也惜乎天抑其进，未见其止，使少假之年，当春容大雅以优入盛唐王、孟之室，其于魏文所谓经国大业，不朽盛事者，庶几无愧云。因书为序，以质诸白岩山人。

明德楼稿 《康熙续志》：朱夏著

潜夫漫稿

音韵通考 《康熙续志》：俱徐伯知著

玩梅亭集 《康熙续志》：柴惟道著

高园漫稿 《康熙续志》：柴天复著

燕山遗稿 《康熙续志》：璩一桂著

青来阁草 《康熙续志》：施幼学著

和鹤居集 《康熙续志》：徐日葵著

墨林辨体　《康熙续志》：周相著

活人宝鉴十卷《正德志》：伍子安著

栖碧录　《正德志》：杨起溟著

第四节　清

介庵集　《乾隆志》：姜汉宗著

笠斋雪老集　《乾隆志》：柴自挺著

续丙丁龟鉴二卷　旧志：柴自挺著

【陈继儒眉公续丙丁龟鉴序】世传丙午丁未为厄岁，予始未深信。大德十年丙午，越郡水；明年丁未，吴郡旱。于是，浙省命官出粟以赈之；既乃大疫，民遑遑往来就食，甚而鬻妻捐子，道殣相望。予时甫在幼，至今犹能记忆。后闻故老言，昔有著《丙丁龟鉴》者，备载其事，惜未见也。近获是编，乃宋理宗朝三衢柴望所进，上自秦昭襄王五十二年，迄五代汉天福十二年，凡一千二百六十岁，值丙午、丁未二十有一。摭前史灾异兵变之迹，断以祸患感召之由。其间，灾异之疏密、祸患之轻重，莫不系乎君臣之贤否、政令之得失，天理人事了然在目。其忧国忧民之心可谓至矣！然以宋三百余年，五值丙丁，则讳而不书，予因辑而录之，以补其阙焉。或者难曰：尧有九年之水，汤有七年之旱，岂二圣之德不足以弭耶？抑数之当然而理不可以胜耶？予曰：否，不然。夫水之与旱固关乎数，向非二圣之治，则民无遗类矣。然世之灾异亦未尝绝，故成王悔过，偃禾反风；宋君一言，荧惑退舍，下至州郡之守，苟能修政，则有虎北渡河、蝗不入境之异。其明效大验，信不诬矣！矧《洪范九畴》，陈天人之应，具载方策，箕子岂欺我哉？窃尝怪六甲之中为午未者五，何独厄于丙丁耶？盖必有其说也。尝叩之阴阳者，云：丙午属火，遇午未而盛，故阳极必战，亢而有悔也。又云：丙禄在巳午为刃煞，丁禄居午未为刃煞，奚独岁为然？人或犯之，亦大咎也。虽然，数固不可逃而理则可推。历观前代庆兴之理，概可见矣。《传》不云乎："国家将兴，必有祯祥；国家将亡，必有妖孽。由此而知天下之安危，系乎人主之得失。夫在上之人，果能侧身修行，或厄于数而不厄于理，自可变灾以为祥。不然，即非厄岁，妖孽曷得而息，祯祥曷得而臻耶？有国者，可不鉴欤，可不慎欤？

秋晓堂集 《乾隆志》：柴炜著

泻心草 《乾隆志》：蒋钟著

穴水诗草 徐惟城著

碧梧楼稿 《乾隆志》：姜亨肇著

云轴诗草 《乾隆志》：毛兆镆著

【李干龄云轴诗草序】君子之于言也，非有心于立言也。盖其道德积于躬，才猷见于世，内蓄其忠厚悱恻之思，而外感于庶物人伦之故，喜怒哀乐发于情之所不容已，则不得不讴思咏叹，往复长言，而发之为诗。非若词人骚客琢字句，谐音律，雕镂刻画，抉怪搜奇，必摹像于形影声臭，较计于分寸毫厘，而后为工也。若我府宪和轩先生之诗，殆是之谓欤！先生两署庐州别驾，干以属吏趋走执事。接其言论丰采，蔼如穆如，谦和缜密，如浑金璞玉，无以窥其光辉玮异。及读其诗，而恍然得之。盖其仰观于星日风云之变，俯察于昆虫草木之化；游览于山川流峙暨一丘一壑之微，阅历于畿甸都邑，以一村一刹之细；稽考乎帝王、师相、贤人、哲士之终始，凭吊夫忠臣孝子、义夫节妇之梗概，则无不详其纪述，定其轩昂，极其企慕慷慨而一发之乎诗。又无其一事而不恭纪之圣朝之功德，无一时而不慨念怙恃之恩勤，无一差一役而不竭一己之劳瘁，无一言一行而不阐扬夫闾里乡曲、匹夫匹妇之潜德幽光。盖四卷之中人伦庶物之故感于外，而忠厚悱恻之思应乎内。干由此以知其道德积于躬、而才猷见于世者，其由来也远矣。然其为诗也，则醇古恬淡，真实和平，发于其中之所不得不然，而亦出于其笔其舌之所不知其然而然。故虽铿锵出金石、幽渺感鬼神，笼天地于形内，挫万物于毫端，初非若骚客词人之琢字句，谐声律，雕镂刻画，抉怪搜奇，摹像于形影声臭，较计于分寸毫厘，而后为工也。夫君子之于言也，非有心于立言也，根之邃者其实茂，源之远者其流长。屈、宋、扬、马、李、杜、韩、欧暨振古名士之作，岂诚有意于诗而为之者欤？抑亦喜怒哀乐，有发于情之所不容已者欤？明乎此，则可读和轩先生之诗矣。是为序。

响泉诗钞　旧志：杨奏瑟著。

【王韧响泉诗钞序】奏瑟先生有清之征士也。乾隆壬午，翠华南幸，与何君汇亭，同膺鹤峰李督学之荐，召试行在，诗才侈肆，上抗六朝。以未能悉中绳尺，报罢。须江为山水窟，由是一丘一壑，皆渐见诸吟咏。荒山中寺，往往藉之以传。乃兵火数经，残编散佚，好之者于求片羽而不得。迩以故屋尘蔫，收拾积秽，于堂额中获见手钞《响泉诗稿》。哲裔德中，珍同宝物，亟与校雠、付印，属为弁言。

余以明正德丁卯，周鸿胪文兴所拟颜孟子孙谢表，衡者判为有山林气。前令宋成绥将全篇揭载邑乘，疑词气间并未涉及山林，不知“一瓢是甘，万钟奚望”二语，实隐隐寓有山林意。由鸿胪遁迹于吴山紫极宫侧，以黄冠老，是殆前定于天者。先生诗笔炼字，如屈平炼气，如太白遇而不遇，亦有定数于天者。其消息固非人所能知也。《诗》道：“日非三百篇，无人问矣。”读先生杰作，如聆盛世元音，殊令我低徊不置，因贻数语，权当佛头之粪云。

【清刘侃题词】突兀骚坛主，高名四十年。一衿催白发，万事入吟篇。墓草方经宿，神珠已出渊。诗魂应慰甚，含笑向重泉。

【王钰题词】罢奏长杨赋，归来琢句工。诗兼唐盛晚，名噪浙西东。梨枣闻镌板，輶轩记采风。吟魂应慰甚，莫更怨奇穷。

【民国熊希龄题词】夜起挑灯读残本，清新俊逸两兼之。江山啸傲东篱老，付与贤孙遗爱思。

西绿草堂诗集 旧志：何茹连著

香雪诗存 旧志：刘侃著

毛補南稿 旧志：毛元坤著

钓鱼篷山馆制义

钓鱼篷山馆集 旧志：俱刘佳著

【徐庚瑞钓鱼篷山馆集序】 余与刘君眉士旧交也。眉士少余六岁。嘉庆庚申冬，同补博士弟子员，过从益密。同受业于广文蔡东轩先生，赏奇析疑，殆无虚日。初，眉士溺于帖括之学，余屡非之，始从事于史汉及周秦古文辞，稍暇旁究古今体诗，尝拈题彼此唱和，取益最多。戊辰，眉士掇巍科以去；既而，计偕旋里，时时聚首，非独举业，互相切劘。凡处事接物，罔不取怀，而予谊若弟昆。至道光甲申，出宰江南奉贤；丁亥调溧水，书问时通，未尝以道远废也。戊子春正，偕何君澹初访之，路过溧阳，循声克著，尝书一联赠别曰："勉为良吏斯民幸，问到廉声稚子知。"羞纪实也。越十四年，辛丑秋，余与其婿周君右铭游姑苏，则眉士已告归，侨寓吴县朱家园矣。门庭萧寂，惟见藏书充栋，不改儒素，私心甚喜。余劝其归里，逡巡未果。又数年得中风症，遂溘然以逝。犹忆重阳日相聚，笑谈戏言：将来作徐少溪墓志者，非眉士其谁？诚以齿固少于余也。而岂知言犹在耳，事竟不可知者耶！

今其哲嗣手录所存诗文，裒为一集，寄余校阅，将以付梓。其诗文之工无俟余赘，而展卷披诵，不自觉情往神移，如对故人于几席间。爰次其言以志之。若夫立身之朴诚，居官之廉谨，具详事状，有实行无虚辞焉。

紫霞山房诗钞　旧志：朱家麒著

笔帚试帖　旧志：王钰著

须江诗谱十卷　旧志：王钰辑

【金陵朱增益须江诗谱序】须江王蓼生，诗人也。予与论诗，辄娓娓不倦。既，序其《笔帚集》，并嘱其搜三衢耆旧之作。蓼生韪予言，因成《须江诗谱》质于予。自唐宋以迄国朝，粲然在列。原本志乘，复博采故家，以成是编，可谓勤矣！古人既往一字一句，皆其精神命脉之所系。后人当获之如颅髓目睛。其诗传即其人不没，乃□□□□□□□诗人最著者。柴氏四隐，予有其集，因为增数□□□□□□□□□行箧未贮，俟邮寄以增益之宋人著。

古红梅阁集　清刘履芬著

【广州许应鑅古红梅阁集序】己卯秋，应鑅奉命陈臬三吴。下车咨询士大夫之贤而多文者，寮寀中共推刘君彦清，名父之子也，心窃慕之。未几，彦清由代理嘉定解囚来谒，气度冲澹，陈述囚事，慈祥狷谨，形之辞色，已知其非风尘吏。翌日来辞，商榷古今，纵论词章之学，寻源别派，滚滚不已。予亟索其文读之，渊雅雄厚，喜谓之曰：君岂洪北江后身耶？对曰：履芬不敏，仰企汉魏六朝不可及，诚趋步洪先生为梯阶，未知其当不也。似深幸予之知己。甫逾月，一夕暴卒于官，恨相见之晚，惋惜者久之。问其子幼、家贫，恐遗文散失，淹没不彰，嘱湖口高伯足直牧裒录成编。今春，伯足以蒇事告，予为披订一过，得骈文二卷，又得古今体诗若干，诗余若干。言情体物，皆能独出机杼，津梁后学，洵乎其可传焉。遂出资付手。民知彦清者，咸乞予一言，弁其简端。

嗟乎！予历官中外数十年，宦辙所至，贤士大夫胥不以予鄙薄，倾襟愿交。顾如彦清者，颇不易觏。客秋，使车乍莅，案牍尘如。彦清亦权篆外邑，不能稍留。瓜期方近，意谓聚首正长，心藏易吐。孰知缔交之初，竟成永诀，能不感慨系之？虽然人生如寄，三万六千日，俯仰间耳！惟有志之士酝酿载籍，发为文章，后世传诵。想见其为人，若建安之七子，江左之沈、谢、江、庾，瓣香者历千百祀不衰，庶真寿也。引此以慰九原，可乎！

可未若斋诗文钞 朱鋆著

双螺吟 朱椿寿著

偷闲山房学吟草 朱宝鈖著

致和堂诗文集 毛以南著，未梓行

总统易

义弄丹记略 俱毛以郊著

中国文学史略一册

唐五代辽金元词辑

诗心雕龙

濯绛宧诗

词史一册

词话

濯绛宧词 以上俱刘毓盘著，词话未梓，稿存常州吴梅。

【吴县彭世襄濯绛宧词序】词为诗余，根柢风匹。冰雪濯魄，烟水悦心。比兴居多，知仁各见。东山丝竹，北地风尘。西京唐音，南渡宋律。陶写哀乐，宏博渊深。动合自然，斯为化境。子庚泛滥家学，作为文章；四部句元，六义适道。积稿尺许，反复薙削。取法必上，所造益纯。宫谱伦胥，灵修要眇，鳏鳏双泪，耿耿寸肠；劫送山河，恨兼国家；撷艳古锦，采响爨琴；香草哀吟，枯树怨赋。解人难索，有铁板铜琶；知己云遥，唯晓风残月。包罗万有，卷舒半空；孤生自嗟，食贫不悔；一字顾曲，八音集成。世无紫霞，君为白石；承命墨首，唏乎伤已。

补救堂文集　杨元西著

第五节　民国

雪斋诗草　徐景韩著

普通教育新地理八卷

中华中学地理教科书

地学概论

中外地理大全十二卷　以上俱杨文洵著

尊孔刍言

新江山诗集　以上俱毛存信著

中国留美学生成功之要素

教育统计学

教育统计学纲要

教育心理学大纲

中国历代人物之地理的分布

统计与测验名词英汉对照表

教育测验与统计

成人的学习心理与教育之统计法

哲学博士论文

普通心理学　以上皆朱君毅著

中国药物学史纲　何霜梅著

新道德国语文学史

两汉学术史 以上凌独见著

欧洲各国及日本青年训练

今日之意大利 以上陈柏青著

第二章 金 石

县立于唐，而唐以前金石，片羽无存。故旧志载宋元以后残缺，间有存者不补载。之后更无闻。因断自清始，将略可摩挲者，分列之。

璩源寺钟铭

璩源善政保安禅寺钟铭并引

寺属衢郡江阳，肇始晋天福间。法禋把茅，时旱暵，诏諲祷雨，有感。号通济大师，敕嘉泽侯王，赐今额，历宋元隆替或差，国朝宣德年，双林方丈天镜净公，乃乌石杰峰后裔、僧录非幻嫡孙，主是刹，鼎新寺宇像设，重兴住持，续领郡纲事。越数岁，恬退。上首弟子澄源渊公踵席莅任，克缵厥绪，细大靡违。今渊公之徒玄斌、玄玘，慨念此山得乃祖洎其师相武，成一丛林轨范，惟缺鲸音以警朝夕，于是抽己赀，募请檀施，来南郡，工范铜，铸造洪钟。以计壹千有奇，永充常住梵诵法命之具，专为天子祝釐、士庶祈福之万一耳。特荐天镜、澄源二灵同生报地云。斌辈可谓继世其业者，施报必有征，过余请铭。铭曰：

璩源古刹大丛林，天开图画云之深。自宋历晋岁骎骎，寺业隆替不可禁。前代主者虔其心，鼎新殿宇天宫临。昕夕焚诵乏鲸音，后昆继业能相寻。鸠集施工范青金，钟成警助如规箴。蒲牢时吼气郁森，珍重妙向资幽阴。檀施溥利岂陆沉，千秋万岁祈当今。

时岁弘治五年壬子孟冬甲子吉旦　承旨广利戒坛宗师同门性嘉谨志

中段圣经（编者按：后文按语中又作心经）一卷　佛祖海藏大部灵文卷

本邑僧会司僧会昙日董

海会寺　昙蕴　弘晃

接待寺　惠德　洪玺　洪琅　永进　永高

插山寺　弘昇　正闰　正纲

宝成寺　大华　普明　普嵩

仙居寺　惠普　惠正　惠连　德昂　德宣　德香　觉关

保福寺　法净

西禅寺　宗性

南安寺　觉悟

白岩寺　觉情

华山寺　广信　永康　松居　昙泉　昙皙　弘申

麓山寺　普琼　妙兴　文正　文通　文旻　文显　正常

乌石寺　主持法真　法空　法纲　圆量　圆容　圆海　圆玉　圆洪　智高　智琼　智奇

华严寺　性宗　性晓　性恺

明教寺　洪英　觉情

龙源寺　净真　圆英　圆祖

子湖寺　智仓

太平寺　祖怀　祖智　祖昙

龙玄香山寺　惠海　广全　广章　智宝　吴嫩

遂昌白仏院　乔齐

西安　黄颜杰

南京敕立碧峰寺　住持怀澄　智璇　智衍　智璧　惠净　惠安　惠旺　惠昶　惠晃

前圣寿兼住本山师叔　惠琦　法眷　玄洽　玄湛　玄庆　玄满　玄琪　玄溥　玄瑜　玄瑾　玄钟　玄瓒　玄关　玄宥　玄瑢　玄玉　徒侄　觉怀　觉增　觉晞　觉英　觉荣　觉琼　觉璟　觉宁　觉华　觉璁　觉洪　觉珊　觉妙晖　师孙　智铭　智钦

普明寺　主持惠昇　玄沧　玄琮　玄觉　玄海　玄琴　玄茂　玄禹

石门寺　会璋　玄省

衢州府都副　纲德纲　纲智惠

祥符寺　主持宗潮　宗成　宗榷　宗德　宗广　宗文　宗香　宗康

天宁寺　住持惠光　洪与　洪瑞　洪玘　洪宗　洪林　洪连　洪琼　洪召　洪珂　洪永　洪延　觉性　觉完　化恂

南禅寺　住持惠义

乾明寺　住持广彬　德渊　智荣　智昂　智源

压潮寺　住持性海　性明　林泉　文禧　德晋　德璁

三衢上舍　祝寿

西安信士　一都陈清　陈援　陈厚　二都徐生　室胡氏　徐宗贵　宗海　廿五都钱永宁　钱宗贵　母何氏　何文忠　何文招　何文通　毛多　孙文良　黄福荣　黄颜青　黄颜石　黄乌孙　黄智兴　孙宗招

本邑郑仕昱　徐势明　柴顶　母施氏　毛孝友

秀峰杨泽　朱真　姜显　朱仕完　郭文质

本里吴添　陈起海

秀峰善信　周仲简　周仲暄　周仲晖　周仲晞　室姜氏　室

王氏　周玑　周珊

母胡氏　室黄氏　柴焕　柴灯　柴炫　祝深　祝溢　祝荣　黄季宝　室柴氏　黄季兴　同男等　黄季恒　室刘氏　黄汝梁　黄汝材　黄汝柏　母周氏　黄汝椿　室徐氏　黄汝梓　室胡氏　黄汝香　室周氏　黄汝李　室柴氏　黄汝集　室柴氏

专祈　各家清吉者

本里徐宗海　室朱氏　杨升八　杨永兴　杨永昌　杨永安　杨永文　杨乌豆　朱寄宗　母朱氏　周梅　郑文得　郑佛生　郑寄生　翁兴　叶仫成　叶仫完　叶仫兴　叶仫进　母朱氏　周永保　徐庄　郑进　郑玘　吴毛　翁福兴　柴舍毛　室叶氏　张老皮

青石信女　王氏妙香

金陵匠士　王定铸造

仓巷居住既望日

按：中段心经一卷，每行二十一字，共十二行零三字，标题八字，合二百四十一字。上截有“皇图巩固、山门宁静、佛法兴隆、僧族安静”十六字，四字一行，分置前后左右，外加长方双线括弧，皆以无关掌故不录。清《康熙续志》云：寺有铜钟二，甚巨，耿逆乱后，僧欲卖钟，柴自挺力保得存。

镇龙庙鼎

无文。高约三尺，正面横镌“赐福圣案”四字。鼎身六隅，衔承六足，接处具狻猊张口形。旁有两耳，早失。制造年月已不可辨。铜色黝古，鉴者谓为明物。现移南塘徐祠。

铁井栏

在教谕署。原上元井栏，已佚。清康熙四十六年，教谕宋俊以文记之：

【宋俊铁井栏记】愚于丁亥夏抵须江，盖三十年前缮兵之地也。谒先圣于学宫，拜且起，瞻顾旁皇，有风景不殊之感。继饮水而甘，以为殆汲诸流泉者。有一小吏，髭而皓，进曰：是井也，在坏墙之西偏。趣视之，荒榛蔓草，若有岿然现头角于中者，则一铁井栏在。予环视，大骇而叹：此物之不与钟镛鼎釜铸而为炮鑢而为丸者，必有造物以主之，而非人力之所能藏弃也。俯而思，仰而吁，曰：九三之爻，命之矣！解之者曰：井渫不食，而使人心恻，则可用汲矣。施与受，并受其福者，微高宗之梦赉，则霖雨为版筑之污泥，非穆考之后车，则磻溪亦钓徒之腐水。然则，无禽者，时舍也；射鲋者，无与也。逮甃之食之而归于勿幂，则出之有源，而应乎无穷。井之时义，顾不大哉？虽然，井道不可不革也，栏亦无所用之，呜乎，铁。

铜万岁牌　现藏洋桥毛祠，长约尺五，上镌“皇帝万岁万岁万万岁”九字，铜质甚古。

按：明制，社庙皆奉此牌。清代沿之，但皆用木质，此独以铜不知铸自何年。帝制既废，此牌乃希世珍矣。

邑庙长方炉

横列二尺，高尺五,四足。清康熙五十六年铸，正面横镌“江山城隍司炉”六字，铜色纯青。现存正殿。

城隍庙鼎

铁质，清光绪二十四年九月铸。高约二丈，形圆如鬲，上加盖。中段无文，镌花纹四板，各虚其旁寸许，以散楮焰。下座臀胀。历署捐金人姓名，三足短峭，竖县西本庙前。

清江山县印

顺治间颁，汉满两书合刓。黄帝四千六百零九年吊销。光复后，知县改称民事长，由省派员换给“民事长”印。旋改称“知事”，又由省换给“知事”印。洪宪元年，即民国五年三月，部颁铜质县印一颗，文曰“江山县印”，知事印同时缴销。17 年 10 月，省颁新印一颗，文曰“江山县政府印”，其江山县印同时缴销。18 年 6 月，由国民政府换给铜质新印，文与省颁同。

按：县政府为一县最高机关，县印存废，极关重要，因特志其详。

宋江郎山灵石庙碑

碑体莓苔剥蚀，仅存形似，撰人姓名已无可辨。

【碑文】惟神振自一门，光于千载，暨英灵之寖，显宜名号之尊崇。有司考礼弼臣以闻，虽疏侯国之封，未慰士民之望；牲饩用献，祀事惟诚。（下阙一段）

鸠工于政和七年之冬，告成于宣和三年之秋。屋大小五十间，糜金谷五百万。董其事者进士祝珙。

是碑为清康熙间出土，县人柴圻所得。祝珙，元祐三年进士，原名学琴。《康熙续志》以祝珙为外来游士，实不加细考之故。

【柴圻柬云】灵石庙建自宋政和间，迄今六百余年。颓檐败壁，渐即于圮。中有石碣一道，剥落不可卒读。每经过碑阴，爱其笔法遒劲，辄注视不忍释去，口诵心维，目力所至，手录之，什得二三文之梗概，备是矣，其他姓名、爵里都不可考。昔人游岳庙好事者穷搜极览，不遗余力，甚而求诸瓦棘中，获片石只字，有若拱璧。斯碑如鲁灵光，岿然独存。顾使之湮没不彰，可乎？敝邑自经闽寇蹂躏，诸名胜经前人品题者，澌灭殆尽，间有未罹兵火，恒在人迹稀到之处，至今沦于蔓草荒榛间，不知凡几。独怪庙属通衢，冠盖相望，谁有过而问焉者？窃思敝邑，虽僻处弹丸，忠孝廉节代有其人，载在邑乘，班班可考。至于身居寂寞之滨，匹夫匹妇天性激发，捐躯不顾，可以昭日星、泣鬼神，在当时不求自白，又无缙绅先生为之揄扬，则懿行何由上达？此辈宜亟表而出之，为风俗人心劝。至于事之有关于国计民生，昔人或未举者，尤当博采舆论，编入简端。

【宋俊复云】瓠落荒斋，久图焚砚。谬因武陵公諈诿，勉效铅刀。但前志疏脱甚多，近复艰于搜访。顷承手教，知属望甚殷。灵石一碑，虽缺文断字，影响徒存，而古锦生香，犹堪摸索也。至若贵邑人文，旧编所有，略在增删；而迩来行谊例应附入者，必须广稽博采，始克信从。于令升有云：考志于载籍，收遗逸于当时，非一耳一目之所能闻睹者。比闻有人赍持先世遗迹，岂得一登其姓名乃始也！临渊而羡，继且抱璞而归此。又晏子所云："酒酸而不受，必有尼之而去者。"俊亦不能为之曲说。

元许应祈重建县治碑

【碑文】县有社、有民，为□□□□□□□元元，盖古子男国也，其去民最近，而与民最亲。然邑治系百里精神，邑长关百里命脉，必得明清廉介之彦，出长采邑，乃能帅先僚佐，主维政教。若夫治事之所，可以延吏民、示等威，不患其不以营缮为意也。江山为信安属邑，介在闽峤，地左赋下，视邻封为易治。惟县廨载毁于至元壬午，累政仅建厅事、吏舍，因陋就简，几三十祀，岂官府精神蔑壮观之期哉！良繇官长为民立命，未得其人尔。皇庆二年春，今达鲁花赤马合谋承事。公始至，喟然而言曰：县治不可不葺也。庀徒考费，顾安所出，爰集邑士毛攀龙等，谕其故，咸欢然相率，饬力课材。命郑嵩、徐可久分董匠役，树台门以穹楹，翼厅事以两厦，且辟中扃，广修庑、庖、瓯、库、廪、警、曹、犴、户靡不增，旧而更新之。又于弓卒、传隶、乡正、胥徒，下逮茕独鳏寡，为之构庐县署之旁。加以祀土有祠，治圃有亭，垣墉聿崇，楹桷交翼，复因余力修庙学，完军营，筑候馆，创须水诸亭。经始于是岁秋杪，越明年讫庸。适县尹徐公贞莅止，协赞而落其成。余倚席衢州，侧闻江阳长官政声洋溢，职守攸綦，未克一拜大观。阖邑士民惧美弗传，求文以记其事。余惟伦有长幼，官有长贰，县大夫之长民社，于焉具瞻赞府，赖以矜式，诚一同司命也。公奉亲至孝，大节殊不可及。下车以来，以真廉特介为同列从事倡，故食檗饮冰而清于须水，抑强扶弱而明于星峰。抚字重于催科，茧丝轻于保障，兴学崇儒而道脉衍，拯饥周急而民脉苏。农殖户增，盗销讼简，五事煜然，卓冠五邑。譬诸人之一身命脉坚致，则精采振扬，所以拳拳胥宇之谋者，固所优为。水□先生所谓厚基博础，楹桷丰硕。民来观者，倾动惊骇，忘其百年之陋而以为瑰杰丽伟。今于江山见之，彼有视其官如传舍，玩弊忽倾，弗洒弗扫，相与偷燕息于颓栏穿壁之下，闻公盛举，亦可以少愧矣。然则今日坐琴堂长男邦，异时坐黄堂长侯服，等而上之，坐庙堂长百僚。元□为神气，宇宙间事事物物，孰有不就吾调理者。公回回人，字君璋，由中书省掾调泉府都事，再转而制锦途，甘棠阴蔽芾，殆非雷封偃室所能久稽，舆诵曰然，遂书以为记。

延祐甲寅，嘉平既望，邑士毛攀龙、徐仲和、璩可道、周瑞、郑嵩、蒋友敬、徐可久、祝恒、周有文、毛初翁、郑祖、吴敬仲、毛文炳、柴璋、叶日荣、周崇立石。

此碑在县堂左偏，年久剥落十数字，余尚可辨。

宋朱子景行堂碑 此碑久已逸去，文乃得之帖肆，书法刚劲，酷似晦庵。存其名以待出土时之参考。

【碑文】江山县学故有“三贤堂”，以祀正介先生周君颖、赠宣教郎徐君揆、逸平先生徐君存。而今知县事金华邵侯浩，又益以故谏议大夫毛公注、赠朝请郎毛公栗，且更其匾曰“景行之堂”，而状其事，且为书来告，曰“愿有记也”。

熹考其状，既知五君子之学行气节，真足以风励当世而兴起后来；读其书又叹邵侯所以教其人者之备，而待其人者之远也。盖正介之行，信于乡而闻于朝，其立言垂训，褒善贬恶，又皆足以为后世法。虽其事业不得见于当年，然其所立，不但为一乡之善士而已也。谏议遭时遇主，奋不顾身，排击巨奸，夺其政柄，当是时，天下庶几望至治焉。不幸不究其用，而废绌以死，有志之士至今恨之。然不特为公恨也。至于叔缜骂贼不屈，以明官守之义；宅卿捐躯敌营，以纾君父之急，其事尤难，其节尤伟。而逸平受业程氏之门人，得诸心，成诸行，又能推其说以教人，仪型音旨之传，于今犹未远也。

夫以区区百里之间，而其先贤之学行气节，可以风励当世而兴起后来者，如此可谓盛矣！昔人之祠之也，其意岂不美哉！然得其三而遗其二，又限其目而不使后人复有勉慕企及之思也，是则识者犹或病之。邵侯于此乃能增益而葺新之，且易其名以致其俛焉。孳孳之意而撤其限，以视若有待于来者，是不亦教人之备而待人之远乎？

呜呼，是亦可书也已，抑熹又尝窃有说焉。盖士有学有德，而后其言行有可观；有行有言，而后其节义有可贵，此士君子立身行道，次第始卒之常，而不可易者也。然人之所禀不同，而其所遭亦异。故全得于身者，或无以验其事；成于终者，或无以考其初。此论世尚友者，所以每恨成德之难。而欲择其所从者，又不免有多歧之惑也。然则登是堂而有志夫五君子之事者，又可不知其所务之先后而循序以求之哉？

邵侯读《大学》之书，而有感于絜矩之一言，其平居论天下事而有所不平，未尝不慨然发愤而抵掌太息也。然则其于五君子者，固已非苟知之，而亦庶几得其所以求之之序矣。其为此举，夫岂偶然而已哉？因为之识其本末而并记此意，以视其学者云。

归仁社碑

石高五尺二寸，广二尺五寸，十一行，行四十七字，篆额二行六字，字径二寸五分。赐进士第光禄寺少卿、邑人周文兴撰文，赐进士第刑部员外郎、邑人郑骝书篆额。

【碑文】社曰“归仁”，盖取里有仁厚之俗，而民乐归化之义也。在县东双溪之湄，拓址立社旧矣。正统间，漂于洪流，里中郑氏复募而新焉。邑之孤老前后存恤院在下埠，亦圮于水，多附于此以栖，有司遂为养济院。正德十年，浙巡宋公廷佐、分守胡公铎躬、师令丞郑公节、吴公通按视，以为存恤之所弗宜隘陋如此，乃责社户郑蒙辈，易地为之。佥曰“诺”。随得郑氏地于通衢门外，众募白金拾两市之，有构其所，孤老寻徙去。帖下，郑氏永以为照。昔社屋尽颓，今郑氏亦复继先志建之，而规制益伟。既装塑社稷神像，系社民式制二祀。图香火永久计，佥谓：营建岁月，施材姓名，弗可弗砻石以载，谒予记之。

夫社为五土之祇，稷为五谷之祇，载物粒食之功，万民之天，万世之祀也。故有国社，有郡邑社，至于一乡一里无处无之。春祈秋报，示弗忘本也。矧斯社神，响足以祷旱涝救疾疫，凡禨祥祸福，叩之辄应，而巨庇一社之氓，仁寿富庶，独最他所神之贶也。呜呼！剥复替兴固有时数，今得诸君唱和而速成之，又定为常祀，以绵为后事，社之寿也，必矣！

抑闻古有神坛，社会之集所，以集社神，互相劭勔，各勤本业，同归于善，顾兹命社之义，不外是也。使合社之人而均有乡善归仁之风，将见里曰仁里，俗曰仁俗，有踏仁履义之君子，其既往也，尚当祀之于斯矣。然则名社之意是亦寓劝之一端也，记可靳乎！

嘉靖十年辛卯十二月　日

董工郑曜、郑洪、郑允忠、郑寿、郑禄、郑镌、郑玠、郑渊立石。

郑弥远子孙舍银一拾三两，主缘信士郑弥高子孙舍银四两，郑仲贤子孙舍银三两，郑天兴舍龙桌一条，郑□舍烛架一座，郑允忠七钱、郑杰等银八钱舍财垒壁。信士郑文章、郑凤、郑铨、郑天兴、郑文高、郑能、郑宽、郑权、郑曜、郑洪、郑寿、郑玠、郑渊、郑铿、郑道、郑汝渊、郑汉各助银五钱。郑鳌、郑俭、郑堂、郑珍各助银一钱。郑弼、郑恭各助银二钱。郑永华、郑鹤文各助银三钱。

王氏义井碑

石高七尺二寸，广二尺七寸五分，九行，行四十六字，字径八分正。书额二行六字，篆书字径二寸。

【碑文】孟子谓：昏夜叩人门户求水火无弗与者，信然乎！盖有求水火而不得者矣，而□□□□□人者，将不为孟子之所礼哉。江山吾浙之剧邑也，其民稠，其居逼，其山峭，其流驶，其质敏，其习靡，以故阛阓间□□□□□汲之是艰，而子弟蒙养之为急，盖有一□□可缓，友松王子惟是之闵□□□□爰当其冲，出赢金，鬻隙地，凿清泉与斯人共之。既甃既冽，施及万灶，原泉滚滚。□有匮涸，曰：可以教矣。乃架楼四□□以累甓，涂以丹垩，延明师儒展席其上，集市中童稚受学焉，于乎兹不可曰以善及□者。抑是井也，下及九仞，是渫□□明一原也。上为四出，以便瓶绠，昭万殊也。学之方也，学于是者，无贫富之分，有不□者给之而已矣。大小颛明满量□一井之义也，一事立而众美并矣。以善分人之谓惠，以善教人之谓忠，将可以加于是乎！吾闻之是举也。

内子毛氏（西麓渊公□□之女也）实脱珥相之，盖由其内助得人，故其义概一畅而上赞县公郡伯，兴水利修学校，□废坠延誉，褒嘉扬眉，张胆无窘□也。凡好贤友哲惇信崇义笃视举□非更僕所可悉。予独善其深明于井学之义也，□节慨欢，适北野伍子、昧谷邵子□□金伐石，求为之记，于是乎书。

嘉靖二十四年岁舍乙巳黄钟月之吉

赐进士出身、奉议大夫、工部都水司郎中、前广西道监察御史□□介川毛恺撰，姻生邵震书，徐芳镌。

林文琼　徐淇　□鼎臣　王克礼　郑相　□□衡

乡官周文兴，郡邑庠生胡民望　施□□　毛子琳　王勉仁　王修□　江标　赵鏜　毛瑜瑜　徐元瑜　毛鏜　王粥　刘文章　王陛　王絿　璩得湖　璩茂　王纬　毛震　毛瑾亲友毛景芳　胡民怀　徐子昂　毛泽　毛如素　沈镛　王　录　施恩　王隆　毛玑　王用贤　江溶　郑鑾　王钦　□□□　王佩　赵怡　邵钥　詹嵩　□□□　□枢　王高　王仪　王陟　吴荣　詹高　刘珙　毛榆　徐镜　徐清　王璘　薛吉　邵琪　祝永道　周昊　□宽　毛永安　邵禄　蔡仁　曹科　王□□　□瑛　戴应龙　郑云　钱必□　□勋　邵怀　毛敬承　□□□　吕寿立石

毛启明　毛克有　□□□　郑汉　蔡瑞　璩□□

此碑民国17年秋出土，已裂成三段，篆额为“王氏义井碑”五字。

训士子碑　康熙四十一年

石高七尺四寸五分，广三尺二寸五分。横列五排，每排二十行，行八字，皆径八分，楷书。额六字，字径二寸，篆书。末排首二行八字，余七字。

【碑文】国家建立学校，原以兴行教化，作育人材，典至渥

也。朕临驭以来，隆重师儒，加意庠序。近复慎简学使，厘剔弊端，务期风教修明，贤才蔚起，庶几棫朴作人之意。乃比年士习未端，儒效罕著。虽因内外臣工，奉行未能尽善，亦由尔诸生积锢已久，猝难改易之故也。兹特亲制训言，再加儆饬，尔诸生其敬听之：从来学者，先立品行，次及文学，学术事功，原委有叙。尔诸生幼闻庭训，长立宫墙，朝夕诵书，宁无究心？必也躬修实践，砥砺廉隅。敦孝顺以事亲，秉忠贞以立志。穷经考业，勿杂荒诞之谈。取友亲师，悉化骄盈之气。文章归于醇雅，毋事浮华；轨度式于规绳，最防荡轶。子衿佻达，自昔所讥，苟行止有亏，虽读书何益？若夫宅心弗淑，行已多愆，或蜚语流言，挟制官长；或隐粮包讼，出入公门；或唆拨奸滑，欺孤凌弱；或招呼朋类，结社邀盟，乃如之人，名教不容，乡党弗齿。纵幸脱褫扑，滥窃章缝，返之于衷，能无愧乎？况乎乡会科名，乃抡才大典，关系尤巨，士子果有真才实学，何患困不逢年？顾乃标榜虚名，暗通声气，夤缘诡遇，罔顾身家。又或改窜乡贯，希图进取，嚣凌腾沸，网利营私，种种弊端，深可痛恨。且夫士子出身之始，尤贵以正。若兹厥初拜献，便已作奸犯科，则异时败检逾闲，何所不至？又安望其秉公持正，为国家宣猷树绩，膺后先疏附之选哉？朕用加惠尔等，故不禁反复惓惓，颁兹训言。尔等务共体朕心，恪遵明训，一切痛加改省，争自濯磨，积行勤学，以图上进。国家三年登造，束帛弓旌，不特尔身有荣，即尔祖、父亦增光宠矣。逢时得志，宁俟他求哉？若仍视为具文，玩愒勿儆，毁方跃冶，暴弃自甘，则是尔等冥顽无知，终不能率教也。既负栽培，复干戾咎，王章具在，朕亦不能为尔等宽矣。自兹以往，内而国学，外而直省乡校，凡学臣师长，皆有司铎之责者，并宜传集诸生，多方董劝，以副朕怀。否则，职业勿修，咎亦难逭，勿谓朕言之不预也。尔多士尚敬听之！

乾隆十四年秋七月，太子少保、总督闽浙兵部右侍郎臣喀尔去善，巡抚浙江都察院右副都御史臣方观承，翰院侍讲、提督浙江学政臣于敏中恭录；行布政使永贵、按察使叶存仁、金衢严道佥事德福转饬；衢州府知府同德，督率江山知县黄宜载敬刋。教谕王元佐、训导潘显圻。

此碑与后列钦颁碑皆金坛于相国书，笔法秀劲，不可多得，今存旧学宫。

钦颁碑　乾隆五年

石高八尺二寸，广三尺四寸，横列五排，每排二十行，行八字，末排六行，行八字，末行二字，余七字，正书。额二行，篆书。

【碑文】从来为治之道，不外教、养两端。然必衣食足而后礼义兴，故论治者，往往先养后教。朕御极以来，日为斯民筹衣食之源、水旱之备，所期薄海蒸黎，盖藏充裕，俯仰有资，以为施教之地，而解愠阜财之效，尚未克副朕怀。第思维皇降衷，有物有则，衣食以养其身，教化以复其性，二者相成而不相妨，不容偏废。正如为学之道，知先行后，然知行并进，非划然两时，判然两事，又安得谓养之之道未裕，遂置教化为缓图也！今学校遍天下，山陬海澨之人，无不挟诗书而游庠序。顾学者徒以文艺弋科名，官司以课试为职业，于学问根本，切实用功所在，概未暇及。司牧者尽心于簿书筐箧，或进诸生而谭举艺，则以为作养人材、振兴文教，其于闾阎小民，则谓是蚩蚩者、不足与兴教化。平时不加训廸，及陷于罪，则执法以绳之，无怪乎习俗之不醇，而诟谇嚣凌之不能禁止也。

朱子云：圣人教人，大概止能说孝悌忠信、日用常行的话，人能就上面做将去，则心之放者自收，性之昏者自明。此深探立教本源，至为切实。盖心性虽民之秉彝，而心为物诱则放，性为欲累则昏，存心养性，非知道者，不足与几。若夫事亲从兄，则家庭日用，人人共由。孩提知爱，少长知敬，又人人同具，不待勉强。要之，尧舜之道，不外乎是，即如得一食，必先以食父母；得一衣，必先以衣父母，此即是孝。能推是心，而凡所以顺其亲者无不至，则为孝子。父之齿随行，兄之齿雁行，此即是悌。能推是心，而凡所以敬其长者无不至，则为悌弟。一人如此，人人从而效焉；一家如此，一乡从而效焉，则为善俗。孟子曰：人伦明于上，小民亲于下。又曰：人人亲其亲、长其长，而天下平。由是道也，惟在上者不为提撕儆觉，则习而不察。而一时之明，不胜夫积习之渐染，重昏锢蔽，日入于禽兽而不自知，任君师之责者，奚忍不为之申重而切谕之也。

我圣祖仁皇帝颁《圣谕》以教士民，首崇孝悌，皇考世宗宪皇帝，衍为《广训》，往复周详，已无遗蕴。但朔望宣讲，只属具文，口耳传述，未能领会，不知国家教人，字字要人躬行实践，朴实做去，人伦日用，止是圣贤学问至切要处。尧舜之世，比户可封，止是能尽孝悌，放僻邪侈、触陷法网，止为不知孝弟。《记》曰：将为善，思贻父母令名，必果；将为不善，思贻父母恶名，必不果。诚能如此存心，岂复有纵欲妄行之事？苟不从此处切实做起，虽诵读诗书，高谈性命，真谓之不学可耳。凡有牧民、课士之责者，随时随事，切实训诲。有一事之近于孝弟，则从而奖劝之，一事之近于不孝不弟，则从而惩戒之。平时则为之开导，遇事则为之剖晰。如此则亲切而易入。将见父诏兄勉，日积月累，天良勃发，率其良知、良能，以充孝弟之实，蔼然有恩，秩然有义，豫顺积于家庭，太和翔于宇宙，亲逊成风，必从此始。凡吾赤子，其敬听诸；凡厥司牧，其敬奉诸。

乾隆十四年秋七月

太子少保、总督闽浙兵部右侍郎臣喀尔□□，巡□浙江都察院右副都御史臣方观□，翰林院侍□、提督浙江学政臣于敏中恭录，行布政使永贵、按察使叶存仁、金衢严道佥事德福特饬衢州府知府同德，督率署江山县知县黄宜载敬刊。

须女泉碑

石高五尺一寸，广一尺二寸。上段三字，字径八寸，行书。下段六行，行十余字不等，行书。

【碑文】泉在西山之麓，可溉田百亩。清泉上应须女星，故名。岁久几湮没。吾友桐乡汪君嘉穀权学于此，建亭表之，属予为之书。

嘉庆十有八年癸酉初冬，钱唐梁同书并识，时年九十有一。

此碑原立茶山须女泉上，今移在旧教谕署。

沉江碑

在鹿溪浮梁码头。石高四尺八寸，广二尺二寸，中一行七字，字径五寸正。书旁署书人姓名，左三行行□字，第一行年月，余二行诗，书右四行，行六十字。

【题字】贞烈赵氏自沉处

本学教谕应芝晖题并书丹。嘉庆四年，岁次己未仲秋上澣之吉。

【诗文】笃于伉俪誓同死，情所应有已足企。何未谋面早盟心，弱龄不惜沉流沚。因是鹿溪白发人，至今乐道芬桂齿。广文先生能表幽，溪旁立石扬芳轨。我知见者堕泪多，不朽名垂补邑史。

龙游县儒学训导、仁和高家骏题

【蔡英跋】贞烈名月英，父名聪，明末因乱避兵，由福建建宁府浦城县赵家村，徙居江邑大东门鹿溪里。氏字常山王载美之子永升为室，年十八，未婚夫死，姑舅怜氏□□欲令改字，父母以舅姑志，亦欲再为择配。氏不从，吞金不死，投环又不死，卒乃抱石自沉鹿溪。氏生于顺治十五年八月十五日丑时，死于康熙十四年七月十五日酉时。呜呼！矢志完贞，捐躯不顾，虽烈丈夫莫能过也！乃以年湮事远，末由闻诸当道，俾膺荣奖，良可惜已。爰勒石于其死所，用表幽芳，庶几过而向者，咸识贞操烈行断不终归销没，亦砥砺风教之一助云尔。

本学训导蔡英

卷十五　人物志

贤豪不择地而生，山川灵秀必有所钟。县当南岭之冲，山川特异，故唐宋学派至明犹存，而孝子顺孙所居成巷，贞女节妇当户为坊，以及忠臣义士、贤母良妻，往往而是，或显或隐，此亦地灵人杰之征也。

第一章　先　正

以时之先后为序，其有特殊性质者，依史例分列。

第一节　唐

祝桃根《正德志》载，有隋代开府仪同三司祝桃根，字伯兰。平贼蔡通仁、罗惠方。都督柏懋上其功。隋时须江尚未有县，因移注于此。

祝　奢《正德志》：字伯宗，隋末丧乱，率子弟以保乡里。唐武德四年，为贼李子通执于杭，死之。制将李大亮，疏其忠，驰令舁归。九年，诏封妻陈氏为怀德县君。

祝其岱　周元善《序》及旧志：字台峰，号东山。少英敏，及长，文章焕然，明经不仕，为两浙诸生钦重，声名藉甚。周美刺衢州，奇其有国士风，荐于朝，简授集贤正字。辞不赴，因留宾于署，日谈天下事。既而，长子钦明登第，次子克明尚英公仪宾，世以为荣。朝士大夫交荐为内翰检讨，州府催车上道，东山避入江郎山。求之，终身不出。周美闻其隐，巡江郎，徒步造访，葛巾野服，依然未改，周美叹为不及。名弟子自远至者甚众。刺史周公元善奇其才，力荐于朝，聘三至，辞不就。周公知其志不可夺，益相友善，并遣子从学。未几，武后当国，周公亦引退，尤服先生之识。当唐室盛时，山林隐逸，云兴霞蔚，而世慕先生盛名，亦以高爵厚禄相期许，先生卉冠草服晏如也，爱江郎峰山水奇秀，结庐其下，讲经谈道，至耄期不倦。亲见二子四孙，皆贵显，尤征积善之报。其后人以江郎峰为先生游咏之地，卜葬于其下。迨明季多故，及国初耿逆之变，数十年兵戈蹂躏，墓始失。越二百年，先生裔孙附生祝敬敷辈，稽诸家牒，求遗墓不得，与周姓构讼不已，牍几盈尺。岁壬申，余宰是邑，集两造于庭，委曲开导，为定地立碑建亭，谳乃定：开明寺前，右边离石磅五尺、离右墙脚四丈九尺。

周　美　《正德志》及旧《府志》：字元美，亦作元善，以惠爱公忠著。杜如晦赠诗："悠悠仕宦似劳薪，吏隐何须问主臣。醉饮茱萸身尚健，囊铨黄白粟还陈。团圞客署堪为乐，冷淡官衙不厌贫。读罢南华怀胜迹，漆园种就八千春。"武氏当国，始行引退。爱须江土沃民朴，山水佳胜，乃卜居。析子孙为五坦，曰新坦、同坦、学坦、丽坦、平坦。著有《河图洛书》《史略》诸书。原为淮右陆安里人。

杨　郡　《天启志》：住虹桥，以武功拜上将军。

徐　珏　旧《浙江通志》及旧志：住北街。暗诵《周易》《小戴礼》。大中十三年，父涣举明经，携珏诣阙，召试思政殿，赐以绢帛。明年，童子科及第，父亦策名归。号所居曰"稚儒坊"，即今之雅儒坊。

【明县人陆和诗】本是稚儒坊，雅儒为重新。移上中间点，新人替旧人。

第二节　宋

柴成务　《弘简录》及《登科记》：字宝臣，乾德中，京府拔解。太宗知其名，擢甲科，为推官。再迁殿中侍御史，历光禄少卿。奉使高丽，远俗尚拘忌，以日月未利拜恩，稽留朝使，成务贻书往返，以大体开谕，国人信服。后迁给事中，知梓州，同修《太宗实录》，成，知扬州，入判刑部。生平有词学，博闻稽古，善谈论，士人重其文雅。

柴宗庆　旧志《戚畹》：尚太平鲁国长公主，除千牛卫上将军驸马都尉。

周　昱　曾巩《周君墓志铭》：字梦臣，以进士及第，历迁秘书丞，知成都东流县事。少孤力学，事母以孝称。在任，嫁姊之贫者，居常分俸三之一余以予诸弟，己与妻子或止食余券而已。为人和平质简，及至有所必行，人亦多所不能及也。

毛维瞻　《天启志》：住镇安白云庄，遗址尚存，以诗名，与赵抃为友。元丰三年出知筠州时，苏辙谪监筠州酒税，维瞻唱和尤多。有《凤山八咏》《山房即事》传于世。

毛　滂　《两浙名贤录》及《苏诗注》：字泽民。元祐初，滂自浙入京，以诗贽文一编，自通于苏轼。轼守钱塘，滂适为法曹，秩满辞去。是夕宴客，有籍妓歌《赠别》小词，落句云："今夜山深处，断魂分付潮回去。"轼以为佳，因问妓谁作，以毛法曹对。轼语客曰："郡寮有此词人不及知，轼之罪也。"翌日，折柬追还，历叙旧知，留连数月。滂因此得名，官至祠部副郎，知秀州。所著有《东堂集》十二卷。

【苏轼答毛滂书】轼启：比日酷暑，不审起居何如？顷承示长笺及诗文一轴，日欲裁谕，因循至今，悚息。今时为文者至多，可喜者亦众，然求足下闲暇自得、清美可谢者实少也。敬佩厚赐，不敢独享，当出之知者。世间惟名实不可欺。文章如金玉，各有定价先后，进相汲引，因其言以信于世，则有之矣。至其品目高下，盖付之众口，决非一夫所能抑扬。轼与黄鲁直、张文潜辈数子，特先识之耳。始诵其文，盖疑信者相半，久乃自定，翕然称之，轼岂能为之轻重哉？非独轼如此，虽向之前辈，亦不过如此也，而况外物之进退，此在造物之进退，非轼事辱见。贶之重，不敢不尽。蒙不久出都，尚得一见否？

公素人来，得书累幅。既闻起居之详，又获新诗一篇及公素寄示《双石堂记》。居夷久矣，不意复闻韶濩之余音，喜慰之余，无以示论。久废笔砚，不敢继和，必识此意。会合无期，临书惘惘。秋暑，万万以时自厚。

新居在大江上，风云百变，足娱老人也。有一书斋名“思无邪”，闲知之寄示奇茗，极精而丰，南来未始得也。亦时复有山僧逸民，可与同赏，此外但缄而藏之。尔佩荷厚意，永以为好。秋兴之作，追配骚人矣，不肖何足以窥其粗。遇不遇，固自有定数，向非厄穷无聊，何以发此奇思，以自表于世耶？敬佩来贶，传之知音，感愧之极。数日适苦壅嗽，殆不可堪，强作报。灭裂，死罪。

毛　抗　《天启志》：字节之，镇安人。以唐介荐，登甲科。时新法行，抗持论不合，去。终祠部郎。

毛国华　《嘉靖浙江通志》：住镇安。皇祐元年进士，为于潜令。值岁旱，勤于捕蝗。梅圣俞至其邑，作诗赠之曰：“宦游逢此岁年恶，飞蝗来时蔽天黑。羡君禾稻熟如云，蝗自识人人不识。”

祝　常　宋《登科记》及《两浙名贤录》：字履中，一名昌年，举进士。尝从胡瑗学。熙宁中，王安石著《三经新义》，诏以常为编校。常以《正义》难之，忤安石，出知永康县，终殿中丞。

【请罢新法疏】为黜奸进贤，速罢新法以固社稷，以振纪纲事。臣蒙赐第进士，历职廊署，获与经理国事，信悉青苗新法，足以虐民。始陈请罢，不见容于权奸，谮谪臣外，臣钦出外任，亲见民生憔悴，度日如年。青苗之累，怨气腾天。保马之害，恶声载道。农者叹于畎亩，商者叹于道途，穷民疾蹙呼号，求豁状词至臣案者，若丘陵焉。臣刻难自安，冒死据民状而陈奏，幸陛下不以狂言就诛，除令永康既六载矣。今蒙陛下不以臣愚戆，使臣得复见天日，臣兢兢恐惶，有不得已之言，欲不敢言而不得不言之者，即新法也。夫新法何法？乃偏执妒傲之人所谓为民而作者也。夫法必本于先王，而彼则托之《周礼》，利必取于民间，而彼则以为不必取之于民而可以足国，此固已难于致诘矣！然利必生于天、成于地，天下只有此数，不取之民而将安取？且先王言仁义而不言利。今青苗均输诸法，皆以利经营耳，谓周公而有是法哉。且作法于厚，其后犹凉；作法于凉，弊将安底？而彼偏持己允，愈执愈坚，加以高傲为心，近狎邪佞，其所引用，皆贪残饕餮之徒，而委以国事，使布新法。臣所谓权，吕惠卿、吕海、蔡确、薛向、张商英、王珪、章惇、安惇等凶党四出，掊克为能，荼毒生民，不胜殚述矣。又复妒贤嫉能，党同伐异，如吕公著、司马光、欧阳修、范镇皆社稷之良而尽行罢黜，致使国内空虚，朝无正士。及至民困日甚，民怨日深，言之者益多，攻之者益急。而彼乃执拗愈甚，明知其法之不可行，其人之不可用，矜己自饰，确乎不可转移不至败陛下之国家，臣知其不止。

夫民者国之本也，民富则本固，民穷则国虚。乃自其作青苗、均输、保甲，免役、市易、保马、方田诸法，遣陈绎等四十余奸，皆不夺不餍之徒，流连天下。监放青苗，以七谷三糠八折斛出，坐灶摊领，致期秋收，不恤凶岁民穷，以实斛加三，过扇量交，数不及而违限者，酷刑追比，致民间卖妻卖子，或逃遁他乡，或寻死水火，不可胜数。为民而作此，其法固如是哉？由是国怨民愁，夷虏乘衅侵扰于外，边臣奏牍如山，俱盅蔽而不上达，又日以割地议和为务，国势渐不可知。臣故以为不败陛下之国家而不止，臣之所痛哭流涕，不忍言而又不敢不言者此也。

毛　渐　《宋史》及《康熙续志》：字正仲，一作进仲。第进士，知宁乡县，经理五溪，条陈利害；建新化、安化二县；历江东两浙转运使。浙部水溢，诏赐缗钱二百万赈之。渐言：数州被害即捐二百万，倘仍岁如之，将何以继？乃按钱氏有国时故事，疏通水道，或达大江，或流入海，自是水不为患。摄帅泾沅，日夜治兵，乘夏人犯边，遣将捣其虚，遂破没烟砦。进直龙阁，知渭州。卒赠龙图阁待制。有《诗文》《表奏》《三坟书序》行于世。

周　頴　旧《衢州府志》：字伯坚，县人，受业安定胡瑗，以文行称，与赵抃、李觏交。抃为谏官，頴遗书曰："当公心以事君，平心以待物，无以难行事强人主，无以私喜怒坏贤士大夫。"抃以书进，仁宗喜，欲用之。熙宁初，诏举节行才识，守胡遏以頴应召，赐进士，授校书郎。王安石礼敬之，问新法何如。对曰："歌谣甚盛。"安石喜叩其词，頴高诵曰："市易新苗，一路萧条。"安石不乐，出宰乐清，卒。頴气岸雄豪，行事似张乖崖。门人私谥"正介先生"。有文集行于世，祀乡贤。

周彦质　《两浙名贤录》及《康熙续志》：字文之。以进士历官循州守。治民以教化为本，民以讼至庭，其先谕以礼义，然后折其是非，无不涕泣悔罪而去。苏轼以"默化"名其堂。官终转运使。著有《齐峰集》。

毛　注　《旧志》：字圣可，一字圣远，居镇安，举进士。知南陵、高苑、富阳三县，皆以治辨称。大观中，荐为御史。蔡京免相，留京师。注疏其擅持威福，动摇中外，交植党羽。于是论者相继，京遂致仕。四年，彗星见。注又言京罪积恶大，天人交谴，宜早令去国，消弭灾咎。京始出，居钱塘。注复采当世之急务，曰省边事，足财用，收士心，禁技巧。所论切于世务类此。迁左谏议大夫。罢，提举洞霄宫。居家数载，卒。建炎末，追赠谏议大夫。有《奏议》《文集》。祀乡贤。

毛　豫　《康熙续志》：知乐平县，部使差官行方田之法，属新进少年，书笔皆远，方应募，夤缘为奸。适夏潦漂溢损民田。转运使虑减常租之入，戒郡县勿得言。豫曰：吾不为身谋，遗一邑患，卒受民诉。使者怒，遣健黠吏按视与同行，原隰竟无以夺。是岁，蠲十之六，方田权止。未几，盗发，朝廷卒罢之。历官朝奉大夫。

毛　友　《康熙续志》：字达可。少游太学，与乡人冯熙载、卢襄号三俊。崇宁间，累迁广陵，帅了翁（编者按：应为了斋）陈瓘徙山阳，道由江都，瓘先遣书遗之，即出郊候瓘，语极推诚。寻守镇江，方腊已残睦、歙，监司犹不以实闻，友奏言之。时宰怒其张皇，遂与宫观。其谢表曰："两郡生灵已罹非命，一道使者犹谓无他。"瓘闻之，以书誉于亲旧曰："蔽遮江淮，阻遏贼势，斯人有助也。"屡官至端明殿学士。或作西安人。

毛　奎　《天启府志》：旧名倜，字世高，绍圣间进士，为闽曹。建卒张员作乱，奎力疾谕之，遂死于兵，血流如白乳。

毛　随　《宋待制程俱朝散大夫毛公墓志铭》：广川人，弱冠登进士，时为绍圣四年。崇宁初，以所上书落邪籍中，遂罢吏归。

后十五年，党禁稍弛，得为秘书省校书，迁著作佐郎。会二府三公相倾，思以不克绍述，致罪宰相，出随通判虔州。靖康间，虏犯河南，经略使裒弁允卒援京师。虔州居江西上游。随方摄郡事，刮刃植锋，谨闭峙粮，以示有备。不逞者乃无敢动。随刻意为己之学，天文、地理、卜筮、历数之说，无不知之。建炎四年，廷议言其有甘石学，优旨召对。是年春，虏至东南并海郡，回留淮南，须秋示必渡。随言汉志岁星所在，国不可伐。今年冬岁，当躔而兴宋，自此虏不渡南矣，已而果不复来。明年，有荐随才中御史者。方召对，而随已病。随兄弟六人，长曰震，随居次，弟四，曰复、曰节、曰临、曰鼎。子二，曰伯亮，曰叔度。以绍兴元年四月己巳，卒于越州大善寺，年五十有五。

柴天锡 《康熙续志》：住长台，为司封郎中。时蔡京当国，郑居中说谒之，升擢可待。天锡曰："不愿谒，亦不愿迁。曳裾权门，吾不为也。"朝论壮之。

周随亨 《正德志》：崇宁二年进士。绍兴间，以直龙图阁传宣陕蜀。死于阆州乱军，赠忠国侯。

柴　绂 《乾隆志》：字元章，宣和进士。尝为临川判官，贼白氈笠破吉州，与纠曹刘敏士捍御保城。著有《宪度权衡》及《须江集》。

毛　栗 《两浙名贤录》：字叔缜，少有节操，晚以特恩为歙士曹。睦寇攻城，官吏皆遁，栗曰："吾职司寇，狱有系囚，谊不可去。"乃摄州事。时二子贡辟雍，即遣人持印缒城以出，令上之朝。城陷，栗衣冠坐堂上，贼胁使降，不屈，骂不绝口，婴刃而死。妻钱氏，勿忍去，掖其姑又勿忍去，俱遇害。事闻，赠朝请郎，官其后三人。祀乡贤。

邓　熹 《正德志》：县人，有勇略。客遂昌梭溪。睦寇余党洪载犯遂昌、松阳，熹与父合乡民御之，大小百余战。载降，二邑获全。父子皆补官，熹尉遂昌，孝宗朝父为五府官。

赵善孚 《天启志》：扈高宗南渡，有功，拜武略将军。

徐　揆 《宋史》及《两浙名贤录》：字宅卿，居仕阳。宣和末游京师，入太学。靖康元年，试开封府进士，为举首。未及大比，而遭国难。钦宗诣金营不归，揆率诸生扣南薰门，以书抵二酋，请车驾还阙，不得达。翌日，又往。或曰："子双亲垂白，无位于朝，乃以死殉国乎？"揆曰："不然，昔王蠋义不事燕，绝脰而死。齐之残民，感激奋发，而田单得以成功。今国破主辱，可无一士死难？揆不敏，窃自比于蠋。"二酋见书，使马载揆至军营，诘难，揆厉声抗论，为所杀。建炎二年，追录死节，赠宣教郎，官其后。今祀乡贤。

《明统志》及《衢州府志》俱作西安人，《两浙名贤录》江山人。

祝光煜 徐存《孝子传》：字亮元，郎峰人，生性纯笃。父厂，由宣和乡荐，累官讲士，除东宫洗马。靖康难作，二帝北行，厂被发跣足流涕以从。煜闻父难，欲挥刃赴金敌夺父归，众力阻，乃止。归告其母，誓以寻父。侧身投北，穷迹塞外，深入五国城，卒不得其父所在。乃昼号于市，历三月，遇一人，南冠，过而告之曰："初，汝父与我同侍二帝，已相失于芦州矣。"语讫，其人杳然。因南返至芦，沿途泣访，得老僧达那指以葬所。

盖厂之从二帝也，骂不绝口，寇拖曳捶击，惫不能行，与帝相失，乃即道旁自殒。僧感其忠，募棺瘗之，并藏其所佩之璧，题于圹中，曰："宋忠臣祝厂之墓。"光煜启圹出璧，呼号顿绝。芦之贤者，闻而赙以资用，乃得归葬故土。孰知父骨方归，母已先卒。煜以不见二人，连恸七日，兼以跋涉过劳，亦至决绝。

【明叶琛诗】:

北方肆虐，靖康难作。二帝北行，盘根节错。(一解)

忠臣祝公，披发相从。追随左右，一片精忠。(二解)

黄沙四起，从君千里。血泪淋淋，跋涉山水。(三解)

君为敌虏，臣作羁旅。道途行吟，相捍牧围。(四解)

鞭挞流血，万盘磨折。推弃道旁，君臣离别。(五解)

念君不已，触石身死。哀哉祝公，贞忠自矢。(六解)

【宋濂诗】古往今来如过电，愚忠愚孝令人羡。常持此意论世人，求之茫茫皆不见。我读郎峰祝姓谱，内有忠孝相合传。子名光煜父名厂，读之感叹神无倦。意昔宋室都梁汴，金寇时来惊征战。护掠二帝向北行，忠臣祝厂随后殿。万里从君天漠北，一臣二主作亲眷。此时惨淡不堪言，黄沙漠漠持素练。挞之流血不许随，备极困苦经磨炼。两目昏花血泪飞，精忠报主殒沙甸。感动孝子祝光煜，万里寻亲奔救遍。入朝二帝五国城，君臣抱哭泪如线。只见二帝不见父，痛苦穿心类万箭。二帝告煜汝父随，狂风飘散花片片。未知身死在何方，急直追寻莫空恋。光煜哀拜二帝前，回头远行别帝面。号咷大哭望青天，哭倒长途日转眩。忽闻道旁有人言，魂魄频惊肉频颤。谓汝父为宋忠臣，不忍忠骨轻弃贱。曾收父尸葬沙漠，佩玉镌名示无变。光煜因之见父茔，秋风飘摇捐团扇。开茔负亲望南回，雪满关山风漂霰。从此万里见君亲，忠孝两全邦家彦。我读遗传漫吟诗，史册标名应首选。

江　跻《两浙名贤录》：字元寿，吴越御史景防之五世孙，第进士，累官殿中侍御史。在朝论事，以正心诚意为本。绍兴初，率全台攻丞相朱胜非，更五六疏，忤旨，一时俱罢。后高宗思之，赐手诏，召为司农卿。未及用，卒，赠银青光禄大夫。

王　撰《正德志》及《康熙续志》：父枢密副使，被金人执，仗义不屈而死。撰时年十六，身犯锋镝，寻父尸，殡于野，昼夜号泣，庐墓侧者六年。事闻，录其官，诏葬其父于严龙谷。

祝　珙　《祝氏家传》：字象文，原名学琴，登元祐李常宁榜进士。与南塘徐诚叟同师杨龟山先生，得其正学渊源，授学于江郎书院。白时中巡阅时经江郎，劝出佐治，辞以诸后学未知所裁，不果出。

王　琪　王仪《岩将王安邦传略》：字蕴玉，别号安邦，住邑之镇塘。靖康间，金虏犯顺，二帝蒙尘，四方盗贼蜂起。安邦整饬义旅，立营于进塘之圆鼓山，每战皆捷。群不肖闻之，不敢生心，乡里藉以安堵。高宗南渡，郡县上其事，朝廷以其有捍御功，令仍统其兵卫一方。殁后，土人神其事，立祠祀之，俗称谓五郎岩将。

徐　存　《康熙续志》与《乾隆志》：字诚叟，从龟山杨时学，既有得，讲道于家，执经者前后千余人。时相秦桧欲识之，不能得。朱熹少时，见存于清湖，存告以克己归仁、知言养气之说，甚为敬服。所著有《六经讲义》《中庸论孟解》《潜心室铭》。门人有周赍、周孚、柴卫，西安郑雍、陆律，常山江泳，皆卓然名世。卒后，熹有诗吊之，号逸平先生。祀乡贤。

柴禹声　《康熙续志》：字元振，居长台。宣和间，同徐存受业于杨龟山。所筑有“潜心室”，伊川门人邹柄为之记，徐存为之铭。绍兴间，四明高阅为国子司业，以公堪充史馆，特荐于朝，除国史。兄禹功，晚亦游杨门，颜其堂曰“世学”。

柴　瑾　《正德志》及《康熙续志》：字怀叔，长台人，师事徐存，绍兴八年进士。倅鄱阳。岁饥，恶少啸聚，发民粟，瑾请赈以常平米，郡守难之，瑾曰：“势且急，当从便宜，愿执其咎。”后摄州，奏免买刍炭与矾钱。累官殿中侍御史，立朝执法，奸回摄服。出，漕闽。有《退翁集》《文选类要》。

刘　章 《宋史登科记》：字文儒，读书江郎山。绍兴十五年，廷对第一，迁秘书郎兼王府教授。事王邸，专以经义、文学启迪掖导。秦桧当国，嗛不附己，讽言者媒蘖其罪，出倅蜀州。桧死，擢秘书少监，议郊庙礼文，当置局讨论，诏行其说。孝宗受禅，念旧学，拜礼部侍郎，奏禁遏淫祀，仍于三朝史中，删去道、释。《符瑞志》以为非春秋法。进权礼部尚书，以资政殿学士致仕。卒，谥文靖（编者按：应为靖文）。

张　恪 旧《浙江通志》：字季武。弟恢，字季长，皆举进士，以文学知名。恪终著作郎，恢尝作《士学圣人之极致赋》。乾道间，入对便殿，孝宗曰："朕在潜邸，已诵卿赋。"因除太学正。

江　溥 《两浙名贤录》：县人，字叔沅，绍兴十五年进士，除襄阳教授。辑所见成《备边书》上于朝。历迁殿中侍御史，前后所上凡八十疏。出，移京西路，计度转运副使。卒，赠金紫光禄大夫。溥资性忠亮，疾恶如仇，多为当事所怒，而上独知之，益明目张胆，无所忌讳。魏邸亲吏马校尝营私居，矫令役民，屋摧，压死者十三人，伤者倍之。阅月而上不闻。溥弹之，请以次第议罪。上览疏曰："父子之间不谓卿能如此，亟从，无少忤。"于是权贵敛迹，一时称为真御史。子公亮，任四川提刑，清亮有父风。

柴　卫 《康熙续志》：字元忠，师徐存，学有端绪。初历肇广通判、教授，以理学倡士。尚书刘公章以四科剡荐，屡迁大理寺正，治狱宽平。所著有《奏议》《芹说》等书。

严　瑀 《万姓统谱》：字元瑜，绍兴中进士，官平江府录事参军。卜居泛仙山之阳，以文字名家，有《溪上翁草》传于世。

毛　晃《康熙续志》：字明叔，沙堤人，绍兴间免解，仕主簿。尝闭门注书，留心字学，增注《礼部监韵》，砚为之穿，学者称“铁砚先生”。其子居正，举进士，校《监韵》，俱有功字学。明修字韵，宋濂等上言：“注释音切，一依毛晃所定。”遂取其书名《洪武正韵》。

郑升之 《康熙续志》：字公明，居协里，师徐存，登进士第，除学官。尝论学术之害，莫甚于老庄，乞勿命题，论甚切。至召试馆职，后为吏部侍郎，守贺州，累官至御史中丞。著有文集。

毛　琥 《康熙续志》：居镇安，治五经，尤淹贯子史。抱道自晦，不为声利动，时论翕然称之。

毛　文 陆游《入蜀记》：字德昭，县人，居于秀州，陆游儿时从之甚久。德昭极苦学，中年不幸病盲而卒，无子。其盲后，犹终日危坐，默诵六经。

柴中行 《乾隆志》：字与之，第进士。广元中，倅抚州。时方以伊洛为伪学。会乡试，漕司前期取家状，必令书以“不是伪道学”五字。公独申漕司曰：“自幼习《易》，读《程氏易传》，如以为伪，不愿考校。”士论壮之。后为奉命清查江苏钱粮事务。平日酷嗜诗书，筮仕后犹不废学。著有《和轩制义》《云轴诗草》《退居课徒集》行世。

汪光国 《乾隆志》：字应旌，城北大陈庄人，幼游庠。闽变，时山贼窃发，掠子女幽闭一室。乘贼出，发扃逸之，全活无数。时茶商中途遇害，里胥欲陷非辜。光国面斥之，因遂挟嫌诬以成狱，迨真犯获，冤始雪。邑侯汪东澜公浩尝合二事赠以联句。今子孙科名相继，人谓修德积诚之报。

郑　绩 《乾隆志》：居市后，万历时贡生。永平知县，初至，革派金旧例。邑人建革金亭，立碑颂之。祀名宦。

郑一鹏 《天启志》：字鹍，初号海翼。苦心力学，经笥之富，后学罕俪。沈相国一贯分校礼闱，亟加叹赏。筮仕漳浦，政声甚著。遽以王事没，漳人立庙祀之。

施幼学 《康熙志》：字德珍，号玉洲，住雅儒里。八岁丧父，家贫，母纺织鬻书授之，肆志博古。嗜诗画，善书。所著有《青莱阁草》。晚训长兴，加意造就，人服朗鉴。

王图勋 《乾隆志》：字兆悦，住流砥王巷。性孝友，兄和逝世，家无余资。有侄嘉奇，抚养教诲，以明经显。子嘉捷，登康熙己酉乡榜。

朱元彬 《岷州士民送行序》：字颉书，长台人，以太学召试，得州同。升见后，特授巩昌府抚民分府兼理岷州。岷民习于惰，不务本业，为建先农坛，使之习勤。雍正间，用兵口外，军需孔亟，承办差解，不累民间一钱。岷太学博士尝摄韶州郡事，蠲丁钱、减苗斛、赈饥羸，运司委代行部，问民疾苦，捐盐息，加惠远民。知光州，治行为淮右最。入为吏部郎官，上言好进、好同、好欺三弊，持正平允，不为势屈。擢宗正少卿，调秘书监，论"欲结人心，莫若去贪吏；去贪吏，莫若清朝廷。"进秘阁修撰。迁知赣州军。请老归，与弟中立、中守讲学于南溪，从学者数百人。若东涧汤伯纪、双峰饶伯舆，皆出其门，学者称之曰"南溪先生"。卒，赠通议大夫、宝章阁待制，谥宪肃，祀乡贤。

蒋　傅 《康熙续志》：字德宗，住鹿溪，太学生。宁宗庆元初，同杨弘中、周端朝、张道、林仲麟、余范六人，伏阙上书，言赵汝愚之忠。韩侂胄大怒，内批编管傅等五百里外，天下号为六君子焉。卒，祀乡贤。

【陈言劾奸疏】臣等尝闻开国承家，小人勿用。自古小人用事，未有不亡其国而丧其身者也。谨案，近者谏官李沐论罢赵汝愚，中外咨愤，而李沐以为父老欢呼，蒙蔽天听，一至于此。陛下独不念去岁之事乎？人情惊疑，变在朝夕。是时假非汝愚出死力、定大议，虽百李沐，罔知攸济？当国家多难，汝愚位枢府、本兵柄指挥操纵，何向不可不以此时为利，今上下安妥，乃有异意乎？章颖、李祥、杨简发于中，激力辨其非，即遭斥逐。六馆之士，拂膺愤怨，李沐自知邪正不两立，思欲尽覆正人，以便其私，必托朋党以罔陛下之听。臣恐君子小人消长之机，于此一判，则靖康已然之验，何堪再见于今日耶？伏愿陛下念汝愚之忠勤，察祥、简之非党，灼李沐之回邪，窜沐以谢天下，还祥等以收士心。激切之情，惟明主察焉。干冒宸严，无任陨越，俟命之至。

毛　昂　《天启志》及《康熙志》：住清漾，知兵法，有勇略。武举及第，累立战功，拜大将军。

周　易　《康熙续志》：住凤林。膂力绝人，开禧乙丑，擢武举第一，累官安边节度使。

徐　慥　《天启志》：字以道，以诗名。

柴蒙亨　《两浙名贤录》：长台人，母徐娠，梦神人遗大珠，乃生蒙亨。甫能言，即口授书日万余言，过耳即不忘。六岁暗诵九经，通《春秋》大旨。郡将面试作文者三，以神童闻，得免解。端平二年，初赴省，尝从幸六和寺，上指示塔云：“一塔七层八面万佛千灯。”蒙亨即应声曰：“孤舟双桨片帆五湖四海。”上大嘉之。

徐复殷　《弘治府志》：字元礼，中甲科。由弘文编修历迁春坊左庶子、刑部侍郎，赐一品服。遣封琉球国王，复命，兼领礼部尚书，赠少师，理宗赐号“克斋”。以言不合，退而学《易》。鹤山魏了翁称其文，西涧叶梦鼎嘉其行，东涧杨汉铭其墓。

祝梦熊　《衢州府志》：字宽夫，居魁潭。嘉泰二年进士，累官监察御史。请弛伪学之禁，又请复朱熹、赵汝愚等。及开禧用兵，疏边臣启衅，忤韩侂胄，罢。又以聚徒讲学，谪黄岩尉。寇犯境，率义勇拒之，被执，不屈死，赠龙图阁待制，谥“献烈”。谕葬西安之赤塘山。

【黜奸荐贤疏】为诛奸进贤，以正学术，以奠国家事。臣闻天德而外无王道，学术而外无事功。是以古来隆感之朝，必本之正心诚意为修齐之本，从未有摈之为“伪学”而斥逐其途，惟恐不尽者也。

夫世道之治乱，视于人心；人心之是非，判于邪正；人心苟伪，则伦常以乖；伦常既乖，则天下必乱，是岂可以汶汶然者？且正之与伪，本不难辨也。天下莫正于天理，莫伪于人欲，其人而守正不阿，则天理之真；其人而奸邪媚悦，则人欲之伪，人品判然，无待辨耳。今乃斥正心诚意之儒以为“伪学”，岂奸邪媚悦者而反真耶？

夫天性之良，人所固有，以洁己好修为伪，为于外，然则贪污干没，乃人性之真而可任以治天下欤？韩侂胄庸恶鄙夫，专制朝廷，目不识圣贤之书，胸不存忠爱之念，结连小人，戕害正士，而陈自强、许及之、陈沅、京镗等媚附韩党，朋树黄门，口蜜肩胁，挟怨兴谋，排逐先帝之老臣赵汝愚，使彷徨于道者，闻者莫不惨然。继以谗朱熹、彭龟年、王希、周必大等，凡一时方正之士，尽诬之为“伪学”，排斥禁锢，不遗余力。夫熹等之学，非熹等之私学也。朱熹宗之周、程，周、程宗之韩愈，韩愈宗之孟轲，孟轲宗之孔子，孔子宗之文、武、周公，文、武、周公宗之禹、汤，禹、汤宗之尧舜者也。夫以尧舜之学治天下，而有不得其法乎？以尧舜之学养百姓，而有不被其泽乎？以熹等之学为伪，则尧舜亦伪耳；以尧舜为不足法，则可法者必桀纣欤！何陛下不察，安受其诬，而今日禁“伪学”，明日禁“伪学”，自肃自丧，以坏天下人心于无已也。人心已坏，视好修为召祸，以邪媚为善图，则天下亦谁与陛下同心国事者？臣恐根本斲丧，而社稷日以危，是以发愤欲请朱云之剑而斩奸臣之首，痛哭流涕，不得不言以取速死者也。

仰祈圣明睿察愚忠，尽诛韩党，以消天下之恨；复赵、朱等官秩，以回天下之心；罢伪学之禁，以绍圣贤之统；使今日之朝廷，为尧舜之君臣；使将来之天下，为尧舜之人民。臣虽一谏而死，不胜感于九泉，冒昧直陈，乞陛下图察。臣熊具棺待命之至。

柴　望　《宋史纪事》与《吴石仓柴氏四隐集跋》：字仲山，号秋堂。嘉熙间，为太学上舍，除中书奏名。淳祐六年丙午元日，日食，诏求直言，上《丙丁龟鉴》，忤时相意，下府狱。赵汝遇申救，得放还乡，时因又号“归田”。景炎二年，三山孔大谏荐，特授迪功郎、史馆国史编校，辞归山中。国亡后，称宋逋臣。

【谢赵大尹启】诏刘蕡以应贤良万死，触雷霆之怒；放范滂而归田里再生，蒙天地之恩。方忧危于黑风大海之中，忽吹送于黄河昆仑之上。道将废而吾知有命，人欲杀而公独怜才。是为顶踵之知，夫岂毫发之惠。惊魂浪定，感涕雨流。尝观天子，声名文物，王畿实为多士；衣冠礼乐，宜地甫游长安。市吟累千，余愈在京师。时书凡三上，二鸟感潼关之赋，一驴出蜀道之难。使醉成狂，严府尹容而仍用；哀穷见屈，李京兆惜其有材。固能养成二子之名，抑亦仰见三生之造。论前贤为仅有，宜近世之所无。谁肯如公加惠于我，兹所恃以无恐，故又为于此来。望无大过，人自少好学。以孝廉之世谱，继崇义之家声。宇不充饥，清惟彻骨。屡掇主司冬烘讥诮，已无举子秋荐心期。每浩浩以长歌，或飘飘而引去。白苹红蓼，几穷漫咏之情；绿水青山，半是经行之处。虽非子长善历览，亦为李贺成伟观。人笑其迂，自谓有得。昼长寝熟，卧芦花之絮衣；夜半灯残，膏松明而读史。理乱成败之迹，如睹艰难变故之虑。转深柁向，东风颇识岸移之势；扇遮西日，亦因路熟而施正。诵元和圣德新诗，幸睹建武诏书特下。奏陈龟鉴，敢撄龙颔之鳞；事忤貂珰，致触螳车之怒。白璧初不疑其刖足，青蝇亦何意於刺谗。众呴漂山，冷灰燃豆，堪笑指乌为鸾；小误深恨，握蛇骑虎，殊惊咎任转喉。罪当犁舌，系李膺以下寺狱，夫亦何辞，谓真卿之讪朝廷，恶有是事。宽祸福死生於度外，安吉凶悔吝于目前。他人不激则不深，先生载言而载笑。刀山汤鼎，已觉凛乎其傍；箪食豆羹，乃肯呼尔而与。朝掩满函之墨，暮烧盈籍之书。奉旨出关，即刻就道。解骖击筑，大唱故乡之歌；袅缆垂杨，畅酌阳关之酒。羸马逐青僮而去，明公多白雪之篇。此行岂是无名，一归尽自不恶。寺禽识面，相呼谪士之空回；山獠无知，亦诧儒冠之顿异。虽嵇康之交绝，觉渊明之兴佳。合眼咏离骚，何心时事；支颐听蟋蟀，满耳寒声。闲领妻儿，摘黄精而寻术；时佣婢仆，采青曼而锄芋。愿希陋巷以安贫，无致岐路之羞泪。一丘一壑，可以忘情；山北山南，聊以卒岁。缅思畴昔，以戆直而罹危；岂分于今，得说论以幸免。终身佩鼎彝之德，高压岱华；没齿存衔结之思，深惭涓埃。敷陈罔既，削牍徒增。某月某日，望顿首。

徐　霖　旧志：字景说，县人，试礼部第一，理宗喜得人。淳祐十二年，以宣教郎知抚州，祠先贤，宽租赋，赈饥穷，诛悍将，一月而政举化行。以言去，民遮道不得行，及瞑，始由径以出。旧府志作西安人

毛登龙　旧志：字汝作，试礼部，以策论词赋冠多士。廷试毕，伏阙上《书论》，时相不报，赵汝腾、徐霖嘉其节。后以对策玉堂，除秘书省正字，升秘书省校书郎。

王　计　旧志《流寓》：字从善，官左院判，本太原人。景定

间，因王事道经须江，爱此间俗美风醇，家于太尉庙前。后住景明巷（即经明坊），乐善好施。子承简，授兵部司务；孙良规，授大理寺丞。三代居官清介，均有闻誉。

赵希漭　《康熙续志》及《乾隆志》：号静斋，登进士第，迁九卿。帅闽，遇旱，累请航京粟二十万斛入闽，全活一路。宋《登科记》作淳安人，登嘉定十四年赵渭榜。

毛方平　叶适《毛夫人墓表》：知珍州，毛榧子。为秦司买马干官。是时，吴曦断蜀道自王，方平虑其国忘其家，先其君后其亲，以节闻天下，纵口骂曦，激士大夫心，为贼囚守。蜀复定，用乏，方增赋佐诸费。数语有位，治叛国，当明顺逆，今籍阴通贼十数大家，资数千万，何不给而重敛疲民？皆张目缩舌不敢应。

毛蕃八　《两浙名贤录》：名梦龙，以字行，住棠峰。膂力绝人，晓武艺，尤长于连珠箭。父信叔，遭贼欲刃之，蕃八闻之，直冲贼阵，力战于经堂山。贼惮，释其父，且语之曰："所过乡邑，破竹而下，无若公骁悍善射者。能献牛酒即去。"蕃八大骂，复前搏箭，遂遇害，弃尸石塘泥坳中。是日，为土掩埋，若神为者。时人叹曰："死父之难，孝也；骂贼不屈，烈也！天其以六丁葬之乎？"兄攀龙从经畈徐霖学，遭母丧，庐于墓所，县尹程郇作《孝思记》以表之。

柴元瞻　《康熙续志》：父目失明，泣血虔祷访医求药。途遇老翁，授葫芦药。归奉父，双目复明。

祝文仆　《康熙续志》：与弟寅同居五世，聚族六百余口，以孝弟廉让为里闾所推。

周伯祥　《天启志》：性至孝，事祖母郑，晨昏尽礼，终始不衰。郑氏卒，庐墓三年，继筑慈云庵奉其灵，世守之。子仲达，官至副使。

毛文粹 旧《浙江通志》：性仁厚，周穷恤匮，输财助公。郡守以闻，敕赐迪功郎。

周自强 《康熙续志》：字勉仲，住礼贤入棘寺三十余年。升刑部侍郎，帅河、广。先是，任官卒岭南者，妻女不能还，或流落为婢。自强奏请官为嫁之，置接待库，计口给钱米资之。还且虑行之不久，乃以己俸买田三十顷。闻于朝，刻石著其事，至今遵之。

周子言 《康熙续志》：礼贤人，性至孝，与徐应镳同入太学。父母殁，庐墓终丧，寒暑不易。应镳贻诗赠之。

【徐应镳诗】卜吉崇冈思惨然，双魂同闭昼如年。山中细草多回碧，庐墓人啼血色鲜。 一似仙游去不回，徒令孝子有余哀。他年华表归来后，知是人间几劫灰。

徐应镳 《宋史》及《康熙续志》：字巨翁，县人。咸淳末，试补太学生。德祐二年宋亡，瀛国公入燕，三学诸生百余人皆从行。应镳与其子崎、崧，女元娘，誓共焚，子女皆喜从之。太学故岳飞第，有飞祠，应镳祀飞曰：“天不佑宋，社稷为墟。应镳死以报国！”崎、崧亦赋诗自誓，祭毕，以酒肉饷诸仆，诸仆醉卧，应镳乃与其子女入梯云楼，纵火自焚。一小仆未寐，闻火声，穴牖视之，俨然坐立，如庙塑像，走报诸仆，坏壁入，扑灭火。应镳不能死，与其子女怏怏出户去，莫知所之。翌日，得尸祠前井中，皆僵立瞪目面如生。益王立，赠朝请郎、秘阁修撰。同舍生私谥曰“正节先生”。明正德间，御史高胤、参政梁材请于朝，为建祠，改谥“忠节”，祀乡贤。弟应镰，谏议大夫，弃官隐阳羡。其子琨，悯父之志，亦遁居于新安。

徐宗文 《旧志》：字起然，咸淳甲戌进士，出仕沣州，以乱还乡里。景炎元年丙子，寇掠其家，作诗骂云：“吾年四十一，时遭番寇逼。生于圣宋朝，于尔寇何隙？既劫我家财，复加死在即。天兮当察之，寸心斯励石。”志气激昂，辞色自若，寇欲挟之而去，避于本里狐尾尖。寇踵至，复骂不绝口，从者五人皆骂，寇乃以刃劙五人口，以绵絮裹宗文，掷于崖下。妻席氏，郡马女也，同在虏中。子季通以金帛赎之，寇不许，遂同殉国。伯颜闻其烈，遣人以礼祭之，收葬于岩坳头。

毛附凤 《凤公遗事》：居镇安，为歙州士曹，大节叔缜之后。宋室北迁，益、广二王入闽，取道于县，元兵急追。附凤与嵩高进士柴希圣，以义兵遏之，二王得抵闽。端宗登极，檄至，二人起兵万余，攻信州等处，不克。元兵大至，县罹其祸。丁丑春，希圣饮药卒，家产没官。附凤遂同殉难，凤从侄正十二、正二十四，皆于景炎元年三月同死。

蒋　仁 《康熙续志》：字克安，住东库，自幼骁勇，年十九从陆秀夫护驾入闽，屡列战功，授武翊卫千户，赠武节将军。

第三节　元

苏幼安 《正德志》：字心德，举明经，为衢州路教授。归老，时乡寇犯境，欲执幼安去，大骂，不屈而死。贼遂解去，乡人立祠祀焉。

徐　仲 《正德志》：字景吾，有勇略。乡寇金曾三剽掠乡邑，杀官吏，焚庐舍。仲率义兵数千人，捣贼巢，生致其酋。以功授本县尹。莅治甚久，民共戴之。

郑惟贤 《康熙续志》：字齐仲，两举乡贡不偶。用经明行修任本县儒学教谕，严立课程，考校文行，作《青鸾赋》，名重一时。监司交荐，将擢为国子助教。以足疾归，结庐梅泉，授徒讲学。蔡元道、姚正传皆北面事之。

柴　奎　旧《浙江通志》：至大间，与进士买住同知衢州路。时湖襄兵起，凶徒教众为乱。共议讨贼，奎毅然单马入贼境，喻以仁义，贼兵感动，遂解，郡赖以安。

徐　焕　《南昌府志》：字秉文，至元末知宁州事。严明干济，狱无留讼，吏不敢欺。兵寇之余，民多流散，公署残毁殆尽，焕劳心招徕创置，公私不扰而民乐其业。

祝君翼　《正德志》：好施与，散赢金，置义田以赈乡族之贫者。县尹孔淮疏其事，旌之。

郑　止　《康熙续志》：字居德，有大度，好施与。缔交多贤，士大夫仁山题其像曰：孝友日笃，忠敬自持。言语不苟，动息以时。生气俨若，仰之敬之。

祝起龙　《天启志》：字云从，号方池，文章特出，从游者众。

龚宗傅　《天启志》：字须川，绰有文名，所著有《同声录》。

第四节　明

周广中　《正德志》：字子容，官至河南佥事。洪武庚申，雷震谨身殿，三上章，不报，遂致仕。后以直道，死于权奸，闻者伟之。

周　能　《正德志》：字德成，其先江北人，占籍于县。幼骁勇，习武艺。明初从征鄱阳，授百户，累立战功，升福建行都指挥使。后征云南，阵亡，赐地以葬，从祀功臣庙。

毛　昶《康熙续志》：字伯通，世居清漾。元祚告终，四方鼎沸，昶帅乡民砦于鹅笼山。鄂国常公下衢，号令平贼，豪杰为众信服者咸充武选，昶乃领义兵千户，从徐中山王备御东山，保全乡里。赵桧志其墓。

祝宗善　《两浙名贤录》：博学能诗，洪武间举文学，为邑庠教谕。秩满，之京馆鸡鸣僧舍。一日，客有微服倚阑吟者韵未竟，宗善长揖续之，客骇问其名而去。翌日，传手诏召见，擢知苏州府，始知微服倚阑者，太祖也。宗善守廉介，以诗文擅名。后坐诬，籍其家，惟图书数卷而已。

王　均　《康熙续志》：字质平，住三卿口。洪武十三年充锦衣卫校尉，从征阵亡。弟智，字势明，承其役，从文皇南征，有世袭鹰扬卫百户。

胡　诚　《康熙续志》：游太学，值大司马金文靖公出征，献策马首，奏授兵部主事，从征为首锋。诚素知兵，画策屡中，凯旋，录功升职方郎。

韩　永　《康熙续志》：建文时为兵科给事中，论事慷慨。靖难后杜门不出，召之仕，不应，曰：吾王蠋也。遂坐死。

祝大用　《康熙续志》：宗善长子，有武略，立战功，累官至大同指挥使。

徐　俭　旧志：县人。事亲以孝，父母殁，哀毁如礼，丧祭竭诚，乡党化之。事闻，宣德二年敕授提举。

【授提举敕】敕曰：朕闻，陶唐氏征一烈山孝子，而庶绩以熙，万国以宁，孝之所系亦綦重矣！尔徐俭孝著江山，寝膳尽问视之节，丧祭竭哀慕之忱，有司以闻，朕甚嘉尔，为仁有本，而可以移忠也。特敕尔提举使，为子者劝。尔尚懋勉乃仁，体察乃忠，以俟登庸，钦哉！

王　盛　《正德志》：事母孝。母死，庐墓三年，乡人称之。赵一斋有《孝子传》。

姜德政　《康熙续志》：字仕初，住嘉湖。正统间，以国子生擢上元令。有便民三十事，勒碑县门。修葺程明道祠堂，大兴学校。后以母丧解组，耆民三千余众连章保留，乃夺情，复任九载。

报最，特擢南礼部郎中。出为平阳知府，所至有声。致仕归。成化改元，起河南副使，不赴。祀乡贤。

毛　恺《儒林录》与《康熙续志》：字达和，号介川，居镇安，嘉靖乙未进士。初授行人，奉使却馈，有清献遗风。改授监察御史，以言事与执政忤，左迁宁国府推官。升南工部主事，抽税芜湖关，商税不资。恺独厉清操，出纳委之县佐，税银储之县库，一毫不染。其岁额之盈者，则蠲以予商。历升瑞州府知府，瑞俗多嚣讼且多积逋。恺以礼义申之，禁令追积逋，必宽其期限，贫甚者，以俸余代为之偿。历升右佥都御史，巡抚保定。擢左副都御史。穆宗嗣位，改刑部尚书，严饬邦禁，慎谳刑狱。疾作，乞休归。卒，赠太子少保，谥“端简”。恺喜讲学，躬行实践，一以养心寡欲为主。先儒语录，罔不参订其异同，究其归趣。历官二十四任，始终一节，祀郡邑乡贤。冢孙允让，以任子刺辰州，清介明慎，不忝厥祖，辰民至今诵之。

【乞留宫臣疏】为乞留宫臣，以备蒙养事。臣闻《易》曰：“蒙以养正，圣功也。”《书》曰：“若生子，罔不在厥初生，自贻哲命。”言豫教也。夫三代有道之长，岂非以前后左右多正人也哉！夫众楚之咻，楚语自为芝兰之亲与香俱化，事有必然，无足异者。然则宫坊之臣，固不可不豫为之备，而尤不可轻易为之转更也。近该大学士夏言等，以南京翰林院掌印学士员缺，推选得司经局洗马兼翰林院侍读邹守益，堪任前职。窃惟守益，初以翰林冥心迁谪，迟徊郎署亦且有年。迩者，陛下为皇储端本，念《大易》之养正，体《周书》之贻哲，慎择宾僚，拔置坊局。臣观其议论，考其素履，学博而醇，养深而粹，器浑而昌，识明而正，盖时之选也。固宜优养豫待，以备皇太子将来启沃万一之助。且陛下不日亲御经筵，赐讲便殿。如守益者，尤宜充列讲臣，诚不宜投之闲散，淹老岁月也。

夫留都重地，学士清秩，陛下之所以处守益者，不为不至。臣虽至愚，夫岂不知？但念陛下既为皇储慎择而来，恐不宜使之他转而去。如去岁，僚臣崔铣亦以礼卿南往，已似非计。故近日，太子宾客张邦奇，以给假请，特赐不允，圣虑殆诚有见于此欤？

伏望收回成命，责令守益供职。果以年资颇深，合无量加相应品级，以备陛下朝夕日用以需东宫殿下，左右献纳。臣不胜惓惓。

【杨继盛书】忆自己酉仲秋，先生奉命出守瑞州，途中遇盛，示以“尊贤为国”之义，尽日而别，倏尔之间，不觉三载。仰怀高明，何日忘之？上年，盛在南都，七月下浣，适有一使自瑞来者，说瑞前多盗贼，民不畏法，惟自先生下车以后，明礼让，立教条，恤贫穷，惩奸慝，风俗忽改，大有汉时龚遂治渤之休盛也。闻之不啻欢跃感慕，颂圣朝之有臣。他日高迁上国，辅弼左右，其功业岂易量哉？

本年三月，仇鸾密遣家丁时义，结俺答义子脱脱，使贡马互市。总督苏祐奏闻，仇鸾又与严嵩赞成其事。窃思俺答互市之言，即和议之别号，苟不谏止，祸必随至。盛因奋不顾身，题疏拜奏，言其互市之事，十有不可，且言其彼倡为互市之说以欺诳皇上者，其谬说又有五端。此等情词，本盛欲除外患、竭力保国之心，岂知疏上为贼所诋，贬盛为陕西狄道典史，囹圄桎梏，几不能免。以此较视先生今日之不竞不絿优之者，其贤不肖为何如耶？及至盛赴狄道不满一载，又闻先生调为宁国刺史。夫宁国者，固吾先生当年为御史而忤权、贬为推官而已治之邦也。盛想国中父老其祝青天，当必有更胜于昔日者，而岂仅一二言为盛之可得而拟赞哉？

诗曰："乐只君子，民之父母。乐只君子，德音不已。"此四语也，可为先生咏也矣！但盛碌碌进士，初登仕籍，徒以刚狂之性，在朝为贼所忌，不能上格明主而致远谪他方，不知何日再睹先生懿范，殊为恨耳！今也，盛居临洮山内，孤陋寡闻，伤山民之顽暴，惟以先生之所以治瑞者，佐邑侯之万一。又尝于闲暇之际，进邑中诸生之贤秀者，相与讲说文义，以学先生当日途中所示尊贤为国之意，岂敢以地远人遥而遂忘吾先生之至教也哉？词尽笔端，意溢言外，便中附布，伏冀鉴原。

赵　镗　丁元复撰《赵镗传》与《康熙续志》：字仲声，县人。嘉靖丁未进士，授河南御史，督长芦盐政。时军兴，需课甚亟，镗悉心经理，寻究弊源，条上封事，皆中肯綮。改应天巡按，慎举刺，厉风裁，威名大振。督学南畿，拔士多得人，如申相国时行、许相国国、王相国锡爵，皆出其门。乙卯，巡按江南，益矢虔慎。擢顺天府丞，时方缺尹，镗以台臣夙望，饬典法绳之，大府贴然。改大理少卿，擢右佥都御史。穆宗改元，移疾归。徜徉文溪间，更号"留斋居士"。置义田与讲舍，著有《留斋漫稿》。祀乡贤。冢子洙，字宗鲁，谦冲自牧，由岁荐判河间，疏渠筑岸，通商惠民，百废俱兴。

【荐举儒官疏】为公荐举以励儒官事。臣窃闻，世道之隆污，系于人才；人才之盛衰，本于教化。而所以预养人才、纲维教化者，实师儒之官也。是厥职虽轻，所系实重，诚有不容以易视者。

臣职专提学，待罪四载，凡合属教职官员，督责尤切，考核加详，日积月累之余，稍有概于中矣！除贤能称职升任，任浅者已经礼待；及行业不修者，各行戒饬，不敢概列外，谨于一百二十五学之中而择其尤者，冒昧陈之。访得句容县儒学教谕胡直、合肥县儒学教谕洪大滨、泾县儒学教谕程学颜、婺源县儒学教谕（今丁忧）苏民牧、宝应县儒学教谕吴楷、休宁县儒学训导戴瑞、丹阳县儒学教谕陈所有、六合县儒学教谕林澄、建德县儒学教谕刘伯源、怀远县儒学教谕林大震、休宁县儒学教谕柳应和、宿松县儒学教谕白世征，以上诸臣，皆学行优异，有立教之功，才识精英，具从政之体，均之所当荐扬者也。

伏望敕下吏部，再加查访。如果臣言不谬，将胡直等拔其尤者，听候行取选用。其余酌量年资，先后选擢，则后又不滞于下寮，而卑疏亦得以向用。凡为师儒者，孰不淬励以自效于尺寸。其于圣世育才，兴化之治，或亦有小补也。

黄　埒　旧《衢州府志》：嘉靖四十二年，处州贼作乱，率壮丁数十人御于破塘坞口，自辰至午，与王钰、周梧俱死之。贼稍却，乡藉以全。德其功，为立祠。埒死时，长子甫三岁，次仅期月，妻祝氏孤茕矢志，尝罹横暴，九死不屈，人谓节义两全云。

周景昭　《康熙续志》：贺村人，以武功授广西浔州卫百户。子亢宗，有功，累迁指挥佥事。

蔡文惠　旧志《戚畹》：西山下人，王府仪宾。

毛　仲　《康熙续志》：嘉靖丙戌，大旱，倾廪赈饥，全活甚众。

徐惟辑　旧《衢州府志》：号紫崖，博学能文。少时以咏回文诗知名。嘉靖己未进士，为内阁中书舍人。相国徐阶应诏制青词，命惟辑代为之，上未尝不称善。有诗集行于世。

璩　鉴　《天启志》：字文明，伯彩从侄，邑庠生。善事二亲，父病笃，躬侍汤药，尝粪甜苦。父卒，悲号几至灭性。及葬，斋宿庐墓三年。每当雷震，辄奔墓所，有王伟元攀柏之风。

王仲义　旧志《戚畹》：　字宜之，居塘头巷，事父母孝。父臣笃疾，吁天愿以身代。及卒，庐墓三年，刻像事之如生。母薛病，刲股愈之。及卒，庐墓，哀毁过甚，竟卒墓所。妻徐亦称孝谨，有司旌之曰“纯孝”。

鲁至亮 旧志《戚畹》：住寺巷，尚江西益王平石郡主。

姜　照 易僦之撰《姜晦之墓铭》：字晦之，别号云石，世为嘉湖里人。生七岁而孤，鞠育于寡母杨氏，备尝艰苦。十五始就学，十八补博士弟子员。事寡母以孝，承颜顺志，循理罔怫。方泉　赵公高其行，延居宾席。及母卒，营葬结庐，读《礼》三载，乡里重之。立教以实行为先，居家以孝弟为训。卒年七十有一。

杨　魁 《康熙续志》：字元之，号黼山，居定水华沧，以明经为武学教授。历学正，即条陈《太学六事》，又尝以《靖浙事宜十策》及《防汛之策五》《积储之策八》致当事，穆宗敕谕有“立言以开德，足为人师”之褒。祀乡贤。

姜宗望 《康熙续志》：号渭川，性慈祥，动履不苟，尤善奖后进。隆庆庚午，举于乡，历知濮州。岁歉，活饥民甚。再知沅州，夷獠怀之。

郑　忭 《康熙续志》：字汝敬，号东里，宪副长子。性英敏，涉笔千言。判邵武，革仓羡，清盐窦，活叛民，多惠政，平海寇。曾一本叙功预朝赏。家居，置义学、义仓。所著有《发莞集》。孙世熙，登丙午乡荐。

姜尚宾 旧志：字肖谷，凤林人。万历时岁贡。初任海宁教谕，迁河南归德府教授。其由海宁去官，邑人士惓惓于怀，作去思碑以记德。

【旧志陈杨明记云】方今智愚共治，利钝聚域，鼓铸抟捥，俾顾化无败群，重在守令乎？师表乎？读《周官》设庠序，联师儒以离经辨志，阅三载而知类通达，然后可化民成俗，师表实藉令功半矣！杨明奉天子命，治海昌，窃有志兴教化，自揣无文翁武子之德，约结未遑，居常深念曰：“安冀得如苏湖，共冀重肩？”下车，接广文诸先生，皆有道仁人也。辗然，姜君肖谷尤端正朴谨，大是葛天，骤之而木鸡乎？杜德机乎？徐之而金相玉质乎？习处狎主，扣之而腹笥武库乎？暇时与长水李君云麓倡和春深词，汪洋洒瞀，吾惊怖其言如江河之无极乎？有诗籍行于世，惚恍貌沈宋，其谈经折理，摭古抽今，言言入元，听者解颐。木樨风传，玉麈挥指，不啻生公说法，参证无上法门，石自点头也。渊源家学，盖不虚云。立身严，竖坊表，以礼义名教为宗，多士心仪之，被于海昌，浸浸化漓为淳，剪却昔日难治声。夫学校有师表，贤士之关众庶所风也，不模不范，士奚则焉？士不率，则民其颇矣，守令即日绳三尺、鞭其后曷益？是师表大有裨我吏治也。予沾沾私自喜，藉手报命矣。主爵廉君善状，超擢河南归德府授。河南古中都地，盛衰关天下治忽，非得君模范不可。归德者，意取归有德也。显标有德，以公之天下，海昌人士安得私之？予亦安得私之？余今有入觐之行矣，三年奏绩，无寸善可自述，恃有君师表在。倘主爵者询及君德行文学何似？可以速肖海昌人士乃尔，予将昌言之。计且宠以蒲轮，征三老五更，裹智愚利钝，入大炉锤中，化民成俗，岂局在海昌，局在中都地？诸士去思，转自辗然，奚独余哉？因诸士请，记之石。姜君讳尚宾，字用光，别号肖谷。浙衢之江山人。

毛邦贵 《康熙续志》：字德衢，住安和坊，以战功累官至山东总兵。

周　柏 徐霈《周子墓碑记》：字国良，春宇别称也。五岁即颖异，通词典；十岁受《大戴礼》。稍长，好先秦文字，博通诸子、史，长于诗骚，善声律，精古名家书法，梓有《墨林辨体》。尝游武林，登丁野鹤亭，咏五言绝句，观者甚异之。有草老子

《道德源经》，勒于三茅宫。好寻名山古刹，多所遗翰，以鼓琴草书自适，孝友廉恭，吐词见道。

王士参 旧《浙江通志》：正统间人。岁饥，士参输谷一千二百石助赈。有司以闻，赐敕一道，免差役三年。同时有徐庭立者，亦输谷千余石助赈，诏免差役。

赵 桧 《两浙名贤录》：字廷坚，号一斋，负气节，博学能文。母周尝鬻钗遣就学于数百里外。既归，母流涕语桧曰："吾始可见若父于地下矣！"隐居养母，终身不仕。

徐 福 《康熙续志》：徐盛之子，天顺己卯举人。有学有守。分刺衮州府及福建都运盐同知，所至，公忠勤慎，历除弊政。致仕，布袍草履，贫终其身，士论高之。

陆 和 《两浙名贤录》：县人。以进士任监察御史。巡抚中外，凡九年，力持风教，所至百司戒饬。立朝抗疏直言，甚裨治体，京师号"小铁面"。

汪金恩 《两浙名贤录》：字天锡，以进士主政刑部，历员外郎中。知桂林府，时土番干纪，屡挫官军，当事议抚。金恩曰：小夷陆梁是不一大创，则朝廷声教将有不讫于远者。前委用非才，以致挫衅，奈何因噎废食乎？当事即以檄委之。金恩乃练精锐，授以方略。适大雾连日，乘雾衔枚疾走，令勇士数百人攀附而上，据险焚其林箐，鼓噪而进，连破一十八寨。当事上其功，刘瑾抑之不叙。转知凤阳府，勒令致仕。归时饶寇抢劫，力赞县令为立城池，邑人赖之。旧通志载，金恩登弘治三年庚戌科钱福进士，作开化籍。

周 铉 《康熙续志》：读书有武略，剿乡寇有功，授本县尉。

何 郁 《康熙续志》：字尚文，襄阳太守，以迟军饷，谪京府治中。未几，投闲林下。所著有《金陵杂集》《山居疏草》藏于家。

周　任《两浙名贤录》：县之镇安人，与弟积师事章文懿公，讲明理学，潜心体究，登弘治乙丑进士。预修《孝庙实录》。时逆瑾用事，诱以殊擢，不听，乃补莆田县令，升刑部主事。武宗南巡，陆震以直谏下狱，抗疏救之。后出守梧州，地方多事，以劳瘁致疾，卒于官。平生师友，尽一时名贤，如王阳明、夏敦夫、魏庄渠，讲明理学，务求真是，其欲追古圣贤而后已。著有《元峰集》藏于家。

周　积《康熙续志》与《乾隆志》：字以善，号二峰，居镇安。天性诚笃，潜心理学，专务实践，动准古人。师事枫山，受《易》蔡虚斋。膺乡荐，复师阳明。嘉靖丙戌，谒选授南安推官，有古循良风。阳明征思南，班师得疾，薨，积躬亲殡殓，心丧三年如一日。升知沅州，迁德王府长史。逾年，致仕归。性喜讲学，晚年矫其弊曰："为学如治病，学不身体力行，是徒讲药方类也。"其友王龙溪谓曰："君于枫山得其旷，于虚斋得其博，于先师得其立诚之旨，可谓性道有闻者也。"著《读易管见》《启沃录》《二峰摘稿》诸集。历仕皆有惠政，民立石颂德。从祀乡贤。

【王守仁序】江山周以善，究心格物致知之学有年矣。苦其难而不能有所进也，闻阳明子之说而异之，意其或有见也，就而问之。闻其说，戚然若有所省，归，求其故而不合，则又迟疑者旬日。如是往复数月求之，既无所获，去之又弗能也。乃往告之以其故。

阳明子曰："子未闻昔人之论弈乎？弈之为数，小数也。不专心致志，则亦不可以得也。今子入而闻吾之说，出而有鸿鹄之思焉，亦何怪乎勤而弗获矣？"于是退而斋洁，而以弟子之礼请。阳明子与之坐。盖默然良久，乃告之以"立诚"之说，夆然若仆而兴也。明日，又言之加密焉，证之以《大学》；明日，又言之加密焉，证之以《论》《孟》；明日又言之加密焉，证之以《中庸》。乃跃然喜，避席而言曰："积今而后，无疑于夫子之言，而后知圣贤之教，若是其深切简易也；而后知所以格物致知，以诚吾之身。吾喜焉，吾悔焉。十年之攻，徒以敝精神而乱吾之心术也，悲夫！积将以夫子之言告同志，俾及时从事于此，无若积之底于悔也。庶以报夫子之德，而无负于夫子之教。

居月余，告归。阳明子叙其言以遗之，使无忘于得之之难也。

周文兴 《分省人物考》：字用宾，正德三年进士。甫登第，即疏疾乞归，读书于江郎山中。八年，部檄促之，起为刑部主事，历官鸿胪卿，屡起屡退。特越次迁之，得至列卿。嘉靖十六年，恳章致仕，爱杭山水之胜，筑室清平，寄思尘埃之外，与人交，乐易无城府，元言高论，意豁如也。总督胡宗宪表其里曰"高士坊"。

郑　骝 《韶州续志》及《乾隆志》：字德夫，号鹿溪，居协里，登杨维聪榜进士。醇和笃至，喜怒不形。学以立诚为宗，参解良知而立诚欲透。王阳明于《归省序》，以任道相期。嘉靖十二年，知韶州府，宽和乐易，大雅好名，民畏爱之。掌校各庠，士拔其尤，收于明经馆养之，择文学师之，立考德问业簿，以稽勤惰。历云南副使，从征安南，有功预赏。韶祀名宦，邑祀乡贤。

【王守仁赠归省序】郑德夫将学于阳明子，闻士大夫之议者，以为禅学也。复已之，则与江山周以善者姑就阳明子之门人，而考其说，若非禅者也，则又姑与阳明子亲听其说焉。盖旬有九日，而后释然于阳明子曰："释与儒孰异乎？"阳明子曰："子无求其异同于儒、释，求其是非于学可知矣。"曰："是与非孰辨乎？"曰："子无求其是非于讲说，求诸心而安焉者是矣。"曰："心又何以能定是非乎？”曰：“无是非之心，非人也。口之于甘苦也，与易牙同；目之于妍媸也，与离娄同；心之于是非也，与圣人同。其有昧焉，其心之于道，不能如口之于味、目之于色之诚切也。然后私德而蔽之，子务立其诚而已。子惟虑夫心之于道，不能为口之于味，目之于色之诚切也，而何虑夫甘苦、妍媸之无辨也乎？”曰：“达则五经之所载、四书之所传，其皆无所用乎？”曰：“孰为无所用乎？是甘苦妍媸之所在也，使无诚心以求之，是谭味论色而已，又孰从而得甘苦、妍媸之辨乎？”

因郑德夫还江山，遂书以为赠。

姜　梁《康熙续志》：字子方，号电山，资禀聪慧，博洽强记，饶有傲骨。登进士，授合江令，多惠政。历任平乐守，凡不便民者，辄力争。与当道不合，遂弃官归。

徐　颛《天启志》：字世张，汝舟曾孙。事亲爱敬笃至，父殁，哀毁为礼，蔬食三年。妻毛氏，亦化之。

毛　栋《天启志》：字本材，镇安人，粗通书史。事亲以孝。闻父母殁，哭泣几丧明。既葬，结庐墓所，终丧三年。乡族以孝称。

何　伦《分省人物考》：字宗道，天性至孝。居父忧，哀毁逾礼，事母尤曲意承颜。家虽贫，甘旨不缺，衣服必备。或营办不足，辄贷于人，曰：“不若是，不足慰吾母心。”及母亡，殡殓遵古礼，疏食三年如一日。丧毕，犹不释服，不入内，乡饮亦不赴，曰：“吾亲在浅土，吾其忍乎？”郡守李公，县尹刘、黄咸贻之葬赙。对使者拜受于家，终不造谢，曰：“吾罪人，不敢至公庭也。”贫失学，二十七始发愤读书。初从阳明先生讲学于越，既而复从王龙溪、王心斋、薛中离诸公游。晚年复拜甘泉先生于南都。及归，充然有得也，日与西山、东溪诸公切劘以终其身。一夕，盗入伦室，窃器物而出，伦觉其人而不呼，将取釜，始言曰：“盍留此，备吾母晨炊？”盗还其器物，大声曰：“盗孝子者不祥。”自是其人不复为盗。县令黄伦表其庐，曰“孝子庐”。

赵　夔 《两浙名贤录》：字舜臣，世家县之文溪里。童儒事亲，即知承颜顺志，凡饮食，必后父母。父母怒，则负罪俯伏，必豫亲而后已。弱冠，补邑庠弟子，时奉学规，终岁必官斋肄业。念违定省，辄垂涕泣。尝乞暇归侍父母，强之就途，中道而返者数四。比至庠，泣如初，当时称为赵孝子。以岁贡试训高邮。未几，母死，哀毁骨立。服除，补兴化平海卫学。致政家居，尝以“宁静”名其斋，弟子称为静远先生。祀乡贤。

徐　琪 《康熙续志》：字献夫。父年四十患疮毒，昼夜扶掖，汤药必亲尝，衣不解带者数年。及卒，哀毁尽礼，家道致中落。有仲兄，不解事生产，琪解衣推食无倦容。后其兄被诬，拟充戍，琪挺身救之，得解脱。生子霈，历官至左布政，人称为孝友之报。

璩伯綵 徐霈《孝子传》：县人，世居陌市城南。随父任至郧阳，父感疾，焚香吁天，祈以身代。父竟不禄，哀毁异常，扶榇归家。贫甚，南乡夹流之间，构屋数间奉母居之。躬耕执爨，不惮艰苦，凡母所欲，靡不给。妻拂母意，即出之。母覯危疾，吐痰盈瓯，伯綵私取吞之，曰“痰宁病我”。因引乃割乳并刲股焉。弟伯缙亦刲股煮粥糜以进，疾果愈。后十余年，乃卒，伯綵哀毁，庐墓侧三年。有芝草生墓旁，乡里称叹。县令黄北山，匾其门曰“孝子”。太守王公题曰“行孚乡里，孝感神明”。

毛伯温 旧志《丛谈》：字汝励，世居县之长台乡大罗村，后徙吉水，以进士起家，官至右都御史、兵部尚书。嘉靖十六年春，奉诏督师征讨安南，上嘉其勇，赐诗章以褒之，事后，论功加太子太保。卒谥“襄毅”，葬江西。

毛　潮　旧志《戚畹》：西山下人，江西乐安王仪宾。

徐　霈　《康熙续志》：字孔霖，号东溪，居市后。师事阳明，独契良知之旨。任给事中，尝劾大臣争竞，复为疏救曾铣，受廷杖。既而视学中州，所拔皆知名士。升东粤左藩，引疾归，筑“东溪讲舍”，集同志讲学，多发宋儒所未发。年九十，好学不倦，士林翕然宗之。著有《东溪文集》。祀乡贤。

【乞原曾铣疏】奏为边臣妄举，冒犯天威，乞赐辨明心迹事。

近因套贼出没，抚臣欲自花马池迤东定边，起营至黄甫川一千五百里，接修墙堑，以固边防。计人夫二十万，财用二百万余两，期以三年完工，财力浩大。矧雨旸之不一，人夫之逃亡，恐修筑未几而寇来冲突，不如一举荡平之为愈也。

总督曾铣建议，欲大发兵粮为复套之举，以除祸本。计用军马六万、枪手三千，造如意战车数百乘，联结而进。坐则为营，行则为战，器械火炮布列于上。行粮草料共该二十五万正，驮马匹牛驴几于九万，计程九十日，其用费大略与修筑造墙相当，其谋亦善矣。

臣据《兵法》：“十则围之，五则攻之，倍则分之，敌则能战之，少则能避之。”今贼据套积百余年，生长蕃育，动称十万。秋间，每一入寇，备西则击东，备东则击西，吾兵分布捍御之不遑，况欲直捣其巢穴乎？驱六万之兵入沙漠之地，彼逸而我劳，彼静而我动，欲坐收胜算，难矣！况三军未动，粮草先行，兑运本色，则疲于陟远抄掠之难。赍折银两，又罹于得食饥乏之苦。且精兵尽抽于三边，不无顾此失彼，胜负求逞于一掷，抑岂善后良图？故庙堂之谋议方兴，朝野之诽谤迭出，何足怪哉！

陛下赫然罢兵，拿回曾铣，可谓明见万里矣。然铣谋未臧，而其心则可悯矣。岂不以套寇盘踞巢穴为边境患，若一举荡平，复汉唐之故地，省八万之粮饷，不亦可快耶？其罪在好大喜功，非徇私以诬国也。陛下诛其迹，悯其心，罢之可也，谪之远方可也，加之以不轨则过矣。自后黠寇陆梁，谁肯奋身为国当事乎？

先年，名臣杨一清总督三边，尝曰："兹欲复守东胜，使河套之地归我耕牧，斯为上策。顾力有所未能，若整饬边防，休养生息于数十年之后，东胜未必不可复。"即今财力殚弱，太仓无终岁之储，铣乃轻举妄动，如此不亦狂耶？陛下斥之当矣，但其心亦欲为国当事，有可悯者。昔郦食其欲挠楚，权请立六国后，汉祖曰："善！"趣刻印。及闻留侯之言，吐哺而骂曰："腐儒几败乃翁事，趣销印。"夫刻印未几，而销印随至，其怼郦生甚矣！然不以其罪罪之者，顾其心非有他也，但谋之不臧耳。今铣倡复套之议，亦口谈而已，未及交锋败北，是亦郦食其之类也，谓之腐儒可也，何足道哉。

陛下德包天地，明并日月。凡含灵蠢动之物，莫不妪育于生成之内，矧一夫乎？若怙终贼刑，奸犯天宪，罪不在赦。至于一举之失，一动之愆，容其洗濯自新，稿死于黄馘之下，是陛下再生之恩也。海内之士闻风兴起，莫不攀援而来，奋迅激昂，求报明主于万一。是宥一人而千万人悦矣，圣王鼓舞臣民之术，不在兹乎？今铣被系狱中，群臣震惧，以为必死者，以其不量力也；犹庶几于不死者，幸有陛下之仁也。臣待罪言官，乃昧死言之，以蝼蚁之命，犯雷霆之威，亦恃陛下之仁耳。席藁私室，无任殒越之至。

王修易 《乾隆志》及旧志：西山下人。嘉靖时贡生，官学正。为人耿直清介，不附权势，平日以学问气节自励。督抚闻其名，招之讲学，不轻赴，人服其有节操。与徐霈同学，早游阳明先生门。日讲良知格物之学，耽于道腴，淡于荣利，学者称为西山先生。

【附致毛恺书】：辱公手教，皆出自肺腑，诵之如见颜面，感慰感慰。生碌碌尘土，汩没日甚，如公高明，无缘一晤，以开鄙怀。但暇中每阅内典，翻觉直指吾人心性本体处，较南宋诸儒似更分晓体验，与此心尤为契合，恨未得与公面订耳。承示改驿之事，恐未递行，但吾邑既贴广济草萍，则诸凡过客及客兵，自不得取道吾邑，生当驰书于闽浙按院，彼此俱禁，南不得自浦城而出，北不得自吾邑而入，庶几一分之宽亦一分之惠耳。向庞按院出京时，生亦曾面与之言，至所开均徭、粮理、库役诸弊，俟新选大尹，当备讲之，不敢负所告也。

林文琼《乾隆志》：号阳溪，县人。与徐霈同学。富于学术，亹亹千言，贰南陵，士论翕然称之。

何　鉴《乾隆志》：号五竹，与徐霈友善。由贡途补广昌，曲为陶铸，多所成就。旋振铎南阳，遭谗而归。讲学文溪之上，霈引为同志之助云。

何　浚《康熙续志》：字哲夫，号宾峰。髫岁即自端趋向，父母欲令事生殖，笑曰："择术于儒，素愿也，下此，则庸庸耳。"遂学《易》于郑北园、章枫山两先生之门，又得唐渔石、周元峰丽泽相资，故其学有体认之功。后为建阳司训。至即清理学田，兴修废坠，作新士气。未几，声震遐迩，讲下诸生多底成效。

朱　夏《天启志》：号华山居士。弱冠入成均，私淑阳明，潜心理学。王龙溪、李见、罗雅重之。著有《明德楼稿》。清嘉庆十五年，与通渭知县姜继成同祀乡贤。

郑　悟《康熙志》：号思溪，副宪骝少子。时称长者。居官有文教。子国望，戊子经魁。殓关侍御杨不殚，千里载柩归，士论义之。

姜继成 《康熙续志》及旧志：号绍峰，居礼贤，侨寓武林。倜傥好义，重然诺，赒给借贷累数千金。恒折券弃负。晚任通渭丞，摄邑篆，多惠政。清嘉庆十五年，与太学生朱夏同祔乡贤。三子：长启元，辛卯亚魁；次启望，次汉宗，俱有声庠序。

徐八士 航头人。生未满百日，母卒，赖女仆小梅娘，弃其亲生之雏，乳哺长成。八士完婚，奉梅娘为母，梅娘亦始终守义而不去。梅娘死，以母礼葬之，极尽其哀。堂兄三秀，好博，家产荡尽，时以银米之。病卒，八士殓殡如礼。秀止一子，为之婚娶，留养于家，终身不出怨言。

王允德 《康熙续志》：号可斋，住三卿口。例授指挥佥事。倜傥慕义，散金赈助，尤好结客。副使许君赠以"阃外散将军，山中闲宰相"之句。

毛　通 《康熙续志》：住县前。素有才干，遇公务必先往投。运粮如期，县官给以冠带。

徐必达 《康熙续志》：字去闻，居市后。自幼颖异，博极群书。补庠饩，试辄高等，诗、古文辞各臻其妙，间作小画，俊逸绝伦。早世无后。著述散佚，士论惜之。

王　瑾 《康熙续志》：字公瑾，究心《易》学。家庭以孝友相先，四子俱列胶庠。少子懋学，尤称白眉。孙光祀，中戊子解额。

徐廷言 《康熙续志》：字恂如，郡庠生。幼失怙恃，鞠于祖母王、继母姜。时姜仅婚半载，守节终身。廷言感二母之恩，集四方士歌咏之，梓曰《淑纪》。居恒，以不事父母为恨。捐租于祠以飨之。

周　科 《蔡英东轩集》：字九思，风林人。以孝闻。邑令张公旌其门，曰"奖孝"。司训蔡蕃宣见其旌额，为制主入忠孝祠，更以“懿行必彰”四字额其闾。

胡尚宾　旧志：住石门庄。早岁父殁，母矢志守节。尚宾天性和顺，朝夕奉侍，能得欢心。母病笃，尚宾吁天哀告，割股调药，病竟痊。母卒，哀毁尽礼，尤异寻常。

毛公器　《康熙续志》：住北门。孝行纯笃，父殁，庐墓三年；母殁，复庐墓侧，朝夕哀号，有乌鸟驯绕于墓，人以为孝感所致。有司上其事，榜曰“孝子之门”。

周延熙　《正德志》：隐居读书，建义仓，辟义塾，施药与棺，乡人德之。其祖灿世敦义让。延熙好义，人称有祖之遗风。

徐从吾　《乾隆志》：幼抱至性，有财悉以公众，殚力以奉甘旨，叱咤之声未尝及童儒。妻郑氏，相敬如宾，亦能尽妇道。宗党甚繁，有富且黠者相构讼，为之处分，服其忠信，久之自悟，其他唇齿，皆以言解之。

郑仕昱　《天启志》：造浮桥，善解纷，推余赈，族经火者四，不焚其庐。

徐　惠　《康熙续志》：字子仁。抚孤恤寡，一生无靳色。其田为豪强势僭作圳，毫不与较。邑侯薛鸣宇优以乡饮介宾。

应文朴　《天启志》：一生周急、解纷、助婚葬，士林嘉之。

毛宗仁　《天启志》：宅心醇厚，散财周匮，乡评称义。

徐永明　《天启志》：务实好义，凶岁卖田煮粥赈饥，化息强掠。

姜　睿　《天启志》：亦作璿，与弟姜让同心。让义买地葬贫，赈贷焚券。

蒋宗明　《康熙续志》：兄弟敦睦，房无私蓄，四世同居。

徐九皋　《乾隆志》：字汝声，邑庠生，以孝友闻。好为人解纷，必两服而后已。教子日葵，悉由口授。祖璘、父以明，皆有善行，咸称世有阴德云。

徐伯美 《乾隆志》：字日嘉，方伯霈之仲子，入太学，补光禄监事。己丑，捐数千石赈饥，诏建坊嘉其义。卒年八十有三。

蔡　仪 《康熙续志》：住南门。性孝友，生平每事退让，不与人较，尤好施予。邑有大役，如筑城、九清桥、凝秀塔皆捐资助工，群称长者。孙应显，令新平，悉心爱民，一钱不取，士民共尸祝之。

王　立 《康熙续志》：住金街巷。负才识。余公一龙建议筑城，分段督工，独如期竣事。建塔助工，输粟赈钱，余公甚礼重之，赠以诗。

徐　宪 《乾隆志》：住北门。性狷介，硁硁不失尺寸。抚孤侄，岁积羡金，封识无私，宗党称之。

郑　杞 《康熙续志》：号前山，住市后。乐善慕义，采石铺通城街道。后生孙，遂名街。

胡　敦 《天启志》：字孟文，性纯厚。邃于经学，为文近古，尤善楷书，领乡荐，为国子助教，四方学者宗之。有文集行于世。

璩一桂 《康熙志》：字惟馨，号霁阳。孝友，工古文词，四方从游致通显者甚众。万历乙酉领乡荐，或劝之仕，谢之曰："远涉违养，非吾志也。"终母寿，未几而卒。所著有《燕山遗稿》。

何世忠 《康熙续志》：住大夫巷。母患羸疾，躬奉汤药，茹素吁天，七年不倦。母病愈。又数年卒，居丧如礼。事后母孝养益虔，有司屡给粟帛。

蒋绍祯 《乾隆志》：字瑞芝。年六岁失父，家甚贫，母王氏苦节抚养成立。屡遭家难，委曲调护。母卒，庐墓三年，宗党称之。

徐世禄 《康熙续志》：伯知仲子。率直无伪，兄弟友爱，终身不析产。弱冠丧偶，不再娶，躬执爨四十年。鞠养二子成人，列青衿，府县俱宾饮，并赠以冠带。

何允秋　《乾隆志》：住大夫巷。承父志，以千金产分让诸叔，自甘淡泊。屡请乡饮不赴。子梧、栋，以明经显。

徐　溢　《乾隆志》：住西门。父病，割股调药。父瘳，人谓孝感所致。府县屡奖。

王道光　《乾隆志》：字孚卿，住景明巷。父兼济，卒官邸，匍匐奔丧，结庐墓所。事后母孝敬弥谨。生平笃友谊，好施予。

柴荐禋　《河南通志》：字德馨，丙子乡荐。崇祯间任洧川令。抵任不数日，流寇猝至，城陷被执，不屈遇害。祀乡贤。

何一栋　《乾隆志》：住大夫巷。由拔贡应部试第一，选授诸暨训导。笃学，工书法。士作《有斐集》美之。升太仆寺丞。

徐日葵　《乾隆志》：字叔向，号藿心，世居南门。捷南宫，补刑部郎。值魏珰窃政，以鞫刘铎狱，忤奄廷杖。缇骑集门，虑母年高，举止自若。得旨，谪外。珰败，赐还。又以直言，谪迁大理寺副。卒于官。《天启志》乃其手定。

柴国楹　《毛默笔记》及旧《志》：字圣瞻，为崇祯朝中书舍人。家资巨万，永历元年丁亥，与永丰进士俞墨斋，就二十七都坑口起兵。戊子元旦，密约总兵姚志卓之弟姚义，同时入城，猛攻县署，守土官史士僎逾墙遁。防弁任某，督兵巷战，国楹败去，姚之旧隶标官赵三被杀。四月间，北兵进剿，国楹就擒。解省，临刑赋诗，大有慷慨捐躯气象。邦人谈其事者，至今犹壮之。

第五节　清

王卓儒　《康熙续志》：字岸子，住西门。好学能文，垂髫入泮。好与名公巨卿游。武林陆丽京以避仇，挈家寓其地。后事解，致书谢之。若曹秋岳、范文白辈，皆赠以诗。数奇不偶，早卒。

徐元选 《康熙续志》：字太白，东溪方伯曾孙，恩贡生。慷慨急公，有声黉序。邑自明以来二百余年，有南粮之累。顺治初，衢属四邑士民公吁请厘积弊，于是均摊于田亩，累始免。江邑狃于故常，无人出而请命，元选毅然独任其事，呈经驳查数次，始获一体遵行。

余　锡 旧《府志》：字九如，号舟菴，西安人。祖国宾，江西布政使；父敷，举人，知东流县。父卒，遗命赘徐日葵家，乃附籍于县。膺顺治十三年拔贡。

金应祐 《康熙续志》：号仁菴，原为定远人，顺治三年随军来县。康熙十八年，以功补湖协副将。子四：长之振，府庠生；次之捷，己卯科武举；三之抃，加职守备；四之抡，癸巳武进士，选侍卫。

周　璠 《康熙续志》：字鲁玉，号静虚，住秀峰。天性孝友，励名节而甘淡泊，酷喜读书，且工行草。邑令佟国琪优以乡饮酒礼，以"初筵长德"旌其庐。学博钟定以"乐善"奖之。

姜启元 《康熙续志》：字长卿，顺治戊子拔贡，辛卯举于乡。性刚方，人不敢狎近。生平嗜古博学，行文浩瀚奔放不可羁。以疾卒于武林僧舍。

姜厥美 《康熙续志》：字俊生，增广生，性孝友。顺治丙申，父为九仙山贼所执，厥美奔救代，贼感其孝，释之。有兄子，早孤，亦被执，厥美尽变家产赎归。寻卒，得遗腹男。厥美先有弟亦早亡，其子甚幼，俱抚养之。

周公瑾 《康熙续志》：一名玉，住秀峰。千总平青草塘魏寇之乱，录功，札授守备。

徐延庚 字友白，茅坂人。庠生。甫三岁，遭顺治壬辰之变，母死于难。稍长，联同被难之家立报恩会，每遇忌辰，延僧追荐，哀号万状。父病笃，汤药失效，情极割股和药以进。孝闻乡国，臬司以"孝行可嘉"颜其庭。子进珊，亦以孝闻。

朱秀孺 《康熙续志》：字遴子，幼习举子业，遭闽乱，辄究心韬略。父母早世，恭于兄，终身不析爨，以赢金置产，悉分诸弟。设塾延师，训宗人之无力者，几三十年。尝路拾遗金，俟其人而还之，勿问姓名。嘉庆十五年，与明太学生朱夏通、渭县知县姜继成同时请祔乡贤。

姜亨肇 《康熙续志》：字会侯，以气谊重闾里，好与贤士大夫游。邻邑尝大饥，乞籴者阻于禁，亨肇列五病，请开米禁。力持公论，人竞义之。著有《碧梧楼稿》。

【上朱梁父书】邑乘者，将以悬之国门，垂之久远，使天下后世知所劝惩，大事也，公事也。今师台仔肩盛典，任劳任费，固将与方策并传不朽矣。但文庙一件，杨公实与有力焉，今削其名，是以一人之私隙，而没千万人之公议也。道路闻之，人人骇愕，而未尝有一人向师台言者，以为事必无成，终当改易，故隐忍而不发耳。古人云：防民之口，甚于防川；川壅而溃，伤人必多。师台可不思其故乎?

至于补载各传，尤宜详慎，刻不刻，自有机缘，何足介意。昔余恕庵矢公矢慎，可质鬼神，偶以徇一己之私好，为万公立传，至今罪之，以为口实。后之视今，亦犹今之视昔，可不畏哉?

夫犯颜者，事君之道也；无隐者，事师之道也。肇不才，幸侧门墙，而师台饮食教诲有逾君亲，又奉命校阅，故知无不言，言无不尽如此。伏惟垂鉴，幸甚幸甚。

柴　炜 《乾隆志》：住塘头巷。康熙己酉拔贡，任教谕。为人才豪学博，工诗、古文词。所著有《秋晓堂》诗文二集。

毛玉郎 《康熙续志》：庠生，际飞之子。勤俭积善，岁饥，尽出其粟以赈，远近辐辏，玉郎至日昃不遑食。病革，以积岁贷券，命其子一清付诸火。一清凡父意所欲为，皆惟恐或后。洎卜葬，有周姓者尝受其父赒，并其值勿取。邑大水，坏庐墓，积骸破柩不胜计。一清募夫择隙地瘗之，费无算。邑侯以巡抚命，绰契其门。

【宋俊 毛玉郎传】 衢有支邑曰江山，有群推为善士者，即郡侯所旌诸生毛一清云。邑以四姓擅名，而县前毛为尤著，有所谓毛老官者，小字玉郎。及其长，以字行，则一清父也。郎父际飞，有声黉序。至郎而家世中落，尝以雪夜往投其戚，拒勿纳。而巨室某，见郎之行履，阴识之，贷以资，俾为什一计。会当兵燹后，市物无定形，郎挟陶猗之策，辄大售，遂悉偿所负，而以其赢命一清，曰："是天之所畀也，非人力之所能致也。盍以其余赡不足乎？"清奉命唯谨。于是，赈贫乏、恤孤独，壮而弗克娶者助以资，丧而弗克殓者给以槥，卖儿贴妇者，赎而归诸里。缮桥梁，置义渡，施衣药，凡郎意之所欲为者，清辄遵之唯恐后。如是者有年，而邑遭大祲，郎乃指其囷曰：盍舍诸。于是，计口而授粟，无远近。有不至，至必如其数而后去。而旁邑之告饥者，且麇至矣。粟既近，以九府权其值而予之。而户外、而里门，负戴者趾相错，父子摒挡无虚日。或至竟夜不遑食，而郎缘是而委顿矣。疾既革，手一箧以授清，曰："此积岁贷券也，吾雅意不欲存，而诸人强委之去，盍返诸？"清则泣应曰："唯付诸火。"时康熙乙酉年事也。

洎卜葬，石门有周姓者，尝受郎赒恤无倦容，请以所有业为安厝地，合诸青乌家言，乃大吉。清欲成父志，复以五十金酬之。既泐券，微闻周之祖茔在其下，乃大惊，遂折券并其值勿取，更卜吉于蚱蜢山，丧葬一准诸礼。古人所称三年无改者，不图于今日见之。

戊子秋，邑大水，坏庐墓者不胜计，积尸破柩，荡滴于狂涛骇浪之中。清则募役夫，迹诸野，择隙壤而瘗之，费无算。其行事类如此。庚戌，大中丞黄公以旌善之典，檄郡县拔其尤。于是，此邦人士以一清行谊陈于学，遂自邑而郡，核其实以报。闰月吉，郡侯具绰楔，遣幕员下其帖，以羊酒旌为善士。八月朔，邑侯以中丞命赍羊酒，导以音乐，绰楔其门，而邑侯羊酒、绰楔亦如之。是日也，观者动色，听者传声，即贩夫村妇，莫不啧啧道路，曰："毛老官之子，真为善士矣哉！"

毛兆镆　旧志：清漾人。领康熙辛卯乡荐，任山西猗氏县知县。曾州役烦税重，有地亩草价，有油房磨课，有军屯民屯，银每两加耗二钱五分，粮每石加耗二斗四升，约计岁输万金，尽为除去。蛮俗好讼，积年巨案，多有未结者。积牍中，有张青以弑兄坐死、李氏以杀夫论剐，查对尸格，止有心窝两拳，详请再检，别无伤痕，细加研鞫，始知心仇所捏。前官以赂，颠倒之。州治番夷杂处，刑钱皆土司掌管，家家具有弓刀，动辄斗狠，积习已久。乃亲临番洞，迪以诗书，不一年间，番民以弓刀纳于库者数十万。去之日，各司皆率属跪送界口。

黄　瑞　旧志：秀峰人。总镇大谋胞侄。乾隆庚子恩科武状元。历官至长沙协副将，旋署宜昌总镇。教匪陷当阳，身经十余战，所向披靡。当阳城复，贼中所获男妇，方议尽屠，瑞设策调置，生活万余。后即以总兵升用，赏戴花翎，又蒙赏荷包二次。

毛秉刚　旧志：字炼西。幼失怙恃，伯父母抚养成立。长，善骑射，登乾隆己酉恩科进士，筮仕云南，征剿黔楚逆苗。年余，奏平，赏戴花翎。川、陕、楚三省教匪滋事，奉调移师剿捕。前后打仗二百余次，深入苗疆，擒获首逆。十余年间不离鞍马，勇而多谋，身先士卒，故所向克奏肤功，由侍卫历官至广西右江镇总兵，署广西提督。因苗疆之役，受瘴气，抱病旬日而卒。诰授“武显将军”。

毛　鋑《文溪书院新置田碑记》：邑前人。敦气谊，重然诺，豪骏亢直，人所难能。家非饶裕，而邑有善举，皆倚鋑以办。无论贤愚、识与不识，无不知有毛先生。乾隆四十一年，文溪书院置万青山庄田时，其出力最巨。

【新置田碑记】知县宋成绥《万青山庄田碑记》云：从来善作，不必善成，非事势有必至，人心不足以持久也。惟守之以诚，精明强干者为能积久而不弛。文溪书院经始于宋君云会，廓而大之，则雷君士佺，断归讼田，弦诵有资，蕆成在余。

经画既定，众善佽助，则毛君鋑实专主其事焉。弗制以官，弗扰以吏，以邑善士所出以善邑士。立法善，已然而为之，甚难。田亩不一其处，佃户不一其人，出纳不一其期，催收谷硕，担运崎岖，雨霖日炙，疲苶已极。脱遭歉岁，更逢敝户，时绌举赢，先事之谋，倍劳心力，故短于才者不能为，有才者亦不肯为。而毛君则不惮为之，不特仍岁无乏，且谋所增益以补不足，使更为之数十年，其规模又当何如哉？

夫力出于众则易成，事归于一则不紊。毛君约丰歉之通而为之计，择人而分其劳，铢金粒米无敢私，故一切经费月要而岁会，必核其实，盘餐供顿出诸君厨，婢仆执勤奔走给使如家事，故用不滥。盖惟其好义之诚，果于自任，不避怨嫌，而一出于公正廉洁，故能始终如一也。

毛　嶅　李因培《立斋先生行传》：字立斋，性伉直，操守犹廉。乾隆甲戌，任北城兵马司正指挥，境内肃然。秩满，授云南晋宁牧。晋宁当滇东孔道，民苦差役，立斋莅任，一切夫马不累民间，凡百庶务皆不假他人手。时至庠序，激扬清浊，士子以此争自濯磨，文物之盛，至今犹感毛州牧作人之力。有某姓讼墓地已积数任矣，立斋为详定界线，一丝无误，人称为神。

【李因培　毛嶅传】自来吏治，惟汉最为近古，然前汉所载循吏仅六人，后汉所载则十有一人而已。何政治之卓卓，可纪者鲜也？乃观我老父台立斋先生，非所谓古之循吏欤？

先生自乾隆甲戌授北城兵马司正指挥，留心弹压，境内肃然，时谓北门锁钥，非公不可矣！既而秩满，升授云南晋宁牧。晋宁，余父母邦也，公莅任，家属不携，只以一子一仆自随，视当年清献入蜀，其清风不几与俦耶？且晋地当滇东孔道，民苦差役，自公下车后，大宪往来，一切夫马未尝累及民间。而有勤于听政，庶务躬亲，并不假铁客莲宾之手。暇即亲至庠序，激浊扬清，俾士子争自濯磨，至今文物之盛，犹感公作人力云。

然而，公之德化尤有神者。曩余郡中有某，自晋宁来谒，余语次及公，说某夜城中失火，比屋延烧，风势甚猛，公不遑俟车，披衣出救，望空祝拜，火遂灭。余曰："异哉！昔汉史称刘昆，守江陵，反风灭火，不图于公。今日见之，真可为吾滇地庆矣！"

未几，岁庚辰，余奉命视学浙省，正欲临衢，而公之讣适至。余震悼者久之，盖以为当世哲人云亡，哭且为桑梓失贤父母悲也。呜呼！公今逝矣，遗爱在人心，吾知必有如尹翁归之治蜀、召信臣之治南阳，生有荣号、殁则奉祀者，为谓古之循吏，洵不诬也。

何肇勤《蔡英　何守府序》：原名朝清，字望远，住大夫巷。别号方城。少笃至性，重气谊，遇事果敢不避艰险。年二十六，由本郡镇标行伍，晋授中营外委。上官识其能而勤，屡膺荐擢，年三十六补枫岭营左哨千总。阅十载，升粤西提标中营守备。乾隆六年，楚南苗疆不靖，方城奉檄协剿。甫至，即率所部力战，身先士卒，大破贼众。督师者令乘势进取，翌日，复率兵攻贼寨。遇伏，中创堕马被杀，时乙卯八月二十七日也。事闻，赐恤世袭祀昭忠祠，并敕礼部行查事实，付史馆立传。

毛元坤 旧志：字亦方，号補南。领乾隆甲寅乡荐，任平湖教谕。一时髦俊俱收之，游经其陶铸者，悉破壁去。平湖徐侍郎士芬、钱缅修、福昌，其尤著也，本邑后起之秀亦多出其门。所著有《毛補南稿》行世。

王泽浩 旧志：礼贤人。乾隆己卯科武举，历任福建台湾水师游击。戊戌海氛不靖，檄诰捕剿。八月十五日巡缉海洋，遭风覆没。五十年，奉旨赐恤，荫一子承恩，入监。

周长泰 旧志：住三圣巷。乾隆丙午武举，以军功任南康营都司。奉征剿湖北教匪，阵亡于宜昌东湖县之连环壁。赐恤世袭，入昭忠祠。

毛德成 旧志：淤头人。邑庠生。持身正直，家不中资，总理祠事至数十年。族中年老者，按月给米，按岁给衣；士子乡试，皆有资给；设义塾，训子弟；贫乏者，每青黄不接以祠谷减价平粜，虽邻村亦殷救恤。其族毛元音家极寒，赖栽培成孝廉。卒年八十有八，乾隆癸卯，恩赏举人。

王应魁 旧志：南乡八里坂人。兄应举病殁，遗孤甫一岁，嫂毛氏矢志守节，家贫已析居。应魁素孝友、敦行谊，以寡嫂孤侄食用不给，仍与合爨尽力培植。俟侄成立，为嫂呈学请旌，训导施风起为之立传。毛氏见《人物·女性》

柴大纪 《柴大纪行事纪略》：字肇修，号东山，长台人。初应童子试，督学窦光鼐谓其仪表足寄干城，劝令改习弓石，中乾隆庚辰武举。癸未，同赐进士，以营守备用。十五年间，官至福建水师提督兼管台湾镇总兵。台湾林爽文弄兵，诸罗之役大纪功居多，加太子少保衔。林爽文平，以其兵纪编入行军则例，改诸罗县为“嘉义”。大纪封一等义勇伯，世袭罔替，赏给“褒忠劝荩”四字，并御制七言诗以赐，云：

正月诸罗克复才，结营墙筑更沟开。

柴大纪于正月克复诸罗之时，即相度形势，分兵扎营于县城四门外要害之处。迨六月杪，贼势猖獗，遂环营开沟并堆筑短墙，安设大炮二十八尊，以为御贼之计。营盘甚属坚固，是以贼众叠次攻犯，俱为官兵所败。

旋闻夏杪贼猖獗，竞敢城攻恣击阺。以少胜多策真壮，联孤为众志犹恢。

节次，据柴大纪奏称，逆贼林爽文纠众万余不分昼夜接连来犯营盘，并将八奖溪用土石壅塞，决水泛溢，以阻援兵来路，又用大板木车中藏枪炮，挽以四牛分路冲突。供为柴大纪设法抵御，令人挖通填溪之土，放水顺流，并用大炮击碎木车，杀死贼匪无算。皆由柴大纪调度有方，联络义民之心，故能众志成城，以少胜多，屹然不动。如此为国宣劳实为难得，每于披阅来折，嘉奖之意真不可名言也。

义民勇士感诚笃，御垒输粮弗懈颓。

柴大纪激励将士义民人等感激思奋，当诸罗被围日久，军糈渐乏而魏大斌所带火药银粮复被贼拦截，不能前进。城内外绅耆铺民挑送饭米凉水，接济军营，历久弗懈，甚为嘉轸。

有旨相机计求别，直陈固守志毋回。

前因贼众百计攻扰诸罗，而常青先后所派援兵总未即至，惟恐柴大纪激于忠愤坚守，与城存亡之义，固守弗出，则反失一贤臣。因降旨令其酌量情形，如力有难支，不妨率领官兵整队而出，并虑义民受贼戕害，有所弗忍，谕令设法捍卫，出城再图进取。乃柴大纪接奉此旨，覆奏一切守御，久经布置周密，且城内数万生灵不忍委贼毒手，立意坚守以待救援，与予轸念义民，多方爱护之意适相吻合，批览之下为之堕泪，似此忍饥固守，心志益坚，惟知以国事民生为重，虽古之名将何以加之。

析骸为爨虽未至，望眼已穿待援来。督饬进兵莫迟耳，优颁加爵实宜哉。

据柴大纪奏，诸罗情形，兵民皆以花生、地瓜、野菜充饥，尚能忍饿堵杀贼匪，及叠次移文常青，转催恒瑞、普吉保迅速救援。而二人以盐水港、笨港地方繁要，且虞后路无继，不可轻离为辞，未念柴大纪待援甚急，因即驰谕普吉保，速统大兵往救，接济粮饷铅药，以保无虞。柴大纪力捍危城，忠肝义胆，发于至性，其在台湾勒杀贼匪劳绩最著，即此守城一节，坚志不移，尤为难得，应加恩封一等义勇伯，世袭罔替，并赏银一万两。俟大功告竣后，再行优加封赏，所有诸罗义民、员弁、官兵，激发忠义，同心固守，实堪嘉奖。昨已降旨，将诸罗县名改为嘉义。将五十四年该县地丁钱粮全行蠲免，并令查明出力员弁，咨部优叙，其随营兵丁赏给两月钱粮，以示奖劝。现在福康安迅抵鹿仔港，兵威壮盛，士气百倍，自当即日破贼解围，擒剿逆首林爽文等，共奏肤功，以靖海疆而安黎庶耳。

重臣劲旅兹将到，剪寇书勋凯宴陪。

兼赐有白玉韘一个，御题：

吉玉宝今韘，今韘犹古名。古韘不适用，钩弦艰挽盈。名实两俱收，四鍭如树呈。何异序嘉宾，行苇咏岐京。

赤玉韘一个：

太干衍崇昆，玉河产瑞璠。贡庭裒灿匣，成器称开弴。小雅曾吟玦，诸书亦纪璊。本来五色备，血浸只虚言。

兄大纲，貤封武翼大夫，丰溪吕光洪有传。

林天洛 旧志：东门人。乾隆己丑探花。骑射之暇，雅文事，在京邸与名公卿往还，率以词翰相器重。由涿州参将官至福宁镇兼署提督。适台匪扰乱海疆，上以有捍御才，谕令进剿，克期飞渡，连获胜仗，贼遂退窜。旋即以积劳致疾，卒于戎行。

王宏璺 旧志：字漱轩。幼失怙，鲜兄弟，谨事母，视从昆如同胞。足不履公庭，周济贫困无稍吝。乾隆间，邑侯刘称其持躬谨饬，孝友克敦。举列宾筵，不赴。子名钵，别字植庵，生平谨慎有父风。江山县试，向无号桌、坐凳，应试者有负携之苦，植庵捐已资制备如数。

徐廷耿 《乾隆志》：字纯白，住南门。性至孝，母色不豫，必跽请。排难解纷，周急好义，坊里赖其调剂者甚众。晚精岐黄。

郑日临 旧志：太学生。人皆称其善行，而为善不求人知。易箦之时，语其子梦兰曰："勿留美名，致有过情之誉。"其隐德，殊不可及。

何肇瑄 旧志：字献虞，贡生。素慷慨尚义。平粜之举首，先诸族出赀运米，减价济众。

姜邦治 旧志：潭源人。乾隆己未科武进士。以蓝翎侍卫简放甘州守备，累官至凉州游击，调署靖远协副将。随征喀什葛尔等处回匪，克敌有功，赏戴花翎。

林向荣 旧志：昌龄坊人。由兵部差官洊历二品。初任守备，即随征川陕，屡著战功。计自新疆量移内地，历任四十年，接仗二百余次。身受重伤，毙贼无算，精明强干，迭膺保举。年七十，以袁州协镇致仕，优给全俸，闾里荣之。

杨奏瑟 旧志：名绍羲，以字行世，住南峰。博学，工诗、古文词。乾隆间，圣驾南巡，以岁贡召，赴行在廷试，士论荣之。所著《响泉诗钞》，一时争购，至今犹珍为吉光片羽云。

王名铣 龚元礼撰《泽轩传》：字怀光，号泽轩，例捐州同知，世居西门。丰颔修髯，素好行善。凡赈贫、恤寡、修桥、砌路等事，踊跃争先。尤其大者，乾隆四十九年，贺村仓房为邻火延烧几尽，公命弟怀芳，发自仓谷数百斛，遍给之，不取偿。卒前一夕，发箧取戚友署券数百纸，悉焚之，曰："遗此，恐为子孙累。"其他大率类此。

徐履诚 旧志：字信修，市心街人。廪贡生。六岁就学，日诵数千言，苦心力学。尝馆于北乡环山，无论老幼皆知其苦学。周秦汉唐之文，揣摩殆遍。诗学宗温、李，故其为文诸体兼擅，多沉雄典丽之作。赋诗下笔，数十韵立就。中丞阮芸台先生督学两浙，以《寒星》命题试士，得履诚诗，赞赏不置。所撰诗文已梓行者，仅《愚谷遗稿》一卷。

何茹连 旧志：字萃拔，号吉茆，世居最乐坊。由拔贡充八旗教习，历官至广东潮州府知府，所至有声。工书法，出入欧、柳、颜、褚间，得者珍如拱璧。临池之暇，雅喜吟咏。著有《西绿草堂诗稿》梓行。

【帅承瀛太守何公传】公讳茹连，字萃拔，号吉茆，姓何氏，宋鹏望先生之后，江山人也。四世祖封襄阳太守，治第市东名大夫巷，迄今世其居焉。

余自癸丑与公哲嗣雪堂同寓京邸悯忠寺，读书其中，晨夕盘桓，爱逾兄弟。时雪堂为贤公子，每述其家君宰闽，政绩卓然可纪。丙辰，余幸捷南宫，雪堂以孝廉例授内阁中书，母老乞养在籍。今岁，复会于浙江巡抚使者之署，离别良久，得见故人，快何如也！雪堂出自撰其尊人行状，余因为传。

按状：公以乾隆乙酉，选拔考补正蓝旗官学教习，选福建海澄县知县。澄邑滨海，洋匪出没，公擒获巨魁，盗风大息。上台由是器重之，历任南平、尤溪、同安、台湾诸剧县，所至望风慑服。去任之日，父老以彩帛书“民之父母”四字，焚香送者，随地皆然。嗣由卓异保荐，题补淡水同知，寻擢广东潮州府知府。潮与闽接壤，公以治闽者治潮，积劳成疾，遂卒于官。呜呼，公之治闽也，闽之人能言之；治潮也，潮之人能言之，奚待余言？而余由数十年入于耳，尝记于心者，独于公宰同安卸事时，委鞫盗案。闽之官多以缉盗为能，盗既获，杀无赦。中有无辜株累者，不知凡几。公廉其实，一一均予省释，活人甚众。其阴德非偶然也，宜其后人衣冠济济，项背相望，诗书之流泽孔长矣。

郑　涛　城庄人，诸生。雄于财，性好客，四方名士多归之。里中无赖子嫉其所为，以干糇细故，思有以中伤之。乾隆庚午，沈文悫德潜由黄山特访仙霞，涛留饮于家，抽豪选韵，接膝纵谈，唱酬数月始去。辛巳，皇太后七十万寿，文悫晋京祝贺，呈所选别裁集，乞恩赐序。高宗以首列钱谦益诗责其失当，然优礼如故。文悫卒后，有东台县举人徐述夔，生前著有《一柱楼集》，词多悖谬，被人举讦，集有文悫所作《述夔传》。高宗下廷议，追夺阶衔词谥。无赖子乘间抵隙，乃摭拾他诗《六月六日即事诗》：“清风不识字，无故乱翻书。”《紫牡丹诗》：“夺朱非正色，异种亦称王。”《咏鼠诗》：“坏我衣冠皆若辈，灭渠巢穴在明朝。”伺机揭涛与诗案有关，涛以此罹瓜蔓之杪，险遭不测。奔走呼号，夤缘定禁，狱虽未成，而家财荡尽矣。具有民族思想者盛韪之。杭州马叙伦，曾记其事。

郑廷望　号修轩，天性纯笃，受业名儒周方炽先生，署大同府篆。时适驾幸五台，得赐缎匹。以修浑源州城，成，升遵义知府。生平心折刘石庵、姚秋农诸老，喜接引后进，至老犹然。

【开化陈芝龄传云】公讳廷望，号修轩，江山人也，由乡贡官至刺史。幼时天性纯笃，成童即奋志诗书，曾授业名进士周方炽先生门，勤学不辍。封翁见功名念切，令援川运，例授同知，铨选山西。到任裁陋规、绝苞苴、杜私谒，上台咸器重之。越三载，署大同府篆，奉檄赈饥，时道殣相望，公出俸囊，施棺木，掩遗骼，惠泽及泉壤焉。

寻，圣驾巡幸五台山，委办千佛洞、金灯寺、古南台胜迹，得瞻天颜，赐缎匹。次年，复以解饷入觐。又明年，修浑源州城，告竣，升贵州遵义知府。士民攀留不得，制“德服民心”额为颂，犹古甘棠遗意也。

至遵义，值征剿缅匪，绥阳令因公罣误，公以失察属员效力军台回籍。时，堂上须鬓皓然，虽去官，犹逮终养，意泊如也。迨乾隆庚戌，晋京祝釐，蒙复原职。自是遂不复作出山想矣。居家惟延名师训子孙。尊师重道之诚，近今罕匹。

龄于嘉庆庚申，应公聘主西席。每接见，道及曩时故旧刘石庵、姚秋农诸先生，恒心折之，盖重其人，非以其官也。晚年，尤喜接引后进，谈论古今，至老犹不能自已。今岁辛丑，去公殁已三十余年，冢孙瑞麟明经，以状乞为公立言。余按生平行事可传者未易枚举，若夫乐善好施、望重乡党，在公犹微焉者尔，因乐次第其事以书之。

【刘侃诗】解组归来三十秋，夜郎城郭忆边州。一麾远及牂牁路，五马间城太白楼。自许臣身堪报国，谁知壮志竟浮沤。从兹林下投闲后，风雨江阳老醉侯。

毛之鸿 《乾隆志》：号耐翁，居镇安。父患危疾，刲臂和药。

其兄为前母所生，事必任劳归逸，以腴产让焉。岁歉，道殣相望，掩遗骼无算。卒年八十，里人尝公举其实行。

黄大谋 旧志：字圣筹，号石庵。由侍卫历官军门，赏戴花翎。临清寇起，击贼立功，任永平副将。水患闭粜，发署米散赈，得安堵。事闻，擢韶南总镇。每召见，上谓："卿武臣，乃能如此，殊为难得！"又尝语大学士董诰曰："此即永平赈饥之黄大谋也！"诰对以不徒有治才，兼工诗、字，上益喜。先是援台韶兵恤银被干没，大谋廉知，悉追还，置干没者于法，兵民歌颂。嘉庆四年，以疾优致归家，置义娶田若干亩，族今赖之。

姜国柏 旧志：新塘边人，字凌苍。父士瀚，母王氏，兄弟六人，国柏居幼。父故，五兄俱婚娶，析爨，家贫，独自供母，温清无虚。母老，患痰疾，时或昏迷不省，国柏不敢远离。年二十八始娶室，次日仍即侍母，恐母夜或病作也。母寿八十二岁卒，殓葬独任，庐墓三年，积资购墓田数亩以供祭，价独办而田与兄侄共之。嘉庆九年，详奉学宪潘给匾旌奖。

姜 骝 旧志：字骏功，潭源人。郡庠生。兄弟四人，父故，事继母，以孝闻。母患风疾，不离床褥，诸兄各自营生，骝独尽心奉养。家贫，授徒于外，日必归家省视。母病亟，泣曰："汝如此孝养我，惟愿汝子孙世世昌盛。"今其诸兄家尽凋零，惟骝后裔丁繁而富。生子五，俱登颐寿。嘉庆十年，详奉学宪潘给匾旌奖。

何兆麒 旧志：城庄人，幼聪慧，善读书。事亲谨慎，母病刲股和药。母愈，邻族或称其孝。早卒，妻徐氏守节，抚遗孤怀德，长游郡庠，亦敦笃有孝行。学宪窦给匾旌奖，一曰"孝行可风"，一曰"懿德可嘉"。嘉庆十七年，入祀忠孝祠。

毛 鶱 旧志：城庄人。邑庠生。有孝行，居父丧，寝苫枕块，不入内室，三年如一日。母患疮疾，朝夕进汤敷药，洗污涤秽，必躬亲为之，九载不稍懈。母卒，居丧尽礼，一如其丧父。嘉庆十年，详奉学宪潘给匾旌奖。

陆曾贵 旧志：镇安人。幼有至性。父少贫苦，中年后多疾，曾贵年十二，即能代父服劳营生理。每日饮食，必躬亲检视，俟父母食之甘，然后退。有三弟，皆教之生理，弟亦惟兄言是听。母卒，刻木为像，朝夕寒暑，供奉如生。父年老，患小溲不通，医治罔效，曾贵以口吮，得瘳。嘉庆十年，详奉学宪潘给匾旌奖。

姜日优 旧志：礼贤人。监生。父素患足疾，兄嫂又俱亡，母以悲痛得心惊之症。日优代父任家事，侍养极谨。父殁，母症益甚，日优思有以解母悲也。有一姊，家贫不能自给，迎其姊与夫与子女养于家，以时时慰解之，母症遂愈。嘉庆十年，详奉学宪潘给匾旌奖。

柴一清 旧志：东儒庄人。监生。兄弟四人，一清居长，自幼能顺事父母。父殁时嘱一清，善训诸弟，勿使荡废。一清遵遗命，刻刻以造就诸弟为心。后弟永清登武科，步青游武庠。事寡母，饮食必躬亲审视而后进，非急务不离母侧。母嗜鱼而市远不常得，因学钓以遂母意。凡母一言一动，无不极意承顺。母卒，葬所去家可十里，每得时食，必往奠于墓，依依不忍去。族里称为柴孝子。嘉庆十年，详奉学宪潘给匾旌奖。

周年生 旧志：北乡傅筑街人。早失怙。母氏徐，家贫矢节。年生与弟老福力耕奉养，事事能曲体母心。母老病目，步履维艰，出入必从容扶持。藜藿自甘，而奉母务求丰腆。母亡，庐墓三年，晨昏供奉如平时。与弟姊友爱甚笃。素未就学，而为子侄延师，必尽诚致敬。嘉庆十一年，详奉学宪潘给匾旌奖。

祝开运 旧志：北乡大溪滩人。郡庠生。年十四失怙。母氏徐，患疯疾，手足拘挛。开运孑身侍奉，每晨抱母起坐，穿衣纳履，兼代梳洗。饮食，执匙箸进之母口。夕扶母寝，为解衣履，整枕衾，随卧榻侧，闻呼即起，积六年如一日。嘉庆十二年，详奉学宪潘给匾旌奖。

毛锡浩　旧志：监生，朴实公正，勤于综理。凡遇公事，无不尽力承任。乾隆间，整饬学宫、城隍庙，建文昌阁，修徐逸平先生墓，建崇贤祠、正学书院；嘉庆间，建忠孝祠，葺明伦堂，皆推锡浩董理，人咸服其无私。其子国梁，佐父持家，最得欢心。父年高，患瘫痪，尝药调羹、衣不解带者十有六年。父殁，泣血衔悲，三年不见齿。事母氏王三十载，孝思无倦。咸丰八年卒，寿八十有四。

徐天池　字程初，东乡人。少颖敏，八岁能作楷字。弱冠为名诸生，试辄前列，后进尝以不得从游为憾，经其指授者，率多奋翮以去。于书法尤工，得之者成珍宝焉。嘉庆庚申，遇恩晋贡。著有《言志集》。

徐汉佐　莲塘人。素行敦厚。嘉庆七年旱，四乡米贵，贫民多向富室滋扰，莲塘民亦效尤。汉佐极力劝阻，鬻已产，粜米分给，不取值，众惭而止。

王文潮　旧志：城北人。某年七月，一人将鬻妻偿官欠，妻哀啼不忍去。潮闻之，集款代偿，夫妻仍得完聚。家素乏财，竟能仗义，士论多之。

陆　嵩　蔡英《俟采副草》：下睦人，天资纯笃。父患喉症，赖饮汤止咳，以延其命。嵩以故无间昼夜，顷刻不离左右。旋因侍病过劳，呕血不治。人哀其孝，业师郡廪生徐晋为文悼之兼哭以诗。

徐履中　仪凤人。庠生。幼失怙，事母克尽子职。母患沉疴十年，侍养常如一日。药必先尝，寝不解带，听呼视息，无微不至。母殁，丧葬如礼。道光间，学政赵奖以“至性克敦”匾音，祀忠孝祠。

徐道长 仪凤人。幼悉爱亲，善为承顺。母华氏左足瘫废，不便屈伸。道长晨夕扶持，凡穿解浣濯，皆曲意为之，自孩至冠如一日。不幸夭死。同治四年，学政吴奖以“孝行成性”匾音。

周振寿 字福始，号彭龄，高坂人。好读书，不求闻达。浙闽总督季芝昌未遇时，居县之三卿口王戚家，盘桓过活。振寿从学王之私塾，异其才，相与为友，食宿与共，助以宦游之资。后果督闽道，出峡口，持刺约与叙旧。振寿辞以他故。季见招致为难，嘉其气节，亲书“雅士可风”额，赠之而去。

姜　燮 旧志：潭源人，署衢州右营把总。道光庚子，法夷窥浙，随征定海。于宁海一役阵亡。

周万治 旧志：任严协把总，道光二十一年，随征镇海，阵亡。赐恤世袭云骑尉，袭次完时，给予恩骑尉罔替。祀忠义祠。

林怀玉 旧志：住大东门，副将向荣子也。以行伍历陕西留壩营千总，赏戴蓝翎。道光二十一年，法扰宁波，调回本省，阵亡。赐恤世袭，祀昭忠祠。

郑学淮 旧志：字海东，号沧洲。城庄人。以例授员外郎，人皆啧啧其善。行计一生，赈饥所费，不下数万金。处事多识力，治家严谨朴勤，内嫉恶而外和婉，各衙门终岁屏迹，惟商办赈恤得相见。东轩先生任训导时，叠遭水旱，筹措得宜，邻邑闻风，移函问讯，必举淮以对。迨先生去官，淮为善益力，凡遇婚嫁无资、考试多艰以及桥梁宜修葺者，俱争先倡之。淮有子十人，孙举孝廉者二。

陆嘉言 旧志：和睦人。至性纯笃，温凊定省，感化闾里。道光二年，详奉学宪杜给“至孝贻芳”匾，入祀忠孝祠。

朱尚聪 旧志：长台人。监生。幼聪慧，有至性，侍奉祖母暨父母，克尽孝道。父染血症，合药需参，尚聪时年十一，冒暴风雨购参以进，病得安。阅五载，父殁，哀毁逾常。祖母年迈，母又病盲，尚聪出入扶持，益加敬谨，以故二老均安享遐龄。妻徐氏亦能孝养，尽妇职。道光六年，题旌双孝，给帑建坊，裒有《双孝录》。

【县人徐庚瑞传云】太学生朱公，讳尚聪，字作谋，号南麓者，旌褒入祠孝子也。其先世瓖公，原籍徽州婺源；至副使公迁衢之西安；至大受公移居吾邑南乡长台。曾祖万缙公、祖职员孔阳公、父上舍项公。孝子系项公所出，长嗣也。孔阳公早世，其孺人柴氏守节。项公娶夫人汪氏，生三子一女，旋以咯血成疾。孝子年方幼稚，即知侍奉汤药、衣不解带者累月。及父病笃，焚香吁天，请以身代。无何，父卒，一痛几绝。因上有重堂，勉进饘粥，克终大事。盖是时，朱姓一门，两世孀妇矣。

先项公未亡日，为孝子聘小清湖徐氏，归朱门为养媳。当项公弃世，孺人汪氏又患目盲，缘命完婚成服，欲令徐氏得主中馈。孝子哭跪母前曰："今不孝，抱痛终天，何忍逾礼从吉容？俟服阕未迟也。"一切饮食起居，孝子先意承志，徐氏亦勿离左右，服勤不倦，人咸谓朱家有孝子兼得孝妇矣。嗣终丧成室，夫妇相敬如宾，而其事母兼事祖母，事姑兼事祖姑。两人益加敬谨，历二十余年，无敢少懈，以故二老皆得享其寿康。母迟祖母一年殁，孝子葬祭尽礼，泣血三年，有子羔风焉。其平日与徐氏朝夕定省，冬夏温清，交相劝勉，惟恐不尽。至若勤俭持家，俾弟妹均得婚配，教养成人，特慰亲心之一事耳。闻公生平效张公，尝书忍字，恐所行不检，必贻父母忧，此非举足不忘亲者，能如是欤？今者孝子孝妇亦既往矣，而其人其行，深入乎人心。族戚为之请旌，圣恩予以褒奖。士大夫闻之，有不翘首企慕怦怦心动者，非人情也。

瑞居戚末，与先生之女孙婿郑大培为外兄弟，尝于外祖家获晤先生，聆其言论，心甚钦之。因悉先生暨德配之懿行独详，适先生三嗣世滮，属瑞作传。瑞不文，援笔而志其一二，以俟后之采风者取焉。

【朱家麒诗】昔居大母丧，闻公溘焉逝（公与先大母同时谢世）。哲人已云亡，泫然欲流涕。我亦恨终天，失怙悲早岁。奉侍重萱堂，一身承两世。处境与公同，立志未能逮。忆公年少时，孝恭克自励。更有同心人，内助多矣慧。只承菽水欢，不图身家计。公寿已考终，公行永勿替。仰止在高山，私淑惟心契。

璩维慰 旧志：幼有至性，甫六岁，父故，痛哭不止。及就外传读《论语》：事父母能竭其力，就师询竭力之方。母病，躬亲汤药，号泣吁天。母卒，哀毁骨立，图父母遗像，晨昏事之如生。道光八年，学宪朱给“百行无亏”匾额旌奖。

毛云坎 旧志：天性纯良，父病，尝药调羹、衣不解带者七载。事母先意承志，孺慕不改。由学详请，奉宪给匾旌奖。

毛浚天 旧志：性和顺。父早故，事母孝敬备至。豫顺之休，达于里巷。恩诏给赐节妇绢帛、孝子冠带，闾里荣之。

刘　侃 旧志：字式端，嗜古博学，综核淹通。每一艺出，同辈诧为奇观，故胶庠中半出门下。弟眉士，孝廉，身被教育，仕学兼优。侃以廪贡肄业成均，驰名日下。著有《香雪诗存》二卷。

刘　佳 旧志：原名侹，侃胞弟。弱冠登贤书。幼时文名已惊其长老。闱艺一出，洛阳纸贵。嘉庆十三年亚魁举人。后选授江苏溧水知县。屡与分校，所得皆名下士。簿书鞅掌中，无日不亲丹铅。一时大江以南，群推名宿。所著有《钓鱼篷山馆集》《钓鱼篷时文》梓行。

子，履芬，字泖生。博学，工诗、古文词，尤长骈体。著有《古红梅阁集》，为艺林所重。摄嘉定县篆时，以案内有杀人嫁祸者，前任谳已定，履芬察其冤，欲为申救，与刑幕往商数四，幕置不理。不知受何感触，深夜自刺其喉，死之时两手犹抱该案及《洗冤录》焉。

孙，毓盘，字子庚，宣统己酉拔贡。承祖父余荫，家富藏书。其平生著有《濯绛宧词》二卷，《中国文学史略》一册，《词史》一册（编者按：是册为编者所加，系刘毓盘代表作），已刊印行世；《骈体散文稿》若干卷，《濯绛宧诗》若干卷，《唐五代辽金元词辑》若干卷（编者按：是集全称《唐五代宋辽金元名家词集六十种辑》，国立北京大学出版部民国14年出版），《诗心雕龙》若干卷，《词话》若干卷，俱未刊行，稿存常州吴梅。又有《词律斠注》若干卷，为少年之作，已毁于兵。对于词家，于三李外，独称本朝周之琦之《金梁梦月词》，谓为胜于浙派、常州派而上接中原之统者。其自为词，深沉婉约，风格与清真、梦窗为近。

朱家麒　旧志：长台人。廪贡生。署严州府、临安、上虞、浦江县等学，性嗜吟咏，左右图书，至老不倦。与人交，和蔼可亲，司铎所至，士类多沐熏陶。其所梓《紫霞山房试帖》，为罗萝村学使鉴赏。寿八十二卒。

王　钰　旧志：字蓼生，三卿口人，生长江阴。母氏史，素工诗，钰之学得力于母教者多。平生著作甚富，数奇不偶，仅以岁贡就职训导，赍志而没。今所传者《须江诗谱》五集，《笔帚诗钞》八卷，《陔南杂著》若干卷，已梓行者《试帖》四卷。

郑恒年　字笠舫，住城之昌龄坊。道光己酉拔贡，咸丰壬子举人，拣选知县。诗文词藻骎骎唐宋，尤工书法。著有《倚剑吟剩草》《碧云居吟草》《枯竹堂剩草》诸集。

李梦庚 旧志：北乡白渡庄人，中道光壬辰科武举。咸丰四年，檄署严州分水汛千总。十一年六月，匪由严城窜汛，督带兵团分路防剿。二十日，贼大队至，复奋力打仗，中炮阵亡。子开甲从死，妻媳俱遇害焉。同治十一年六月，请恤。

郑鸿藻 旧志：太平坊人，以武生应召募。咸丰六年，广信将陷，随饶镇出城防堵，奋力打仗，身死行间。事闻，给予云骑尉世袭，祀忠义祠。

杨公倬 旧志：严州把总。咸丰八年，粤□之乱，阵亡。赐恤世袭云骑尉，袭次完时，给予恩骑尉罔替，祀忠义祠。

叶　选 旧志：任华埠头司外委。咸丰八年，粤□扰华埠，阵亡。赐恤世袭云骑尉，袭次完时，给予恩骑尉罔替，祀忠义祠

姜　泰 旧志：西乡潭源人，武举。严州把总，署金华守备。道光十二年，随征台湾有功。二十年，英夷闯浙，檄守钱仓、石浦、爵溪各海口，极力保全。咸丰十一年，在本庄御匪，阵亡，赐恤云骑尉世袭。

族人从战死者有：姜尚志、姜瑞表、姜尚谦、姜师颜、姜玉屏、姜燃藜、姜之升、姜增全、姜志瀛、姜志涵、姜志德、姜福榜、姜喜榜、姜明梧、姜国研、姜瑞熊、姜隆瑞、姜承发、姜元舞、姜天运、姜天荣、姜大义。事闻，与姜泰同祀忠义祠。

祝廷桢 旧志：大溪滩人。道光壬辰武举，任平阳千总。咸丰十年，随征富阳，阵亡，赐恤世袭云骑尉，袭次完时，给予恩骑尉罔替，祀忠义祠。

姜兆升 旧志：任衢州城守外委。咸丰十年，粤变，随征梅溪，阵亡。赐恤世袭云骑尉，袭次完时，给予恩骑尉罔替，祀忠义祠。

余登荣　旧志：住北乡雁塘，道光丁酉武举。任严州寿昌汛千总。同治元年八月，在乌石滩剿匪阵亡。赐恤世袭，祀昭忠祠。

甘彰辉　旧志：清湖人，由勇目历保至花翎游击。同治间，随征陕西，阵亡。奉旨赐恤世袭云骑尉，袭次完时，给予恩骑尉罔替，祀忠义祠。

毛雨朝　旧志：二十五都人。弱冠父殁，事母氏周，弗忍稍离。家贫，藉肩挑以为养四十余年，孺慕不衰。母卒，庐墓三年。每闻雷鸣，辄向墓门号哭曰："儿在此，无恐！"咸丰七年卒，时七十有六。同治十二年，丁学宪以额旌之。

赵廷昌　旧志：石门庄人。事亲极孝，庭闱养志，俱得欢心。母氏吴病笃，割股调药，遂获痊，绝口不言。盛暑之月，未尝解衣见体。父母殁，哀毁如礼。同治十二年，奉学宪丁给予"事先百行"匾额。

周良垣　二十五都人。生四岁，其父天福客山东，托良垣于所亲，母氏姜与父偕行。良垣十余岁，远道省亲，以先人丘墓为重，劝父归，不果。嗣是长途往返，岁以为常。后闻父病，兼程遄往，及视含敛，哀毁殊常。寻，扶柩渡扬子江，风发，舟溺过半，良垣仰天哀告，风立止，咸谓孝感所致。同治十二年，与赵廷昌等同旌。

郑日盛　二十五都人。父圣旦，早殁。母氏周，素患风挛，晨夕扶持，一如母性之所安。家素贫，藉肩挑以谋饔飧，而甘旨无缺，十余年无稍间。母卒，哀痛至毁形。生平未尝识字，至性所发，士林咸称。学宪丁以"事先百行"颜其庭。

郑俊拔　三十四都人。五岁遭父良騊丧，即知哀痛。时嫡母周氏，生母张氏，庶母吴氏、周氏俱在堂，事之均得欢心。居非近市，凡有甘旨，虽数十里必躬致。生母病笃，医药罔效，俊拔跪天默祷，不药而愈。后年逾九旬，卧床数载，一切服劳，虽妻、媳求代，弗许也。及卒，哀毁异恒。诸母并年臻上寿，丧葬俱如礼。学宪丁闻之，旌其庐。

王宗勋 字康侯，从九品衔，树声坊人。咸丰戊午三月，石逆窜踞江城，宗勋因母老，未尝少离。某日，将奉母走避深山。途遇剧贼，欲杀其母，胁使从，勋谓："不宥吾母，吾惟有死，断不汝从也！"遂两杀之。弟宗滏，字仿仙，岁贡生，率团在城北湖山御贼，为贼所围，胁之使降，不屈，迫以刃，滏大骂，遂遇害。事闻，并蒙恤赠云骑尉，祀忠义祠。宗勋更给恩骑尉罔替。

蔡晋升 旧志：字康侯，居经明坊，邑附生。弟豫升，字建侯，廪生也。咸丰戊午，在西乡上徐，倡义督率民团，先后击贼数十。贼大队至，团众溃失，兄弟持挺，大呼杀贼。贼围愈急，势不能支，合门死节，仅遗一孤。事闻，予以世袭，祀忠义祠。

姜元荫 旧志：新塘边人，家素贫乏，敬事父母。父故，事母尤谨。母久病，左右扶持，不间寒暑，出则樵采给养，入则浣濯躬亲。母病殁，泣血三年，三日必一省墓。其至孝，盖本于天性也。学宪丁于同治十二年，给匾旌其门。

何其勇 旧志：字怀德，居税务前亭，武生也。咸丰八年三月，在里张率团击贼，贼见其躯干修伟，疑为兵弁，攒刃杀之。子汝芳，亦武生，随父杀贼，遂同罹害。事闻，蒙恤，并入祀忠义。

朱联华 旧志：邑廪生，居东乡长台，笃于忠义。咸丰十一年四月，随其父履通（营千总衔），在本庄御寇，击毙数人。寇大队至，势不能敌，且战且退，贼追杀联华及其父履通。其弟联萼，邑之庠生，同在场御敌，时已突围出，闻父兄相偕阵亡，复大呼入阵，荡杀十数人而死。一日之间，父子兄弟同罹大祸，道路伤之。事闻，同膺恤典，祀忠义祠，联华兄弟并恤云骑尉世袭。

【杭州谭献传云】朱联华，字倬人，浙江江山县长台庄人。故世家，伯叔以武显。华性好读书，为邑廪生。同母弟联萼为附学生。兄弟相友爱，事亲并以孝闻，于继母尤曲从。父履通，家中富，善居积，亦尝散财贷贫者。华兄弟又善接人，故乡里称之。咸丰十一年夏四月，广西贼分道犯浙江，江山界江西之玉山为迤西屏蔽，时无兵守，县城随陷。初，长台乡民虞贼至，聚千人相保，履通谓二子曰："吾无职守，谊可以去！乡党建义，奈何违之？违义不祥，逃未必免。"乃与众议，共发积粟以助食，已复自集丁壮为一队。乡民素德朱氏，至是咸乐效死。贼既陷江山，城乡被虐甚苦，掠及上台，乡人执耰鉏迎战，大败贼于庄外。初，贼自江西长驱入浙，不费三日粮，深入千里如无人焉者，气骄志惰。仓卒遇长台之众，出不意，大愕以挫，几覆全队，因是数日戒不掠乡。既，知乡民无援，遂合徒属，有致死意。或语华曰："盍避诸？"华以父故，不允。再三请，华不得已，奉母及其孥入山，母遣回侍父，率丁壮备战守。

越日，贼大至，饬所属曰："胜则与众进复县城，不胜则自为计。吾与吾父为存亡！"闻者咸感泣。与贼遇于庄外，久持不利，众咸裹创饮血而斗，千人无奔者，贼又败去。翌日，华知不能久，力劝父去，遣弟侍。甫行，贼麇集，与众复战。军数合，为贼中击，首尾不相应。当是时，乡民各鸟兽散。贼奋呼逐北，愤前败，遂穷追，烟埃蔽野。华冒白刃，踪迹父弟。而履通已为贼追及，与萼相失矣。贼杀履通，华身翼之，贼并杀华。萼去稍远，遇逃人，闻父兄死，急还战。或阻之，愤曰："吾父死于贼，吾兄死于贼，安用独生为？"萼素精技击，趋入贼阵，荡杀数十贼，力竭而死。死时华年三十九，萼少华二岁。华子恭寿，萼一子，殇，遂无子。

（编者按：文中异文，从谭献《复堂类集》原文校核）

赵恭纲 旧志：石门庄人。幼读书，敦至行。祖国辂，年八十有奇，于咸丰九年三月间患病。恭纲随父仁基竭诚奉养数月，卧不解带。祖病转剧，服药无效。恭纲对天默吁，割股调药以进，祖病顿愈。复颐养数年，始寿终。恭纲卒于同治元年，时年二十八岁，乡里俱称顺孙，而深悼其不寿。十二年，学使表其间。

柴高帆 旧志：长台人。兄高帏，邑广生，力学得怔忡症。高帆友爱性成，事兄弥敬。兄因病，不愿毕姻。力劝始娶，生子女，代为抚养。兄子享荣，读书游庠，皆弟力也。同治十二年，与郑俊拔、毛雨朝、姜元荫、赵恭纲等同奉学使丁给与"事先百行"匾额。

朱　鋆 唐壬森《黄孺人传》：字建三，号琛谷，长台人。家饶于财。幼失怙，从兰溪唐根石御史学，所交皆名下士。名状元吴崧甫宗伯视学两浙，以第一人入县庠。同治九年庚午，登贤书。癸酉修志，年五十八，征为协纂。越八年，弃世。著有《诗经讲义》六卷，《可味苦斋》、古文近体诗《上滩舟时文》若干卷。先后从游者约二百人。晚主鸣珂社，举乡榜及五贡者以十数，一时称为绩学之士。

汪　膏 冯一梅《植菴先生传》：字春霑，号植菴。居县之大陈，饶于财。援例入赀，发江苏，权嘉定县丞，周贫济急。及治途成梁，靡不佽助，才岁余，耗数千金。植菴有兄四人，俱为官，累招之归。是时尚无子也，植菴故无意积财，乡里间周贫济急与治途成梁诸举，应之如昔。宗族婚嫁丧葬不能赡者，尤为关切。年逾六十，获一男，名曰乃恕，即远近交称之汪善士行可也。

行可承父志，所兴义举，指不胜数。有环山官道，一程径通县治，约数十里。三岁一治，不假他资，居民称便。刘家福乱后，行可迁衢，此道乃积久坍塌，视同畏途。谈其事者，犹追思不置。

孙四：长昭，次展，同显于时，知者以为积善之报云。

朱组绶　《家传》：字若卿，县之长台人。光绪丙子，由岁贡考取八旗教习，期满以知县用。签分陕西，始署华州，终除怀远，所至有声。庚子銮舆西幸，若卿以朝邑令兼摄潼关所事，首先入觐，奏对称旨，加直牧。樊山方伯器其材，荐升知府。国变后，携眷居衢，衢之民皆服农，若卿乃屈长农会，思与提倡农业，以应社会急需，乃以痺疾年余而卒，年八十三。兄组缨，居长台，不出乡里，岁歉，司平粜，尝为人颂。邻人口角，一言可解，村居赖之。侄存理依叔居衢，以拔贡教习同文馆，出知无为州。

祝家福　北周人。同治间捻匪蜂起，家福在山东剿匪有功。继复来南，克复江苏，调攻江阴、常熟等处，并围剿金坛各县穷寇。治军严明，所向克捷。两江总督李瀚章奏保游击衔，赏戴花翎，授杭州城守营都司。

徐维元　郑崇侨撰墓志铭：字仲石，峭崖其号也。世居邑南茅坂乡之株树村。弱冠游三岩徐白舫太史之门，顿悟性命之理，故虽屡踬场屋，而利物济人之怀独萦寤寐。同治初，浙东哀鸿遍野，起合诸同志乞粜江西，连赈江、龙、桐、建四县。曾积劳卧病，犹恐灾民不获实惠，力疾起视。是役也，全活者以万计。

何纹波　旧志：税务前人，佾生。咸丰九年，学政张奖给“行宗曾子”匾，志入祀忠孝祠。

郑邦森　字竹坪，英岸人。县学生。同治初，大乱方平，岁又歉收，哀鸿遍野，邦森联络同人，创设同善局。赈拔灾黎，掩埋胔骼，衢州以下各县未死者得广更生，既死者得免暴露。复为本县办理社仓，成绩卓著，乡人韪之。

周登瀛 许汝璜《诔》：字海仙，号春艇，南乡三十二都人。父凤翔，字翙羽，邑武生。好为善，道光丙申，以赈事，得议叙八品。登瀛年甫弱冠，父殁，母毛氏教养成立，援例入太学。与人交恂恂自下，无少年浮靡习，能继父志。凡婚嫁丧葬有所求者，无弗应。每至夏秋之交，出谷平粜，终其身以为常。

同治纪元，民不聊生，于广丰、龙、江等处设延喘局以赈，所活无算。次年，浙境肃清，左恪靖伯驻军三衢，开同善局，经理善后。闻登瀛名，令往龙游放赈，并掩埋遗骸。龙游被灾较酷，登瀛倡捐钱百余缗，复与同县王开泰、姜桂丛、江日曜分任劝捐，得白银三千七百余两，又捐田百亩，为持久计。三年，复奉赈严属建、桐二县，捐银四百两。在桐邑之蒋家埠，积劳病暑，一夕，卒于赈所，时六月十日卯刻，年二十有三。许司铎《诔辞》有云：文仲告粜，鲁人是志。李悝平粜，汉史褒记。毁家纾难，布公推诚。輶轩嘉悼，宠异频仍。观此可知其为人矣！

毛金兰 字兰堂，住景明巷，邑增生。家无中人产，尝言："士君子读圣贤书不能兼善天下，亦当为一邑善士。"咸丰八年兵燹后，民生凋敝，溺女之风甚盛。邑曾有育婴堂，经费不充，无力收育，兰捐集六文、百福两会以补救之，又手辑善书数十种，分送各处。至于捐修桥路、救灾恤难之事，无不踊跃争先。民国十年大总统题褒"义问昭宣"匾额。子锡龄，邑廪生，克承父志，遇地方公益慈善事，亦争先恐后。光绪二十一年，县学周、叶二师，以锡龄夙承庭训，举动不苟，特与保优。徐提学覆核名册，转询曰：是即手辑《感应篇》毛金兰之子乎？二师以实对，遂于是年取列一等食饩。二十八年，巡抚以剿办闽浙土会各匪出力，汇案咨部，赏给五品顶戴。

徐元和　许汝璜《徐元和传》原名起华，字荣春，号静轩，世居双溪之株树村。道光戊申，补弟子员，咸丰辛亥食饩。尝语人曰："吾人读圣贤书，当学圣贤之行，文艺末也，岂沾沾于科第为？"五岁时，生母杨氏殁，赖继母邵氏抚养。邵氏尝患鼻衄，元和目不交睫者累月。生平善交，久而能敬，取与之间，一介不苟。曾手辑《训俗遗规》一书，梓以劝世。同治初，左抚统帅援浙，饬立同善局。二年，令捐赈龙游。三年，龙邑以下渐次肃清，复于建德与桐庐二县之间，与周登瀛诸人设局赈饥，积劳成疾，由桐庐蒋家埠扶病归，卒于衢郡邸次。

金应龙　郑村人。光绪二十八年春，食米骤贵，村居贫之，无资粜米，应龙慨捐银币五百元以济贫户，并捐助迁善所田租十五石。

蔡福谦　字益斋，稚儒坊人。咸丰辛酉，年十三以避兵，与父母相失，欲归无路，遂孑身投效老湘军，所战皆捷。刘帅景棠以其骁勇，爱之如子。时捻□未平，土回麇聚，福谦骁勇善战，由陕北进剿灵川。荡平金迹堡，解西宁府重围，克复大通县并乌鲁木齐及克达坂、托克逊各城。朝廷嘉其功，十年之间，由外委连擢至副将，赏给胜勇巴图鲁。寻改那尔珲巴图鲁，以总兵用。历署嘉兴各协。旋以二品，改省调闽，补授延顺副将。宣统间，晋秩福宁镇总兵，诰授建威将军。福谦功震殊域，居家则平易近人，自奉俭约，于公益未闻稍靳，文溪书院改组，出资犹巨。

第六节　民国

徐和修　新塘坞人。业农。一日，道经左坑，见路亭内有遗金，拾之，坐待失主。抵暮，果有人肩箩含愁而至。起询其情，云有金遗此，一家数口，需此购米，亡，即饿死。述其数，亦符，乃概还之。地方义其所为，申请陈知事协恭以“德辉复见”颜其庭。

周志和 凤林人。附贡生，家贫。光绪中，抢劫风炽，捐建乡约公所，朔望集父老宣讲因果，劝化愚顽。岁甲午，并联集士绅创办保甲公局，极力整顿。自是良懦安堵，行旅称便。廖抚给以“善俗化民”、学宪给以“闻者兴起”匾额。

周鸣凤 阳湖陆尔昭记：字廷堠，凤林人，太学生。平日见义勇为。本乡保甲费绌，以腴田六十亩捐入局中，冀可持久。县令闻之，特制“好义急公”额旌之。

杨元和 程起鹏《杨孝子传》：字邦声，居凤林。生性敦厚，善事二亲。家贫，无以为养，乃贾于礼贤。礼贤距凤林二十里，间日必归省一次。肆中如得钱，更备购食物以遗之。数年，贸易稍赢，乃迎养于肆。母病臌，躬事汤药，无微不至。既卒，又虑父年老生悲，必多方譬免，召里人善谐者厚赠之，使娱其左右。晚患疫，且音瘖，系铃于床，闻声立至。卒之日，蹣踊哀号，几至灭性。事闻大总统，旌以“光增孝阙”匾音。

徐允耀，湖川人。天性孝顺。母瘘足疾，不能步行，允耀朝夕侍奉，顷刻勿离。及母寿终，哀毁成礼，不茹荤，不雉发，拜别邻里，庐墓数载，卒于墓所。光绪二十六年，学政文详旌。

徐庭修 字达五，廪贡生，性至孝。母有夙疾，躬侍汤药，岁久如一，尤善处昆季，推梨让枣，友爱弥笃，邦人重之。

徐昌嗣 字荣华，世居峡口。为人正直率性，见义勇为。峡中有山溪一曲，春雨稍多，行人被阻，为捐资造桥，以便往来。山路颠蹶，肩负颇苦，为填塞底平，并砌以石，长约数里。凡有善举，皆力行无怠，同里嘉其贤。

毛允中　华峰人。年九岁，随母避难黄坛坳。见寇逼母，因捧二鸡跪于寇前，坚求赦母，愿以鸡谢寇。不顾，杀之，而母亦死。事闻旌以孝。

毛应麟　住稚儒坊，北京大学肄业生。时政府与日本密订《二十一条》，丧失国权，各大学学生于环泣当轴，请与日本交涉，取消所订密约。应麟躬与是役，奔走呼号，奋不顾身，颠踣赤日之下。遂遘疾而卒，当时称为爱国志士，蔡校长元培挽之云："学术不负人，越士奔波多爱国；遥魂应知我，燕尘回首一沾巾。"

毛鸿璋，棠坂人。性至孝，父故爱之。父卒，哀毁异常，供栗主，朝夕焚香。母年高，奉甘旨，无稍懈。母寿至百龄始卒，一切丧葬如礼。今儿孙绕膝，相继成名，或谓积诚之报。

毛　传　字亚笺，县城人。幼而颖悟，过目成诵，有神童称。弱冠，补博士弟子员。愤满清有文化侵略之隐谋，遂不屑科举之途。入同盟会，参加革命，负笈杭垣，耑研法律。时烟禁森严，设强种社，以收戒瘾，民受惠者，奚止千百。创办小学，培养后进，提倡女子教育，西河女校之设，亦主持最得力者。民国初肇，县设参事会，选任参议长。于地方兴革，多所建议，众望攸归。且任侠好拯恤，与人交，多率性，语因易招忌。适袁氏酝酿帝制，肆意逮捕革命党人，讵奸宄作祟，密谋陷害，冀泄私愤以图贪功，横罹奇辱，厄于非命，年三十六而终。子应熊，曾任金匮县长。

何　镛　字笙甫，县城人。幼就塾读，颖悟异常儿。未冠入邑庠，文名籍甚。邑先辈朱琛谷、王植三诸孝廉，皆期以远到，卒不第，以廪贡生终，士论惜之。清光绪二十四年，邑逢荒歉，发起平粜，往赣购米不成，又折赴沪采购三千余硕，以资救济。致力于地方公益事业，靡不竭力举之。民国8年，提倡修筑鹿溪官堰，附郭良田2000余亩，得资灌溉，迄今无旱潦患。尤足多者，十五年任县参事会参事，适国军由闽赣分道过衢，战退孙传芳于龙游。时星夜命解积谷，裨益前方良多，并力筹五千元，供国军饷需。城乡赖以安静，邑人德之。孙，芝园，被选举总统国民代表。

毛云鹏 字西峰，县城人。幼颖异，有神童之目。弱冠入郡庠，食饩，精研经、史、子、集，尤致力姚江之学，受业余姚叶秉钧孝廉。清光绪乙巳，知县李钟岳奉命办学，电促回籍，任中学监督。聘前教育总长马夷初、司法部次长余樾园教授，尽扫科举积习，学风丕变。卒以求全之毁辞职，旋主办金、衢、严旅杭三府公学。因丁父艰，回里，杜门读礼。时邑令蒯思曾，热心教育，禀请提学，使札委劝学所总董，由是学务日蒸。尤出资私办西河女校，成绩颇著。宣统庚戌，衢守崇兴，创设初级师范学堂，以群绅之公举，与李道之主张委为监督。未几，武汉起义，遥为响应，于九月间光复衢州，次第绥定各县，推李道龙元主持军政分府事宜而辅佐之。民纪元年，选任第一届省议员，多所建白。复与马夷初创办《彗星报》馆，以直言触忌当道。二次革命，督军朱瑞宣布中立，联名上书，痛陈中立之非，被人密告袁氏，袁欲惩一儆百，几与许祖谦、任凤冈、盛邦彦等不免，幸屈映光、吕公望为之缓颊，事遂寝。岁壬子，国民军奠都南京，应王部长儒堂之聘，任外交部秘书。撄疾引退，息影沪上，与章太炎讲论篆籀之学，议订段氏《说文解字》注之误。生平遗有诗文十余卷，待梓。

（编者按：毛传、何镛、毛云鹏三人传，底本原置第三章《伎术》民国部分，今酌移置第一章“先正”末，以副名实）

第二章　隐　逸

第一节　宋

毛　赫《天启志》：博学多闻，不营利禄。宋仁宗嘉其恬退，卒赠承奉郎。

周　沂《两浙名贤录》：字翼臣，趣尚高远，隐身不仕，号白云先生。少与赵清献公抃同砚席，抃甚敬之。既登政府，欲一见沂，沂因入都扣门大呼曰："我欲一见赵四。"阍吏大惊，走白抃，抃曰："周先生天下士，视轩冕如土苴，岂知有我哉？"整襟肃入，清言数日，不及世务，竟纳履去。

周顺之《弘治府志》：明《易》学，有节行。与赵抃善，抃遣子候起居，食以疏食，同行畦町林麓间，进趋极艰苦。既归，抃问曰："先生何以教汝？"且怒且答。抃曰："汝处安逸，宁知稼穑？汝享膏粱，宁知藜藿？教汝多矣！"

郑子高《康熙续志》：浦汭人。为信安尉，有善政。皇祐间附籍，隐协里，子孙遂世其家。

李处全《天启志》：字巽伯，洛阳人。能文，终侍御史。弟处励守衢时，处全以须江仙居僧舍有林壑之胜，治田庐与弟同隐焉。

周次说《天启志》：熙宁间，授通好使。忤权贵，谪衢教授。寓江山，遂匿迹于此。

蒋　羽《康熙续志》：字汝翔，家世居吴。高宗朝举贤良，辞不赴。继举文学，亦辞之。适三衢，闻徐逸平讲学南塘里，就访酬和。因见须江山水清邃，遂隐于文明坊。

徐仕宁 《康熙续志》：号学山，其先长沙人。嘉定九年，隐于利宾乡南塘，遂附籍居焉，后表为祝礼镇。

王得陆 《康熙续志》：莘县人。宋宰相王端六世孙也，任县学教谕，阻于乱，因家稚儒坊，市隐终身。

徐德四 《康熙续志》：莘县人。仕宋，为制置使，从驾南渡，有女弟婿王得陆教谕县学，因与偕隐焉。

蒋　芸 《两浙名贤录》：字克胜，号芹涧。年十六，咸淳丁卯榜第一。上疏论贾似道大奸误国，不报，因隐迹归里。游开化，卜居华埠，教授生徒。元兴，被征不起。

柴随亨 《宋诗纪事》及《康熙续志》：字刚中，号瞻岵居士。幼颖异，七岁能文，名驰江右。宝祐四年，登文天祥榜进士，知建昌军事。宋亡，与其兄望，弟元彪、元亨隐于榉林九磜之间。人称“柴氏四隐”。

元亨，字吉甫，幼试神童科，免解，与兄随亨同登进士。初任春陵令，累官至朝散大夫，转监丞。元彪，字炳中，号泽癯居士，官察推。有《袜线集》。

第二节　元

毛德祥 《天启志》与《乾隆志》：至元间，授制使，因乱不受职，置菊所于城东。番阳周伯温以“城市山林”颜其居。王朴记称为“江阳隐居子”。

伍　骏 《天启志》：字千里。至正间领乡荐，入太学，不羡荣利，飘然而归。明初献《靖边十策》，纳之，授以教谕，不就。与鲁桐山同学《易》，隐居鼓琴，读书不辍，学者宗之。

郑弥高 《康熙续志》：与弟弥坚、弥远三人，貌如莹玉，皆读书不事进取。同居共爨，一食常百余人，翕然和乐。构草堂于双溪之上，匾曰“三友儒林”，园栽松竹，暇日集宾客歌咏其间，时号三隐。兼之乐善好施，并建经堂。灵宝碑石可考。

王肇基 《天启志》：信安进士廷芝之后。因元乱欲入闽，见县境山水特丽，遂留隐焉。

璩可道 《天启志》：字元学，龙邱人。元季以茂才荐授本县尉。有才能，喜山水之胜，卜居南门。晚就西山之阳建紫薇观以栖隐。

程宗文 《天启志》：徽州人。忠壮公灵洗之后，隐居不仕。元时避乱，择居何家巷，子孙世处焉。

刘希贤 旧志：上饶令，弃官避元乱，隐居县之稚儒坊。天启、康熙、乾隆诸《志》俱作若贤。今仍《康熙续志》。

张荣元 旧志：须江教谕。爱江郎风景，秩满，遂卜居于外雅峰，今张家源族是也。

第三节　明

徐　演 《乾隆志》：字仲允，洪武乡荐。父宏，举明经，本福建人，任衢州教授，道经浦城，出县之凤林乡，乐其风美俗厚，命演占籍焉。演历官助教，翰林试《楮先生传》，进呈第一，特拜右春坊，以疾告归。

班　琴 《天启志》：号南轩，福建布政使。本京兆人，留隐于县。子平，字季清，官至河南右参政，有声于时。

胡百川 《天启志》：婺源人。洪武初，以镇边，授提举，因隐镇安。

孔献夫 《天启志》：西安人。宣圣五十九世孙，宗人府经历。永乐间，隐居邑之归厚乡。

施文彩 《天启志》：开化人。徽州同知自谦之孙，继娶县之毛氏，以赘为家，终隐甥馆。

柴惟道 徐霈撰文：字允中，号白岩，体貌古朴，家徒壁立。补博士弟子员，既而弃去。就薛中离、湛甘泉两先生学，充达有得。性喜吟咏，诗益工，而贫益甚，所交多海内名公。郡守湖南韩公欲见不可得，先介之以诗，及见，待以殊礼。与徐霈为友，泰、岳、嵩、衡，足迹几遍。晚岁游天台，往返半月，抵家而卒。著有《玩梅集》，天台王宗沐为之序。

【明杨魁送白岩公归诗】别君倏几载，一见咨真诠。至道谅履素，丰采如登仙。马首逾千岭，到处辄盘旋。即旅岂君事，兀兀且穷年。泰岳陟日照，东海俯云烟。异人多相晤，奥旨传幽玄。妙密竟深造，收敛何渊渊。微机寓风雅，六艺漱芳妍。车辙环禹迹，吊古嵩衡巅。歌声出金石，文辞追史迁。岂不舒襟抱，归根恐未然。何以净明室，凝神未发前。湛虚抱根翳，皓月空中悬。所如无悔吝，混辟归天全。岩树凌霜雪，鹪鹩任翩翾。

【白岩寄赠徐东溪诗兼序】东溪徐公，秉文河洛，按节荆衡。阐程氏之诸言，继羊公之伟绩。声习上闻帝心，简在载授贵阳总宪。龙场旧迹，实阳明夫子过化地也。溯哲人之流风，簸皇泽于边徼，不在兹行乎？因风染翰，聊用寄怀。

昔年画舸下神京，万里迢迢共月明。不厌驱驰缘圣世，从知出处慰苍生。扬旌洛下春风动，访古湘皋杜若清。山水幽光应焕发，却便到处洗心灵。

荆楚观风渺未回，贵阳亲命日边来。殊方共是皇王土，屏翰须看经略才。青草湖光天浩阔，赤溪山色路崔巍。经行更访龙场迹，还有碑铭映绿苔。

柴天复 《康熙续志》：字元甫，号松皋山人。幼聪敏，屡试俱冠军。数奇，困于场屋，遂厌薄世味，结庐高园，与叔惟道终日唱和，飘然自得。著有《高园漫稿》。

江　垕《康熙续志》：字惟载。少魁伟，颖悟，博学能文。隐居教授。衢、信、饶、徽学者多宗之。

邹　璘《康熙续志》：号复斋，崇祯庚辰进士。本成都人，任古田知县，调补余杭，有政声，擢刑部郎中。遇闯乱，隐于邑之南峰。寻，不食死，余杭民追祀名宦。子澄，入籍，登康熙壬子乡荐。

汪普贤《常山县志》：字希颜，笃志经学，尤工辞赋。襟怀旷达，更精究方书，时以救人为心。晚年游大陈，爱其山环水潆，林木葱郁，遂隐焉，号其地曰“环山”。著有《医理直格》二卷行世。

第四节　清

邓尔耆　字艾堂，四川重庆人。性高洁。宣统间任衢州府同知，分防县之峡口。工书善绘，不善积蓄。逊国后，隐迹城西前圳，曾饔飧不给而歌啸自若，有陶渊明委心任命之风焉。

第三章　伎　术

第一节　元

顾　辉（编者按：一说颜辉）《画法年纪》：字秋月，善画道、释人物。《匏翁家藏集·秋月》：画鬼尤工，笔法奇绝，有八面生意。

第二节 明

伍子安 《正德志》：幼通经史，长邃于医，就者如市，皆不责报。郡守张实荐为御医。所著有《活人宝鉴》十卷，学士宋濂志其墓，孙敬仲尤能世其业，疗奇疾甚众。

吴 稆 《康熙续志》：住寺巷。与俗无竞，悬壶于市卖药，多活人。子一恺举明经，人以为报。

何 晓 汤显祖《送归江山序》：字东白，拳勇任侠，尝手杀劫贼数人。遇奇客，口授禁方，为人傅药辄效。客平昌，邑故无城，虎夜半伤童子，取巨胜膏渍墙茨中，濡虫杂药灌之，愈，时号“十全”。无子，不治产，岁焚券过半。晚生子，归年已老，犹从使琉球，治其王子、妇女，立效，国人神之，得海药以归。

【汤显祖诗】市隐今无人，江山有东白。少壮类豪漫，老大务敦怿。偶回救世心，一试悬壶迹。虽少隔垣耳，能知数岁脉。卖药常以施，问病每如啧。有奇复涤稳，无厌普调适。腠腿谢车马，婆娑赴朝夕。典衣时为人，解纷翻借客。出入在府寺，谈笑贱金璧。洞户无可猜，通都相莫逆。口语无人损，心事有天益。仓公乃生男，扁鹊不受刺。忽忽动归思，移家旧泉石。妪孺走遮挽，食病转愁剧。暂为去来期，终以江山隔。五年予憩兹，朝集限于役。远愧全活手，去为人爱惜。羽翼何以报，肝胆在所积。昌溪眷余想，迟汝一回屐。重来不在兹，停云望归舄。

杨起溟 《康熙志·仙释》号栖碧，强记能文，善书法。能致雷雨，不事符咒，人甚异之。著有《栖碧集》。

徐 豳 《康熙续志》：号风石，以医名，时称风石医仙。

朱仕绩 旧志《畹戚》及《朱氏别录》：字南峰，长台人。年未十岁，怙恃胥失，乃辍举子业，去而学医。比长，挟术游山东，适郡主遘疾且不起，鲁藩遍招医士，无敢措手。南峰应招而去，投剂立愈。鲁藩感其意，且以南峰品格超群，即以仪宾见选。人之奇其遇者，咸以为荣。

第三节　清

毛　华　旧志：字东天，江郎街人。潇洒轶尘，工鼓琴，尤善画竹，自号江郎山人。虽尺幅人争什袭，至今犹远近传之。

【刘佳送毛山人出塞诗】长安四月樱桃红，君来花下停游骢。故人骤见豁羁抱，款语拼倒银船空。君言我亲健可喜，家贫犹幸天年丰。两兄持家亦井井，即此足慰心无穷。昨来叩门忽告别，云将出塞随征鸿。急装缚裤从健仆，骊驹已唱行匆匆。丈夫自古轻绝域，那能俯仰窥樊笼。况兹关塞复雄绝，壮游良足开心胸。居庸落日响笳角，黄沙浩浩生悲风。射生健儿好身手，列戍十万屯刀弓。浩歌远踏李陵塞，吊古更访明妃宫。雪花八月大于掌，穹庐四合天濛濛。铁笛一吹塞云裂，梅花卷起飘空中。酒酣肺腑出芒角，烟枝疾扫神尤工。壶中试卖伯休药，刀圭活命天无功。悬知到处苦留挽，毡裘乳酪纷追从。致书一一幸告我，相思迢递缄邮筒。怀中记取慈母线，倦游何日归江东。（山人精音律，工画竹，又善岐黄）

【郑瑞麟题墨竹图诗】毛公胸有千亩竹，个个天成构在宿。须臾满纸烟云生，每逢知己赠一幅。忆昔画竹有宗工，东阳柳霖西湖琮。手写琅玕兼水石，南山雷雨起苍龙。须江妙手亦可数，墨竹先推崇典翁。枝叶清劲原拔俗，自古贵瘦不贵丰。山人聪颖复杰出，笔墨崛强与之敌。静观疑入淇园游，幅幅簷筤张四壁。或如春气弄青葱，烟雨万竿潇湘中。或如盛夏烈日烘，十指拂拂引薰风。时而丛篁倚怪石，澹澹行云月当空。时而折枝似有声，积雪千文透玲珑。虚心自宜友松柏，翠叶曾经栖鸾凤。天下名画总如林，谁与山人相伯仲？生平偃蹇叹遭逢，此画终为人珍重。

孙　琮　字韵琅，钱塘人。爱江邑风俗古朴，山水清奇，遂居邑之彭村。精书法，工画竹，尤善诗骚。尝游霄岩寺，今寺壁尚有诗句遗迹。墓在寺前。刘佳有诗。

王崇典　字书万，附生，上王人。工画墨竹，图中点缀许多黄鹂，或整或斜，或半或全，无不一一活现。闻书万欲作此图，常于晨夕间，往竹林坐观。有戴仲若听莺风味，久之有得，故能独臻神品。

毛鹤翀　字珠川，号天岩，世居安和坊。工书法，善吟咏，能作八尺大字。邑中各庙宇匾联，大半先生手笔。尤精篆刻，直逼汉魏，元明人制印不屑为也。游京师二十余年，名动公卿，费筠浦相国、齐次风宗伯极推重之。刻有《印谱》二十卷，精妙入神，曾程、穆倩、邓石如无多让焉。偶时兴至，作墨竹数竿，清矫拔俗，非庸手所能，盖仿东坡法，以书为画者。

其弟鹤仙，字珠巢；子茂才挟山，亦精书画，能篆刻，世其家云。

毛德存　字凤飞，号其英，安和坊人。生平专事学《易》，绝无师授，尽得羲、文、周、孔之精蕴。德大中丞晓峰深知其学，屡遣人征之，不出。传其道于生徒，旋赴道山。

林霄达　住昌龄坊。袁州协镇向荣之父也。童颜鹤发，飘然若仙，议论皆本经史，书法出入王、董，而能化其迹。自公卿以下，及外夷之入觐者，皆以得片纸为珍。向荣游击宁羌，乃以老病不起，卒于官署。

【杨芳传云】余昔奉简命，出镇汉中，有宁羌游击林君向荣，浙之江山人也，状貌魁梧，气宇不凡，常随出师，屡建奇勋。见其所呈禀帖，识见超迈，动中机宜，且字画遒劲，迥殊常格，尺幅中有凌云之慨，急询出自何手，以乃翁大人对，余低徊于心，欲一见其人而未得。迨调任五郎镇，林君适为标下中军，始得晋谒其尊人，童颜鹤发，飘然若仙，谈论风生，原本经史。因拜求其法书。银钩铁画，自成名家，出入于王董欧苏之间，而又能浑化其迹，洵亦谓学古而不泥于古者欤！余雅好笔砚，而腕底生强，盖所学未纯，亦所师无法也。既，以相见恨晚，幸得执贽门下，北面修弟子仪。师亦不惮教诲，暇辄过从，口讲指画，尽传妙谛，而于字日益进矣。时斋　杨大人提督秦中，耳师之名邮书索字。余因为介绍而请之于师，嘅达见赠行草数十幅。杨大人分赠都中诸旧好，奉若拱璧。自公卿以下及外夷之入觐者，无不以得师字为荣。投函通刺，接踵于门，自是而师之名满天下。余在任所，得亲杖履者三载，临池之外，日以饮酒、吟诗、弈棋、校射为乐，行无失检，语不及私，处己以约，待人以和。由其天怀敦笃，赋性冲恬，故见于行事者如此。师以先人坟墓在南，急于归。嗣君恐定省乏人，嘱余劝止，而师竟以老病不起，卒于宁羌之官署。

毛以南　字韵石，岁贡生，居稚儒坊。嗜古好学，精通六书，善画兰，得者珍如拱璧。著有《致和堂诗文集》八卷。弟以邠，字紫君，亦岁贡生。书法宗北魏，能得其神，以傲世不恭。精通《易》理，著有《总统易特创羲》《弄丹记略》行世。余姚叶秉钧极敬重之。

徐荣莘　住航头，嘉庆初人。赋性聪明，略识字。念母德罔极，殁后，庐墓三载。始归，学习缝工，艺冠侪辈，凭两手生活，撙节自奉。余资与诸侄婚娶，并置父母兄弟祀产，人称为友爱云。

王师通　县西黄渡（今横渡）人。精于拳勇，从者甚众，学之士如毛锡畴、姜人龙皆与之游，稚子黄耇莫不知师通名。知县段光清闻而召试之，果符其实，即以力士待之，使居押衙之列。段任按察时，道经七里泷，猝然遇盗，通所当披靡，由是益加器重。

毛庆源 毛思诚表墓文：号维翰，岁贡生，世居棠坂，性至孝。父永茂，尝得危疾，群医束手。庆源彷徨终夜。忽念旧藏方书颇富，彻夜自行搜校，果得良方。如法炮制，一饮而瘳。自此，遂致力岐黄，期为世利。会里中大扎，死丧比户，乃尽所学，奔走施治，贫民全活者无算。享年八十有七，民纪6年卒。著有《经验医方》四卷。

毛鸿焘 字遇卿，号石樵，住新仓亭，廪贡生。为人潇洒，工画梅花、白菜，曾尺幅人争什袭。生平以诗酒自适，与人无忤。

汪　平 字访平，别号一兮山人，居大陈，附生。采芹后无志进取，以书画篆刻自适。晚年好医学，大有心得，活人无算。远近病人有未经诊治而死者，其家人必贻后悔。

徐　钲 郑永禧《斗南先生传》：字斗南，晚称逸叟先生，增广生，世居茅坂。幼颖悟，不伍流俗，孝友性成。同胞四人，怡怡自得。父卒，时以不逮养为憾。遇春秋祀事，必丰必洁。光绪丙申，母复弃养，哀毁骨立，几至灭性。自是绝意进取，啸咏林泉，以余暇参究灵素及风角青乌之术，若有神授。宣统初，各县征粮多抑勒币价，谘议局既立，衢议员首出争之。江山恨无议员，先生领衔电省，与衢一致进行，卒得每币折制钱千文，地方蒙利不浅。民纪十有四年卒，年五十八岁。

高金标 住东乡上江坝。精拳术，从学者约千人左右。性和蔼，与人交接，彬彬儒雅。晚年，结庐笔架山终其身。

郑允升 字吉初，附生，住市心街。工书法，正草隶篆，并臻佳妙，尤长篆刻，银钩铁画，居然名家。余姚叶香塘称为郑铁笔。惜不寿，卒。

姜丙曾　来桂坊人，光绪壬午副贡。性颖悟，博览群书，风晨月夕，以诗自遣。尤精于医，就诊者视同和缓。著有《周易理解》《医学舌诀》《吟梅阁诗集》。

祝钦恩　程起鹏志墓文：号杏村，增广生，大溪滩人。生平笃孝友，尚气节，穆于乡党。其品性端严，曾盛暑不释衣。闾里有忿争者，皆得一言以解。尤精岐黄术，延治者不计馈金，赤贫之家赖以生者无算。曾辑有《辨症选方》一书。民纪乙卯，寿终于家，年七十二。

毛世增　字如川，增广生。以清政不纲，绝意进取，课徒于仙居寺之怀舒阁。从侄毛博士延祚，留学柏林，兼通中外，亦当时家塾弟子也。家有老母，频年卧病，因于经史外，兼习岐黄，四方求医者，日踵于门。晚年悬壶石门，有求诊者，贪夜必往；遇贫困无力延医者，非特却酬且馈以药焉，以此远近皆神其技。中表周邦英为传其事。

陈书杰　二十八都人。二岁丧父。事母尽孝，母存，问安视膳，依依膝下。母殁，登墓上香，三年无改。精于医，求诊者概不受酬，人咸德之。

宋登庸　二十八都浔里人。承父业，精于医。母患喘，每发必在寅初，登庸闻声即起，煎汤尝药，务使喘平乃已。偶得佳味，必先供母。析居时，以应得之产，充作祀田，故弟侄辈咸乐与居焉。寿八十余卒。

第四章　耆　寿

褒扬条例以年逾百岁为始，修改后以年登百岁为始。规定甚明，但年已望百而现存者，宜与列入。

第一节　明

徐　玭　《康熙续志》：市后人，与其子徐惠、徐仁俱叨宾饮。玭寿九十时，两子须发皤然，侍其父，往馈蒋邑令寿饭。孙曾元，随其后者四十余人。邑令优礼之，以饭遍给胥役，盖一时之盛也。

毛　轩　旧志：镇安人。嘉靖间赠百岁寿官，寿九十九。

第二节　清

毛芝文　旧志：凝湖人。奉旨建有百岁坊。

祝兆初　旧志：大溪滩人。亲见七代，五世同堂。嘉庆元年，覃恩钦赐粟帛。

徐士伟　旧志：祝礼镇人。年逾九旬，五世同堂。嘉庆八年，奉旨赏给"盛世庥徵"匾额。

祝万朝　旧志：大溪滩人，监生。亲见七代，五世同堂。道光元年，覃恩钦赐登仕郎，邑侯李增福给"七叶衍祥"匾额。

周国麟　旧志：凤林人，监生。道光元年，寿逾九旬，五世同堂。由县申详题奏，蒙恩钦赐八品顶戴，给予"七叶衍祥"匾额。

吴文龙　旧志：白石庄人。道光三年，寿九十九岁。由县申详题奏，蒙恩钦赐顶戴，并予建坊。

郑上开　旧志：山塘人。咸丰五年，与妻杨氏俱百有一岁。先一年呈报百龄双寿，五世同堂。蒙赐"升平人瑞"匾额。杨氏载《列女志》寿母。

刘　僩　旧志：雅儒坊人。咸丰五年，年逾九旬，重游泮水。由学申详学宪吴给予"黉序耆英"匾额。

徐步阶　旧志：祝礼镇人。捐授县丞。咸丰十年，年逾九旬，五世同堂。

刘观贤 旧志：雅儒坊人。亲见七代，五世同堂。咸丰十年，年九十一，奉学宪张给予“积善余庆”匾额。

周殿鳌 凤林人。从九品。年登百岁，亲见六代，五世同堂。光绪九年，由县申详题奏，奉旨特赐银缎，建坊表扬，给予“升平人瑞，八叶衍祥”匾额。

王梦熊 字凤侣，住镇安，道光甲午科武举。生平急公好义，咸丰兵燹后，建设镇安同善义塾，复为募捐昭明桥租。光绪十九年，重宴鹰扬。

姜第先 字元三，潭源人。寿百有四岁，四世同堂。县令姚奖以“五福之先”匾音。

姜际祥 字麟瑞，礼贤人。附贡生。垂老授徒，从游者甚众，如毛云鹄、周春鳌皆出其门。宣统间，县令陈奖以“耆老粹德”匾音。

蔡秀拔 字一占，富塘人。太学生。寿及百龄，精医学。著有《女科要津》《古今方镜》。

第三节 民国

毛开榜 华峰人。清同治庚午武举。四代同堂，寿逾九十。孙皋坤，曾长昌化。

周琪芝 平埂人。寿逾九十，夫妇齐眉，举丈夫。子三，孙曾林立，五代同堂。民纪18年，魁水浮梁落成，琪芝首预行桥典礼，人以为年高德劭云。

毛茂杰 凤林人。现年九十九岁，五代同堂。

杨云郁 南坞人。现年百岁，五代同堂。能日行百里，康强如昔。

邵桂疆 住东山头。现年九十九岁，四代同堂，世业耕读。

民国江山县新志稿

编纂者：宁海干人俊

卷之首　序　图

序

江山，古信安县之南川，唐武德四年始分信安置县，名曰须江。至五代吴越改名曰江山，以邑南有江郎山也。其地高峰深谷，峻绝修阻，为闽浙之要冲，三衢之屏障。康熙十五年，耿精忠部将马九玉据江山，清廷大震。同治元年，太平军将李世贤至江山，据花园港（今花园岗），清左宗棠奔走疲命。光绪庚子，江山农民刘家福起兵，清军覆没，文武官员失色。民国13年，浙闽之战，浙军旅长伍文渊紧守江山，命七团前往助守，七团不奉命，致闽军窜入江山境，浙军司令潘国纲遂亲到江山阵地督战始固。及浙军内哄溃退，遂失江山。江山一失，闽军即长驱直入，势如破竹矣。《浙江通志》云，江山地据上游，有高屋建瓴之势。操七闽之关键，巩两浙之藩篱，信夫！抑余更有说者，江山为浙省产煤之县，矿区可考者有11处之多，探掘历史甚久，老窿废井所在皆是。据《中国实业志》，江山煤矿，系礼贤煤系，起自衢县南乡之下石埠，以入江西境之广丰，长约100余里。以其分布面积之广，而核其藏量之富，当不下3亿吨也。惟形势之险夷，物产之地宜，不能不因时有异。阅数十载后，犹执故籍而问之，不特目前之殚智力以经营者，不可得而见，即后之人，且将无所资以为宜民守土之治，可不深长思乎？

《同治江山县志》修于同治十二年（1873），王彬主修，朱筠纂，距今（1946）已逾75载，所纪自不尽同。江山自浙赣铁路通车后，形势大变，一跃而为长江流域重镇，关系国家安危至巨。又如江山煤矿，因资本短绌，或交通阻梗，类多未采或停采，以致煤田虽多，实无产品，是皆守土者之急于资考者也。

丙戌秋，余赴杭谒浙江通志馆总纂钟郁云师，师曰：生曩日追随郁达夫等尝游杭江铁路沿线名胜，江山亦为生足迹所及，有记录否耶？余以所撰《江山记》目次告之，钟师莞尔而笑曰，又是一部浙江方志，生之用力勤矣！翌日返里，遂出所藏，正讹补阙，芟芜益新，勒成十九卷，总之为八万言，并易名曰《民国江山县新志稿》以呈钟师。钟师命自序之，因道其形势、物产，以为典守者之一助焉。

民国37年夏　宁海干人俊敬识于宁海县立中学教员宿舍

凡　例

一、《同治江山县志》十二卷，清同治十二年（1873）修。王彬主修，朱筠纂，朱宝慈、陶谟参订。本编非续其后，而以纪民国成立后事为主。故曰《民国江山县新志稿》。

二、志之为用，本为一邑建设之参考。本编各门除说明外，多列为表，俾一索即得，一阅即了焉。

三、前志沿革颇详，本编为使读者便利，自唐置须江县起简要书之。

四、本编疆域、面积、人口，采自新旧典籍，并将人口移入面积之后，以资密度统计。

五、气候、土壤采自《中国实业志》等书，道里则采自徐则恂民国 3 年所编《浙江水陆道里记》。

六、本编地质根据《浙江省情》地质图及盛莘夫《浙江地史概要》编写之。

七、本编叙山，采用《浙江通志》例，各山分述并附民国人题咏以新之。

八、前志叙水，本支不分，源委未明，本编据《水陆道里记图》重为编写。

九、本编土田数字，根据《中国实业志》及《浙江省情》两书，赋税则全凭《浙江省情》，起自民国元年，止于民国 21 年，并以前清光宣间赋税附焉。

十、清末及民国机关团体名称屡易，本编分清及民国二代述之。

十一、本编自治、司法、保卫，皆纪民国成立后概况，其资料大部采自《浙江省情》而以新得者益之。

十二、江山自浙赣铁路通车，交通称便。本编分水路、铁路、公路、邮政、电政五目书之。

十三、本编教育与前志学校不同，分初等、中等、社会三目。卫生为新立名目，分医务、防疫、禁烟三目。救济与旧目略同，分救济院、灾赈、积谷三目，皆简要书之。

十四、江山商业交易，以县城、清湖二处最盛，本编分进出口贸易及特种商业等述之。

十五、江山工业以榨油业、酿造业、手工造纸业、电气业等为主，本编分四目述之。

十六、前志物产为博物志，本编则为实业志。分农、畜、林、矿四目，而矿产尤详述焉。

十七、本编宗教先述佛道耶各教概况，次述寺观教堂，以观兴废。

十八、江山自唐置县以来，遗躅故墟、楼台亭榭，足资游人寻访者甚夥。本编择要搜录，并以祠墓附焉。

十九、本编职官系续同治邑志，其资料采自各期《大清搢绅全书》。

二十、本编人物亦续前志，凡卒于旧志告成后者俱列之，如有瑕疵者不录。

二十一、本编艺文书录，专纪清末及民国来邑人所撰书目，文体不拘，惟有风化及迷信者不书。

二十二、本编艺文内外编，以所撰作有涉于本邑者为限，邑人入内编，非邑人入外编。

二十三、杂记本无系属，凡其资料不能归入各门者，咸纳入之。

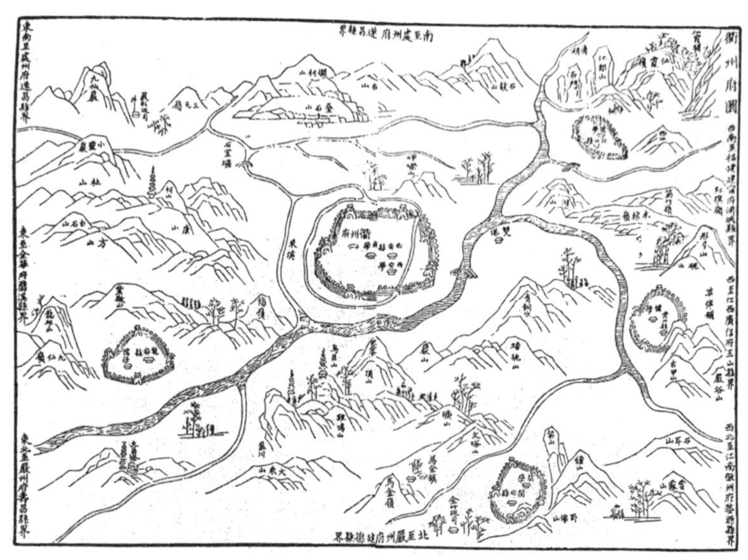

衢州五县图

卷之一　沿　革

第一章　沿　革

唐，须江，武德四年分信安置。——《旧唐书·地理志》

谨按:《名胜志》云，以南有须江因名。

须江，武德八年省，永昌元年复置。——《唐书·地理志》。

衢州信安郡须江，上。——《唐书·地理志》。

五代，吴越衢州领县江山。——《十国春秋》。谨按《注》云，本唐须江县，吴越改今名，以邑有江郎山也。

咸淳中改江山为礼贤。——《正德江山县志》

衢州，信安郡，军事。县，礼贤，紧。——《宋史·地理志》

元，至元十三年复礼贤为江山县。——《方舆纪要》

衢州路领县江山，下。——《元史·地理志》

明，江山县属龙游府，寻属衢州府。——《康熙浙江通志》

江山县属衢州府，编户一百二十七里。——《雍正通志》

民国元年2月废府，江山县直属浙江省——民国续纂《浙江通志》。

3年置道，属金华道。——同上

16年道废，直属浙江省政府。——同上

21 年浙江省划行政督察区，属浙江第五行政督察区。——同上

第二章　疆　域

江山县地位东经 118 度至 119 度，北纬 28 度至 29 度之间。——民国续纂《浙江通志》

东西广 130 里，南北袤 130 里。——《康熙浙江通志》

东 35 里至衢县界纡溪源青山，西 70 里至江西玉山县界栗木，南 125 里至福建浦城县界小竿头岭底，北 25 里至常山县界竹荆，东南 100 里到遂昌县界东碛岭底，西南 90 里到江西广丰县界岩后。《浙江通志》误作永丰。东北 35 里到衢县界后溪，西北 40 里到常山县界马驹。——《衢州府志》

据 26 年 6 月编查，全县分 6 区、124 乡、22 镇、2093 闾、10541 邻。——《浙江省情》

第三章　面　积

江山县总面积，据《中国实业志》所载，为 6059 方里，兹将其平地、山地、道路、河湖、沙涂等面积列表于后。

平地，989 方里；

山地，4994 方里；

道路，8 方里；

河湖，55 方里；

沙涂，13 方里；

总面积 6059 方里。

又据24年出版之《浙江省情》所载，全县面积为8008公方里，此系引用陆地测量局报告书，虽不能绝对精确，但比较可信。

第四章 人 口

民国元年固有人口数：218550人。——《浙江省议会议员额数分配表》

民国17年浙省民政厅调查人口数：268950人。——《求我山人杂著》

民国22年人口数：280433人。——实业部调查 内男160020人，女120413人。

每方里人口密度：46.28人。

民国24年《浙江省情》统计户数：52500户，每公方里平均户数：6户。人口数：273515人，内男154130人、女119385人，每公方里平均人数34人。

第五章 气 候

气温 本县气温，因无记载，不可考。大致与兰溪相若。《中国旅行指南》：兰溪夏最热为华氏96度，冬最冷为华氏28度。又据《中国实业志》，兰溪气温最高华氏98度，最低华氏36度。因气候温和，作物发育良好，风霜雪无甚关系。

雨量 本县雨量，据徐家汇天文台报告，年雨量在1600公厘以上，较同纬度临海沿海，多300至400公厘，（临海沿海年雨量为1200至1300公厘）。盖本县西依崇山，海风受阻上升，故多地形雨也。

第六章　土　壤

江山土壤，据《中国实业志》调查，全县以黏土最广，占70%，此系按耕地面积而估计其百分比，而非全县总面积所有土壤化验分析也。兹将是项估计列表于后：

壤土，20%；

砂土，10%；

黏土，70%。

第七章　地　质

江山地质，据《浙江省情》及《浙江地史概要》可分述如下：

第一节　古生代

寒武纪　本县西北部常山界处，有前寒武纪变质岩系，地质学者另定名称为常山系，并以向来代表浙江下奥陶纪地层之印渚系名称，专指含下奥陶纪三叶虫页岩，及含下奥陶纪笔石页岩而言，若然则浙江寒武纪时，西北部及西部常山系分布区域，为海水所侵袭可知，此海当由印度洋向云贵经江西至浙江。

二叠纪　本县西部江西界处，系属中二叠纪礼贤煤系。故本县南乡礼贤镇状元山一带产无烟煤甚著。考二叠纪之中期，则海水又退出浙境，在以前海水浸入之地，地势低洼，植物繁茂，遂造成含煤地层，如浙省东北之长兴，以至西南部之本县是也。

第二节　中生代

白垩纪　本县东部及东南部有广大之白垩纪流纹岩系，考白垩纪为中国地壳最不稳固之时期，浙省尤为火山活动之著名区域，地质学者往往称浙省造山时为仙霞造山期，当火山岩流喷发之前，浙江古大陆久经剥削，似已夷为平地，平地中则有若干之湖沼存在，吾人在此湖沼堆积之页岩中，先后发见淡水鱼类及淡水贝类之化石颇多。

第三节　新生代

冲积层　本县北部衢江沿岸为近代冲积层系，衢港诸溪流，因所夹带泥沙，依其显粒大小，分远近而堆积所成也。

第八章　道　里

第一节　水路

大溪　一名江山港，一名文溪，一名鹿溪。

径流：

小竿岭　大溪自此发源，兼受仙霞山之水，北流折而西北至觑星山南麓，5 里 9 分。

朱坞村　自觑星山南麓西北流至此，4 里 6 分。

双溪口　自朱坞村北少西流，折而东北至此，9 里 6 分。有石鼓源自东南来会之，见后。

广渡村　自双溪口西北流至此，4 里。

溪上村　自广渡村北少东流至此，5 里 9 分。

双港口　自溪上村东北流过下泽村，折而北至此，10 里 9 分。有东角源自东来会之，见后。

上朱村　自双港口北流，折而西北至此，4 里 5 分。

黄坑村　自上朱村西北流至此，4 里。以上不通舟筏。

凤林镇南　自黄坑村北少东流过横山桥，折而西至此，3 里 5 分。

茅坂渡　自凤林镇南首西流，折而北少东，曲曲至此，8 里 5 分。

曹家村　自茅坂渡北流，折而东北至此，6 里 8 分。

礼贤镇　自曹家村北流至此，4 里 1 分。

安清渡　自礼贤镇北少西流，折而北至此，3 里 5 分。

贺村渡　自安清渡东北流至此，10 里 8 分。

刘家堙　自贺村渡东东流至此，7 里 3 分。

箬坑源口　自刘家堙东少北流至此，2 里 6 分。有箬坑源自南来会之，见后。

清湖镇　自箬坑源口东少北流至此，2 里 9 分。

白石源口　自清湖镇东北流过小懒滩，折而北至此，10 里 4 分。有白石源自东来会之，见后。

县城南鹿溪浮桥　自白石源口北少东流至此，2 里 5 分。

青龙渡　自鹿溪浮桥东北流至此，1 里 6 分。

双塔底村　自青龙渡东北流过乌木滩至此，9 里 6 分。

大溪滩村　自双塔底村东流，折而东北至此，7 里 9 分。

逸溪渡　自大溪滩村东北流至此，5 里 1 分。

溪头山渡　自逸溪渡东北流至此，7 里。与衢县分界。

支流石鼓源：

石鼓山　石鼓源自此发源，西南流至坪坑村，3 里。

鸡公村　自坪坑村西南流至此，6 里 9 分。

保安街　自鸡公村西少北流至此，5 里。

李垅村（今里垅）自保安街西流，折而西北至此，5 里 2 分，又西北流 1 里 8 分至双溪口入大溪。

支流东角源：

苏州岭　东角源自此发源，北流至高滩村，4 里 9 分。

高滩外村　自高滩村北少东流至此，4 里 7 分。

陈家村　自高滩外村北少东流至此，5 里 5 分。

溪口桥　自陈家村曲曲北流至此，8 里 7 分。

白沙村　自溪口桥北流，折而西，复折而西北至此，9 里 6 分。

定村　自白沙村西流至此，4 里 7 分。

李家桥　自定村西北流，折而北过白水坑村至此，7 里。

毛家村　自李家桥西北流至此，7 里 3 分。

张家村　自毛家村西少北流至此，7 里 5 分。

峡口桥　自张家村西少南流至此，7 里。又西少北流折而西，4 里 1 分。至双港口入大溪。

支流箬坑源：

石平岭　箬坑源自此发源。西北流，折而北至方家桥，6 里 3 分。

竹尖山北　自方家桥北流，折而西少北至此，7 里 4 分。

昭明桥　自竹尖山北首西少北流，折而西少南至此，12 里 3 分。

读溪口村　自昭明桥西北流至此，6 里 1 分。

观音堂村北　自读溪口村北少东曲曲流至此，6 里 3 分。

清湖亭西　自观音堂村北首东北曲曲流至此，5 里 2 分。又北流 2 里 3 分，至箬坑源口入大溪。

支流白石源：

飞石岭　白石源自此发源。西北流至白石村，3 里 7 分。

源口桥　自白石村西流，折而西少南至此，5 里 8 分。

黄村　自源口桥西少北流至此，5 里 5 分。

柴家岭村　自黄村西少南流至此，4 里 1 分。

毛村　自柴家岭村西北流至此，7 里 7 分。

碗窑村　自毛村北少西曲曲流至此，9 里 7 分。

下塘村　自碗窑村北流，折而西北至此，5 里 3 分。又西北流 5 里 3 分，至白石源口入大溪。

第二节　陆路

东门　一名通宁门干路

青龙渡口　自东门外东南行至此，7 分。

翁家村　自青龙渡口渡大溪东行至此，2 里 4 分。

赵家村　自翁家村东北行至此，3 里 1 分。

赵籍村　自赵家村东行至此，3 里 2 分。

路头村　自赵籍村东行至此，2 里 2 分。

姚家村　自路头村东少南行，折而东少北至此，3 里。

郑家村　自姚家村东少北行至此，3 里 6 分。

方家村　自郑家村东少北行至此，2 里 1 分。

苦桑岭亭　自方家村东南行至此，4 里 3 分。

达珠村　自苦桑岭亭东南行至此，2 里 9 分。

石塔背　自达珠村东南行至此，6 里 8 分，与衢县分界。

通禄门　自门外东行七分至青龙渡口与东门干路合。

通昌门　干路

红石桥　自通昌门外南少东行至此，5 里 5 分。

下塘村　自红石桥东行，折而东南至此，3 里 6 分。

上江坝村　自下塘村东行，折而东南至此，2 里 5 分。

碗窑村　自上江坝村南少东行至此，2 里 5 分。

柴坑口村　自碗窑村东南行至此，2 里 5 分。

溪头村　自柴坑口村南少东曲曲行至此，6 里 6 分。

毛　村　自溪头村东南行至此，3 里。

大溪蓬村　自毛村东南行至此，5 里 9 分。

柴家岭村　自大溪蓬村东南行至此，3 里 1 分。

黄村　自柴家岭村东南行，折而东北至此，3 里 8 分。

塘源口村　自黄村东南行至此，3 里 7 分。

源口桥　自塘源口村东行至此，3 里 1 分。

白石村　自源口桥东行至此，5 里 1 分。

飞石岭　自白石村东行至此，4 里 4 分。与衢县分。

南门一名通福门　干路

方门桥（今封门桥）自南门外东南行至此，2 里 5 分。

花路亭　自方门桥西南行至此，1 里 9 分。

甘露亭　自花路亭南行至此，5 里。

清湖镇　自甘露亭南少西行至此，4 里。

观音亭　自清湖镇西南行至此，9 里 6 分。

花园港村　自观音亭南少西行至此，4 里 1 分。

石门村　自花园港村南少东行，折而南少西至此，8 里 1 分。

界牌村　自石门村西南行至此，5 里 9 分。

江郎街　自界牌村南少西行至此，8 里 8 分。

苏家岭　自江郎街南少西曲曲行至此，9 里 1 分。

峡口街　自苏家岭西南行，折而东南至此，5 里 5 分。

三卿口村　自峡口街南行至此，8 里 5 分。

保安街　自三卿口村西南行至此，9 里。

龙井村　自保安街南少西行至此，7 里 4 分。

上　街　自龙井村南少西行越小竿岭至此，11 里 2 分。

廿八都　自上街南少西行至此，4 里 1 分。

大竿岭　自廿八都西南曲曲行至此，10 里 8 分。与福建浦城县分界。

西门一名通贤门干路

大桥头村　自西门外西南行，折而西北至此，4 里 8 分。

道塘村　自大桥头村西南行至此，5 里 3 分。

永济桥村　自道塘村西行至此，7 里。

潭石头村　自永济桥村西行至此，6 里 8 分。

洋桥村　自潭石头村南行，过潭源村，折而西南至此，4 里 9 分。

诗坊村　自洋桥村西南行至此，4 里 7 分。

吴村　自诗坊村西南行至此，3 里 7 分。

东库村　自吴村西南曲曲行，折而南少东，复折而西南至此，9 里 8 分。与江西玉山县分界。

通兴门　干路

五里亭　自通兴门外西北行至此，5 里 5 分。

店坝头村　自五里亭西行至此，3 里 3 分。

吴圳村（今五圳）自店坝头村西北曲曲行至此，11 里 3 分。

坳头村　自吴圳村西南行，折而西北至此，5 里 1 分。

斜驮岭亭　自坳头村西南行至此，3 里 7 分。

柳岭桥　自斜驮岭亭西行至此，4 里 9 分。

福塘村　自柳岭桥西行至此，2 里 6 分。

大桥墟　自福塘村西少南曲曲行至此，7 里 7 分。

分界塘　自大桥墟西少南行至此，2 里 9 分。与江西玉山县分。

北门一名通化门干路

三桥　自北门外北少东行至此，2 里 6 分。

长塘弄村　自三桥西北行至此，2 里 2 分。

凉棚店村　自长塘弄村北行至此，5 里。

大陈村　自凉棚店村北少西行，越大陈岭至此，9 里 9 分。

水银山西界牌　自大陈村北少西行至此，5 里 9 分。与常山县分。

通安门　干路

双塔底村　自通安门外东北行至此，9 里。

吴村头　自双塔底村东北行至此，4 里。

平坛村（今平坦）自吴村头东北行至此，3 里 2 分。

逸溪渡　自平坛村东北行至此，5 里。

界桥　自逸溪渡渡大溪，东北行至此，6 里 7 分。与衢县分界。

卷之二 叙 山

江郎山 在县南五十里。按《文思博要》，山有锦文，三石峰俗传有江姓兄弟三人登其巅化为石，因名山，又有金纯、须郎二名。郑缉之《东阳记》：金纯山有三峰，悉数百尺，色丹夺目不可仰视。杜佑《通典》云：须郎山拔地如笋，有三峰，王禹偁有诗。——《浙江通志》

【民国干人俊诗】一峰耸峙忽而分，三石嶙嶙景物新，岂是乐天诗思好，江郎山色画难真。

【民国陈万里杭江琐记云】古来文人之咏江郎者甚多，然而我所心爱的只有白乐天“安得此身生羽翼，与君来往醉烟霞”两句。

航埠山 在县东1里，其阳有鹿溪航渡，故名。——《江山县志》

西山 在县西1里，林木荟蔚，与县治相映带，有泉曰清冷，邑人多择胜为亭榭。——《弘治衢州府志》。

龙眠山 在县北10里，高5丈，周围7里，俗名七里山，蜿蜒屈盘，故号龙眠。——《江山县志》

马鞍山 在县西15里。一在齐礼乡。——《浙江通志》

神仙山 在县东30里。泓泉在巅，为祷雨之所。——《江山县志》

景星山 在县南5里，高45丈，周围5里。本名突星，绍兴中令杨雯易今名。按《文思博要》云，山有三石峰，后汉方士赵

炳过山下，以鞭指之，其石犹存。——《浙江通志》

鹤鸣山 在县南25里，山巅有泉不涸。——《江山县志》

徐王山 在县南，相传偃王驻兵处。——《弘治衢州府志》

鹅笼山 在县东南40里，上有灵湫。——《名胜志》

骑石山 在县西2里，高45丈，周围4里，状如人骑，故名。知县余一龙改名步鳌。——《江山县志》

渐山 在县东20里，俗号大灵山，巍然秀出，上有偃王庙，旁发泓泉三。——《弘治衢州府志》

安定山 在县东北20里。烟霏空翠，赑屃相高。——同上

湖山 在县北25里，上有石窟，深黑有龙居焉。山半有石城两层，城内有腴田，泉水四时不竭。——《天启江山县志》

洗仙山 在县南40里，旧名泛青山。昔有渔者见洞口有道人手招之，不往，道人旋揭巨石窒其门。——《正德江山县志》

圣堂山 在县南50里，顶有龙井，旁有祠。天旱，居民尝祷之。——《江山县志》

觑星山 在县南百里许，高180丈，属泉山之宗，僧宝月结庵于此，前有巨石，常饭虎。——同上

泉岭山 在县南130里，周围数百里，汉朱买臣云，东越王居保泉山，即今信安郡北界也。——《浙江通志》

小江郎山 在清湖，峭石悬潭，与浮桥映带，鯈鱼翕聚，宛然濠濮之间。

浮盖仙山 在县南百里外，上有仙洞，洞口石坛，为祷雨所。洞内石壁双峙，上通一罅，径略容身。可数十步，始得旷处，有仙人弈局。泉窦冰滑，余石齿齿，如屏如笋。上有真红桃，花而不实。——《弘治衢州府志》

箬山 在县南百里。高出仙霞之上，霁景可望衢城。——《浙

江通志》

独秀峰　在县东南50里。高45丈，秀色为诸峰之最。——同上

仙霞岭　在县南100里。高360级，凡28曲，长20里。宋史浩帅闽过此，始募人甃以石路。

窑岭　在仙霞北15里。——《衢州府志》

茶岭　在仙霞南3里。——同上

大竿岭　在县南110里。北趋婺杭，南通七闽，西抵广信，遂为通途——同上

小竿岭　在县南130里。高150丈，接福建浦城县界。——同上

梨岭　在仙霞南56里。——同上

枫岭　在小竿岭南5里，为浙闽分界处。——同上

璩公岭　在县南60里，路达栝苍（今括苍）。——同上

红旗岭　在县西35里，路通玉山县。

登真岩　在县西北15里，旧名筋竹山。詹妙容于此得仙，唐别驾令狐峘易今名。山高五千尺，中有潭，溢则旱，浅则丰。唐刺史投金龙以祈雨，名为天泉。——《江山县志》

潇岩　一名霄岩。在彭村，上下有二岩。——同上

白岩　在县东45里。山骨对下如垂钗，中有岩广一丈，深倍之。横袤300弓，规如半月，平旷可容数十客，瀑流从巅下如飞练，李处权有诗。——《衢州府志》

【民国干人俊诗】白岩春晚瀑泉流，古洞云深岁月悠。我亦石根思结屋，老于松竹自幽幽。

烟萝洞　在县南5里景星山之西。可容20人，怪石崛起绀

碧，旧传有烟萝子隐焉。——《名胜志》

左坑洞 在县北20里。岩洞六七所，有石佛、石乳、石田，至者如听龙吟虎啸，岁旱则祈。宋安定郡王赵令衿名其洞以“显应”。——《衢州府志》

青云洞 在县南25里。中有龙居，乾道间里人凿石，偶得其穴，蜕骨绝多。——同上

大岭洞 在县西20里。悬石如屋，有石盘屈状如龙，下有石田，炬而后入，杳不可穷。张贵谟有诗。——《浙江通志》

【民国干人俊诗】石屋高悬结藻井，石龙盘屈玉麟生。张生拈出石田句，留与游人逸思盈。

目连洞 在县西2里。明净幽旷如覆石室，瀑布声响不绝，旧传阿目犍连修行于此，政和间掘得青提夫人碑，乃目连母也。——同上

状元山 在县南33里礼贤镇。产无烟煤，昔经土采，今停。——《中国实业志》

石后山 在县南47里。产半无烟煤，昔采今停。——同上

南坞山 在县南65里。产半无烟煤，昔采今停。——同上

关溪垅 在县南10里。产煤，昔采今停。——同上

象鼻山 在县南35里上台村。产氟石，昔采今停。——同上

环山 在大陈村，介于江山常山两县间，风景至胜。——《江山记》

【民国余绍宋环山园访戚汪志庄诗】行尽岩隈始见村，绿阴如画罨深原。环山十里皆松树，天下应无第二园。 离乱频仍别恨添，解颜一笑讶苍髯。名山只合幽人住，何日相从此久淹。——《寒柯堂诗》

卷之三　叙　水

第一章　大　溪

第一节　本流

江山港　一名文溪，一名鹿溪。自小竿岭发源，北流折而西北，经觑星山南麓朱坞村，折而东北至双溪口，有石鼓源自东南来会；复西北流过广渡村、溪上村、下泽村，折而北至双港口，有东角源自东来会；复北流折而西北过上朱村、黄坑村，至凤林镇南，始可通舟筏。复西流折而北少东，经茅坂渡、曹家村、礼贤镇安清渡、贺村渡，到刘家堩，至箬坑源口，有箬坑源自南来会；复东少北流过本县第二市场清湖镇，折而北，至白石源口，有白石源自东来会；复北少东流过县城南鹿溪浮桥、青龙渡、双塔底村、大溪滩村、逸溪渡、东北 7 里至溪头山渡，与衢县分界。——《江山记》

第二节　支流

石鼓源　发源石鼓山，西南流经坪坑村、鸡公村，折而西北流过保安街、李垅村至双溪口入大溪。

东角源　发源苏州岭，北流至高滩村，折而北少东流经陈家村，曲曲北流，出溪口桥，折而西，复折而西北，经白沙村、定村，折而北，过白水坑村、毛家村、张家村，折而西少南流经峡口桥至双港口入大溪。

箬坑源 发源石平岭，西北流经方家桥、竹尖山北，折而西少南出昭明桥，复折而西北，经读溪口村，折而东北曲曲流经观音堂村北、清湖亭西，又北流至箬坑源口入大溪。

白石源 发源飞石岭，西北流经白石村，折而西少南，出源口桥，经黄村、柴家岭村，折而西北，流经毛村、碗窑村、曲曲北流，复折而西北，经下塘村至白石源口入大溪。——俱《江山记》

第二章 潭 泉

石魁潭 在县北25里，巨石峙立如魁，故名。——《浙江通志》

济井潭 在县东南60里，方而深，外限横石。——《正德江山志》

双溪泉 在县市东侧，有双溪堂及竹溪，为负邑佳处。——《弘治衢州府志》

须女泉 在县北3里，发源西山之麓，深不及丈，甘冽宜茗。——《天启江山县志》

瀑布泉 在仙居寺右，高数十丈，悬崖倾泻，状如匹练。——《浙江通志》

第三章 水 利

捍江浚河，筑堤建坝，皆为水利重要设施。苟得其道，旱潦可以无虞，实万世之利也。爰于新旧典籍中，其有关江山水利者，择要录之，以资参考焉。

第一节　测量

江山港为江山县主要河流，在本县境内一段，长 82.28 公里。水流甚急，本干及支流中下游，以时受山洪冲刷，易于坍损，且一遇霪雨，即泛滥成灾。民国 17 年 9 月，浙江省水利局成立，19 年至 21 年，举办基本测量，分三角水准河床地形等，至 23 年 6 月止，本县有雨量站一，测候站一，兹分述如下：

雨量站

江山雨量站平均雨量标（单位：公厘）——《民政年鉴》

<table>
<tr><th>河名</th><th>测站</th><th>施测时间</th><th>月别</th><th>雨量</th><th>最大
月雨量</th><th>最小
月雨量</th><th>测验
机关</th></tr>
<tr><td rowspan="13">衢江</td><td rowspan="13">江山雨量站</td><td rowspan="13">民国 21 年 5 月至 23 年 6 月</td><td>1</td><td>83.4</td><td rowspan="13">573.4</td><td rowspan="13">16.6</td><td rowspan="13">浙江省水利局</td></tr>
<tr><td>2</td><td>141.7</td></tr>
<tr><td>3</td><td>202.9</td></tr>
<tr><td>4</td><td>289.2</td></tr>
<tr><td>5</td><td>398.0</td></tr>
<tr><td>6</td><td>499.0</td></tr>
<tr><td>7</td><td>91.7</td></tr>
<tr><td>8</td><td>171.7</td></tr>
<tr><td>9</td><td>23.3</td></tr>
<tr><td>10</td><td>42.8</td></tr>
<tr><td>11</td><td>48.8</td></tr>
<tr><td>12</td><td>16.6</td></tr>
<tr><td>全年平均总数</td><td>2099.1</td></tr>
</table>

测候站　据《浙江省情》全省测候所、测候站、雨量站分布图，本县有测候站一。

第二节　河塘

双塘　在通和门外

三塘　在县东 5 里

枫树塘　在县南 20 里

绕龙塘　在县南 35 里

庐塘　在县南 35 里

茹菇塘　在县南 30 里

泉塘　在镇安

三坑洪塘　在县南 80 里

白虎塘　在通安门外

麦山塘　在县北 3 里

石陂塘　在县北 7 里

雁塘　在县北 15 里

长塘　在县西 1 里

西塘　在城内景明巷

塘头塘　在金街巷

青水塘　在通化门外

湖塘　在县西 40 里

严塘　在县西 54 里

嘉湖塘　在嘉湖

进塘　在县西南 35 里

木落塘　詹塘　俱在县西南 30 里

朱家塘　在新丰

涓塘　在郭丰

第三节　堤堰

鹿溪官堰　在东门外，邑人刘中舟修筑

丽坦堰　在县东 5 里

下淤堰　在县东 15 里

夏家堰　在县南 20 余里

兰青堰、下村堰　俱在县南 20 里

景长堰　在县南 25 里

上江堰、廒前堰　俱在县南 30 里

文溪堰　在县南 35 里

毛堂堰　在县南 20 里

祝村堰　在县南 30 里

长台堰、大炎堰、周村堰、横山堰　俱在县南 40 里

张村堰、江村堰　俱在县南 45 里

凤林堰　在县南 60 里

耕石坂堰　在县南 10 里

虹桥堰　在县南 15 里

广源堰　在县南 70 里

峡口堰　在县南 60 里

茶丰堰　在石门

下桥堰　在县北 5 里

白渡堰　又名百祜堰

青霄堰　在县北 1 里

箬堰　在县北 10 里

大堰、壶瓶堰　俱在县北 30 里

杜鹃堰、郑家堰　俱在县北 20 里

嘉湖堰　在县南 50 里

马迹堰　在县南 35 里

（编者按：水利一章，原稿归属不明，今酌置《叙水》之内）

卷之四　土　田

第一章　田　亩

本县土田，仍依清制，可分田、地、山、荡四类。田即水田，地即旱地，山为山坡，荡即湖沿水区。兹将21年浙江粮册上所载及24年《浙江省情》所载者，分述如下：

年别	田	地	山	荡	总亩数
民国21年《浙江粮册》数字	337835	60489	306710	10690	715724
民国24年《浙江省情》数字	337835	60489	306710	10690	715724

附表一　江山县拥有土地亩分业户户数比较表——《浙江省情》

不满5亩	39994户	200亩以上	72户
5亩以上	12668户	300亩以上	22户
10亩以上	16028户	400亩以上	11户
50亩以上	1656户	500亩以上	5户
100亩以上	464户	共计户数	70920户

附表二　江山县每亩田价统计（单位元）——《中国实业志》

田别	上等	中等	下等
水田	80	50	30
旱田	30	20	10
山田	25	15	8

附表三　江山县每农户所占农田亩数——《中国实业志》

农田亩数	农户总数	平均每农户所占亩数
715734	39825	17.9

附表四　江山县农田面积表——《据统计月报》

田地总亩数	水田亩数	平原旱地亩数	山坡旱地亩数	可垦未垦亩数
534051 亩	427240 亩	101470 亩	5341 亩	762 亩

第二章　赋　税

第一节　田赋

江山县田赋，向分为地丁与抵补金二项。自 21 年起，将原有地丁改名为上期田赋，原有抵补金改名为下期田赋。所有各项附税，仍照原率带征。于是从前折算手续得以免除，征输双方均感便利。兹列表如下：

江山县历年地丁及上期田赋收入统计表（元）

民国元年度	60601	民国2年度	65336	民国3年度	64946
民国4年度	65887	民国5年度	64361	民国6年度	64460
民国7年度	62995	民国8年度	65869	民国9年度	63551
民国10年度	60448	民国11年度	67086	民国12年度	65419
民国13年度	65493	民国14年度	68730	民国15年度	62980
民国16年度	65365	民国17年度	63626	民国18年度	63659
民国19年度	63800	民国20年度	52209	民国21年度	58507

江山县历年抵补金及下期田赋收入统计表（元）

民国元年度		民国2年度	10227	民国3年度	9047
民国4年度	9052	民国5年度	7176	民国6年度	7097
民国7年度	7002	民国8年度	7241	民国9年度	7024
民国10年度	6389	民国11年度	7021	民国12年度	6547
民国13年度	6392	民国14年度	6449	民国15年度	5774
民国16年度	5938	民国17年度	5802	民国18年度	5848
民国19年度	5811	民国20年度	4249	民国21年度	5278

江山县田、地、山、荡，每亩应征田赋银数一览表（民国22年）

——24年《浙江省情》

税目	正税税率	带征附加税	正附税并计	亩额
田	0.203	0.438	0.641	337835
地	0.072	0.155	0.227	60489
山	0.013	0.028	0.041	306710
荡	0.208	0.449	0.657	10690

江山县田赋项下每元带征附加税细目一览表——《浙江省情》

税目	上期	下期	税目	上期	下期
建设特税	0.556	0.303	征收公费	0.090	0.037
建设附捐	0.083	0.091	农民飞机捐	0.020	0.020
特捐	0.389	0.121	自治附捐	0.167	
农民银行基金	0.278	0.152	其他	0.556	
教育附捐	0.083	0.091			
治虫经费	0.056	0.030	合计	2.278	0.845

江山县田赋项下每元带征附加税其他栏内细目一览表——《浙江省情》

细目	期别	每元带征数	合计
保卫团附捐	上期	0.556	0.556

第二节　营业税

浙省营业税，创于民国20年间，当时收数有限，其后迭加整顿，将原有营业税性质之牙、当、屠宰等捐亦改为营业税。于是浙省营业税系统乃得确立，所有征收事务，除偏僻县份由各该县政府兼办外，其商业繁盛之地，划为九区，设立专局。本县为偏僻县份，兹据《浙江省情》23年7月调查之近三年度江山县实收数列表于后：

普通营业税（元）

20年度	4396939
21年度	6118720
22年度	7000006

屠宰营业税（元）

20年度	5522024
21年度	4267000
22年度	6012142

牙行营业税（元）

20年度	3377070
21年度	3300300
22年度	2476250

第三节　附清赋税表

续旧志——俱《大清搢绅全书》

田赋

光绪三年丁丑地丁银	24390两
仓谷	21050石
光绪十一年乙酉地丁银	24390两
仓谷	21050石
光绪十六年庚寅地丁银	34392两
仓谷	20148石
光绪二十一年乙未地丁银	34392两
仓谷	20148石
光绪三十四年戊申地丁银	34392两
仓谷	20148石
宣统三年辛亥地丁银	25478两
仓谷	11445石

杂税

光绪三年丁丑杂税银	780 两
养廉银	800 两
光绪十一年乙酉杂税银	780 两
养廉银	800 两
光绪十六年庚寅杂税银	781 两
养廉银	800 两
光绪二十一年乙未杂税银	781 两
养廉银	800 两
光绪三十四年戊申杂税银	781 两
养廉银	800 两
宣统三年辛亥杂税银	782 两
养廉银	800 两

卷之五　机关　团体

第一章　清

续《同治江山县志》

江山县治　在城西北通化门内，面景星峰。元达鲁花赤马合谋修建，旋毁旋建。光绪朝知县张宝琳、洪承栋，宣统朝知县陈常铧任事较久，县署多赖继修之。

江山县教谕署　在县治西儒学。元至元间达鲁花赤马合谋（编者按：应是马合马）徙今所。延祐初马合谋建，旋坏旋修，光绪间教谕俞凤翔连署十四五年，廨署颇多修建之功。

江山县训导署　在县治西儒学，光绪间训导叶秉钧任事八九载，宣统间训导毛诵华任事四五载，署舍多赖修葺。

广济水马驿丞署　旧在常山东门内，清顺治十二年徙置江山县城隍庙侧。光绪宣统间驿丞兼巡检程克勤、毛渐鸿连任十数载，署舍常赖修葺。

典史署　在县署旁，同治光绪间典史姜泽荣、罗堃皆连任十数载，署舍常继修之。

枫岭营　驻札廿八都。光绪十三年游击为郑得标，千总为谢洪发。

巡警局　光绪三十二年设立，宣统三年改为警察长公所。

第二章　民　国

第一节　北京政府时代

（民国元年至16年）

江山县公署　在城西北通化门内旧县署。

江山县警察所　在广寒庙，民元年设立，民3年改为警察事务所，民10年复改为警察所。

审检所　在县署，民2年设立，民6年4月裁撤，由县知事兼理司法。

劝学所　在旧教谕署，民元年设，12年改组。

县议会　民元年设，由各乡公选议员，由议员公选正副议长2人。

县参会　民元年设立。

通俗讲演所　在邑庙内，民元年设，16年停止。

贫民习艺所　在大北门城隍庙。

县商会　在邑庙，民元年成立，设会董若干人。

县农会　民元年设立，由会员公选正副会长2人。

县教育会　在邑庙门，民元年成立，由会员公选正副会长2人，评议员若干人。

第二节　南京政府时代

（民国16年至35年）

江山县政府 在广寒庙。民16年以前称县公署，16年以后改称县政府。

江山县法院 在广寒庙，民17年成立。

江山县公安局 在广寒庙，民19年改警察所为县政府公安局，21年复改为县公安局。

江山县教育局 民12年改劝学所为县教育局。

保安基干队 在毛家宗祠。

印花税局 在小西门。

烟酒税局 三板桥头。

贫民习艺所 大北门城隍庙。

民众教育馆 在邑庙门，民20年设立。

县保卫团 民20年成立，县置总团部，区设区团部。

县田赋管理处 民23年由田粮处改设。

县救济院 民19年由旧育婴堂、养济院等改设。

电报局 在大东门。

电话局 在广寒庙。

电灯公司 在岳王庙。

国民党江山县党部 在学宫街，民16年成立。

江山县教育会 民19年改组成立，各区设区教育会。

江山县农会 民20年改组成立，各乡设乡农会。

江山县商会 在邑庙。民20年改组成立。据《浙江省情》，本县有未立案商会一。

卷之六　自　治

第一章　自　治

浙江自治，自民国元年至民国16年。虽各县乡皆设有自治办公处，但乡村制度仍沿用雍正七年所改庄制。至南京政府成立，始于民国17年颁订街村制，至18年夏，全省组织完成，嗣因中央颁布之县组织法，系名为村里，遂将街村制改为村里制。旋中央又颁布《乡镇自治施行法》，原定村里又改为乡镇，至19年夏，各县划区完竣，依《修正县组织法》之规定，以5户为邻，5邻为闾。施行市制地方，以20闾为坊，10坊成区。在县地方，以百户以上之村庄为乡，百户以上之街市为镇。至21年终，始克全省完成。据《浙江省情》22年6月所编《浙省各县乡镇闾邻数统计表》，本县有区6，乡124，镇22，闾2093，邻10541。兹列各表如下：

表一　江山县区乡镇闾邻统计表（22年6月编）

区	乡	镇	闾	邻
6	124	22	2093	10541

表二　江山县各级自治人员数一览（22年6月编）

区长	6	区助理员	6
乡长	124	副乡长	132
镇长	22	副镇长	30
乡监察委员	385	镇监察委员	95
闾长	2093	邻长	10541

表三　江山县宣誓登记公民统计表（22年6月）

男	女	总数
49718	15016	64734

表四　江山县区公所经费一览表（21年度）

预算数	经费来源田赋附捐	备注
9360元	9360元	其他各县来源尚有杂捐、款产孳息补助金等。

表五　江山县乡镇经费来源类别表（22年6月编）

捐名	征数	备注
自治户捐	缺	捐款征数若干尚未据报从阙。其他各县尚有自治亩捐、田赋捐、游艺捐、茶碗捐、筵席捐。

第二章　司　法

浙省法院之创设，远在清宣统二年十二月间。民国2年，本县设立审检所，至3年3月间裁撤。民5年复设置审检所，至6年4月重行裁撤，由县知事兼理司法，一直至17年，本县与诸暨等八县，首先成立县法院。兹将其概况等列表于后：

表一　江山县法院概况表

名称	成立年月	属何管区	21年度受理刑事案	21年度受理民事案
江山县法院	民国17年	高等第二分院	800件	900件

表二　江山县法院检察处近三年度侦查事件表

年别	民19年度	民20年度	民21年度
侦查案件数	971件	899件	865件

第三章　保　卫

保卫团，民国20年4月，中央《修正县保卫团法》公布后，江山县即设总团部，以县长兼任总团长，区设区团部，区团长则由区长兼任，并成立县区基干队常备队。至22年度，编练第一后备队壮丁，于5月间训练期满，举行退役。总计本县第一期第一后备队抽编名额为455名，兹据《浙江省情》分列各表如下：

表一　江山县保卫团官佐人数统计表（22年度）（单位：人）

总团长	1	副总团长	1
督察长	1	军事训练员	1
政治训练员	1	事务员	8
文牍	1	书记	2

总团长	1	副总团长	1
队长	2	副队长	2
特务员	2	分队长	10
区团长	6	副区团长	6
军事训练助理员	6	总计	50

表二　江山县保卫团收入经费一览表（23 年度）

名称	捐率	全年收数	合计	年限	用途
亩捐	田 3 角 9 厘， 地 1 角 1 分， 山 2 分，塘 3 角 1 分 8 厘。	102614 元	109814 元	未定	保卫团经费
殷商富户捐	照店屋捐额征数带征 20%	7200 元		未定	保卫团经费

表三　江山县保卫团枪械数量统计表（单位：支）

步枪类									手提机枪及手枪类		合计
七九口径					六五口径	一一口径		七六	七六三	七六三	
德造套筒	汉阳造	粤造	闽造	奉造	三八式	老毛瑟	阳九响	俄造	手提机枪	自来得手枪	
25	50	25	90	150	8	15	7	20	3	30	423

表四　江山县保卫团虏获枪械统计表（22 年度）

步枪	6	木壳枪	1

警察　江山清末由地方集款，自行筹设巡警局。宣统末年改为警务长公所。所长一职由县知事兼任，另设警佐以佐理之。民国10年左右，复改为警察所，即以原城区警佐改充所长。民国19年，县警察所改为县政府公安局。21年，为提高县长职权，改组为县公安局。兹据《浙江省情》统计，将本县公安局警察人数及经费数列表于后：

江山县公安局警官警察人数及经费数表

警官				警察	经费
局长及分局长	局员	各级队长	巡官	109名	22384元
4人	5人	1人	2人		

卷之七　交　通

第一章　水　道

江山县境内之主要河港为文溪，亦名江山港，通衢县汇合衢港，沿岸经过清湖、江山城、大溪滩，在县境内一段长 82.28 公里，水流甚急，逆行颇感困难，通行民船帆船，运输之货物为桐油、油纸、毛竹、木材等项。

<table>
<tr><th rowspan="2">河港名称</th><th colspan="2">长度（公里）</th><th colspan="3">深渡（公尺）</th><th rowspan="2">宽度公尺</th><th>水流情形</th><th>通行船只</th></tr>
<tr><th>全河</th><th>本县境</th><th>水涨</th><th>水落</th><th>普通</th><td rowspan="2">水流急湍逆行颇难</td><td rowspan="2">民船帆船</td></tr>
<tr><td>文溪</td><td>98.81</td><td>82.28</td><td>6.68</td><td>2.13</td><td>3.04</td><td>60.8</td></tr>
</table>

第二章　铁　路

杭江线路　于 18 年 3 月开始筹备，翌年 3 月开工，至 21 年 1 月通车至兰溪，22 年 12 月通车至江西玉山，全线共长 360 公里，其中自金华至兰溪为支线，长 24 公里。该路起点于钱塘江边之西兴镇，经萧山、诸暨、义乌、金华、兰溪、汤溪、龙游、衢县、江山等县而终止江西之玉山。23 年 5 月，为展筑玉山至南昌、南昌至萍乡路线，乃改称杭江铁路为浙赣铁路。兹将其建筑费、站名、设备及与本县关系等，约略述后。

建筑费　据《浙江省情》，全路共计建筑费（23 年 4 月止）为 10789321.14 元，其中轨道一项占 26.61%，次为桥工费占 20.32%，又次为路基建造费占 14.5%，余如车辆及总务费等各占 10% 以上。

干线站名

站名	江边	萧山	白鹿塘	临浦	尖山	湄池	直埠	白门
里程	0	8	17	23	31	40	50	57
站名	诸暨	牌头	安华	郑家坞	苏溪镇	义乌	义亭	孝顺
里程	65	83	90	98	110	122	137	151
站名	塘雅	金华	古方	蒋堂	汤溪	湖镇	龙游	安仁
里程	163	178						
站名	樟树潭	衢县	廿里街	后溪	平坦	江山	上铺	贺村
里程								
站名	新塘边							
里程								

设备

据《浙江省情》，现有机车 15 辆，客车 54 辆，货车 130 辆。

据《中国实业志》，江边至兰溪一段，有桥梁 101 座，其中不及 30 公尺者，计 92 座，30 公尺以上者 9 座，尤以尖山、浣江、大陈三桥为最长，尖山桥长 150 公尺，浣江桥长 143 公尺，大陈桥长 130 公尺。

钢轨　据《中国实业志》，杭江路之钢轨，系 35 磅重量之轻轨，照 4 呎 8 吋半标准轨距敷设，每条计长 30 英尺，铺枕木 14

根，枕木每根宽厚各 6 英寸，长 8 英尺。

与江山关系　江山原为浙省边区岩邑，自 22 年 12 月杭江铁路过本邑，至江西玉山，形势大变，一跃而为华东大都会矣。

第三章　公　路

江山县境内有公路凡四，一曰衢江路，一曰江广路，一曰江浦路，一曰江开路。兹将其分别说明于下。

衢江路　本路由衢县通江山县城，为两县联络之干道。全路长 45.6 公里，在江山境内一段长 26.8 公里，宽 6 公尺。路基以土筑成，路面铺以沙石，通行长途汽车，载客每人 1 元 2 角。运输之货物以水烟、纸等项较多，运费面议。

名称	起讫地点	全路长公里	经过重要城市	宽度公尺	备注
衢江路	衢县城至江山城	45.6	衢县城、廿里街、江山城	6.0	沙石路面

江广路　本路由江山县城通江西广丰，全路长 57 公里，在江山境内长 45.6 公里，宽 6 公尺，路面以沙石铺设，通行长途汽车，惟天雨路面不平，辄有不能通车之憾。平时运输之货物，以水烟、纸较多。——俱《中国实业志》

名称	起讫地点	全路长公里	经过重要城市	宽度公尺	备注
江广路	江山城至江西广丰	57	江山城、清湖、淤头、新塘边、广丰城	6.8	沙石路面

江浦路　本路由江山县城通福建浦城，为江山入闽之要道，

全路约 124 公里，宽 7 公尺，沙石路面，通行汽车。

名称	起讫地点	全路长公里	经过重要城市	宽度公尺	备注
江浦路	江山城至浦城城	约 124	江山城、清湖、石门、峡口、保安桥、廿八都、浦城城	7	沙石路面

江开路 本路由江山县城起，经过常山城至开化城，石子路基，黄沙路面，为通常山、开化、遂安等要道。

名称	起讫地点	全路长公里	经过重要城市	宽度公尺	备注
江开路	江山城至开化城		江山城、大陈、常山城、华埠、开化城	6	沙石路面

第四章　邮　政

民国 21 年时，浙江区内 75 县，殆无不设有邮政局所者，据《中国实业志》，本县有二等邮局 1，设在江山城内；三等邮局 1，设在清湖镇；代办所 4，设在上台、石门、峡口、廿八都。兹将最近查得局所及功能列下：

名称	级别	功能	名称	级别	功能
江山县城	二	汇	江郎街	代	汇三
清湖镇	三	汇	上街	代	汇三
石门	代	汇三	大陈	代	汇三
峡口镇	代	汇三	大溪滩村	代	汇三
廿八都	代	汇三	贺村	代	汇三
上台	代	汇三	茅坂	代	汇三

名称	级别	功能	名称	级别	功能
凤林镇	代	汇三	淤头	代	汇三
礼贤镇	代	汇三	新塘边	代	汇三
保安街	代	汇三			

注：表中，二为二等邮局，三为三等邮局，汇为汇兑局（能开发及兑付之数以二百元为限），代为邮寄代办所，汇三为能通小款汇兑之邮寄代办所。

第五章 电 政

电报 浙省电报创始于光绪九年，迨至民国5年，成立浙江电政监督处，民国16年，国民政府成立后，更改为浙江电政管理局。据民20年调查，浙江共有电报局47处，本县通报地点为江山支局。自23年度起，全国实行邮电合设，本县清湖镇等邮局皆兼收发电报之所。民众通讯，因是益形便利矣。兹将《浙江省情》所载江山局近3年营业收支摘后:（单位：元）

年别	16年	17年	18年	19年	20年	21年	总比较
收入	1329.44	1622.72	2505.40	2595.52	2572.23	7709.90	盈 3186.66
支出	2041.87	2008.45	2094.59	183.05	2902.83	3922.76	

电话 长途电话，本省长途电话发端于民国11年，当时原为沟通军事消息而设，民16年建设厅成立，乃有兴办全省长途电话之建议。据《浙江省情》本县有2支局，一在江山城，一在清湖镇，7代办所，分设在石门、贺村、廿八都等地，兹列表如下：

地名	江山县城	清湖镇	上台	石门	贺村	峡口	廿八都	保安街	凤林
级别	支局	支局	代办所	代办所	代办所	代办所	代办所	代办所	代办所

无线电　广播无线电台，浙省肇始于17年3月，至民国22年，浙省发音电力已增至千瓦，周率为千周，全省各县皆有收音机1架，据《浙江省情》，各县无线电收音机分布图，本县县城设有廿八号收音机1架，县南仙霞关并设有东南交通周览会，添设收音机，收音事宜由县政府委派收音员办理，并按时填报电台制发收音状况报告表，及旬日通阻表两种。

后 记

经过一年多的努力，《民国江山县志稿点校本》与大家见面了。

江山在民国期间，曾3次修志。据1990年2月出版的《江山市志》记载：

［民国］江山县志稿（下称“民国26年县志稿”），26年（1937）县长周心万招聘王槐卿等纂修。稿成值日军侵扰江山，未付梓，原稿散失殆尽。江山市文物管理委员会仅存1本残稿。［民国］江山县新志稿（下称“干人俊民国县志稿”），37年（1948）宁海干人俊在杭州任职时，参阅民国《浙江通志稿》等有关资料编纂，未付梓。江山市文物管理委员会征得两本7卷残稿。［民国］江山县志稿（下称“民国37年县志稿”），抗日战争后编纂，下限至民国37年，未刊。江山市档案馆存志稿14本。

2022年9月中旬，我们开始筹划点校、编辑出版本书。首先是争取市档案馆的支持，档案馆的姜俊、周琼、徐槊蔓等同志在浩繁的档案中寻找到了14本民国37年县志稿。当时，我们就确定由我委特聘委员刘毅、徐江都、王石良、郭元敏4位老师负责点校，并作了分工：刘毅老师负责建置、氏族、党务、秩祀；徐江都老师负责沿革、古迹、食货；王石良老师负责教育、人物、自治、艺文；郭元敏老师负责灾害、风俗、宗教。他们一边标点，一边直接在自己的电脑上打字翻录。之后，我们又在市博物馆的大力支持下，找到了1本民国26年县志稿和干人俊民国县志稿两本7卷（经与宁海县图书馆核对，宁海县也只存有7卷残稿），这两部县志残稿全部交由刘毅老师点校。按照计划4位同志于2023年春节前后完成点校。为了便于审稿，刘毅老师主动请缨负责统稿，把其他3位同志点校好的电子版都汇集在一起，统筹汇总，编排顺序，分批提交审稿件。从2月份开始，我们先后召开了6次审稿会。我委正式委员、特聘委员、智库人员参加审稿会，政协机关借用干部李鑫、档案馆史志科长姜滔、博物馆馆长裘佳欢、博物馆保管部主任朱丹青、政协委员刘立忠等也应邀参加，分管领导何正芳副主席视情参加。为保证审稿人员有充分时间阅读文稿，我们在审稿会前2周发放审稿件。审稿会采用读校的方法，由一人逐字逐句地领读，其他人对照审稿件核对，同时现场核对原稿，防止漏字漏句漏段。李鑫、王淑贞、祝方爱、郭元敏、徐静等同志先后负责领读。每次审稿完成之后，刘毅老师就根据审稿会上确定的修改意见及时进行修改。形成3部志稿的全稿之后，我们又请刘毅、徐江都、王石良、叶青、郭元敏、徐静等同志再次对全稿进行了一次集体审稿，叶青、姜法建两位同志负责有关数字方面的校对，徐静同志负责有关人名的校对。最后，先后由潘海峰、胡汉民、何正芳终审定稿。在本书点校过程中，刘毅、徐江都等老师作出的努力尤多。在此，向所有为本书编辑出版提供帮助的部门单位和有关同志表示衷心感谢。

在点校过程中，我们发现 14 本民国 37 年县志稿中，自治志、食货志、艺文志、人物志记录的事件、内容只截止到民国 26 年，民国 26 年之后的都没有了，应当是民国 26 年县志稿的抄本。但是为了保持民国 37 年县志稿的原貌和完整性，我们仍然将自治志、食货志、艺文志、人物志 4 卷放在民国 37 年县志稿之中。

编辑出版《民国江山县志稿点校本》是一项较为复杂的工程，由于时间紧、工作量大，差错定当存在，敬请读者谅解。

编 者

2023 年 12 月

图书在版编目（CIP）数据

民国江山县志稿点校本 / 江山市政协文化文史和学习委员会，江山市档案馆，江山市博物馆编 . -- 北京：中国文史出版社，2023.12

ISBN 978-7-5205-4419-1

Ⅰ . ①民… Ⅱ . ①江… ②江… ③江… Ⅲ . ①江山－地方志 Ⅳ . ① K295.54

中国国家版本馆 CIP 数据核字（2023）第 205970 号

责任编辑：王文运　　　　装帧设计：蒲　钧　程　跃

出版发行：**中国文史出版社**
社　　址：北京市海淀区西八里庄路 69 号　邮编：100142
电　　话：010-81136606　81136602　81136603（发行部）
传　　真：010-81136655
印　　装：廊坊市海涛印刷有限公司
经　　销：全国新华书店
开　　本：880×1230　1/32
印　　张：19.5
字　　数：454 千字
版　　次：2024 年 1 月北京第 1 版
印　　次：2024 年 1 月第 1 次印刷
定　　价：136.00 元

文史版图书，版权所有，侵权必究。
文史版图书，印装错误可与发行部联系退换。